분단체제
변혁의

공부길

분단체제
변혁의
공부길

백낙청 지음

창비

머리말

책 제목을 '분단체제 변혁의 공부길'로 하자는 말에 창비사 편집부가 꽤 시끌시끌하다. 듣기가 좀 무엇하다느니 그래가지고 책이 팔리겠냐느니, 여러가지로 마음들이 쓰이는 모양이다. 하기는 두번째 문학평론집을 낼 때 그냥 '민족문학과 세계문학 Ⅱ'로 하자고 고집을 피웠다가 판매에 관한 영업부의 염려가 적중하는 꼴을 본 경험이 있다. 물론 그게 딱히 제목 탓이었는지 아니면 내용 탓이 더 컸는지는 분명치 않다. 어쨌든 결과가 신통치 못했다.

하지만 이번 제목에서 특히 '공부길'이라는 낱말을 껄끄럽게 느끼는 사람이 많은 것을 보면서 또 한번 고집을 부릴 생각이 난다. '공부'는 물론이고 '공부길'도 원래는 우리의 언어생활에서 무척이나 친숙한 낱말이 아니었던가. 지금도 '공부길을 잡는다'는 말처럼 가슴 깊숙이 울림을 주고 설렘을 안겨주는 표현이 몇이나 될까.

'공부길'이 저항감을 일으키는 까닭이 요즘 세월에 그 단어가 생소해져서만은 아닐 것이다. 공부라는 말 자체가 입시 준비 등 온갖 시험공부, 점수따기 위주의 학교공부로 때묻을 대로 때묻고 일그러질 대로 일그러져버린 탓일 게다. 이런 판국에 분단체제를 변혁하는 사업까지 공부에다 갖다붙이니, 달갑잖은 느낌이 들 법도 하다. 그러나 '학교에는 졸업이 있어도 공부에는 졸업이 없다'는 속담처럼 학교에 들어가고 나가는 일을 떠나 평생 동안 하는 것이 공부요, 비록 한자에서 왔을지언정 더없이 낯익은 우리말이 되어버린 (그래서 가령 일본어의 '쿠후우工夫'와도 전혀 어감이 다른) 낱말이 '공부'인 것이다.

논란의 소지로 치면 '분단체제'가 훨씬 더하다. 별다른 뜻이 없는 말치장으로 '체제'라는 단어를 덧붙이는 것이 아니라 어느정도 엄밀한 개념으로 사용하려는 것이 다년간 내 뜻이었고 이 책의 주된 목표이기도 하다. 얼마나 성과가 있었는지는 물론 독자들이 판단할 몫이다. 여기서는 그간의 논의과정에서 떠오른 생각을 한두가지 적어볼 따름인데, 우선 밝혀둘 점은, 이 개념을 제대로 정립하고 실증적 자료를 통해 점검하는 작업이 나 개인으로서든 우리 학계 전체로서든 극히 초보적인 단계에 있다는 사실이다. 개념화를 제창한 나의 취지는 남북으로 갈라진 우리나라의 현실을 좀더 총체적이고 체계적으로 인식하자는 것이었지만, 나 자신은 분단현실의 분석을 체계화할 의지도 능력도 애초에 모자랐던데다, 체계적인 사회분석이 전공일 듯싶은 분들로부터 질정을 받을 기회마저 드물었던 것이다. 그러나 분단현실의 극복이 우리의 진지한 목표이고 그것이 어느정도 체계적인 현실인식이 없이는 불가능한 난제라고 한다면, 분단체제 개념을 둘러싼 논의를 활성화할 숙제는 나 개인만이 아닌 모든 동학들의 숙제요 동시대인의 공통된 일감이라 하겠다.

따라서 이 책을 통해 종전보다는 조금 더 집중적으로 그 논의를 제기하는 것이 어떤 계기가 되었으면 한다. 이를 위해 바라건대, '체제' 또는 '체계'에 대한 일정한 낱말풀이에 집착하는 논리보다는 분단된 한반도와 이를 둘러싼 세계가 각기 어떤 의미로 '체제'의 성격을 띠고 있는지 ── 다시 말해 정확히 어떤 차원의 체계적 인식을 요구하는 현실인지 ── 그리고 실제로 우리가 어떻게 해야 좀더 나은 현실로 바꿀 수 있는 것인지에 대해 중지를 모으는 논의가 벌어졌으면 하는 것이다. 나 자신은 한반도의 분단체제를 자본주의 세계체제의 한 독특한 하위체제로 파악하고 있음을 본문 이곳저곳에 피력하고 있으며, 차원이 다른 그 두 체제의 상호관련이라든가 분단체제 안에서 남북한 사회라는 또다른 차원의 하위체제들이 존립하는 방식에 대해 이 책에 미처 못 밝힌 어렴풋한 생각들이 없는 것도 아니다. 그러나 중요한 것은 남북 어느 쪽도 완결된 체제가 아니며 동시에 극복되어야 할 현실이라는 합의를 출발점으로 더 토론하고 공부하는 일이 아닐까 한다.

　분단체제론의 진전이 미흡한 데는 학문적 노력의 부족보다 더 큰 원인이 있다. 분단체제극복의 과제를 떠맡은 남북한 민중(및 뜻있는 해외동포)의 공통된 실천의 장이 아직껏 제대로 열리지 않은 것이다. 물론 분단상황이 지속되는 한 공통의 장이 열린다 해도 완전히 단일한 마당은 아닐 터이며 남쪽 민중에게는 남한이, 북의 민중에게는 북한이, 그리고 해외동포는 각각 자기 사는 해외의 그곳이 우선적인 일터가 되어 마땅하다. 다만 이들 각자의 일터가 실질적으로 연결되지 않고서는 각각의 국지적 문제 해결에조차 한계가 그어지게 마련이라는 것이 분단체제 개념의 골자인 것이다. 그런데 남북한 민중 사이에 도대체 어떤 연대운동이 가능할지가 막막하게 느껴지는 것이 오늘의 현실이기도 하다. 남한 민중운동의 일부 지도적 인사와 북한 지도층 사이의 교류를 민중들 자신의 연대운동과 동일시하지 않는 한 실제로 '연대운동'의 이름에 값하는 움직임은 거의 없는 실정이며, 바로 그렇기 때문에 분단체제론의 실천적 요구가 오히려 현실 전략의 부재를 드러내는 증거로 비칠지 모른다. 그러나 분단체제의 어느 한쪽 당국도 민중의 적극적 개입 없이 분단체제극복의 당사자로 되지 않는다는 인식이 공유되는 곳에 이미 실천적 연대의 싹이 트게 마련이거니와, 우리가 입버릇처럼 들먹이는 '격변하는 세계' 속에서 어제 확실하던 일이 오늘 허물어지고 오늘 막막하던 일이 며칠 뒤에 발등의 현실로 닥친 적이 어디 한두번이었던가. 더구나 남북을 아우르는 '공통의 장'이란, 분단체제를 운영하는 자본가나 권력자 들에게는 구체적 계획의 대상이 되고 심지어 행동의 장이 된 지가 오래 아닌가.

책 제목에 관해 설명을 하는 김에 '변혁'이라는 말을 쓴 취지도 잠시 언급할까 한다. 1980년대에 이 단어는 주로 '혁명'을 완곡하게 표현하는 방편으로 쓰였고 지금도 얼마간 그런 셈이다. 실제로 '개혁'보다는 무언가 더 근본적인 뒤바꿈을 뜻하는 단어임이 분명한 만큼 그러한 용법이 아주 틀렸달 수도 없다. 더구나 '혁명이냐 개량이냐'의 양자택일이 강요되던 풍토에서는 '변혁'이 '개량주의'가 아니라는 것만으로도 '혁명'의 동의어가 되기에 충분했다. 또, '혁명'도 정의하기 나름이므로 두 단어의 동일시는 얼마든지 가능한 일이다. 하지만 대체로 '혁명'이라고 하면 특정 기간의 폭력적 충돌을 수반하는 변혁을 연상하게 마련이고, '변혁'의 경우는 변화의 발본성이 전제되기는 하되 폭력사태의 개입이 낱말의 뜻매김 자체에 포함되지는 않는 것 같다. 적어도 분단체제의 변혁을 말할 때 나는 그 과정의 폭력성에 대한 예단을 일단 유보한 채 그 결과가 단순한 체제개혁의 차원을 넘어서는 것이어야 함을 강조하고 싶은 것이다.

한반도의 통일이 전쟁의 형태로 성취될 수 없고 그래서도 안 된다는 의미에서 분단체제의 변혁은 일단 평화적인 과정으로 보아야 옳다. 또, 레닌주의 혁명 또는 유사한 형태의 민중봉기가 남한에서 성공함으로써 통일로 이어지리라는 구상을 부정해온 점에서도 나의 분단체제변혁론은 폭력혁명론과 거리가 있다. 반면에 남북 각기의 내부가 변하고 양자의 상호관계가 변하는 과정에 어떤 폭력사태가 벌어지고 민중의 입장에서도 얼마나 강력한 대응이 필요한 상황이 올지는 예측할 수 없다. 다만 평화가 그 자체로서 바람직하다는 원칙론뿐 아니라 한반도처럼 미묘한 판국에서는 돌발적 변수를 극도로 경계해야 한다는 현실론에 비추어서도, 변혁은 가급적 평화적인 변혁이 되게끔 우리의 공부를 다그쳐야 할 것이다. 동시에 불가피한 고비를 맞아서는 무기를 든 저항도 불사할 준비가 없이는 변혁을 잃을뿐더러 평화도 잃기 십상인 것이 우리 공부의 어려움이기도 하다.

공부와 변혁사업이 이렇게 뒤얽혀 있다는 것이 나의 기본입장인지라, 제1부 '분단시대와 분단체제'로부터 구분해놓은 제2부 '대학과 공부길'의 내용이 표면상의 소재만큼 다르지는 않다고 믿는다. 분단체제의 변혁을 위해 공부길을 잡는 일이 늘상 문제되듯이, 큰 배움의 터로 자처하는 대학이 제구실을 하고 사람을 사람답게 길러내기 위해서는 분단체제 및 세계체제의 변혁을 겨냥한 학교 안팎의 움직임이 함께 진행되는 일이 필수적인 것이다.

수록된 글들을 쓸 때나 책에 제목을 붙일 때의 취지는 대강 이러하지만, 정작 담아놓은 '물건'들은 실로 여러해에 걸쳐 틈틈이, 대개는 숨가쁘게 얽어낸 토막글이 대부분임에 겸연쩍은 느낌을 금하기 어렵다. 책의 대체적인 성격은 문학평론 이외의 글을 주로 모으고자 했던 나의 두번째 저서 『인간해방의 논리를 찾아서』와 비슷한 셈인데, 적어도 그때보다는 한결 일관된 내용을 갖추었다고 자위해본다. 수록문 가운데 「90년대 민족문학의 과제」 한편은 문학평론집에 더 적합한 글이지만, 원래 나의 분단체제론이 민족문학론의 일환으로 전개되었을뿐더러 실제로 문학평론 여기저기에 끼어들어 있는 것이 많은 만큼 그쪽과의 연결고리 — 내지는 연결의 필요성을 환기하는 자료 — 로서 일부러 포함시켰다. 또한, 제1부에 「보론: 분단체제 논의의 진전을 위해」와 제2부에 「'국제경쟁력'과 한국의 대학」을 새로 집필하여 조금이라도 일관된 저서의 모양에 근사하게 만들고자 했다. '부록'은 표제 그대로 '주로 신상발언'인데 1, 2부의 논의를 보충하는 의의도 전혀 없지는 않을 듯하다.

배열은 1부 중 가장 최근에 쓴「분단체제의 인식을 위하여」와 그 보론을 첫머리에 둔 것 말고는 각 부마다 연대순을 따랐다. 그러다보니 1980년대 벽두 또는 심지어 70년대 중반까지 거슬러올라간 이야기로 시작하게 되어 다소 거리감을 느끼는 독자들도 있을 것이다. 하지만 얼마간의 현재성을 지닌 글들이라는 나의 판단이 전적인 착각이 아니라면, 쓰인 순서를 따라 읽을 때 얻어지는 바도 없지 않을 듯하다. 그보다는 선행작업에 대한 아무런 지식 없이 서두의 두편을 대하는 독자들의 반응이 걱정스럽기도 하다. 더러 생소한 이야기가 별다른 설명 없이 나오더라도 1부의 나머지 글들을 통한 보완을 기대하며 읽어주기를 부탁드리고 싶다.

교정을 마치면서 제목에 '공부'라는 말이 들어가야 할 또 한가지 이유가 실감된다. 본디 공부와 사업이 둘이 아니고 하나지만, 분단체제변혁의 사업을 말하기에는 누구보다 나 자신부터 구체적인 경륜과 실력이 태부족이다. 대학인이라는 직분을 차치하고도 우선 공부길을 잡기에 더 힘써야겠다는 생각이다. 물론 이때의 공부가 개인적 수양이나 단순한 지식의 축적에 국한되지 않고 실행을 아우르는 원만한 공부여야 함은「물질개벽시대의 공부길」에서 강조한 대로다.

변변치 못한 책이지만 이번에도 많은 이웃과 벗들 그리고 하루하루 나에게 사랑과 관용으로 힘을 주는 가족들의 은덕으로 가능해진 것임을 되새길 때 감회가 자못 새롭다. 또한, 실제로 책을 만드는 과정에서 교열실무를 맡아 세세한 표현에까지 신경을 써준 고은명씨의 노고가 컸음을 밝힌다.

1994년 3월

덧글

『분단체제 변혁의 공부길』은 1994년에 초판이 발행되어 몇차례 쇄를 거듭했으나 품절된 지 한참 되었다. 회사 측에서 새 판을 짜서 내기로 했는데 이제 와서 읽어줄 독자가 얼마나 될지 알 수 없지만 저자로서는 반갑고 고마운 일이 아닐 수 없다. 『한반도식 통일, 현재진행형』(2006) 『어디가 중도며 어째서 변혁인가』(2009) 등 비슷한 주제를 다룬 이후 저작들의 출발점을 이루는 책을 함께 읽어주기를 소망하는 입장이라 특히나 그렇다. 새 판이라 해도 내용은 초판 그대로이고 다만 소소한 교열을 한 정도다. 수고해준 편집 일꾼들에게 감사드린다.

2021년 10월 지은이 삼가 씀

머리말 •5

제1부 분단시대와 분단체제

제2부 대학과 공부길

분단시대와
분단체제

분단체제의 인식을 위하여

1.

'분단체제'라는 낱말을 쓰는 빈도가 분단체제에 대한 인식이 커지는 지표가 될 수 있다면 근래에 확실히 어떤 진전이 이루어진 폭이다. 한가지 예로, 『창작과비평』지 75호(1992년 봄호)의 지상토론 '사상적 지표의 새로운 모색'에 참여한 열분 중 그 용어를 사용한 이가 단 하나였던 데 비해, 77호(92년 가을호)의 '변화하는 정세, 통일운동의 전망' 특집에서는 국내 필자 네명 모두가 어떤 식으로든 이 낱말을 쓰고 있다. 다른 지면을 보더라도 '분단체제'는 이제 결코 낯설지 않은 용어가 되었음이 사실이다. 반면에 그것이 이름 그대로 하나의 '체제'라는 인식은 여전히 드문 것 같다. 당장에 『창작과비평』 77호의 특집만 보더라도 그런 뜻으로 '분단체제'를 말한 것은 고세현(高世鉉)씨의 「통일운동론의 몇가지 쟁점에 대하여」 한 편뿐인데, 우연찮게도 그와 나는 이 잡지의 동료 편집위원인 것이다.

그밖의 예들은 분단체제의 **개념**과는 대체로 거리가 멀다. 단순히 '분단', '분단시대' 또는 '남북대결 상태'를 뜻하는 수사적 표현이거나, 남한 내부의 '반공체제' '냉전체제' 등과 동의어로 쓰이는 정도다. 예컨대 예의 특집에서 강정구(姜禎求)씨가 "분단체제로 대립구도를 형성한 남과 북이 (…)"(22면)라고 한 것은 (뒤에 다시 거론할 그의 '분단모순' 이해에서도 드러나듯이) 전자의 경우겠으며, 서중석(徐仲錫)씨가 "분단체제를 깨고 민족의 자유를 얻기 위하여 노력하자는 외침은 광야의 메아리가 되거나 철창에 갇힐 뿐이었다"(25면)라고 개탄할 때는 그 자신이 곧이어 말하는 '극우반공체제'와 거의 같은 뜻으로 쓰인 듯하다. 오귀환(吳龜煥)씨의 「'남북 합의서' 이후의 통일 전망」에도 "분단체제로 이익을 보는 분단기득권세력과 공격적인 흡수통일론자들의 연합전선"(40면)을 언급한 구절이 나오지만, 분단의 체제적 성격에 대한 특별한 인식이 전제된 것 같지는 않고 이때의 '분단기득권세력'은 단순히 남한의 분단주의자들을 지칭하는 듯하다. (75호의 고은씨 역시 "그러나 우리는 분단체제·반공체제에 대해서 수많은 신명과 고행을 바쳐 민족자주평화통일의 정당성을 획득했고"라는 대목에서는 '반공체제'와 특별한 차이를 두지 않았고, 『동향과 전망』92년 가을호 '변화하는 국제질서와 남북한의 통일정책' 특집의 한 필자가 "40년이 넘는 분단체제 동안"(75면) 운운한 표현 같은 것은 그냥 '분단시대'라고 할 법한 내용이다.)

나 자신이 분단체제라는 용어를 처음 쓴 것이 언제인지는 정확히 기억에 없지만, 분단시대의 한반도 현실을 좀더 총체적이고 체계적으로 해명할 필요성을 제기하기로는 1980년대 중반의 이른바 사구체(사회구성체) 논쟁과 관련하여 '분단모순'에 대한 새로운 인식을 강조한 것이 하나의 고비가 되었다. 그전에도 우리 사회의 모순들을 '계급모순·민족모순·분단모순' 하는 식으로 나열하는 논의는 있었으나 이와는 다른 차원에서 분단사회의 성격을 이론화할 필요성을 『창비 1987』좌담「현단계 한국사회의 성격과 민족운동의 과제」에서 제기했고, 뒤이어 6월항쟁 직후의 어느 학술모임에서는 '기본모순은 노자간의 계급모순이고 주요모순은 민족모

18

순이다'라는 당시 통설에 가까운 명제의 모호성과 개념상의 혼란을 지적했으며(졸저 『민족문학의 새 단계』에 실린 「민족문학론과 분단문제」 161~63면 참조), 그후 이러한 논의를 혹은 분단모순론 혹은 분단체제론의 형태로 계속해왔다(1988~90년 사이의 예로는 『창작과비평』 88년 가을호의 좌담 「민족통일운동과 민주화운동」과 『민족문학의 새 단계』 제1부의 글들 참조). 그러나 이에 대한 학계의 반향은 실로 미미하였음을 자인하지 않을 수 없다. 문단에서는 그래도 나의 분단모순론이 심심찮게 말밥에 오른 반면——물론 주로 '계급모순'에 대한 인식이 허약한 증거로 제시되기는 했지만——사회과학도들은 몇몇분이 재미있는 발상인데 자기들이 지금 다루기에는 힘겨운 문제라고 좋은 말로 미루어놓았을 뿐 대부분은 찬반간에 태도표명이 없었다.

나 자신의 모자람에다가 발표조차 여기저기 지나가는 말처럼 흩어놓은 것이 대부분이니 남의 반응이 적었다고 투정할 일은 아니다. 단지 분단시대를 사는 학도들이 분단현실에 대한 체계적 해명을 좀더 착실히 수행해오지 못한 것만은 누구나 유감스럽다 할 만하다. 그런데 이러한 해명을 촉구하는 방편으로 '분단모순'의 개념을 앞세우는 것이 여러모로 비생산적이라는 생각이 점차 들게 되었다. 분단모순론은 변증법적 모순의 개념, 더 나아가 주요모순 개념에 대한 어느정도 공통된 인식이 주어진 상태에서만 생산적으로 토의될 수 있는데, 그동안 우리 주변에서 변증법을 말해온 사람들이 특별히 교조와 공담을 즐겨서인지 어째선지 몰라도 '모순' 어쩌고 하며 나서는 것은 곧바로 부질없는 말싸움을 자초하는 짓임을 실감하게 되었던 것이다. 그보다는 실사구시의 정신으로, 우선 한반도의 분단이 엄연한 현실임을 인정하고 우리가 '분단시대'라는 말을 당연시할 정도로 이 분단현실이 상당한 지속성을 띤 것임을 인정하면서, 한반도 남북 전체를 망라하는 이 현실이 '체제'로서의 어떤 성격을 띠지 않았는지, 만약에 체제에 해당하는 것이 있다면 그것은 어떤 의미 어떤 내용의 체제인지, 있는지 없는지 모르겠으면 한번 알아보려는 노력이라도 제대로 해보는 것이 순서가 아닐지, 이런 초보적인 사항들로부터 시작하는 것이 낫겠다는 생각이었다.

이러한 취지로 최근에는 분단모순론보다 분단체제론의 형식으로 논지를 펼치는 경우가 많았지만 어느 쪽이든 체계를 갖춘 '론'과는 거리가 멀었으며 본고 또한 마찬가지다. 그리고 체계적이고 전문성을 띤 논의는 끝까지 사회과학 전공자의 몫으로 남겨놓고 싶다. 그러나 나 자신의 논의 중 시사문제와 분단체제 문제를 비교적 정면으로 거론한 몇편의 글조차 외국에 먼저 소개되고(일본 『世界』지 1991년 6, 9, 12월호 및 92년 4월호) 국내에서는 그 마지막회분만이 발표된 상태이므로(「민중운동과 통일운동」, 『사회평론』 92년 4월호; 『世界』 92년 4월호에 기고한 원제는 「남북 합의서 이후의 통일운동」), 지난호 『창작과비평』지 특집을 계기 삼아 약간 더 상세한 논의를 해볼 필요를 느낀다. 편집책임자이기도 한 처지에 잡지의 내용을 논평하는 것이 다소 어색한 일이 될 수도 있지만, 글쓴이들이 각기 개인 의견을 썼듯이 이 글도 어디까지나 개인 필자로서의 견해표명임은 물론이며, 찬반간에 허심한 논평을 보태는 것이야말로 진지한 논의들에 대한 최상의 예우가 되리라 믿는다.

2.

특집에 실린 글들에 대한 구체적인 언급에 앞서 '분단체제' 개념에 대한 몇가지 설명을 달아두는 것도 좋을 듯하다. 먼저 그것은 문자 그대로 두개의 서로 다른 국가 내지 사회로 갈라진 현실을 포괄하는 체제인 만큼 남북간에 실재하는 이질성을 도외시하는 태도와는 구별되어야 한다. 이에 대해 『세까이』에 실은 졸고를 인용해본다면,

물론 '체제'라는 용어에는 그 나름의 함정도 따른다. 분단체제라는 무슨 고정된 실체가 따로 있어서 한반도의 모든 현실들이 그것의 '속성'으로 확인되고 끝나는 관념유희에 빠질 위험이 없지 않은 것이다. 그러나 남북한처럼 판이한 두 존재를 그런 식의 관념유희로 해명하는 일이 무리임은 너무나 쉽게 드러나게 마련이고, 오히려 도저히 단일한 체제에 편입될 수 없을 것처럼 보이는 이질적 현상들을 체계적으로 인식하려는 노력을 통해 그보다 훨씬 광범위하고 다양한 세계체제에 대한 인식능력에도 획기적인 진전이 이루어질 가능성이 크다 할 것이다.

(91년 12월호 「개량되는 분단체제와 민주화세력의 대응」 224면〔본서 174면〕)

사실 이는 분단체제뿐 아니라 모든 복잡한 사회현실에 해당하는 이야기로서, 개념에 상응하는 어떤 물체가 현실 속에 덩그렇게 자리잡고 있는 일이란 없다. (아니, 우리가 '평범한 물체'로 흔히 알고 있는 것조차 일종의 '복잡한 사회현실'이요 개념의 지시대상을 단순하게 설정할 수 없다는 점을 해체론자들을 포함한 많은 사람들이 강조하고 있다.) 어떻든 분단체제는 어느 한쪽이 잠시 '수복' 또는 '해방'을 기다리고 있는 단일사회도 아니요, 그렇다고 남북 두 사회를 기계적으로 수합한 것도 아니다. 그냥 이웃나라와는 무언가 본질적으로 다른 두개의 **분단**사회를 망라하는 특이한 복합체인 것이다.

동시에 한반도 바깥의 세계와 단절된 상태로 실재하는 자기완결적인 체제가 아닌 것도 분명하다. '민족모순'에 관한 여러 논의들이 말해주듯이 남북분단의 생성 및 재생산 과정에서 외국세력의 존재는 빼놓을 수 없는 요인이며, 우리가 분단의 **체제적** 성격을 논하는 이상 바깥세계와의 관계도 — 예컨대 모든 것을 미국의 일방적 침해로 단순화하지 말고 — 훨씬 체계적으로 정리할 수 있어야 한다. 나 자신은 한반도의 분단체제가 월러스틴(I. Wallerstein)이 말하는 근대 세계체제 즉 자본주의 세계경제의 일환이라는 쪽으로 이 문제를 정리하고 있지만(월러스틴의 세계체제론에 대한 국내의 간명한 소개로는 『창작과비평』 92년 여름호에 번역된 월러스틴, 「1980년대의 교훈」과 창비신서 119 『역사적 자본주의/자본주의 문명』, 나종일 사론집 『세계사를 보는 시각과 방법』 중 「월러스틴의 자본주의 세계체제론」 참조), 아무튼 그러한 세계체제의 역사에서도 특정한 시기와 동아시아라는 특정한 지역에 자리잡은 독특한 하위체제로서 '분단체제'라는 별도의 명칭이 필요한 특이한 존재라고 보는 것이다.

이러한 별도의 명칭이 실제로 정당화되려면 '분단체제'의 개념을 끌어들임으로써 한반도 전체 ── 다시 말해 남북 양쪽 모두 ── 의 현실이 훨씬 효과적으로 설명될 수 있어야 할 것이다. 가령 남한의 현실과 관련하여 "분단국임으로 해서 반민주세력의 집권과 자기안보가 남달리 용이한 면도 있지만, 끝끝내 그것이 진정한 계급적 헤게모니로 정착될 수 없는 취약점을 안고 있기도 하다"(『민족문학의 새 단계』 128~29면)거나, "분단에서 오는 규정성에는 어떤 면에서 신식민지치고는 덜 종속적인 면과 또 어떤 점에서는 더 종속적인 면 양자를 두루 갖추고 있다는 점"(좌담 「민주주의의 이념과 민족민주운동의 성격」, 『창작과비평』 89년 겨울호 55면) 따위는 나 자신 여기저기서 강조한 바 있다. 민주화운동의 과정에서만 하더라도 '시도 때도 없이' 통일문제를 들고나오는 사람들 때문에 운동에 오히려 지장이 생긴다는 불평이 있는데, 그들의 처사가 과연 지혜로운가라는 문제와는 별도로 그런 사람들이 다소간에 반드시 있게 마련이고 그러한 재야운동가들이 아니더라도 집권층 스스로가 '시도 때도 없이' 남북문제를 들고나와 활용할 수 있도록 되어먹은 체제가 곧 분단체제다. 분단체제의 이런 속성을 외면한 채, 일부 운동가의 '경거망동'만 없다면, 또는 북한 내 일부 강경세력의 '모험주의'나 '실책' 그리고 남쪽 공안세력의 '음모'만 없다면, 분단한국의 민주주의가 순조로울 텐데라고 기대해보았자 소용없는 일이다. 남한 내부의 민주화·자주화 운동의 착실한 진전을 위해서도 반민주적이고 비자주적인 분단체제의 존재를 인식하는 일이 중요한 것이다.

그런데 남북한이 다같이 '반민주적·비자주적 분단체제'의 소산이라고 말하는 것이 민주나 자주의 개념 자체를 무의미하게 만들지 않겠는가라는 의문이 제기됨직도 하다. 하지만 '다같이' 분단체제의 일부라고 해서 그 반민주성과 비자주성이 **똑같은 방식으로** 작동한다는 말은 아니다. 오히려, 양쪽이 여러모로 극과 극의 대조를 이루는 만큼이나 상이한 방식으로 나타나기 때문에 그 본질적 상통성이 은폐되는 형국이다. 그리하여 예컨대 북에 대해서 다른 건 몰라도 자주성에 한해서는 흠잡기 힘들다는 주장이 가능하고, 남에 대해서는 적어도 북과 동렬에서 그 비민주성을 논해서는 안 된다는 말을 흔히 듣게 된다. 그러나 이는 '자주' 또는 '민주'의 기준을 다분히 피상적으로 정해놓음으로써만 성립되는 주장이다. 가령 외국군의 주둔을 일찍부터 청산하고 외국정부의 직접적인 내정간섭을 배제하며 경제의 자립도가 높다는 뜻에서의 '자주'가 북측의 특징이요 자랑임은 확실하다. 하지만 개인이건 집단이건 진실로 자신에게 필요하고 자신이 소망하는 바를 남들의 간섭 없이 성취할 수 있는 상태가 자주라고 한다면, 조선민주주의인민공화국과 그 주민들이야말로 오늘날 (누구의 잘못 때문이든) 매우 심각한 자주성의 제약을 겪고 있다고 보아야 한다. 그동안 미국의 압력과 일본의 홀대에 남한정부가 가세해온 것은 물론이고 이제 왕년의 맹방들조차 대부분 포위망에 가담한 실정에서, 북의 자주체제는 필자가 다른 글에서 지적했듯이 "일종의 농성체제"(「개편기를 맞은 한국의 민족민주운동」, 『世界』 91년 6월호 350면(본서 161면))로서 결코 자주성의 일반적 모범일 수 없는 것이다. '민주'에 대해서도 단순히 민주적인 절차 문제를 기준으로 남쪽의 일방적인 우위를 말할 것이 아니라—물론 그러한 우위가 존재하는 한은 이를 소중히 여겨야 하고 우위 여부를 떠나서 아직도 너무나 흔한 위반사항들을 시정하려는 노력을 계속해야겠지만—그러한 협의의 '인권'과 더불어 민중의 생존권과 평등권, 사회보장의 실현

등을 동시에 고려해야 옳다. 이렇게 했을 때 남북간의 우열이 정확히 어떻게 매겨질지는 확언할 수 없으나 양자 모두 '반민주적 분단체제'의 각인을 충분히 보여주리라는 것만은 분명하다.

한가지 덧붙일 점은 '분단체제'가 단순히 남북한 현실의 부정적 측면만을 총괄하기 위한 용어는 아니라는 것이다. 앞서 남한에 대해서도 분단사회로서의 양면적 특징을 강조했거니와, 무릇 어떠한 체제건 그것이 '체제'라는 이름값을 하려면 일정한 지속성 즉 자기재생산 능력이 있어야 하고 그러기 위해서는 지배층뿐 아니라 일반대중들을 위해서도 그 물질생활을 상당부분 해결해주는 능력은 물론 어느정도의 자발적인 순응을 확보할 객관적 근거가 없을 수 없다. 이 근거가 과연 무엇이며 얼마나 튼실한 것인지는 남북 각각의 현실에 비추어 검증할 일이나, '분단체제'가 남북한이 각기 나름대로 이룩한 엄연한 성취를 무시하는 개념이 아니라는 점이 중요하다. 동시에 하나의 분단체제를 말하는 것은 이러한 성취를 가능케 해준 체제에 대해 양쪽의 기득권층이 얼마간 공통된 이해관계를 갖게 된다는 뜻 —즉 살벌한 대치상태 자체가 남북의 기득권층에는 전적으로 살벌한 현실만은 아니라는 취지— 임을 유의할 필요도 있다.

3.

문제의 특집에서 통일문제의 역사적 의미를 민족사·세계사·동북아사의 여러 차원에서 고찰하고 남북분단에 개재된 모순들을 가장 계통적으로 분석고자 시도한 글이 강정구씨의 「세계사적 전환과 통일운동의 접합」일 것이다. 그리고 우리의 민족재통일이 "접합을 통한 통합으로, 이념형에서 역사적 가능태의 실재화로, 연방제 원칙 아래 기능주의적 방안의 수용으로, 일회적인 계기가 아니라 과정과 단계로서의 통일로, 세계사적 전환과의 유리로부터 접목으로, 남쪽만이 아니라 북의 민중과의 연합으로"(23면)라는 원칙 아래 실현될 것을 제안하는 그의 결론에는 대체로 공감하는 터이다.

그런데 바로 이러한 원칙을 제대로 이행하기 위해서도 분단현실에 대한 정확한 인식이 전제되어야 함은 물론이다. 강교수의 현실인식이 분단 **체제**에 대한 인식으로서는 미흡한 바 있음은 위에서도 언급했는데, '분단 체제'를 단순히 '남북의 첨예한 대결체제' 정도의 의미로 쓰고 있다는 사실도 그렇지만, 그가 정리한 '분단모순'의 개념 자체가 본고가 주장하는 뜻에서의 분단의 '체제적 성격'과 무관해 보이는 것이다. 그는 흔히 말하는 '진영모순'과 비슷한 의미로 '체제모순'을 정리한 뒤,

> 분단모순은 분단으로 인해 발생되는 분단비용(군사비, 국가억압기구의 팽창 등)과 기회손실(자원의 효율적 배치 저해, 민족민주운동의 탄압 등)을 포함한다. 이 분단모순의 특성은 다른 모순을 심화시키는 핵심고리이기 때문에 이것의 완화 및 해소는 기타 모순인 민족모순, 체제모순, 계급모순의 완화와 해소에 결정적으로 유리한 조건을 제공해준다. 분단모순의 전형적인 발현인 국가보안법의 폐기는 계급모순, 체제모순, 민족모순의 이완 또는 해결에 엄청나게 유리한 지형을 제공해줄 것이라는 사실이 이를 잘 웅변해준다. 또한 체제모순의 완전한 해결 없이도 분단모순은 완화 또는 해소될 수 있다. (17~18면)

라고 말한다. 여기서 분단모순은 분단이라는 특정 상황에서 여러 모순들이 결합하여 이룩한 복합모순이라기보다 다른 모순들에 **추가되어** 이들을 "심화시키는" 고리로만 규정된다(비록 그런 '고리' 중에서는 '핵심고리'로 대접받지만). 실제로 우리 사회의 특정 비용이나 손실을 두고 그것이 분단을 계기로 발생한 것인지 분단의 결과로 단지 심화된 것인지를 따지

는 일은 다분히 공리공론에 흐를 가능성이 크며, 여타 모순의 "완전한 해결 없이도" 특정 모순이 "완화"될 수 있다는 점이야 누구나 쉽게 수긍하지만, 다른 모순의 "완전한 해결 없이도 분단모순은 완화 또는 해소될 수 있다"는 주장은 분단체제의 약화 내지 해소가 다른 모순들의 약화 또는 해소와 (결코 일률적으로는 아니나) 밀접하게 얽혀 있는 양상을 제대로 밝혀내지 못하고 있다.

이른바 4대 모순의 나머지 둘에 대한 논의(18~19면)를 보더라도 이미 비판받은 3대 모순 나열식 발상에서 별로 달라진 바 없는 듯하다. '민족모순'의 경우 논의가 주로 미국의 역할에 한정된 점을 차치하고라도, 이런 '모순'이 어떻게 분단체제를 통해 한반도 전역에 걸쳐 작동하는지, 다시 말해 북쪽의 자주성도 제약하며 그 내부 모순을 심화시키는지에 대한 인식이 안 보인다. '계급모순'에 관해서는 종래 이 문제만을 절대시하던 논자들이 감안해야 할 이런저런 새로운 현실들을 지적하고는 있지만, 계급문제가 분단체제의 재생산에 어떻게 작용하는지, 다시 말해 남북 각각의 여타 모순들과 어떤 유기적 관계를 맺고 있는지에 대한 천착이 부족하다. 그 결과, "노동자나 기층민중세력을 중심으로 이들 주변의 계층 및 계급들과 (계급모순의 해소를 통한 통일이 아니라) 민족모순·분단모순의 해소를 중심으로 연대하여 폭넓은 동력형성을 통하여 통일운동을 전개하여야 한다"(21면)라는 처방은 내용없는 대동단결론 비슷하게 되었다. 계급모순의 '해소' 또는 '완전한 해결'을 **선행조건**으로 삼는 통일론에 반대하는 것은 옳으나, 계급문제를 중심에 놓지 않은 채 "노동자나 기층민중세력을 중심으로" 통일운동을 전개한다는 것도 사회운동으로서의 현실성을 의심케 하는 것이다. "일회적인 계기가 아니라 과정과 단계로서의 통일"일수록 다양한 계급·계층의 생활상의 이해관계가 반영된 사회운동을 요구하게 마련이며, 더구나 "남쪽만이 아니라 북의 민중과의 연합으로"라는 원칙을 실행하려면 남북 기득권층의 갈등뿐 아니라 일정한 상호의존성 내지 공조관계, 그리고 민중의 경우에도 남북 어느 쪽에 있고 각각의 사회 안에서 또 어떤 계급 내지 계층에 속하는가에 따라 일치하기도 하고 상충하기도 하는 이해관계를 올바로 인식함으로써만 현실적인 동력형성이 가능할 것이다.

서중석씨의 「분단과 통일」에서는 남한에서 분단이데올로기가 극단적인 대결의식과 더불어 분단되었다는 사실 자체를 망각하게 만드는 양면을 지녔음을 잘 지적해주었고(24면) '민중통일론'(이른바 PD파의 통일론)의 맹점을 공박하면서도 거기서 북한의 현체제에 대해 제기한 비판적 인식에 공감하는 신축성을 보이기도 한다(33면). 그러나 남한에서의 분단이데올로기의 작용이 곧 분단체제는 아니다. 전체 분단체제의 국부적 현상에 불과한 것이다. "파시즘적 극우반공체제"(25면)는 그중에서도 또 일부라 보아야 한다. 서교수 자신이 '극우반공체제'의 범위를 어디까지로 보고 있는지는 분명치 않지만──가령 "기존 야당이라는 것이 외세의존적 극우반공체제의 쌍생아로서"(31면)라고 말할 때 야당이 극우체제가 낳은 쌍둥이자식 중에 하나라는 말인지 야당과 극우반공체제가 쌍둥이형제 사이라는 말인지 모호하다──어쨌든 남쪽의 기득권세력에 관해서도 예컨대 오귀환씨의 글에서처럼 '보수·강경파'와 '온건파'를 구분할뿐더러 전자를 다시 '보수파'와 '강경파'로 갈라보는 식의 좀더 자상한 현실분석이 바람직하다. 동시에 남쪽에서 작용하는 분단이데올로기조차 한마디로 반공주의라고 규정할 것인지는 좀더 엄밀한 검토가 필요하다고 보는데(이러한 검토의 필요성에 대해서는 졸고 「분단시대의 계급의식을 다시 생각한다」, 『동향과 전망』 91년 가을호 12~13면, 18~19면(본서 146면, 153면) 등 참조), 만약에 한반도 전역에 걸친 분단체제가 있고 그 나름의 이데올로기가 있다면 그것을 반공주의라 일컬을 수 없을 것은 분명한 일이다.

분단체제를 너무 단순하게 냉전체제와 연결짓는 태도 또한 문제다. 예컨대 "한국처럼 미·소 세계체제에 제약받은 지역도 없을 것이다. 한국의 분단은 다름아닌 세계냉전체제의 산물이었으며"(26면)라는 대목에서 '미·소 세계체제'라는 개념부터가 엄밀성을 결한 것이지만, 한국의 분단을 곧바로 냉전체제의 산물로 볼 것인지도 역사가들의 본격적인 검증을 요청해볼 일이다. '동서냉전'을 아주 넓게 해석하면 1917년 볼셰비끼혁명과 함께 이미 시작되었다고 하겠지만 2차대전 연합국들 사이의 냉전이 본격화된 것은 미국이 한반도의 분단을 실질적으로 결정한 1946년 초보다는 뒤의 일이며(브루스 커밍스, 대담 「세계사 속의 한국전쟁과 통일한국」, 『창작과비평』 92년 봄호 378면 참조), 미국의 이러한 결정에는 소련과의 대결의식 못지않게 한반도 안에서 진행 중인 사회혁명을 억누를 필요성 — 즉 제3세계의 도전으로부터 미국의 패권을 방어할 필요성 — 이 작용했다고 보는 것이 옳을 듯하다. 그렇지 않고 동서냉전이 끝난 오늘까지 한반도의 분단이 지속되는 사실을 단순히 냉전체제의 불행한 '유물'로 보는 것은, 사실인식 자체의 정확성도 의심스럽지만, 이러한 '유물'로 남은 우리 민족의 못남을 개탄하는 자기비하에 빠지거나 어떻게든 냉전체제를 연장하려는 미국에다 모든 잘못을 돌리는 또다른 단순논리를 낳기 쉬운 것이다.

그런 점에서 고세현씨가 실제로 동서냉전의 대표적 산물인 독일 분단과의 차이를 지적한 것은 매우 적절했다고 생각된다.

분단 독일은 전후 냉전체제의 산물이다. 독일 내의 반나치 투쟁의 다른 노선이 각기 다른 지역을 해방시킨 것도 아니고 어느 한쪽이 식민지화된 것도 아니었던 만큼 내부 계급모순이나 민족모순과는 무관한 분단이었다고 할 수 있다. 따라서 동서독은 냉전체제가 유지되는 한 사이가 좋건 나쁘건 두 나라로 공존할 수 있었고 통일지향은 지배민족의 민족주의로서 오히려 반동적인 흐름으로 이해되었다. (…) 그런 만큼 독일 내에 분단의 유지를 그 기본적인 존재조건으로 하면서 냉전체제만으로는 포괄되지 않는 독자적인 이해관계를 가진 어떤 '체제'가 구축되어 있었던 것도 아니었다고 할 수 있다. 따라서 진영모순의 '해결'과 더불어 정말 아무렇지도 않게 '두 나라'가 합쳐진 것이다. 또한 중요한 것은 진영모순의 해결방향과 같은 방향으로 이루어진, 한쪽에 의한 한쪽의 흡수통합이었다는 사실이다. (60~61면)

이러한 인식의 다른 일면은 베트남의 분단이 "기본적으로 민족모순에서 비롯된"(60면) 점에서 독일의 경우와 정반대이면서도 한반도와 대비되는 그들끼리의 어떤 공통성을 지닌다는 인식이다. 그리고 "그 두 나라에서 우리가 말하는 '분단체제'라 함직한 어떤 구조가 성립해 있지 않았다는 판단"(61면)이야말로 실천의 영역에서 우리가 독일식도 베트남식도 아닌 독자적인 통일방식을 추구할 수 있고 또 그럴 수밖에 없는 근거가 되는 것이다.

4.

특집 전체를 최근 다른 지면들에 펼쳐진 비슷한 논의들과 비교할 때, 일본의 작가 오다 마꼬또(小田實) 씨의 「'PKO 후'의 일본에서 '통일'을 생각한다」 같은 글이 포함된 것이 좀 색다른 점 외에, 기존 급진운동권의 양대 정파라고 일컬어지는 이른바 '민족해방'(NL)파와 '민중민주주의'(PD)파의 전형적 논리가 빠진 것이 눈에 뜨인다. 그중 전자의 민족대단결론이나 연방제통일안 등은 강정구씨의 글에 상당부분 수용되어 있는 반면, 그에 대한 후자의 비판 또는 남한민주변혁우선론 같은 것은 제대로 대변되지 못하였다. 이것은 편집의도를 그대로 나타냈다기보다 편집자 머리글에서 말한, "특집의 필자를 선정하고 승낙을 얻어내는 과정에서부터 뼈저리게"(4면) 느낀 어려움의 한 반영이라고 보아야 할 것이다.

다른 한편 그 어려움이 "분단현실과의 타협에 안주하는 논리와 기존 운동권의 타성에 끌려가는 논리를 동시에 거부"(같은 곳)하는 데 따른 어려움이었던 만큼은, 예의 전형적 논리들에 대한 어떤 판단이 끼어든 것이 사실이다. 가령『동향과 전망』1992년 가을호나『경제와 사회』여름호, 『사회평론』7월호 등에 나온 민족대단결론·연방제통일론 들을 보면, 남북한을 아우르는 분단체제에 대한 인식이 결여된 것은 더 말할 나위 없고 기본적인 사실인식과 논리전개에도 많은 무리가 엿보인다. 그 핵심적 주장 가운데 하나인, 통일은 그 자체로는 진보냐 보수냐 하는 것과 아무 관련이 없다는 명제에 대해서는 고세현씨 글(51면)에서도 비판하고 있지만, 그에 앞서『경제와 사회』지의 논쟁에서 정대화(鄭大和)씨가 이 명제의 부당성뿐 아니라 이를 제시한 논자의 개념상의 혼란을 통렬하게 지적한 바 있다.

평자(「'민족대단결'은 통일운동의 핵심이다」의 필자)는 통일이 그 자체로서는 진보나 보수로 규정될 수 없다는 주장을 펴고 있다. 그러나 이 주장은 대단히 무원칙할 뿐만 아니라 앞뒤가 맞지 않는 주장이다. 통일만을 고려할 때, 분단국가에서 분단의 해소는 그 자체로서 진보적인 것이다. 특히 우리가 민족적 혹은 민족주의적인 관점에 설 때 통일은 가장 진보적인 개념일 수도 있다. 평자가 민족적 이익을 누누이 강조하면서도 통일의 성격을 애매하고 유동적인 것으로 규명하면서 논지를 끌어가는 이유를 납득하기 어렵다. (…) 그렇다고 평자가 통일의 중립성을 견고하게 고집하는 것도 아니다. 평자는 통일이 전민족의 이해를 담보하는 운동이라는 점을 재삼 강조하고 있다. (「통일운동론의 분화와 논쟁의 두 지점」 231~32면)

NL측 논리의 문제점에 대해서는 PD측 논리를 가장 분명하게 정리한 최근의 글이라 할 김세균(金世均)씨의 「연방제 통일방안의 모순」(『사회평론』92년 7월호)에도 여러가지 날카로운 지적이 나온다. 하지만 "흡수통일의 가능성이 높아지는 한, 남한 지배세력은 통일을 바라는 대중들의 정서를 일깨우면서 그것을 부르주아적 통일을 촉진시키는 수단으로 적극 활용하려 한다"(232면)는 사태에 대한 경계심이 지나쳐, 지배세력 통일정책의 반민중성을 대중에게 "폭로"하고 "대중적으로 공격·분쇄"하며 "민중적 통일의 정당성을 헌신적으로 선전"(233면)하는 것 이외의 통일운동을 생각할 수 없게 되는 것은 서글픈 결과이다. 더구나 그 '민중적 대안'이라는 것은 분단체제 아래서의 민중혁명이라는 공허한 관념에 머물며, 이런 '민주변혁' 이전에 예상할 수 있는 모든 통일은 '부르주아적 통일'이라는 한마디로 기피사항이 되고 마는 것이다. '창비'의 특집에서 강정구·서중석·고세현 제씨가 입을 모아 김교수의 논지에 이의를 제기(22면, 31~32면, 58~59면)하는 것도 당연하다 하겠다.

정대화씨의 입장은 좀더 유연한 편이다. 그는 "우리가 통일과 변혁의 과제를 동시에 안고 있다는 사실에 동의한다면 이러한 상태는 통일문제에 대한 계급성의 침투 혹은 남한 차원에서 전개되어온 계급투쟁의 전한반도적 영역으로의 확대라는 차원에서 이해되어야 옳을 것이다"(앞의 글 233면)라고 하여, 통일운동에 대해 좀더 적극성을 보이며 운동의 전한반도적 확대까지 내다보고 있다. 하지만 정작 중요한 것은, 통일과 변혁이 우리가 '동시에' 떠안은 두개의 과제가 아니라 '분단체제의 변혁'이라는 **하나**의 과제이며 반면에 '민중적 민주주의'는 반민중적·반민주적 분단체제가 약화되는 과정에서 성취되는 민주개혁의 진전과 분단체제의 붕괴를 통해 가능해질 민중주도성의 획기적 강화로 나뉘는 **두개**의 순차적(그러나 밀접히 관련된) 작업이라는 인식이다. 이러한 인식이 없이 '권력의 문제'를 강조하는 것은(같은 글 239면) 결국 '민주변혁' 또는 '민중권력쟁취'라는 PD측의 관념적 구호를 다시 한번 되풀이하는 꼴밖에 안 된다. 정대화씨 스스로가 글머리에서 지적하듯이 우리가 아직도 통일의 개념을 두고 요

즘 같은 논란을 벌이는 이유는 "첫째, 88년 이후 통일운동의 양적 성장에
도 불구하고, 실천을 뒷받침할 수 있는 이론적 토대가 결여되어 있기 때
문이다. 남한에서 전개되고 있는 남한의 통일운동은 아직까지 남한의 역
사와 특성을 반영하면서 동시에 한반도 전체를 포괄하는 고유한 통일이
론 및 이를 위한 운동론을 발전시켜내지 못했다."(230면) 쉽게 말해서 우리
에게는 아직도 '선민주 후통일'의 이론과 '선통일 후민주'의 이론은 있을
지언정 '통일운동과 민주화운동의 일체화'에 대한 효과적인 이론은 없는
것이다.

　나 자신이 그러한 이론을 내놓았다고 자처한다면 망발일 것이다. 하지
만 바로 그러한 이론의 필요성과 가능성을 전보다는 더 구체적으로 제시
한 것이 '분단체제'의 개념이 아니겠는가. 정대화씨가 지적하는 두번째
이유는 실천적 과제와 직결되는 문제이다. 즉 "통일의 과제가 변혁 및 자
주의 과제와 결합되어서 전개되는 남한 운동의 복잡성과 특수성 때문이
다. 역사적으로 남한사회의 운동은 세가지 차원의 과제를 하나의 총체적
인 운동으로 결집하도록 요구받았다. 그러나 이 세가지 차원의 과제가 완
전한 운동이론과 튼튼한 실천조직으로 결합되지는 못했다는 것도 사실
이다."(같은 곳) 두개 또는 그 이상의 과제가 어떤 내적 연관으로 결합되어
있으며 어떻게 세분되어 어떤 우선순위가 매겨지는지가 밝혀지지 않은
상태에서 복수의 과제들을 '동시에' 수행하라고 하면 "튼튼한 실천조직
으로 결합"될 리 만무하다. 앞서 민주와 통일의 관계에 대해서도 그랬듯
이 자주와 통일의 관계도 '비자주적 분단체제의 극복'이라는 단일 과제
를 중심으로 다시 정리되어야 하며, 그러다보면 민주와 자주의 우선순위
문제도 결정적인 분열요인이 될 이유가 없어진다. 바로 이런 취지에서 나
는 '자주·민주·통일'이라는 나열식 구호에 대한 재검토가 필요함을 주장
한 바 있거니와(「개편기를 맞은 한국의 민족민주운동」 참조), '분단모순'을 거론
한 다른 자리에서 "나의 분단모순론은 우리가 떠맡은 자주화와 민주화의

과제를 동시에 포용하는 개념으로서, 나 자신은 '주요모순의 주요측면'이 민주화라고 믿고 있지만 개념 자체는 자주화와 민주화 과제의 상대적 우위에 대한 견해차이를 '주요모순'을 둘러싼 대립이 아닌 '주요측면'에 관한 대립으로 자리매겨주는 실천적 잇점을 지녔다는 것"을 상기시키기도 했다(『민족문학의 새 단계』 169면).

5.

통일방안 및 통일운동론과 관련하여 요즘 특히 논란의 대상이 되는 것이 이른바 흡수통일 문제다. 여기에는 그것이 바람직하냐는 문제와 실현가능하냐는 문제가 섞여 있는데, 대체로 NL과 PD라는 기존의 급진운동권은 바람직하지 않다는 점에 일치하면서 그 개연성 문제로 갈라선다. 한편 급진운동권 바깥에서는, 딱히 극우세력이 아닌 개혁세력 중에도 그것이 가능만 하다면 추구해볼 만하다라거나 최선은 아니지만 거의 불가피하지 않겠느냐고 생각하는 사람들이 적지 않은 듯하다.

현실문제를 논할 때 어떤 일이 실제로 가능하냐라든가 또는 불가피하냐라는 종류의 물음은 되도록 주관적인 바람의 개입을 자제하면서 사실적인 결론에 도달하고자 해야 함은 물론이다. 그러나 역사의 중대한 사안일수록 '불가능' 또는 '불가피'라는 간명한 답변이 나오기 힘들기 때문에 그것이 과연 바람직하며 우리가 어떤 식으로 개입할까라는 문제가 얽혀들게 마련인데, '흡수통일'의 전망이야말로 너무나 많은 변수에 휘말려 있다. 남한의 능력만이 아니라 북한의 실상과 역량, 외국(주로 미국과 일본)측의 역량과 의도, 기타 주변 강대국들의 향배, 전반적인 세계정세 등 정밀하게 계산하기 어려운 요소들이 복잡한 상호연관을 맺으며 산적해 있는 것이다. 그럴수록 최대한의 객관적 사실인식을 기해야겠지만, 동시에 '흡수통일'이라는 용어부터 좀더 분명히 정리할 필요가 있을 것이다.

  '흡수통일'은 동독이 서독의 헌법절차에 따라 독일연방공화국에 가담하고 서독의 자본주의 경제체제에 통합된 이후에 유행하게 된 낱말로서, 흔히 그러한 '독일식 통일'과 동의어로 쓰인다. 그리고 이때 '독일식'이라는 수식어를 다소 엄격히 적용한다면, 남한이 서독과 너무나 다르고 북한 또한 동독과 다르기 때문에 독일식 흡수통일의 가능성은 희박하다는 많은 사람(필자 포함)의 지적에 큰 무리가 없다고 할 것이다. 그러나 단순히 자본주의 주도의 분단해소라거나 한반도 전역에 걸친 자본주의 시장의 형성을 뜻하는 좀더 넓은 의미의 '흡수통일'이라고 할 경우, 검토할 가능성들은 훨씬 다양하며 확률문제도 훨씬 복잡해진다.

  예컨대 독일에서 서독 자본이 주도했듯이 남한 자본이 주도하는 것이 아니라 미·일 자본이 주체가 된 흡수통일 가능성이 제기된 바 있다(이만수 「다가오는 통일시대와 노동운동의 새로운 임무」, 『노동운동』92년 2·3월 합본호). 이에 대해 필자는 외국 자본의 경우 '통일비용'을 감당할 능력이야 있지만, "통일독일과 엇비슷이라도 한 통일한국을 자신들이 주도하는 세계질서 속에 편입하기 위해 그 막대한 비용을 감당해줄 리는 없다"(「민중운동과 통일운동」 54면(본서 186면))라고 의문을 표시했다. 다만, "만약에 북한측의 결정적인 실족과 남한측의 경거망동이 겹쳐 일종의 흡수통일이 이루어졌을 경우 그로 인한 전국적 혼란과 경제파탄을 〔미·일 등의 자본이〕 '유연한 자본축적'의 또다른 계기로 삼으려 할 것이다. 세계경제 속의 통일한반도의 지위가 지금의 남한보다 훨씬 낮아진다 해도 이에 쉽사리 적응할 수 있는 것이야말로 국제자본의 '흡수통일능력'인 것이다"(같은 곳)라고 토를 달았다. 하지만 적어도 한반도 내의 사태진전에 대해서는 적잖은 영향력을 견지할 것으로 보이는 남한의 자본가들이 남한 자본의 그토록 급격한 위상 격하에 동조하리라고 보기 힘들며, '미·일 자본'이라는 것도 단일한 실체가 아닌 만큼 이러한 모험을 위한 일치단결이 가능할지 의심스럽다. 아무튼 통일 후 독일이 치르고 있는 홍역을 감안할 때 그와 비슷한 흡수통일의 결과가 한국에는 일대 재난에 가까우리라는 추측이 불가피하다.

바로 그렇기 때문에 적어도 단기적으로는 남한 기득권층의 다수──즉 오귀환씨가 말하는 '강경파'만 뺀 '보수파'와 '온건파'──나 외국 자본측의 주류가 통일보다는 분단이 지속되는 상태에서 한반도 전역을 세계시장에 편입시키는, '흡수통일'보다는 '흡수통합'이라는 표현이 더 어울리는 전략을 선호하는 듯하다. 그리고 북한측으로서도 당장의 흡수통일 가능성을 봉쇄하기 위해 최소한 일정선까지는 이러한 사태진전을 수용하기로 방침을 바꾸었을 것이라는 견해가 여러 논자들 사이에서 제기되고 있다.

이러한 상황이 한동안 지속된 뒤의 '흡수통일' 가능성은 지금으로서는 더더구나 예측하기 힘들다. 북한정권의 '루마니아식' 전복 각본은 현재로는 일부 강경 반공주의자들의 소망사항일 따름이겠지만 긴 장래의 가능성으로는 당연히 그것도 고려의 대상이 되며, 반면에 남한의 경제성장이 심각하게 둔화되고 사회불안이 급증하는 사태도 얼마든지 가능하다. 그 어느 쪽의 경우도 통일로 이어질지 여부는 또다른 문제인데, 어쨌든 지금은 희박한 '독일식' 또는 그와 유사한 방식의 실현 가능성이 언젠가는 높아질 수도 있고 좀더 대등한 통일의 가능성이 오히려 확대될 수도 있을 것이다.

'좀더 대등한 통일' 가운데는 '예멘식'도 있다는 점 역시 참고할 만하다. 예멘에 대해서는 나 자신 너무 아는 바가 적지만, '자본주의' 북예멘과 '사회주의' 남예멘은 7·4성명이 발표되고 동서독의 기본조약이 체결되던 1972년에 통일원칙에 합의했다가 오랜 절충과 몇차례의 충돌을 거친 끝에 1990년에 양측 정권의 합의로 통일을 이루었다. 북예멘 집권당의 일정한 우위가 전제되고 남예멘의 '사회주의' 포기를 수반하는 것이었지만 남쪽 집권당의 기득권은 그것대로 존중되었다고 한다. 최근에 그곳을 다녀온 한 인사의 표현에 따르면 '3당합당식' 통일을 한 셈인데(북예멘 집권당이 대통령을 내고 남예멘 집권당이 부통령을 내는 식으로), 그에 따른 후유증도 만만찮지만 어쨌든 상당정도 자주적으로 평화통일을 이루었다는 점은 평가해야 할 것이다. 이에 대해 우리가 비판을 가하고자 할 때는, 한마디로 사회주의적 통일이 아니었다라거나 '민주변혁'이 없었다라는 식으로 몰아칠 일이 아니라, 동독 말년의 민주개혁이나 통일과정에서의 선거절차가 대표하는 만큼의 민중적 참여조차 없었기에 독일식 통일보다 민중의 관점에서 더욱 바람직하지 못한 면이 있다는 식으로 구체적인 문제제기를 해야 할 것이다.

아무튼 한반도에서 개량된 분단체제가 일정기간 계속된 끝에 '예멘식 통일'이 이룩된다면 분단시대를 통해 남북한 민중이 흘린 피에 대한 보상으로서는 너무나 허망한 결과일 것이 분명하다. 그렇게 될 가능성 역시 현실적으로 크다고는 말할 수 없다. 한반도의 남·북 각자는 예멘의 북·남에 비해 지금도 이미 훨씬 복잡하고 여러모로 수준 높은 사회이거니와, 분단체제의 일정한 개량만으로도 우리의 민중역량은 집권당 간의 나눠먹기식 통일을 불가능하게 만들기에 충분할 것이기 때문이다. 그러나 이 경우에도 '예멘식'하고 어떤 방향으로 얼마만큼 달라질지는 숙제로 남는다.

6.

이런저런 가능성들을 검토할수록 우리는 기존의 어떤 통일방식과도 다른 우리 나름의 길을 찾아낼 필요가 더 절실해진다. 또한 선행방식들이 우리 현실에서 되풀이되기 힘든 이유가 많다는 점에서 '우리식의 통일', 종전의 어떤 방식보다 우리 민족과 민중의 이익에 충실히 부응하는 새로운 형태의 통일을 위한 일정한 객관적 기반이 존재한다고 하겠다. 그러나 다른 방식들이 어렵다는 소극적인 의미의 기반만으로 불충분함은 물론이다. 그것을 바탕으로 우리식의 통일을 추진할 사회세력의 존재라는 적극적인 의미의 기반이 필요한 것이다.

이러한 세력의 형성—강정구씨가 말하는 '동력형성'—을 위해 분단체제에 대한 인식이 긴요함을 이제까지 역설해왔다. 그리고 분단체제의 인식은 그것이 어떤 더 큰 체제의 일부인가에 대한 인식을 포함한다고 서두에 밝혔는데, 분단해소의 여러 가능성을 검토하는 과정에서도 우리가 그야말로 세계적인 시각을 갖지 않고서는 한반도의 장래를 제대로 논할 수 없음을 실감하게 된다. 그런데 '세계적인 시각'이라는 것 자체가 무작정 시야만 넓힌다거나 외국에 대한 정보를 쌓아감으로써 획득되는 것이 아니고, 이땅의 오늘을 사는 사람으로서는 우리의 분단체제가 어떤 세계체제의 일부이고 그러한 세계체제의 어떤 하위체제인가를 파악함으로써 얻을 수 있는 것이다.

그러나 세계체제에 관한 이론을 끌어들이는 일도 그것이 얼마나 우리의 분단현실을 설명하고 분단체제극복 운동에 이바지할 수 있는지가 검증되지 않는 한, 강단세계의 지적 취향 차원을 크게 벗어나지 못한다. 예컨대 냉전체제와 분단체제의 관련이 결코 단순치 않음을—즉 후자가 전자의 단순한 하위체제가 아님을—지적했지만, 냉전체제 자체가 결코 자본주의와 사회주의 '양대 세계체제'의 대립이 아니고 자본주의 세계체제의 장구한 역사 속의 특정 시대에 불과했으며 '진영모순'은 이 시대의 기본모순이기는커녕 동서냉전을 기화로 미국이 소련뿐 아니라 독일과 일본까지 통제하는 기제이기도 했다는 점이 설명될 때, 분단체제의 독자성은 더욱 분명해진다. 즉 한반도의 분단은 '진영모순'을 거의 그대로 재현한 독일의 분단보다 제국주의 패권의 더욱 일방적이면서도 더욱 다각적인 작용이었음이 확인된다. 그만큼 자본주의 세계체제의 모순들을 훨씬 깊고 다양하게 체현하고 있으며, 여기서 한반도 분단체제의 극복이 냉전 중에도 가능했던 베트남의 통일이나 냉전종식과 더불어 가능해진 독일의 통일보다 더욱 큰 세계사적 의의를 지니리라는 전망이 객관적 타당성을 획득하는 것이다.

그렇다고 대뜸 한반도 통일에 따른 세계자본주의의 붕괴라거나 한반도에서의 온전한 사회주의의 성립을 예상한다면 곧바로 객관성을 상실하는 결과가 된다. 동서냉전에서의 서방측 승리가 자본주의 세계체제에 오히려 자체 모순의 심화를 가져오고 있는 것은 사실이지만, 제3세계에서의 레닌주의적 '민주변혁'이나 세계시장을 외면한 '자주적' 일국사회주의를 허용하지 않을 힘은 그 어느 때보다 커진 상태다. 아니, 둘 중 어느 것도 자본주의극복의 왕도가 아님을 실력으로 입증한 참이다. 또 바로 그렇기 때문에 '민주변혁'을 내세운 선민주·후통일 노선도 아니고 '민족해방'의 이름으로 추진되는 선통일·후민주도 아닌 분단체제의 극복만이 현존 세계체제에 좀더 실질적인 타격을 줄 수 있는 것이다.

말을 바꾸면, 세계체제의 실상에 대한 올바른 이해를 가질 때, 우리의 운동이 '자주'와 '민주'의 우선순위를 두고 분열할 이유가 없음이 다시 한번 뚜렷해진다. 그로 인한 분열을 마다않는 논자들이 이해하는 '민주'와 '자주'는 다같이 현실세계에 없는 허상일 따름이며, 설혹 우리가 고도의 자주성과 민중주도성을 발휘한 통일을 이룩한다고 해도 자본주의 세계경제가 하루아침에 무너진다거나 우리만이 세계시장과 무관하게 살 수 있는 세상은 오지 않는 것이다. 이렇게 본다면 NL 대 PD라는 급진운동권 내부의 대립뿐 아니라 '변혁 대 개량'이라는 좀더 큰 범위의 대립구도 역시 다분히 무의미한 것이 된다. 물론 일체의 변화를 거부하는 기득권세력과 조금이라도 개혁 또는 변혁해보려는 세력의 대립이 당장에 남고, 분단체제의 타파를 원하는 사람과 그 개량으로 만족하는 사람의 대립이 뒤이어 성립할 것이다. 하지만 이런 대립들이야말로, 분단한국의 자체개혁을 일차적인 과제로 삼되 이를 분단체제의 변혁으로 연결시키며 이런 변혁을 통해 세계체제 속에서 민족의 삶을 개량하고 나아가서는 세계체제 자체의 변혁에 이바지하려는 사람들이 기꺼이 감당할 대립이요 기층민중들을 중심으로 가장 많은 사람들을 동원할 수 있는 대립구도라 할 것이다.

효과적인 동력형성을 위해서는 세계체제와 분단체제에 대한 인식의 구체화 과정에서 동아시아 내지 동북아시아라는 중간항에 대한 체계적 인식이 함께해야 한다. 그 점에서 문제의 특집 중, 단순한 반미 또는 반일 주장에 머물지 않고 "쇠퇴해가는 미국의 영향력과 부상하는 일본의 영향력 사이의 전환기에 외세의 상대적 공백기가 형성"(21면)되는 것을 적극적으로 활용할 것을 주장한 강정구씨의 제의라든가, 남한 경제계의 일부 인사들이 '시장권' 개념으로 통일을 파악하기도 한다는 오귀환씨의 지적 (45면)이라든가, 'PKO 후'의 일본을 과거식 군국주의의 부활이라는 차원이 아니라 기성 세계질서 속의 '보통 부자나라'로 드디어 자리잡고 '보통 가난뱅이'들을 억누르는 '부자 클럽'에서 제 몫을 충실히 하게 된 일본이라는 차원에서 인식할 것을 촉구하는 오다씨의 글이 모두 시사하는 바 크다. 이러한 지역정세 문제에 관해서는 식견도 모자라고 지면 또한 부족하므로 여기서는 더 언급하지 않겠다.

다만 이 문제 역시 궁극적으로는 단순한 '정세판단'의 문제가 아니고 '민족'이나 '국가'의 개념 자체를 근본부터 다시 생각할 것을 요구하는 문제임을 강조하고자 한다. 전지구적 세계경제의 존재와 지역적 통합의 진전에도 불구하고 '국민국가'의 중요성은 엄연하며 '민족'의 문제는 오히려 절실성을 더해가는 느낌조차 있다. 그러나 국민국가 내지 민족국가를 사회구성의 기본단위이자 표본으로 삼는 발상이 당연시되던 시대는 확실히 지나갔다. 가장 흔히 지적되는 것은 다국적자본에 대한 개별 국가기구의 통제력 약화라는 현상이지만, 그밖에 유럽에서처럼 지역적 경제통합이 기존 국가들 간의 정치적 통합으로까지 진행하는 현상도 있고, 각종 국제기구들의 영향력 증대라든가 반체제운동들의 초국가적 연대관계의 증진도 (아직 초보적인 단계지만) 무시할 수 없는 수준에 이르렀다. 또한 기존의 다민족국가가 와해되며 소수민족들이 제각기 독립을 부르짖는 현상도 1민족 1국가 원칙을 강화해준다기보다 오히려 그에 대한 전면적 재검토를 요구하고 있다.

물론 먼 옛날부터 단일한 국가조직 아래 동질성 높은 민족사회를 구성하고 있다가 타의로 분단된 주민집단의 통일민족국가에 대한 열망은 특별한 것이다. 하지만 그럴수록 어떤 선험적인 1민족 1국가 원칙보다 해당 분단체제의 비자주성·반민주성에서 통일의 구체적인 당위성을 구해야 하며 이에 걸맞은 통일국가의 형태를 찾아야 한다. 실제로 우리는 남북 각각에서 온전한 민족국가도 아니지만 그렇다고 국민국가가 아주 아니랄 수도 없는 국가생활을 영위하면서 '일국사회'라는 분석단위의 모호성을 실감한 바 있으며, 남북 양쪽에서 제기된 국가연합을 전제한 민족공동체라든가 연방제, '연합성 연방제' 등이 모두 우리가 8·15 이후 분단이 안되었더라면 당연한 것으로 생각했을 통일국민국가와는 뚜렷이 구별되는 복합국가 형태를 설정하고 있다. 이 모든 것을 '완전한 통일국가'로 나아가는 잠정단계로 생각하는 예가 대부분이기는 하다. 그러나 분단시대가 마치 없었던 것처럼 8·15 당시의 민족사적 목표로 되돌아갈 수 없음은 물론이려니와, 분단체제극복의 방편으로 채택되는 연방 또는 연합 체제가 '국가' 개념 자체의 상당한 수정을 동반하는 새로운 복합국가 형태의 창출이 아니어도 곤란할 것이다. 기존의 안이한 '1국가 2체제 연방'안에 대해서는 사실 김세균씨의 공박이 예리한 바 있었다. 그러나 이에 대한 고세현씨의 논평 또한 경청할 만한데, 첫째 '민중통일론'에서 구상하는 새로운 "진보적인 사회체제를 만드는 일이 지금까지 세계 역사상 유례가 없었던 1국가 2체제의 연방을 이루는 일보다 더 쉽다거나 더 현실적이라고 볼 수도 없다"는 것이요, 또한 "현재의 적대적인 두 체제가 이 모습 그대로 외국으로서가 아니라 한 나라 안에서 사이좋게 공존하는 것은 생각하기 힘든 것"이지만 바로 그렇기 때문에 "1국가 2체제의 연방 역시 남북 양쪽

체제의 일정한 갱신을 전제하는 것이라고 보아야"(54면) 한다는 것이다.

통일 과정의 진전과 더불어 남북 양쪽에 중대한 변화가 일어날 수밖에 없음은 당연한 상식이지만, 특히 분단체제라는 개념을 전제할 경우 이 체제의 하위체제에 불과한 현존 '2체제'는 그 상위체제의 변화로 직접적인 영향을 받을 것이 자명한 일이다. 그러므로 남북 각기의 '내부변화'를 위한 노력도 항상 통일운동과의 유기적인 관계 속에 진행되어야 하거니와, 고세현씨가 제의한 '2체제' 개념의 유연한 해석과 병행하여 '1국가' 개념도 기존의 틀을 벗고 생각해봄직하다. 다시 말해 분단극복을 가능케 하는 '1국가 2체제'가 현존하는 '2체제' 그대로일 수 없듯이 '1국가' 역시 기존의 '1국가'는 아니리라는 것이다. (『창작과비평』75호 고은씨 글에 거론된 '다(多)연방제' 구상도 이러한 새로운 국가형태 모색의 하나로 흥미를 끈다. 다만 도 단위 정부를 독립시키는 그 연방국가가 가령 독일연방공화국이 '서독' 시절부터 채택하고 있던 국가체제와 어떻게 대비되며, "국가원수도 권력동기가 아닌 배분동기로 추대"한다는 구상이 지금은 와해된 유고슬라비아연방이 티토 죽은 뒤 시행하던 제도보다 얼마나 더 현실성이 있을지 등등의 구체적인 문제를 좀더 따져볼 숙제가 남아 있다.)

국민국가와 민족구성원 사이의 관계가 지금도 결코 단순한 것이 아님은, 한반도 주민 누구나가 동일 민족 소속이면서 남 아니면 북 한쪽 국적의 소유자라는 사실 말고도, 중국·미국·일본·유럽·구소연방 등 세계 각국에 살고 있는 '해외동포'들의 존재가 웅변해준다. '한민족공동체'는 현재 이미 다국적공동체이며 통일 이후에도 그럴 것이다. 통일 과정에서 해외동포의 역할에 대해 북한측은 일찍부터 남달리 강조해왔고 남한 당국역시 최근에는 한결 적극적인 자세를 보이게 되었는데, 통일되면 다 귀국해서 살라거나 통일할 때까지만 열심히 도와주고 그다음에는 각자 자기식으로 살자는 것이 아니고 통일을 손잡고 이룩한 만큼이나 통일 후에도더욱 보람있고 풍성한 민족공동체 생활을 하자는 것이라면, 현존하는 국민국가 형태보다는 좀더 그에 걸맞은 국가체제가 고안되어야 할 것이다. 물론 이것이 순조로우려면 해외동포들이 체류 내지 소속하는 국가들 쪽에도 달라져야 할 바가 많다. 그 사정은 나라마다 다른데, 예컨대 재일조선인의 귀화 아니면 이등인간화를 강요하는 일본의 국가체제와 이념은 대표적인 장애요인이며, 일본보다는 소수민족(특히 흑인이 아닌 동양인들)에 개방적인 편이지만 역시 인종주의와 대국주의가 팽배하고 반공주의의 총본산인 미국사회 또한 당연히 바뀌어야 할 대상이다. 그런데 이런 것들이 단순히 한반도 주민과 해외동포의 원만한 공생에 장애가 되는 것이 아니라 한반도 분단체제의 해소를 가로막는 최대 외부요인들의 다른 일면이라는 점에서, 한반도 안팎에 걸친 국가형태의 변화와 이에 따른 국가기구의 민중장악력의 약화는 통일운동이 떠맡은 핵심과제의 하나라 할 것이다.

이 점에서도 우리는 통일운동이 민중운동이 될 수밖에 없음을 다시 한번 확인하게 된다. 남한에서의 그러한 민중운동은 실재하는 국민국가의 상대적 무게에 걸맞게 일차적으로 남한 민중 위주의 조직과 강령을 가질 터이나, 동시에 그것은 분단체제를 공유하는 남북한 민중의 연대와, 세계체제의 현단계를 함께 사는 세계 각국의 민중, 그중에서도 공통의 지역 이해와 문명 유산을 지닌 동아시아 민중의 연대를 수용할 수 있는 성격이어야 할 것이다. 이러한 운동이 분단체제라는 당면현실에 대한 정확한 인식을 통해서만 가능할 것은 물론이다. 가령 7·4공동성명에 발표되고 작년 12월의 남북 합의서에 의해 재확인된 통일 3원칙 중 '민족대단결' 개념에 대한 최근의 토의가 분단체제 개념의 결여로 인해 미흡한 성과에 그쳤음을 지적한 바 있다. 하지만 이들 기본원칙에 대해 민중적 관점의 토론이 전개된다는 사실은 중요하다.

뿐만 아니라 훨씬 명료해 보이는 '자주'와 '평화'의 원칙에 대해서도 민중운동의 구체적 과제와 관련해서 '민족대단결'론 못지않은 논의가 있어야 하며, 정부 당국자들 스스로 합의해놓은 이들 세 원칙 이외에 민중운동만이 제시할 수 있는 어떤 것이 또 있을지도 좀더 활발히 의논해서 운동의 강령으로 채택할 일이다. 범민련을 비롯한 기존의 재야 통일운동가들이 제시한 '자주교류'의 원칙도 물론 그중 하나이다. 그러나 이제까지는 남쪽 당국의 '창구단일화' 방침에 따라 물리적으로 배척당했을 뿐 아니라, 그 추진방식이나 결과에 있어 실질적인 '창구단일화'가 확보된 북측의 일방적인 찬동을 받음으로써 남한 민중의 운동으로서는 호소력이 줄어들게 마련이었다.

한편 한국기독교교회협의회(KNCC)는 1988년 '민족의 통일과 평화에 대한 한국기독교회 선언'에서 7·4성명의 3원칙에다 '인도주의'와 '민중주도'의 원칙을 추가했고, 금년(1992년) 8월에는 5개 원칙에 새로 다섯 항목을 더해 '통일희년을 향한 그리스도인의 신앙고백' 10개항을 발표했다. 이는 민간운동의 독자적 강령 제정의 한 본보기인데, 다만 민중적 통일운동의 강령으로서는 더 많은 논의와 정리가 필요한 상태다. 예컨대 제5항의 '민중주도' 원칙은 민중운동의 경우에는 다른 모든 항목과는 차원을 달리하는 기본원칙일 것이며, 9항 '교회일치' 및 10항 '남북교회 공동선교'는 교회 내부의 문제로서 또다른 차원에 속하는 셈이다. 반면에 6~8항 '남녀평등' '경제정의' '환경보전' 원칙들은 모두 중요한 실질적 내용을 담고 있다. 물론 양쪽 정부도 이들 원칙 자체를 부정할 리는 없지만, 민중운동의 강력한 문제제기와 철저한 감시가 없이 당국 스스로가 적극성을 보이기 힘든 영역인 만큼 남북교류 과정에서부터 시작하여 통일정부의 헌법과 정책에 반영되도록 통일운동 강령으로 못박음직하다. 그런데 KNCC의 '신앙고백과 실천과제'(한국기독교교회협의회 배포자료 『통일을 앞당기는 그리스도인의 삶』, 1992 참조)에서 아쉬운 점은 정작 이 원칙들이 어떻게 **통일운동**의 과제로 구체화될지에 대해서는 거의 말해주는 바가 없다는 것이다. 그 점에서 88년에 먼저 선포된 '인도주의' 원칙의 실천과제는 조금 더 구체적이다. 국가보안법 철폐 등 '민족대단결'이나 '평화' 조항에 들어갈 수 있는 항목도 있지만, "남북의 양심수들의 인권보장"이라든가 "해외 1천만 동포들의 인권" 등 정권측에서는 형식적인 지지 이상을 보내기 어려운 조항도 포함되어 민간통일운동으로서의 독자성을 살리고 있다.

이상은 한두가지 예를 든 것뿐인데, 요는 통일을 갈망하고 민중이 자기 삶의 주인 되기를 목표 삼는 모든 개인과 단체들이 분단체제의 극복과 통일 후의 더 나은 삶에 필수적이라 믿는 원칙들을 제시하여 토론하고 합의에 도달하는 과정이 긴요하다. 처음부터 너무 꽉 짜인 민중통일운동의 조직이 바람직하지도 않고 가능하지도 않듯이, 강령 또한 지금 단계에 너무 명세화할 일은 아니다. 하지만 적어도 남북 당국 간에 이미 합의되고 민족성원 대다수의 지지를 얻은 통일 3원칙에 대해 민중적 관점의 해석이 있어야 하고, 아울러 7·4성명에는 없고 남한측의 '한민족공동체' 제안에만 있는 '민주'의 원칙에 대해서도 민중의 통일운동에 걸맞은 자세로 수용하는 것이 민주화를 일차적 당면과제로 삼고 있는 남한 민중운동으로서는 당연한 일이겠다. 민중의 통일운동에 걸맞은 수용이라 함은, '민주' 또는 '인권'을 들먹이는 일이 북한 현실 중 외부세계의 공인된 기준에 미달하는 점만을 들춤으로써 긴장을 고조시켜 오히려 분단체제의 남북 기득권층들을 골고루 거들어주는 어리석음을 저지르는 대신, 형식민주주의의 제반 조건과 더불어 민중의 생존권·평등권 들을 '인권'의 개념에 포함시켜 시시비비를 가림으로써 남북 어느 쪽의 당국도 쉽사리 외면하지 못하고 그렇다고 이용하지도 못하는 독자성을 확보한다는 뜻이다. 그리하여 핵사찰만 하잘 것이 아니라 어느 시점엔가는 위에 말한 넓은 의미의 '인권상황'에 관해, 또는 여성권익과 환경보전, 해외동포들에 대한 우애의 실현 등등에 관해서도 남북 민중운동단체의 '상호사찰'이나 그들이 지목하는 국제기구에 의한 현장조사를 요구함직하다. 물론 이는 지금으로서는 막연한 희망 이상은 아니다. 하지만 독자적인 민중운동이 실세를 지닐 때 비로소 독일식도 베트남식도 예멘식도 아닌 한반도의 통일이 가능할 것은 명백하며, 이를 위해서는 무엇보다도 민중이 처한 현실의 핵심에 놓인 분단체제에 대한 인식이 필요하다는 믿음에서, 『창작과비평』지의 특집에 대한 논평에 곁들여 이런저런 생각들을 늘어놓아보았다.

—『창작과비평』 78호, 1992년 겨울호

보론

분단체제 논의의 진전을 위해

앞의 졸고는 본문 중에 밝혀지듯이, 필자가 편집인으로 있는 『창작과비평』에서 통일문제 특집을 꾸민 직후 그에 대한 논평의 형태로 바로 다음 호에 발표되었다. 분단체제에 관해 내가 써낸 글로는 가장 긴 것이지만, 남의 발언에 대한 논평의 형식을 띤 만큼 오히려 다른 어느 글보다 체계적인 논문과 거리가 먼 성격이었다고도 볼 수 있다. 동시에 앞선 일련의 단편적 발언들—이 책에서 본고의 뒤에 실린 글들—을 어느정도 전제하지 않을 수 없었으니, 일반독자들에게는 더러 난해한 대목이 있었다 해도 무리가 아니다.

그러나 전문적인 학도로서 분단문제와 실천운동에 남다른 관심을 가졌다고 자부하는 독자라면 조금 경우가 다를 터이다. 여기저기 흩어져 있는 졸고를 모두 찾아 읽어주기를 요구하는 것은 억지겠지만, 눈앞의 글과 쉽게 기억 또는 참조 가능한 두어편의 선행작업만을 토대로 적절한 판단에 도달하든가, 아니면 필요한 만큼의 자료조사를 해서 책임있는 결론을 내리든가 하는 것이 무릇 전문 공부인의 자세일 것이다. 그러나 이는 물론

나의 문제제기가 일고의 가치나마 있었을 때의 이야기다.

이유가 어찌 되었건 우리 학계와 논단은 「분단체제의 인식을 위하여」가 발표된 후에도 분단체제에 관한 논의가 별로 활성화되지 못했다. 졸고에서 명시적인 비판의 대상이 된 논자들도 활자를 통한 반박이나 해명은 없었으며, 다만 『창작과비평』측의 청탁에 의해 이종오(李鍾旿), 정대화(鄭大和) 두 분 사회과학도가 졸고를 직접 거론하는 글을 기고해주었다. 편집실무자의 강권을 못 이겼는지 어쨌는지 몰라도 나로서는 여간 고맙지가 않다. 실은, 이런 종류의 글이 두어편쯤 더 나온다든가 단 한편이라도 좀더 욕심에 부합되는 논평과 문제제기를 해준다면 '비판에 대한 답변'의 형식으로 분단체제 논의를 내 나름으로 새롭게 전진시킬 기회가 되려니 하고 기다려온 터이다. 하지만 그러한 기회를 아직 못 만난 상태에서 이 책을 간행하게 되매, 논의의 진전을 위한 몇가지 단상을 전고에 대한 짤막한 보론의 형태로라도 제시할 필요를 느낀다. 여기서 이·정 두분의 비판을 언급하는 것은 상세한 논평과 재반론으로서라기보다, 비판해준 성의에 묵살로 대응하는 결례를 피하면서 나 자신의 토막진 생각을 개진할 구실을 거기서 찾았기 때문이다.

이종오 교수의 「분단과 통일을 다시 생각해보며」(『창작과비평』 80호, 1993 여름)에 대한 나의 전체적인 소감은, '백낙청 교수의 분단체제론을 중심으로'라는 그 부제에도 불구하고 글의 대부분이 나 자신도 비판했던 기존의 '연방제론'이나 민족주의관에 대한 비판이라는 사실에서 오는 아쉬움과 약간의 어리둥절함이었다. 하지만 나의 분단체제론을 명시적으로 지목한 경우와 그렇지 않은 경우 모두, 장래 우리 논의에서 간과해서는 안 될 문제제기가 들어 있었다. 다른 한편 정대화씨의 「통일체제를 지향하는 '분단체제'의 탐구」(『창작과비평』 81호, 1993 가을)는, 그 자신의 선행작업에 대해 내가 두차례나 명시적 비판을 가했는데도(「분단시대의 계급의식」 및 「분단체제의 인식을 위하여」 참조) 이에 대한 언급은 생략한 채 '백낙청 교수의 "분단체

46

제론"에 대한 하나의 답론'을 시도했다는 점에서 역시 아쉬움과 어리둥절함을 안겨주었다. 그런데 이것은 의도적 묵살이라기보다 (잠시 후에 살펴보겠지만) 남한사회의 '민주변혁'을 중심으로 분단극복을 위한 공통의 실천 및 이론적 통합을 주장하던 그의 종전 입장이 아주 바뀐 것은 아니라도 그 자신감이 적잖이 흔들린 탓이 아닌가 하는 생각도 든다. 어쨌든 정대화씨 글의 문제제기를 검토하는 것도 분단체제 논의의 진전뿐 아니라 우리 학계의 공부길 잡기에 도움이 될 것은 물론이다.

발표시기로는 역순이 되겠지만 서술의 편의상 정대화씨의 글을 먼저 언급할까 한다. 그의 문제제기가 한편으로는 주로 사회과학적 원론 내지 방법론(그가 말하는 '개념적 검토')에 해당하는 것들이고, 다른 한편 실천과 관련된 대목은 이교수의 문제제기와 함께 거론하는 쪽이 편리하겠기 때문이다. 분단체제론에 대한 개념상의 문제제기 중 "사회구성체에서 세계체제론으로의 관점 이동"(앞의 글 298면)은, 1980년대 사회구성체 논쟁에 대한 나의 개입이 처음부터 세계체제론과 가까운 문제제기였으므로 '이동'도 아니려니와 이동 여부가 이론적 결격사항일지도 불분명하다. "분단모순론과의 연관성 단절"(같은 곳) 역시 나로서는 '단절' 자체를 수긍하기 힘들고 정대화씨의 비판(295~96면 등)도 '단절'보다 분단모순론 및 분단체제론이 '과학적 엄밀성'을 결했다는 주장으로 이루어져 있다. 따라서 문제의 핵심은 세번째 검토사항인 "'분단체제' 자체의 가변적 성격"(298면), 그리고 평자 자신이 '체제' 및 '과학성'에 관해 제시한 개념의 타당성 여부일 것이다.

정대화씨는 '체제'의 개념설정을 일차적인 쟁점이라 보고 다음과 같은 정리를 시도한다.

이것〔체제라는 개념〕은 통상적인 정치학에서 사용하는 것으로서 일정한 권력을 정점으로 구성되고 이에 부합되는 지배집단을 포함하는

*regime*의 개념일 수도 있고, 체계이론(system theory)에서 사용하는 것
으로서 그 자체 일정한 구성요소를 가지고 대외적으로 폐쇄적이고 대
내적으로 수평적인 *system*일 수도 있다. 그러나 백교수의 애초의 문제제
기에서 나타난 '체제'는 이 두가지 중의 어느 것도 아닌 독특한 것이다.

(294면)

나의 체제 개념이 "두가지 중의 어느 것도 아닌" 것만은 어김없는 사실이
다. 하지만 그게 과연 "독특한" 것인지는 의문이다. '세계체제'는 물론이
고 일국사회 위주로 '자본주의체제' 또는 '사회주의체제' 운운할 때도 영
어로 *regime*보다는 *system*을 말하는 것이 보통이지만, 그렇다고 '체계이론'
을 따르는 경우는 오히려 예외적이다. 아니, 체계이론 신봉자라 해도 "대
외적으로 폐쇄적이고 대내적으로 수평적인" 체제는 어디까지나 하나의
'이념형'이요 사회현실이 실제로 그럴 수 없음을 인정한다. (실은 자연과
학에서도 그런 현실은 없는데, 가령 태양계solar system만 해도 엄밀히 따
지면 그런 불변의 폐쇄적 체계는 아닌 것이다.) 그렇다면 "지역적 차이와
시간적 간극을 초월한"(301~302면) 체제론을 제시하지 않은 것이야말로
분단체제론의 미덕이 아닐까. 또한 분단체제론이 "사회과학적 인식에 역
사인식을 곁들인 설명방식이라는 평가"(297~98면)야말로 (그것이 정확한
평가라면) 분단체제론의 과학성을 부각시키는 지적이고, 도리어 역사인
식이 배제된 '사회과학적 인식'──그리고 역사가 배제된 '체제' 개념──
이야말로 (분단체제론에 관한 시비를 떠나서) 사회과학계가 시급히 극복
해야 할 미망이 아닐까.

이종오 교수의 문제제기는 원론적 차원보다, "선민주─선통일을 지양한
분단체제론이란 논리적인 범주에 불과한 것이고 현실적으론 실현 불가
능한 사안이 아닌가"(『창작과비평』 80호 294면)라는 점에 치중한다. 이를 부
연하여 그는, "선통일─선민주는 과거의 논쟁이며 현실에서는 이 논쟁의

대상 자체가 이미 소멸하였거나 급격히 사라지고 있다. 이 문제는 남한의 현실에서는 선민주·후통일로, 한반도 전체에서는 선통일·후변혁으로 이미 진행되고 있다"라고 말하는데, 이는 용어를 이해하기 따라서는 분단체제론과 그대로 통하는 이야기다. 왜냐하면 분단체제론은 "분단상태하에서 민주화도 사회개혁도 불가능하다는 논지"가 아니며 "한국사회의 모든 모순과 문제는 **궁극적으로**〔인용자 강조〕분단상황에서 유래한다는 논리"(같은 곳)도 아니기 때문이다.

그러나 뒤이어 "통일의 형태는 결국 남한 주도하의 흡수통일이 될 수밖에 없다"거나 "흡수통일이 피할 수 없는 객관적 추세"(같은 곳)라는 주장을 보면 분단체제론과는 상당히 다른 현실인식 및 접근방법임을 알 수 있다. 물론 수많은 실천가와 연구자들이 흡수통일이 바람직하지 못하다는 이유로 그 실현 가능성 자체를 검토하지 않으려는 데 비해, "결정적인 사실은 흡수통일이 바람직한가가 아니라 흡수통일이 피할 수 없는 객관적 추세라는 것이다"라고 한 그의 문제제기는 정녕 값진 바 있다. 또한 오늘의 시점에서라면 "진보진영은 연방제나 국가연합이나 혹은 흡수통합 중 어느 것이 입에 맞는 떡이냐를 선택할 수 있는 입장에 있지 못하다"(같은 곳)라는 지적도 정확하다. 그러나 여기서 한걸음 더 나아가, "90년대의 상황에서 이러한 체제선택이 이루어질 때 그것은 남한 체제로의 선택이 될 수밖에 없다고 여겨진다. 그리고 이 문제는 남한정부가 흡수통일의 의사를 가지고 있느냐 없느냐와도 사실은 상당히 무관한 것이다"(297면)라고 말할 때는, 과연 이것이 일부 진보진영의 흡수통일배제론보다 얼마나 더 사회과학적 분석에 근거한 주장인지 의심스럽다. 진보진영의 바람뿐 아니라 남한정부의 정책의지와도 무관한 '객관적 구조'는──적어도 그러한 것이 실증되지 않은 글에서는──1980년대에 익히 듣던 '역사의 합법칙성' 또는 '철의 법칙'을 연상시킨다. "90년대의 상황에서 이러한 체제선택이 이루어질 때"라는 발언도 그러한 체제선택이 90년대에, 그것도 대충 어느 시점에서, 이루어질 수밖에 없는 현실을 제시함으로써만 '과학'의 권위가 붙을 터인데, 현명한 과학도라면 혹시 그러한 선택의 시기가 90년대 말엽 또는 2천년대로까지 미루어질 가능성이라든가 시기의 지연이 선택의 내용에 미칠 가능성 따위도 당연히 함께 검토할 것이다. 정대화씨는 "이종오 교수가 현실분석의 치밀함에도 불구하고"(301면)라는 말로 그 점에는 불만이 없음을 표시했지만, 나로서는 현실분석의 필요성을 강조한 그의 문제제기가 값진 만큼이나 그 자신의 분석은 차라리 주관적 단정에 가까운 면이 많다고 느낀다. 이런 기준이라면 졸고에서 '서독식' 통일뿐 아니라 '예멘식' 통일, 게다가 이도저도 아닌 '흡수통일'과 '흡수통합'의 개연성 문제를 그 소망스러움 여부와 함께 따져본 극히 개략적인 검토도 제법 '치밀'했다는 소리를 들을 날이 있지 않겠는가!

그러나 정직하게 말해서 분단체제―또는 '체제'가 아닌 그냥 '분단현실'이라도 좋다―에 관해 치밀한 현실분석을 해낸 이는 (특정 분야에 국한된 미시적 연구를 빼면) 아무도 없다고 보며, 굳이 따지자면 이는 문학도보다 사회과학도의 일차적 숙제이다. 그러므로 동독이 망한 뒤 5년째 버티고 있는 북한정권이 쓰러진다면 언제 쓰러질지, 또 쓰러질 경우 그 결과가 남한 주도의 새 체제일지는 그야말로 이제부터 치밀하게 분석해볼 일이다. 이 시점에서 내가 특히 강조하고 싶은 점은, 설혹 현실이 이교수가 전망하는 방향으로 간다손 치더라도, 그것이 바람직하지 않은 전망이라고 할 때는 더 나은 길을 찾으려는 이론적·실천적 모색의 책임이 인간생활에서는―특히 지식인의 삶에서는―면제되지 않는다는 사실이다. 바람직하지 않지만 거의 불가피한 장래에 어떻게 대비하느냐는 모색을, 조금이라도 더 바람직한 어떤 길이 있을까라는 모색과 함께 수행할 책임이 중첩될 뿐이다.

좀더 정확하게 규정한다면 그 두가지 모색이 사실은 하나의 과업인 것이 바로 인생이요 역사다. 우리 민족의 가까운 과거만 돌아보더라도, 식민지시대의 민족사적 과제는 일제 식민지체제를 주체적으로 극복하는 일이었다. 하지만 당시에도 세계정세에 밝고 민족역량의 한계에 냉엄한 분석가는 이러한 과제의 달성 불가능성, 연합국 주도에 의한 식민지시대 종식의 불가피성을 예언했기 쉽다. 그러나 이것이 식민지체제의 가장 바람직한 극복을 위한 이론적·실천적 모색의 현실적 무용론을 정당화할 수 있을 것인가? 연합국 주도의 '해방'이 분단시대로 이어지고 식민지 유제의 온존으로 이어진 것이 바로 그러한 노력의 부족 탓이 아니었는가? 반면에 그런 시도가 부족하나마 엄연히 있었기에 오늘날 우리가 분단시대를 분단시대로 의식하며 분단 이후의 시대가 분단체제의 유제를 최대한으로 청산한 시대가 되도록 공부하고 연마하는 일도 가능한 것이 아니겠는가?

물론 허황된 설계와 일방적 주장으로부터는 이런 장기적 효과가 나오지 않는다. 그렇기 때문에 나는 이른바 민족해방파(NL)의 선통일론과 민중민주주의파(PD)의 선민주변혁론을 줄곧 비판해왔고, 단순히 그 둘만의 변증법적 종합이 아니라 남한 기성체제의 근본적 변혁을 겨냥하는 이들 두 '급진운동권' 노선과 '자유주의적' 내지 점진적 개혁 노선까지도 아우르는 분단체제극복 사업을 제창해왔다. 이 사업이 기존의 각 노선에서 마음에 드는 점을 골라 기계적으로 수합하는 식으로 이뤄질 수 없음은 분명하다. 최소한 분단현실에 대한 총체적이고 체계적인 인식이 요구된다는 점에서 어떤 의미로든—다시 말해 '분단체제'가 정확히 어느 정도의 체계성을 띤 현실이고 어떤 구체적인 사실들로 구성되었는가에 대한 판단에 반드시 합의하지 않더라도— '분단체제론'이라 일컬음직한 어떤 논리가 필요하다. 그리고 이는 단지 이론상의 문제만이 아니고, 남한의 폭넓은 민주세력이 한때 공유했고 지금도 누구나 딱히 반대할 이유는 없는 '자주·민주·통일'이라는 목표를 분단극복 과정의 단·중·장기 과제에 대한 구체적인 검토를 통해 재정립함으로써 민주화 및 통일 운동을 개편하는 문제이다. (이 점은 국내 사정에 생소한 외국 독자들을 상대로 쓴 「개편기를 맞은 한국의 민족민주운동」(본서 수록)과 영문 졸고 "South Korea: Unification and the Democratic Challenge," *New Left Review* 197호, 1993년 1~2월호에 비교적 자세하게 설명했다.)

북한식 자주노선을 강조하는 '민족해방'이나 남한의 독자적 '민중혁명'이 모두 현실적으로 가망이 없는 주장임은 오늘날 너무나 뚜렷해졌다. 한걸음 더 나아가, 설령 그러한 구상이 한반도에서 일단 실현된다 해도 그것이 현존 세계체제를 변혁한다기보다 조만간에 자본주의 세계시장으로의 재통합과 심지어 그 강화로 귀결되리라는 점도 오늘의 세계정세로 보아 명백하다 하겠다. 바로 그런 대세가 엄연하기 때문에, 이제는 '흡수통일'에 대비하여 남한 내부의 '개혁'에 몰두하고 나아가 한국 경제의 '국제경쟁력'을 높여놓고 보자는 논리가 매력을 지니기도 한다. 그러나 정작 남한 경제를 주도하고 그 경쟁력의 계산에 가장 유능한 지배층 엘리뜨들은 급속한 흡수통일이 독일보다 약간 못한 정도가 아니라 남한의 '국가경쟁력'에 거의 치명적인 재난일 수 있다는 현실인식을 점차 굳혀가는 중이라는 것이 나의 짐작이다.

결국 현재로서 그들이 생각하는 가장 유력한 대안은, 분단체제의 안정과 점진적 개량을 통해 북한 지역을 자본주의 세계시장 속에——미·일 등 외국 자본보다 한국 자본에 되도록 유리한 조건으로——통합해가는 길이 아닐까 한다. 그리고 그들은 진보진영을 자처하는 흡수통일론자들처럼 '자신의 의지와 무관한' 통일을 내다보면서 남한 내부의 '개혁'에나 열중하는 길밖에 없는 사람들이 아니라, 국외의 기득권층과도 협조하여 분단체제를 운영하는 그들 나름의 경륜과 실력을 갖춘 세력이기도 하다. 게다가 분단체제의 개량은 전쟁 재발이나 체제의 개악——즉 남북간 긴장고조와 그로 인한 양쪽 사회의 경직화——보다는 나은 것이 분명하다. 그런데도 어쨌든 분단체제의 극복이 아니라는 점에서 끝내 받아들일 수 없다는 것이 분단체제론의 변혁론적 특색이요 고집이다. 아니, 통일을 전제한

'민족해방' '민주변혁' '흡수통일' 등의 구상에 대해서도 현실적인 개연성 문제를 떠나, 그러한 분단극복이 분단**체제**의 극복이 못 된다는 이유로 반대하는 것이 분단체제론의 원칙인 것이다. "통일한국이 대한민국의 확대판일 수는 없을 것"이라는 말은 이종오 교수의 글(307면)에도 나오지만, 흡수통일은 일차적으로 대한민국의 (아마도 개악된) 확대판으로 귀결될 것이라는 바로 그 점에서, 그리고 '민족해방'은 분단체제의 다른 일방인 북한 체제의 확대판이며 '민주변혁'은 자본주의 세계체제에서 지금은 무너진 하위체제인 동구식 사회구성의 재생산일 것이라는 점에서, 모두가 분단체제변혁론 및 그것이 전제하는 더욱 장기적인 세계체제변혁론에 본질적으로 배치되는 것이다.

이렇게 설명하다보면 그토록 원대하고 복잡한 변혁론은 못 따라가겠다고 물러앉는 이들을 곧잘 만난다. 복잡한 것이 내 탓이 아니라 복잡한 현실에 '더럽게 걸린' 셈이니 어쩌겠느냐고 답해주면, 차라리 손에 잡히는 구체적인 개혁에나 치중하자거나 아니면 진정한 변혁론은 원래 단순한 것이라고 맞서는 사람도 내 경험으로는 많이 보았다. '변혁' 대 '개량'이라는 구호 사이의 양자택일 등 이런저런 단순논리들의 소모적 대립이라는 악순환이 또다시 시작되는 것이다. 이럴 때 내게 주로 떠오르는 것은, 현실분석의 치밀성이라거나 '다원방정식'의 설정 등 지적 능력 차원 이전에, "사람들의 공통된 약점은 희망함이 적다는 것이다"라던 전태일(全泰壹)의 '낙서' 한 대목이다(『어느 청년 노동자의 삶과 죽음』, 돌베개 1983, 170면). 사실 흡수통일이 바람직하지 않지만 불가피하다고 너무 쉽게 단정한 이종오씨뿐 아니라, 이를 비판하면서도 정대화씨가 "만일 남북한과 해외의 모든 민중이 공통인식하에서 연대망을 구축해서 공동목표를 가지고 통일을 추진한다고 가정하더라도 각각의 위치에서 제기되는 복잡하고도 상이한 문제로 인해 구체적인 실천양상은 다르게 나타날 수밖에 없다. 하물며 전혀 공통의 상황을 설정하지 못한 오늘의 분단상황에서 공통의 실천을 전제한 이론적 통합을 상정하는 것은 지난한 과제일 수밖에 없다"(앞의 글 302면)라는 너무나 쉬운 하소연으로 결론을 대신할 때, 역시 우리 모두의 희망함이 더 커져야겠다는 생각이 앞선다. 분단체제 논의가 좀더 활발해지면서 '희망하기' 공부에도 진전이 있기를 바란다.

— 1994년

4·19의 역사적 의의와 현재성

1. 의거와 혁명

올해[1980년]는 4·19 스무돌인데다가 4·19를 다시금 찬미하는 일이 거의 유행처럼 된 첫번째 사월이다. 이 시점에서 4·19의 역사적 의의를 되새기는 감회도 남다른 바 있지만, 이런 때일수록 우리의 되돌아보는 시선이 냉철하고 정확할 필요를 느낀다. 무엇보다도 우리는 4·19를 민족사의 큰 흐름 속에서 올바로 보아야겠고, 동시에 세계사의 맥락에서도 그 적절한 위치를 찾아낼 수 있어야 할 것이다.

그동안 4·19가 제대로 대접을 못 받던 시기에 그 역사적 의의를 될수록 줄여잡기 위해 즐겨 쓰던 표현은 4·19가 '혁명'이 아니고 '의거'라는 것이었다. 4·19는 자유당정권의 부정과 실책, 특히 3·15부정선거를 규탄하는 학생들의 '의로운 거사'로서 이승만정권의 퇴진과 민주당정권의 수립으로 일단은 완전히 성공했다는 것이다. 그리고 4·19 직후 학생 또는 국민들에 의한 그 이상의 요구는 이미 성공한 의거와는 별개의 것으로서 정국의 혼란을 가져온 요인으로 평가하는 것이다.

4·19를 깎아내리려는 어떠한 노력에도 공감할 수 없지만, '의거'라는 평가에도 그 나름의 근거가 있음을 외면해서는 안 될 것이다. 4·19 당일 데모학생들의 구호 자체만으로 본다면 사실 의거라는 평가가 오히려 정확할지도 모른다. 그리고 그들의 의거는 애초에 학원의 자유와 공명선거를 외치며 시작했던 것이 대통령의 하야와 권력구조를 내각책임제로 바꾸는 개헌까지 성취함으로써 기대 이상의 성과를 거두었다고 말할 수도 있다. 그러나 역사상의 어떠한 혁명도 그것이 터지는 직접적인 계기를 이룬 쟁점만으로는 제대로 평가할 수 없다. 문제는 그러한 계기를 통해 이룩되는 변화가 사회 전체의 축적된 힘을 얼마나 동원하며 역사의 흐름을 얼마나 근본적으로 바꿔놓느냐는 것이다. 4·19의 경우도 이러한 안목에서 그 역사적 성격이 규정되어야 할 것이다.

　그런데 4·19를 '혁명'으로 드높이는 논법 가운데는 '의거'로 보는 것과 실질적으로 크게 다를 바 없는 경우도 눈에 뜨인다. 4·19를 깎아내리는 대신 드높이려는 의도가 다를 뿐이지, 역사적 인식의 내용에서는 큰 차이가 발견되지 않는 것이다. 예컨대 4·19는 아무런 집권욕이나 경제적 이해관계도 없는 학생들이 일으킨 '순수한 혁명'이라는 찬사를 자주 듣는다. 물론 4·19의 시위에 나섰던 학도들의 순수함은 찬미되어 마땅하며 더구나 젊은 생명을 바친 그 희생의 고귀함을 기리기에는 어떤 찬사로도 부족한 것이 사실이다. 그러나 이것은 어디까지나 학생들 거사의 의로움에 대한 인식이지, 하나의 '혁명'으로서 4·19를 평가하는 입장에서는 오히려 그 역사적 한계를 부각시키는 이야기나 다름없다. 집권의 욕심이 없다는 것은 학생으로서는 인간적인 미덕일지 몰라도 혁명세력으로서는 사후대책이 없다는 뜻이 되며, 경제적 이해관계를 초월해 있었다는 것이야말로 운동의 지속성이라는 면에서 가장 치명적인 약점인 것이다.

　우리는 흔히 '4·19세대'의 훗날 행적이 4·19의 순수한 정신과 얼마나 멀어졌는가를 수많은 사례를 통해 실감하며 개탄하곤 한다. 그러나 그것이 바로 생활상의 이해관계를 초월했던 왕년의 그 '순수성'과 직결된 사태진전임은 곧잘 잊어버린다. 사람이 나이가 들고 물질생활의 책임에 얽매이면서 학생시절의 순수한 감정에서 멀어지는 것은 당연한 일이다. 멀어진 주제에 4·19의 기억을 들추어 개인의 영달이나 당리당략에 이용하려는 사람들의 행태가 가증스러울 따름이지, 젊은 기분에서 어느정도 멀어진다는 것 자체는 사회생활의 지속을 위해 필요한 과정이기조차 하다. 그러나 생활상의 이익과 밀착된 투쟁은 나이를 먹는다고 해서 쉽사리 포기하거나 등을 돌릴 수 없는 법이다. 젊은 혈기로 봉건지주제도를 뒤엎는 혁명에 가담했던 농민의 경우, 나이가 들어도 젊을 때 혁명으로 쟁취한 자기 땅을 반납하거나 왕정복고에 찬성하지 않는다. 노동자가 저임금 때문에 못살겠다고 쟁의를 일으킬 때는 젊은 기분이 작용했을지 몰라도, 일단 얻어낸 투쟁의 열매를 세월이 지나 당시의 순수한 감정이 사라졌다고 자진해서 포기하는 일은 없으며 포기를 강요받고 항거 않는 경우도 드물다. 이처럼 민중의 생활상의 이익과 직결된 변화만이 그 영속성이 보장되는 것이다. 실제로 4·19도 민중생활과 무관하게 터진 것이 아님은 물론이다. 학생들 자신도 그들 개인이나 부모들·이웃들의 생활상의 불만을 민주주의에 대한 요구로 표현했거니와, 데모대를 응원하고 부상자를 구호하며 더러 직접 시위에 가담하기도 한 민중들의 역할도 무시할 수 없는 것이다. 그러므로 4·19를 무작정 '순수한 혁명'으로 끌어올리려는 노력은 4·19 당시의 제반 사실에 대한 정확한 기억도 아닌 셈이다. 더욱 중요한 것은, 민중이 자신의 물질적인 이익을 추구하는 일 자체를 무언가 저속하고 불순한 것으로 보려는 자세로 혁명을 거론해서는 안 되겠다는 것이다.

비슷한 위험은 4·19를 '지성인'들에 의한 '비폭력혁명'으로 높이 평가해야 한다는 발상에서도 느껴진다. 이것 역시 우선 사실 면에서 충분히 정확한 이야기가 아니다. 당시의 시위군중이 총이나 대포 없이 싸운 것은 사실이지만, 실력으로 경찰병력과 싸운 것 또한 사실이며 바로 그랬기 때문에 유혈사태가 나고 사건이 확대되어 정권교체까지 이룩할 수 있었던 것이다. 동원된 인원으로 말하더라도 아직 '지성인'이라기에는 이른 고등학생들이나 4월 19일 밤 고려대학교 강당에 집결했던 것과 같은 "무장기동대화(武裝機動隊化)한"[1] 군중들을 빼고서는 4·19에 대한 정확한 진단이 불가능하다. 이런 요소가 4·19의 '오점(汚點)'인지 아닌지는 별문제로 치고, 4·19의 군중이 제한된 무력이나마 실력행사를 했다는 사실만은 부인할 수 없다.

물론 그 정도의 한정된 폭력으로 막강함을 자랑하던 독재정권을 무너뜨린 데는 경이적인 일면이 없지 않다. 그만큼 국민의 폭발된 분노는 충격적인 힘을 지녔고 그 도의적 명분이 압도적이었던 것도 사실이다. 그러나 당시의 정권 자체가 실제로 막강하지도 못했고 반민중세력의 통일된 집결체도 못 되었다는 사실 또한 잊어서는 안 된다. 만약에 이승만정권이 미국의 원조뿐 아니라 일본 독점재벌의 지원까지 받아서 강력하고 세련된 억압기구를 만들었고 민간언론마저 장악하여 데모군중의 '이적행위'를 규탄하고 있었다면, 그리고 4월 19일에 미국 대사가 경무대를 방문하고 21일에는 국무장관의 정식 각서를 통해 데모대 탄압에 항의하는 대신 안보와 미국의 국가이익이 인권보다 앞설 수밖에 없다는 입장을 고수했더라면, 그리하여 경찰뿐 아니라 군까지도 시민에게 발포하는 최악의 사태 속에서도 무기도 조직도 없는 군중이 평화적인 시위만으로 정권을 쓰러뜨렸다고 한다면, 이야말로 인류역사에 둘도 없는 기적이 되었을 것이다. 4·19는 그러한 기적이 아니었고 '기적을 요구하는 세대'를 위해 일어나준 사건도 아니었다. 오히려 역사진행의 온갖 법칙에 얽매인 채, 그리하여 다수 민중의 생활상의 욕구에 뿌리박고 약간의 폭력도 수반한 채, 게다가 한·미·일 관계의 새로운 정립을 꾀하는 지배세력 자체 내의 타산과

---

[1] 현역일선기자同人 편 『4월혁명』, 創元社 1960, 104면.

도 얼마간 합치된 채로, 4·19의 봉기가 이승만정권의 종말을 가져왔다는 사실 자체가 모든 창조적 역사에 따르는 경이감을 그대로 맛보게 해주는 것이다. 당시의 상세한 정황이야 어찌 되었건, 민중의 봉기로 전제정권을 타도한 것은 동학농민전쟁, 3·1운동, 8·15해방 그 어느 것도 이루지 못했던 업적이라는 점만으로도 4·19는 민족의 역사에 끝까지 남을 새로움을 더해준 대사건이요 그런 의미에서 오히려 '기적'의 이름에 값하는 사건이었던 것이다.

4·19의 성격에 대해 이러한 몇가지 단편적인 고찰만 해보아도 그것이 학생들의 단순한 '의거'라는 해석이 도저히 성립될 수 없음이 뚜렷해진다. 그러나 의거가 아닌 혁명의 차원에서 보고자 하는 순간, 이제까지 흔히 4·19의 미덕으로 칭송되던 많은 측면들이 오히려 혁명으로서 4·19가 갖는 약점이요 한계임이 드러나기도 한다. 따라서 4·19의 성격에 대한 좀더 폭넓은 합의가 있기까지는 3·1운동에 이어 또 하나의 '운동'으로 부르는 것이 가장 학구적인 태도일는지 모른다.[2] 그러나 필자는 4·19의 혁명적 차원을 중시하되 그 한계를 잊지 말자는 뜻에서, 그리고 무엇보다도 4·19의 현재성을 강조하는 뜻에서, '미완의 혁명'이라는 호칭을 택하고 싶다. 본격적인 연구의 결과 그러한 호칭이 알맞지 않다고 판명될지는 모르나, 적어도 그러한 검토의 과정에서 4·19의 역사적 의의를 좀더 정확하게 인식하는 방편이 되기에 충분하다고 믿기 때문이다.

2. 어째서 미완의 혁명인가

4·19라는 역사적 사건을 미완의 혁명으로 부르는 것이 어느정도의 객

---

2 강만길 교수는 「4·19의 민족사적 위치」라는 최근의 글에서 바로 '4·19운동'이라는 표현을 쓰고 있다. 『高大新聞』 1980. 4. 22.

관적 타당성을 지니려면 적어도 다음 몇가지 요건이 충족되어야 할 것이다. 첫째 4·19의 목표와 오늘 우리들의 역사적 과제 사이에 뚜렷한 연속성이 있어야 하고, 둘째 그러한 목표에는 역사의 흐름을 근본부터 바꾸어놓으려는 '혁명적'인 차원이 있어야 한다. 그리고도 단순히 '실패한 혁명'을 새로 해보겠다는 의사표시 이상의 이야기가 되려면 4·19에서 시작된 근원적인 움직임이 오늘날까지 그 완성을 향해 꾸준한 전진을 계속해온 사실이 확인되어야 할 것이다.

4·19가 학원자유·공명선거·민주적 개헌 등 한정된 자유민주주의적 목표를 지닌 의거였다고 보더라도 오늘의 목표와 그대로 이어지기는 한다. 지금 온 국민이 눈여겨 지켜보고 있는 문제들이 바로 그러한 것들이며, 현재로서 전혀 그 달성이 보장되었다고 볼 수가 없는 문제들이기도 하다. 그런데 이러한 당면목표를 제대로 성취하기 위해서도 그것이 민족사의 맥락에서 무엇을 이룩하려는 학원의 자유요 선거의 자유인가를 올바로 이해할 필요가 있거니와, 마치 우리 역사가 20년의 기나긴 공백 끝에 이제 겨우 4·19 때의 제자리를 찾아왔다는 듯한 발상은 민족허무주의의 냄새마저 풍기는 것이다. 그리고 그 바닥에는 8·15로 일제가 물러나고 미국식 데모크라시의 이념이 도입되고 뒤이어 민주공화국의 헌법이 제정됨으로써 우리 사회는 이제 더이상의 혁명이 필요없었고 독재를 막을 장치의 개선과 이따금씩의 '의거'만으로 이상적인 민주사회에 도달할 수 있다는 입장이 깔려 있다. 따라서 봉건잔재·식민지잔재의 청산과 민족의 통일을 요구하는 국민들의 움직임은 오히려 그러한 이상적 민주사회의 건설을 위협하는 '과격'하고 '무책임'한 행위로 받아들여지기 쉽다. 한반도의 휴전선 이남에 미국식 자유민주주의의 '진열창'을 만들어보자는 것이 4·19 직후 미국정부 일각의 욕심이자 일부 한국인들의 진지한 소망이기도 했는데, 이러한 '민주주의의 진열창'이 성립되기에는 한국민의 '민도'와 '수준'이 너무나 낮다는 결론이 불가피해지는 것이다. 이것이 곧 5·16

의 논리였고 오늘날 상당수 인사들의 변함없는 논리이기도 하다.

지난 20년간의 경험으로써 판단하건대 한국에다 자신의 민주주의를 진열하고 싶어하는 미국의 바람부터가 그다지 절절한 것이었다고는 보기 어렵다. 또 설사 그랬다고 치더라도 어느 민족의 역사에서건 다른 나라의 미덕을 진열해주느냐 않느냐의 문제가 핵심적으로 될 수는 없다. 4·19와 이후 한국역사의 의미도 우리 민족 자체가 그 전부터 떠맡아온 과제와 추구해온 염원을 기준으로 평가되어야 함은 물론이다. 그러면 1960년의 변혁이 있기까지 우리 민중의 기본적인 요구는 무엇이었던가?

전문가의 권위에 호소하지 않더라도 8·15 이전 우리 민족의 지상과제요 압도적 다수 성원의 한결같은 염원은 일제의 식민지지배로부터 독립된 민족국가를 건설하는 일이었다. 이를 위해 우리 민족은 광복운동을 직접간접으로 전개했고 그것은 단순히 일제를 배척할 뿐 아니라 능히 그들을 몰아내고 독립국가로 살 수 있는 민주적 역량을 기르는 임무를 동시에 떠맡고 있었다. 그러나 이러한 임무는 8·15 직후의 미군정에 의해서도 제대로 계승되지 않았고 이승만정권의 수립 이후에도 마찬가지였다. 한국에서의 미군정은 일본에서의 그것만 한 역사적 의미조차도 못 갖는 것이었으며,[3] 이승만 박사 개인의 반일감정에도 불구하고 그의 정부가 친일세력을 온존시키는 데 힘썼고 실제로 일제의 잔재세력에 의해 지탱되고 있었음은 널리 알려진 사실이다. 뿐만 아니라 미군정은 남북분단의 유산을 이승만정권에 물려주었다. 따라서 8·15 이전에 독립된 민족국가를 염원하던 우리 민족의 요구는 이제 분단이 극복된 통일민족국가의 성립을 염원하는 형태로 집약되었다. 그리고 이때에도 단순히 삼팔선 또는 휴전선의 철폐만이 아니라 식민지시대의 숙원 그대로 당당한 독립국가가 되는 그러한 통일 및 이에 필요한 민주·민족혁명을 요구한 것이다. 이승만정

---

3 미군정에 대한 최근의 계몽적인 글로는 한길사 간 『해방전후사의 인식』(1979)에 실린 宋建鎬「해방의 민족사적 인식」및 陳德奎「미군정의 정치사적 인식」참조.

권은 여기서도 민족사의 요구를 외면했고 따라서 정통성의 근거를 상실했다. 통일문제에 대해서는 극도로 비현실적인—비현실적이 아니라면 반민족적이 될—북진통일론 이외에 일체의 논의를 억압했으며, 자주적인 통일에 필요한 민주역량의 성장을 냉전체제의 흑백논리로 억누르고자 했다. 민중의 기본적인 생활문제를 해결하는 경제 분야에서 미국의 원조에 의존하여 특권층만 살찌우는 데 급급했던 행적은 바로 그러한 민족사적 정통성의 상실과 표리일체를 이루는 것이다.

이렇게 볼 때 4·19는 이승만시대의 반역사적 방향을 바로잡으려는 한국 민중의 혁명적 의지가 낳은 사건임이 드러난다. 학생들이 주가 된 군중시위 정도로 정권 자체가 쓰러지지 않을 수 없었던 것도 결코 우연이 아니며, 4·19 직후의 우리 사회가 형식적인 민주화만으로 만족하지 않았던 것도 일부 '과격분자'의 무책임한 책동 탓이 아니었던 것이다. 민주당정권은 바로 이러한 민족사의 흐름을 외면하다가 자멸했다고 해도 지나친 말이 아니다. 자유당정권의 독재도 이승만 개인의 독재적 성향 때문이라기보다 여러 세대의 뿌리를 지닌 국민의 간절한 요구를 안 들어주자니 독재밖에 딴 길이 없었던 것이다. 장면정권은 국민의 기본적 요구는 여전히 안 들어주면서 독재의 인상을 피하려다보니 단명할 수밖에 없었다. 그 결과 우리 사회는 1960년대와 70년대에 걸쳐 민중의 기본요구에 대해 이승만정권보다는 좀더 민감하고 '독재'라는 비난에 대해서는 그 어느 때보다 둔감한 강력한 지배체제를 경험하게 되었던 것이다.

그러나 4·19를 미완의 혁명으로 보는 또 하나의 근거는 4·19에서 시작된 우리 사회의 기본적 움직임이 5·16에 의해서도 결코 단절되지 않았다는 사실이다. 민주당정권을 중심으로 '민주주의의 진열창'을 만드는 일이 4·19의 지상목표였다고 본다면 1961년에 일어난 5·16은 4·19의 급격한 단절 그 자체였다고 말할 수 있다. 물론 통일민족국가의 성립을 위한 민중운동의 입장에서도 5·16은 충격적인 사건이었고 민간측의 통일논의는 한때 전면적으로 불법화되다시피 했다. 그러나 5·16의 주체세력이 스스로 내세운 '민족주체성'의 구호와 4·19계승론 그리고 공화당정권 아래서 본격화된 경제건설은 그 본질의 문제는 따로 규명해야겠지만, 어쨌든 4·19가 단순히 3·15부정선거를 규탄한 의거가 아니라 이승만시대의 대외의존적이고 반민중적인 성격에 대한 국민의 단죄라는 인식을 반영한 것이었다.[4]

이러한 인식은 60년대 후반, 특히 70년대에 들어와 차관재벌 중심의 경제개발정책으로 자립적 민족경제를 요구하는 국민의 소외의식이 증대되고 그리하여 기본권에 대한 제약이 점점 심해지는 과정에서도 완전히 사라지지는 않는다. 외국 자본의 수용은 어디까지나 '자립경제'의 이름으로 이루어지며 '자주국방'의 기치 아래 대규모의 군수산업 건설이 추진되기도 했다. 인권운동에 대한 정부측의 공격도 자유당시대와는 달리 그것이 민족현실을 망각한 '환상적 세계주의'이자 '사대주의'라는 새로운 명분을 찾았다. 그리고 실질적으로는 여전히 미국의 지원에 의존하는 정권이 곧잘 인권문제로 인한 미국의 내정간섭에 항거하는 민족주의적 자세를 취하고, 심지어는 반미 군중시위를 감행하기도 했던 것이다.

5·16의 충격에도 불구하고 4·19의 민주·민족혁명이 꾸준한 전진을 계속해왔다는 단적인 보기로 통일문제에 대한 4·19 이래 우리 정부와 국민의 태도를 들 수 있다. 민주당정권 자체는 이승만의 북진통일론을 공식적으로 포기하고 민간측의 평화통일 논의에 대한 강압을 철회했다는 점 말고는 '선건설·후통일'을 내세워 실질적인 분단고착 노선을 택했다. 북진통일마저 안 하겠다고 했으니 명분상으로는 자유당시대보다도 후퇴한 면이 있으며, 분단을 전제한 한·일 경제관계의 확대를 추진했다는 점을 감

---

4 5·16의 성격 및 '4·19시대의 연속성'에 대해서는 졸고 「민족문학의 현단계」, 『창작과 비평』 1975년 여름호 41~42면(졸저 『민족문학과 세계문학 Ⅱ』 19~20면)에서 간략히 언급한 바 있다.

안한다면 딱히 명분상의 후퇴만이라고 단정할 수도 없다.

그러나 지금 돌이켜보면 4·19 직후 7·29총선 당시에 이른바 혁신정당들이 내세운 통일방안도 놀라우리만큼 조심스럽고 관념적이었다는 인상을 준다. 예컨대 1960년 6월 17일 '사회대중당 창당준비위원회대표자 전국대회'가 채택한 통일방안을 보면,

① 유엔과 제휴하고 민주주의의 승리를 확보할 수 있는 조건하에 국토의 평화적 통일을 기한다.
② 통일계획에 있어서는 김일성 일당의 퇴진이 당연히 전제되어야 한다.
③ 공산주의자들의 기만적 통일방안과는 결코 타협하지 않을 것이다.
④ 국토통일 문제에 있어서는 전민족적인 초당외교가 수행될 것을 희망한다.[5]

라고 되어 있다. 물론 이들 혁신정당들의 통일론은 그후 시간이 흐르면서 좀더 진전되고 다양화되며, 학생들의 통일운동은 더욱 급진적인 면모를 드러내기도 했다. 그러나 당시에 '과격'하다고 비난받던 혁신정당들이 거의가 유엔 및 강대국의 보장을 전제로 '중립화'를 말하며 북한 체제의 변혁을 요구했다는 사실은 지금 우리들에게는 옛이야기처럼 들린다. 70년대의 우리 정부는 4·19 직후의 '과격' 인사들이 퇴진을 요구하던 북한의 집권층과 직접 접촉을 하고 고위간부의 왕래는 실현했으며, 7·4공동성명에서는 일체의 외세를 배격하고 자주적으로 통일을 도모한다고 못박았고, 지금은 그러한 전제 위에 남북의 총리회담까지 추진하고 있는 것이다.

이것이 박정권이나 현정부가 4·19 직후의 혁신정당들보다 더 '과격'해서 그런 것이 아님은 더 말할 나위 없다. 나라 안팎의 정세가 통일에 대해

5 金學俊「제2공화국 시대의 통일논의」,『反外勢의 통일논리』, 형성사 1979, 87~88면에서 재인용. 당시의 통일논의에 대해서는 이 논문이 많은 참고가 되었다.

그만한 성의조차 안 보이고는 어느 누구도 정권을 유지할 수 없도록 진전했던 것이다. 4·19를 통해 표면화된 민족의 자주·독립·통일국가에 대한 요구는 60년대에 많은 후퇴를 감수해야 했던 것도 사실이다. 통일논의에 다시금 가해진 물리적 제약을 비롯하여 장면정권의 구상을 계승한 한일협정의 타결, 과감한 경제개발정책의 추진에 의한 민중욕구의 부분적 충족, 해묵은 냉전논리에 민족주의적 윤색을 더한 새로운 방식의 상징조작 등이 통일을 위한 국민의 활발한 움직임을 어렵게 만들었다. 그럼에도 불구하고 현상에 안주하기보다 이를 타파하려는 국민들의 욕구가 점점 드높아져 71년의 대통령선거는 집권층에 아슬아슬한 고비가 되었으며, 72년의 역사적인 남북공동성명을 성사시키지 않고서는 민심을 수습할 수 없다는 인식을 강요한 것으로 보인다.

뒤이어 결행된 이른바 10월유신에 대한 이제까지의 비판들은 박대통령 개인의 무리한 집권욕에 초점을 두는 경우가 많았다. 유신체제가 철저한 1인중심체제였던 만큼 그에 대한 비판 또한 개인에게 쏠리는 것이 당연하다면 당연한 일이다. 그러나 4·19 이전의 독재정권에 대한 이해를 이승만 개인의 독재적 성향보다도 민중의 기본요구와 정부노선의 함수관계에서 찾아야 하듯이 유신체제 역시 이러한 차원에서 판단되어야 할 것이다. 아마도 훗날의 역사가들은 7·4공동성명으로 갑자기 한껏 드높아진 우리 민중의 분단극복의식을 효과적으로 통제하기 위해서는 '유신'을 통한 기본권의 획기적인 제약 말고는 다른 길이 없었다고 평가할 것이다. 말하자면 1972년 우리 역사는, 4·19에서 시작됐고 7·4공동성명으로 정부 스스로가 공인하기에 이른 범국민적인 통일운동을 더욱 가속화하느냐, 그리고 이에 맞춰 우리 내부의 민주적인 개편을 단행하느냐, 아니면 분단을 전제한 종전의 근대화정책으로써 민주화와 통일에 대한 민중의 요구를 계속 무마해나가느냐는 갈림길에 섰던 셈이다. 실제로 선택된 길은 4·19 시위군중의 자유민주주의적인 구호와는 그야말로 정반대되는 길이었지만, 그러한 유신헌법의 머리글이 여전히 4·19 이념의 계승을 공언하고 새로이 '조국의 평화적 통일'을 지상과제로 설정한 것은 의미심장한 일이다. 4·19가 쟁취한 자유는 어디까지나 우리가 통일된 근대 민족국가로 되기 위한 자유요 이를 위한 민중의 요구가 줄기차게 이어지고 높아져왔음을 감안할 때 비로소 우리는 집권층에 그처럼 불편한 이념이 그처럼 특별한 대접을 받게 되는 역사적 배경을 이해할 수 있다. 그리고 이렇게 출발한 유신체제 아래서 국민의 민주·민족혁명에의 요구가 더한층 거세어져온 경위도 제대로 납득하게 된다.

3. 제3세계적 자기인식의 문제

4·19의 민족사적 의의를 올바로 파악하기 위해서는 그것이 세계사의 흐름에 어떻게 연결되는가를 살펴볼 필요가 있다. 그리고 우리는 한국사회의 제3세계적인 자기인식이 4·19에서 출발한다는 사실에 주목하게 된다.

물론 4·19 당시는 '제3세계'라는 용어가 보급되기 전이었다. 그러나 8·15로 완전한 해방이 이루어지기는커녕 오히려 외세에 의한 국토분단이 강요되고 미군정의 엄호를 받은 식민지 잔재세력의 횡포에 시달리며 빈곤에 허덕이던 1950년대의 한국이야말로 지금 우리가 이해하는 전형적인 제3세계 국가였다. 그러나 이승만정권은 이러한 관점에서 우리 현실을 보는 대신, 미국을 중심으로 한 전세계적 반공전선의 전초기지 역할을 한 국민의 세계사적 사명으로 설정하고 이를 위해서는 민중생활의 안정, 민주제도의 설립, 민족통일의 추진, 그 어느 것도 대수롭지 않다는 듯한 태도를 취했다. 이런 상황에서 4·19는 민족사의 방향을 바로잡음으로써 제3세계의 민족해방·민중해방이라는 인류역사의 새로운 대의에 참여하려는 우리 민중의 의지를 드러낸 것이었다.

이러한 의지의 실제 표현이 학생들에 의한 어찌 보면 제3세계로서는 사치스러운 자유민주주의적 이상의 제시였다는 현상 자체도 후진국 특유의 파행적(跛行的) 발전과 관련해서 설명될 수 있을 것이다. 봉건잔재와 식민지잔재 등 전근대적 요소가 국민생활의 큰 부분을 여전히 지배하고 있기 때문에, 사회 일각의 '근대화'로 촉발된 민중의지가 근대적 정당이나 노동조합·농민조직 들을 통해 '정상적으로' 표출되지 못하고 학생집단처럼 사실은 특권층이면서도 자신의 특권적 지위에 얽매이지 않는, 그런 의미에서 '무책임한' 세력을 통하게 되는 것이다. 후진국의 역사에서 학생운동이 차지하는 독특한 비중이 여기서 나오며, 4·19 주동세력의 이상주의가 민중의 현실적 불만 폭발의 촉매제가 된 것도 그러한 현상의 일환이다. 동시에 자유민주주의의 이름으로 민주당정권을 탄생시킨 그들이 그나마 '민주주의의 진열창'을 만들려는 성의를 가졌던 그 정권을 맹렬히 공격하는 세력으로 급속히 변해간 것도 당연한 귀결이었다. 그것은 4·19와 더불어 열린 민족사의 새 단계에서 지식층의 새로운 역할을 찾아냄에 있어 학생집단 특유의 ──위에 말한 그 '무책임한'── 기민성을 보여준 것이지 결코 당시의 한국 대학생들만이 지닌 미숙함이나 무정견 때문은 아니며, 어떤 종교적 신념의 결핍으로 애초의 '순수성'을 지켜내지 못한 것은 더욱 아니다. 종교적 신념도 17세기 영국의 청교도혁명이나 최근 이란의 회교혁명에서처럼 광범위한 민중의 생활상의 요구와 직결되었을 때에 지속적이고 투철한 혁명이념으로 기능하는 것인데, 4·19 주도세력의 '순수성'은 앞서도 말했듯이 바로 그러한 생활상의 기반을 결하고 있다는 약점을 뜻하는 것이었다. 제2공화국시대 학생운동의 미숙한 점은 물론 허다하지만, 민생문제에 눈을 돌리고 민족통일의 문제를 제기한 것은 제3세계다운 절름발이 근대화의 소산이면서도 그로 인한 자신의 미숙성과 약점을 최대한으로 넘어서려는 문제의식의 진전이라 할 것이다.

어쨌든 4·19로써 우리 사회가 스스로 제3세계의 일원임을 깨닫기 시작했다고 본다면 그러한 자기인식과 무연했던 장면정권이 오래가지 못한 원인이 더욱 뚜렷해진다. 비록 제3세계라는 용어는 안 썼더라도 4·19는 그 누구의 전초기지도 진열창도 아닌 우리 민족의 주체적인 진로를 찾으라는 지상명령이었던 것이다. 물론 5·16의 주체세력도 정당한 제3세계적 자기인식을 가진 것은 아니었고 결코 국민의 그러한 인식을 장려하지도 않았다. 그러나 그들은 적어도 국내외에서의 제3세계적 인식의 확대가 통치현실의 중대한 일부라는 문제의식을 갖고 있었다. 그렇기 때문에 더러는 강권에 호소하고 더러는 영합을 도모하기도 하면서 장기간 집권할 수 있었던 것이다. 그런데 더러 영합을 했다고는 하지만, 그들의 가장 큰 통치명분을 이룬 '근대화' 작업이 한일협정과 베트남파병이라는 두개의 상징적인 사건과 더불어 본격화되었다는 사실은 제3세계와의 관계에서 미리부터 엄연한 한계선을 그어놓는 것이었다.

1970년대의 역사에 대한 평가도 제3세계적 자기인식의 확대 또는 굴절이라는 각도에서 새로운 조명이 가능하다. 7·4공동성명이 현단계 민족사의 으뜸가는 제3세계적 문서라고 한다면, 유신헌법은 서구식 민주주의에 대한 맹종을 거부하고 주체적인 '한국적 민주주의'를 토착화시키겠다는 다분히 '제3세계적인' 명분의 설정에도 불구하고, 7·4 이후로 위기에 놓인 제1세계와의 관계를 개편·강화하는 기능이 더욱 중요했다고 말할 수 있다. 결과적으로, 한때 '민주주의의 진열창'을 운위했던 미국정부는 그러한 기대가 결정적으로 무산된 마당에도 미국식 경제개발의 진열창을 유지할 수 있다는 것으로 쉽사리 만족했던 것 같다. 그러다가 70년대 말기에 와서 이것마저 위험해진다고 느꼈을 때야 비로소 '경제발전에 상응하는 정치발전'을 촉구하며 권력분산의 필요성을 제기하고 사후책을 구상하기 시작했던 것이다.

이러한 70년대를 통해 제3세계에 대한 우리 사회의 인식이 더욱 확대되고 드디어는 학계·문단·종교계 등의 본격적인 제3세계론으로 결실하기에 이르렀다는 사실은 미완의 민주·민족혁명이 꾸준히 전진해왔다는 앞서의 주장을 뒷받침해준다. 다시 말해서 제3세계론 자체가 각 방면에 걸친 민주·민족역량 성장의 한 국면인 셈인데, 그러한 성장이 특히 제3세계론이라는 인식의 확대를 포함했다는 사실의 의의는 만만치 않은 것이다. 먼저 그것은 8·15 이후로 우리 사회의 크나큰 질곡이 되어온 냉전시대 흑백논리에 대한 결정적인 타격을 뜻한다. 물론 흑백논리의 폐해는 그간의 민족사 자체만을 냉정히 분석해보더라도 얼마든지 알 수 있는 것이지만, 오늘날 세계역사의 가장 선진적인 움직임의 일부인 제3세계의 각성 과정에서도 제일 먼저 극복되어야 할 대상으로 인식된다. 왜냐하면 구태의연한 지배자적 관점에서 세계를 3분하여 생각하는 일부의 제3세계론과 달리, 민중의 입장에 서는 제3세계론은 오히려 세계를 하나로 보되 다만 제1 또는 제2세계의 어떠한 기성 이데올로기도 현존하는 형태로는 우리에게 획일적으로 적용될 수 없고 따라서 그렇게 적용하려는 어떠한 노력도 실질적으로는 두 초강대국의 세계지배 욕망에 봉사한다고 규정하는 역사인식인 것이다.[6] 따라서 그것은 후진국가 내지 민족의 정치·경제·문화적 주체성을 무엇보다도 중시하는데, 이런 의미의 민족주의는 현단계 국제적 현실의 인식에 바탕을 두고 다음 단계 인류역사에서의 진정한 국제적 유대와 통합을 준비하는 것이라는 점에서 국수주의와도 다를뿐더러 강대국의 기만적인 보편주의보다도 차원 높은 보편성을 내세울 수 있다.

물론 이러한 제3세계론 자체도 하나의 이념으로서 그 나름의 허위의식으로 작용하는 측면을 배제해서는 안 된다. 특히 제3세계의 비중이 커지고 그에 대한 논의가 활발해질수록, 말하자면 '제3세계주의'라 부름직한 새로운 단순화 논법이 유행하는 낌새마저 보인다. 예컨대 제3세계는 가

---

6 졸저 『인간해방의 논리를 찾아서』(시인사 1979; 개정판이 졸저 합본 평론집 『민족문학과 세계문학 1/인간해방의 논리를 찾아서』(창비 2011)로 출간됨)에 실린 「제3세계와 민중문학」 중 '민중의 입장에서 보는 제3세계' 참조.

난하고 억눌리고 소외된 국가·민족 들이라는 이유만으로 선진국들이 오랜 역사를 통해 쟁취한 자유와 평등의 사상이나 진보적인 정치·경제 제도들의 도전으로부터 자동적으로 면제되는 어떤 고유의 영역이라고 본다면, 이것이야말로 세계를 단순히 3개의 지역으로 분류하는 데 그치는 고식적 제3세계론에 도로 가까워지는 것밖에 안 되며, 그 밑바닥에는 해묵은 정신주의·관념주의가 작용하고 있기 십상이다. 필자 자신도 후진국의 민중이 그 정치적·경제적 낙후성과 이로 인한 피압박자의 위치에서 선진적 문화창조의 터전을 찾아야 한다고 거듭 역설한 바 있지만, 이는 어디까지나 자신의 후진성에 대한 뼈아픈 반성으로써 정치·경제·사회 전반에 걸친 주체적 근대화를 결행하는 가운데서 쟁취되는 도덕적·문화적 우월성을 말하는 것이지 정치·경제상의 후진성에 도덕과 문화의 선진성이 저절로 따라온다는 식의 달콤한 자기위안에 빠지는 일은 없어야 되리라 믿는다.

동시에 진정한 근대화의 달성을 본격적으로 추구하는 입장이 되면 후진국 민족주의의 성격 자체에 대해서도 좀더 먼 앞날까지 내다보는 반성이 필요해진다. 후진국으로 남아 있는 동안 그 자기방어적인 민족주의가 세계사적 보편성을 떳떳이 주장할 수 있다 하더라도, 실제로 후진성을 탈피하는 순간 그것이 어디로 갈 것인지를 미리 점검하고 대비해야 하는 것이다. 지금은 선진국에 속하는 독일이나 일본의 민족주의가 택했던 방향이 오늘의 후진국들에는 처음부터 문제가 안 되는 것으로 흔히 이야기되고 또 지금은 나치 독일이나 군국 일본의 똑같은 되풀이가 허용되는 세계도 아니지만, 후발 선진자본주의국들의 민족주의 역시 애초에는 자기방어적이었으며 특히 독일의 경우 후진국으로서의 세계사적 명분을 강하게 의식하고 있었던 점을 잊어서는 안 된다. 남들의 민족주의는 빗나갔지만 우리의 민족주의만은 그렇지 않으리라는 장담은 기실 모든 민족주의가 공유하는 하나의 이데올로기적 속성이기도 하며, 정도의 차이는 있지만 정서적인 민중주의(populism) 또한 어느 나라의 민족주의에서나 발견되는 현상이다. 그것이 실제로 민중을 주인으로 만드는 대내적인 사회변혁과 민중 위주의 국제적 유대형성으로 구체화되지 않는 한, 오늘날 분명히 선진적이고 민중성향이 강한 제3세계의 민족주의도 내일의 정처를 기약하기 힘든 것이다. 1980년대의 '새 시대'를 통해 우리 사회의 제3세계적 자기인식이 더욱 확대되어나감에 따라 이런 문제들과 이론적으로나 실천적으로나 좀더 절박하게 만나게 되리라 생각한다.

4. 맺음말

작년의 10·26사태로 우리는 새 시대를 맞게 되었다고 요즘 누구나 이야기하고 있다. 그런데 4·19도 그날의 학생의거만을 본다면 일종의 '돌발사태'라는 느낌을 주지만, 10·26이야말로 그 사건 자체만을 말하자면 돌발사태 바로 그것이다. 우리의 역사는 과연 이러한 돌발사태 하나로 그 시대구분이 바뀔 만큼 속이 허한 역사인가?

4·19가 우발적인 요인들을 수없이 포함하면서도 결코 우연한 돌발사태가 아니었듯이, 10·26으로 인한 새 시대의 열림도 그동안의 역사가 꾸준히 준비해온 필연적인 전개라는 것은 새삼 힘주어 말하기가 쑥스러운 상식이다. 그러나 이러한 상식이 10·26이라는 구체적인 사례에 대한 과학적인 인식으로까지 되려면 무엇보다도 1970년대 국민생활의 현실에 대한 경제학적 분석이 따라야 할 것이다. 필자로서는 그러한 능력이 없고 경제학계에서도 재론의 여지가 없는 치밀한 분석이 나오기까지는 시간이 걸리리라 본다. 하지만 4·19를 가져온 50년대 한국 경제의 파탄을 돌이켜볼 때, 70년대는 경제규모가 엄청나게 커지고 국민들의 생산활동이 실로 눈부신 바가 있었음에도 불구하고 국민경제의 대외의존성과 불균형발전,

대중복지의 외면 등 여러 면에서 4·19 이전의 기본성격이 오히려 극대화되고 있지 않았는가 하는 결론을 내리게 된다.[7]

유신체제의 강력한 반응에도 불구하고 4·19로 시작된 민주주의와 민족통일을 향한 흐름이 줄기차게 지속되고 더욱 확대되어왔다는 사실도 그러한 결론을 뒷받침한다. 우선 4·19의 기폭제가 되었던 학생운동은 유신체제 아래서 근절되기는커녕 원래의 낭만성을 벗고 더욱 본격화되었고, 많은 주동자들이 제적됨에 따라 그들이 추구하던 다양한 사회세력들과의 연계가 오히려 자연스럽게 이루어졌다. 그리하여 최근에 와서는 '민중이 주체가 되는 통일민족국가의 성립'이라는 목표가 낯익은 구호가 될 정도로 그들의 의식이 성숙해지고 널리 전파되었다. 이것은 물론 다수 대중의 의식변화와 상호 함수관계에 있다. 분단체제를 전제하고 제3세계적 자기인식을 배격한 근대화정책은 어쨌든 경제건설이 과감히 추진됨으로써 한때 그 본질의 인식이 흐려지기는 했으나, 시간이 흐를수록 생활하는 민중의 불만을 감당하지 못하고 드디어 10·26의 전야에 YH사건, 부산·마산사태 들을 겪기에 이르렀던 것이다. 이러한 70년대 역사의 진행에서 간과할 수 없는 또 하나의 요소는 원래 체제 쪽에 섰던 수많은 인사들이 유신의 기본권 제약과 한 사람의 장기집권에 항의하고 나섰다는 사실이다. 수적으로는 '일부 극소수'에 가까울는지 몰라도 이들의 단기적인 촉매능력은 그들의 원래 특권적이던 위치에 맞먹는 무시 못할 것이었으며, 저항의 과정에서 분단체제의 수혜자이던 이들 가운데 새로운 민족적 양심의 각성이 이루어지기도 했고, YH사건에서는 한때 '어용야당'으로 지탄받았고 여전히 보수야당임에 틀림없는 정당과 기층근로자들이 합세하는 기현상을 빚기도 하였다.

한마디로 10·26사태의 교훈은 지배체제의 물리적 힘이 아무리 크고 국

---

7 예컨대 10·26 훨씬 전에 발표된 글이지만 朴玄埰『민중과 경제』(정우사 1978)에서 「4·19혁명의 경제적 의의」와 「국민경제 그 당위와 현실」을 함께 보아도 그렇다.

민에게 일시적인 만족을 주는 기술이 아무리 뛰어날지라도 4·19의 민주·민족혁명이 완성되어야 한다는 민중의 기본요구를 외면하고서는 결코 지속될 수 없음을 보여준 것이다. 그러나 돌발적인 사태로 끝난 구정권의 성격을 민족사의 흐름과 제3세계적 인식의 맥락에서 올바로 보지 못하면 지난날의 실패를 또다시 되풀이하지 않으리라는 보장도 없다. 10·26이 있고 얼마 되지도 않아서 구체제의 지도급 인사들이나 구체제를 지원하던 우방이 입을 모아 '정치발전'을 선창하고 권력분산을 강조하게 된 것은 그동안의 역사를 통해 과거와 같은 1인중심체제의 존속이 자신들의 장기적인 이익에도 위협이 됨을 일찍이 실감하고 있었기 때문이다. 어느 나라에서건 한 사람에게 모든 권력이 주어진 체제는 한 개인의 무상한 인생에 지나치게 의존하기 때문에, 그 존속을 원하는 사람들이 많은 경우에도 집권자가 죽은 뒤 적어도 한동안은 어쩔 수 없이 집단지도체제가 채택되곤 한다. 더구나 70년대의 한국에서처럼 엄청나게 성장한 저변의 힘이 분출구를 찾고 있는 상황에서는 권력이 집중되어 책임의 소재가 분명해짐으로써 기성체제에 대해 오히려 파괴적인 결과를 촉진할 우려마저 있는 것이다. 여기서 과거의 1인체제가 지양되어야겠다는 대다수 국민의 당연하고도 소박한 여망과, 개인적인 지배를 집단적인 지배로 발전시키려는 일부 당사자들의 특별한 이해관계와, 제3세계의 개별 인물들의 거취나 지배의 세부절차에는 비교적 대범한 제1세계 특유의 유연성이 합쳐져, 뜻밖의 절충을 얻고 그것이 국민의 불만을 더욱 고조시킬 위험이 생긴다. 요즘 신문지상에 흔히 이야기되는 다수 국민들의 막연한 불안감도 이런 각도에서 음미해볼 필요가 있을 것이다.

우리가 4·19의 역사적 의의를 정확히 파악하는 것이 중요한 것도 그 때문이다. 그날이 있기까지 우리 민족은 어떻게 견뎌왔고 그날의 함성을 통해 무엇을 요구했으며 지난 20년의 세월을 통해 이러한 민중의 요구는 어떻게 제기되고 또 관철되어왔는가를 올바로 이해함으로써만 우리는

4·19의 젊은이들이 흘린 고귀한 피에 보답하는 역사를 만들어나갈 수 있을 것이다.

민주·민족운동과 불교

1.

1987년의 6월항쟁은 앞으로 그 성과가 순조로운 정권교체로 이어지든 안 이어지든 우리 시대 민주·민족운동의 큰 획을 긋는 대사건임이 분명하다. 개헌과 선거, 정권이양 등의 과정에서 설혹 어떤 반전이 이루어진다 하더라도 일시적인 반동 이상이 될 수 없을 만큼 대세는 이미 바뀌어버렸기 때문이다. 다른 한편, 순조로운 정권교체가 이루어질 경우라도 민주·민족운동 자체는 뜻깊은 한발자국을 더 내디딘 것일 뿐, 과업의 완수까지에는 아직도 멀고 험한 길이 남으리라는 점 또한 분명하다. '문민정치'라는 것이 곧바로 '민주화'와 동의어도 아니려니와, 평화적인 통일을 향한 결정적인 전진이 없는 한 문민정권의 전망 자체가 밝을 수가 없다. 동시에 자주적인 통일을 서두르는 어떠한 정권도 나라 안팎으로 엄청난 위협에 마주칠 수밖에 없으리라 전망되는 것이 우리의 현실이다.

이런저런 어려움을 헤아리다보면 다시 암담한 심경으로 돌아감직도 하지만, 6월항쟁의 생생한 기억과 그 한정되나마 엄연한 성과는 낙담을 허용치 않는다. 근심하되 낙심할 이유는 없는 것이요, 지나친 비관과 낙관 모두가 어제의 고귀한 희생에 대한 배반이 되는 것이다.

올해의 민주화투쟁을 그야말로 범국민적 운동으로 만든 요인의 하나로 이번에는 불교의 승려들과 단체들도 대대적으로 참여했다는 사실을 들 수 있을 것이다. 이는 한국불교 자체로서도 하나의 획기적인 사건이 아니었을까 싶다. 물론 1970년대에 이미 선구적인 개인들의 활약이 있었고 중생의 아픔이 점차 여러 불제자들을 움직이고 있었겠지만, 80년대 초 이른바 10·27법난을 통해 불교계로서는 광주의 5월에 못지않은 참혹한 고난을 겪고 나서야 비로소 민중의 고통을 제대로 실감하는 경계를 만났으리라 짐작된다. 어쨌든 작년(1986년) 9월 7일 해인사에서 열린 조계종 승려대회는 불교계의 그러한 새 기운이 일반국민들의 주목을 끈 첫 사건이었고, 6월항쟁을 거치면서 해인사대회의 결의가 범국민적 민주화운동의 대열에서 실천에 옮겨진 것이다.

불교계의 구체적인 움직임이 앞으로 어떻게 펼쳐질지는 직접 당사자가 아닌 나로서 예측하기도 왈가왈부하기도 힘들다. 그보다는 전체 민주·민족운동의 관점에서 불교계 참여의 의미를 생각해볼까 한다. 앞서도 말했듯이 우리의 운동은 진정한 민족자주 즉 통일의 달성 문제에서든 참다운 민주변혁의 수행 문제에서든 숱한 어려움이 예견되는바, 특히 이 두 일거리가 사실은 하나의 과제인데도 곧잘 두개의 것으로 나타남으로 해서 더욱 큰 혼란과 장애를 낳고 있다. 그럴수록 더 많은 사람들의 힘과 슬기를 모아야 할 이 마당에 불교계의 공헌 또한 훨씬 커져야 함은 물론이다. 우선 한국불교가 운동의 '늦깎이'라는 점 자체가 오히려 남다른 분발을 재촉할 수도 있겠지만, 한걸음 나아가 한국불교가 **불교**이며 **한국**의 불교임으로 해서 우리의 통일운동·민주화운동에 정말 필요한 활기와 지혜를 줄수도 있으리라는 것이 나의 희망이자 믿음이다.

2.

 불교가 이땅에 들어온 지 무척 오래되었다거나 그 신도수가 아직도 가장 많다는 것만으로 민족운동에서의 큰 몫이 보장되는 것은 아니다. 오래되었다는 것이 곧 쇠할 대로 쇠해버렸다는 뜻일 수도 있고, 실제로 한국불교가 공식적으로 내놓은 신도수에 맞먹는 힘을 행사하고 있다고 말할 사람도 드물 터이다. 한 종교의 실세를 결정하는 것은 신도의 수효 자체보다도 그들이 얼마나 열렬하고 든든한 신도들이며 사회 안에서 얼마나 힘있는 위치에 있는가이기 십상이기 때문이다.

 그러나 직선제 개헌, 문민정권 등 민주화의 일차적 목표가 달성됨으로써 민족자주의 문제가 바야흐로 당면의 과제로 다가왔다고 했을 때, '민족종교'로서의 불교가 예컨대 천주교나 개신교에 비해 좀더 넉넉한 처지에 놓일 것은 상상할 수 있다. 민주화세력이 그때 가서 '외래종교' 대 '민족종교'로 양분되리라는 이야기는 물론 아니며, 종교계 대 비종교계라는 식으로 간단히 나누어지지도 않을 것이다. 그러나 모든 운동의 역사가 말해주듯이 새로운 단계, 새로운 국면마다 그 주·객관적 조건의 변화에 따른 운동세력의 분화는 있기 마련이며, 일차적인 민주화 목표의 달성에 대체로 만족하려는 사람들과 진정한 자주화의 쟁취가 아직 멀었다고 생각하는 사람들의 견해차이가 지금보다 훨씬 첨예해질 것은 분명하다. 이러한 갈등은 불교 내부에서도 있을 것이고 그리스도교는 그리스도교대로, 비종교인들은 또 그들 나름으로 각기 내부적인 분화과정을 겪을 것이다.

 하지만 외세와의 관계, 특히 미국을 비롯한 서양 선진자본주의국들과의 관계가 문제되는 한, 이제까지 민주화운동에서 불교보다 훨씬 적극적인 역할을 해온 가톨릭이나 개신교 쪽이 불교계보다 심각한 고민을 안게 될 확률이 높다. 토착화·민족화를 위한 뜻깊은 노력이 그쪽에서도 진행되어왔으나 아직도 외래종교의 면모를 아주 벗지는 못한 것이 그들의 실정이며, 상당한 정신적 예속성과 더러는 제도적·재정적 의존조차 청산하지 못하고 있는 것이 사실이기 때문이다. 이에 반해 불교 종단의 비자주성은 주로 국내 정권에 대한 의존과 굴종이었지, 포교 자금이나 인원을 외국에 의존한 바 없음은 물론, 10·27법난 같은 대대적인 종교탄압을 겪었을 때도 미 국무성의 논평 한마디 없었다. 그런 점에서 불교는 정권교체에 따른 일정한 정치적 민주화와 불교재산관리법 철폐 등 최소한의 제도적 개선만 있어도 민족자주운동에 훨씬 당당하게 이바지할 좋은 위치에 놓였다고 하겠다.

3.

그러나 민족운동이라는 것이 한갓 관념적인 구호나 기껏해야 민족문화유산 보존운동에 그치는 게 아니고 민족의 자주통일을 기어코 달성하는 실천이 되려면, 그것은 폭넓고도 조직화된 민중운동이 아니고서는 안 된다. 불교가 이에 당당히 기여한다는 것 역시, 가령 기독교의 어느 일면에 비해 상대적 민족주체성을 과시함으로써 될 일은 아니다. 민족종교이자 민중종교로서 여타 종교에 부끄러울 바 없는 실천력을 스스로 확보함으로써 가능할 것이며, 이는 또한 가톨릭이나 개신교 내부의 민족운동가·민중운동가를 포함한 대다수 민족성원이 공감할 수 있는 운동이념의 제시를 요구할 것이다.

이렇게 볼 때 불교계의 진정코 당당한 공헌이란 아직은 요원하다는 느낌이 든다. 통일문제에 있어서도 그렇거니와, 노동운동이나 농민운동에 대한 실천적 기여, 이론적 해명 그 어느 면에서도 그리스도교의 사회선교 사업 수준에조차 못 가 있다는 것이 필자의 짐작이다.

하지만 이 점에서도 잠재력으로 따진다면 거의 무한한 보배를 간직하고 있는 것이 불교가 아닌가 한다. 구원 대상자로서의 만인의 평등뿐 아니라 구원의 주체로서 부처와 일체 중생의 평등을 설파한 그 교리를 차치하고도, 한국불교는 이조 건국 이래의 억불정책으로 승려는 천민의 위치로 떨어졌고, 신도 또한 부녀자나 민중계층이 주력을 이루게 되었다. 그런데 소위 팔천(八賤)의 하나라고는 해도 승려는 어디까지나 일정한 지식과 조직 그리고 조직생활의 기율을 갖춘 집단이었고, 이 점에서 선구적 민중지식인 집단의 면모도 없지 않았다고 하겠다. 조선조의 멸망으로 승려의 사회적 신분에 약간의 향상이 이루어지고 일제의 강압통치로 피압박민족의 저항의식이 고양된 순간, 만해(萬海) 한용운(韓龍雲) 같은 탁월한 인물이 불교계로부터 문단과 민족운동권에 홀연히 나타날 수 있었던 것도 그러한 배경에 힘입었던 셈이다.

그러나 만해 당대에도 민족운동에 뛰어든 불교계 인사는 소수에 불과했고 3·1운동 이후 민중적 민족주의의 전개과정에서의 기여는 더욱 미미했다. 만해 자신이 제창한 '불교사회주의'의 이념도 실천적으로나 이론적으로나 반제국주의 민중운동에 뚜렷한 기여를 할 만큼 구체화되지 못했다. 더구나 분단시대에 들어오면 사태가 개선되기는커녕 민족종교·민중종교의 참모습에서 더욱 멀어진 느낌을 주는 일들이 벌어진다. 총독부가 없어졌다고 해서 분단하의 정부수립을 민족문제의 해결로 착각한 것은 불교도들만이 아니었지만, 최근 몇해 전까지도─아니 어쩌면 지금 이 순간에도─불교 종단들이 '호국불교' 운운하면서 반민주적이고 외세의존적인 정권을 변호하고 중생을 기복(祈福)사상 속에 잠재워온 역사는 그야말로 '민중의 아편'이라는 비난에 값하는 것이었다. 물론 속사정을 살펴서 총체적인 평가를 할 때 불교 교단의 죄과가 다른 어느 종교보다 무거운지는 속단할 일이 못 된다. 불교로서는 일제의 사찰령으로 상징되는 정부간섭이 8·15 이후에도 제도적으로 지속된데다가 이제는 서양 문물의 득세로 더욱 천덕꾸러기가 된 설움까지 겹쳤던 것이며, 종단 지도자들의 어용성이 남보다 두드러졌다고 해서 교단 전체의 해악이 그에 비례한다는 법도 없을 것이기 때문이다.

어쨌든 불교가 우리 시대의 민중운동에 떳떳이 참여하려면 일반 승려들 가운데 아직 일소되지 못한 천민의식과 종단 지도층의 귀족화 현상을 아울러 타파하는 일이 급선무다. 천민의식은 진정한 민중의식으로 발전할 바탕은 될 수 있지만 천민 특유의 어용화 가능성도 함께 지닌 것이며, 그런 의미에서 지도층의 어용귀족화 현상도 본래의 귀족정신보다는 천민의식의 타기할 일면에 해당하는 셈이다. 따라서 종단의 민주화, 승단의 현대화 문제들은 모두가 한국불교의 민중의식 쟁취에 불가결한 과업이다. 그러나 이 과업도 오늘의 한국 현실에서 민중들이 벌이고 있는 생존과 인간적 품위를 위한 싸움에 한국불교가 실천적으로 참여하는 가운데서만 단순한 집안단속 이상의 의미를 띠게 되고, 실제로 집안단속으로서도 충분한 성과를 거둘 수 있을 것이다.

4.

이렇게 한국불교 자체의 쇄신 여부가 우리 시대의 민족적 과제, 민주변혁의 과제와 직결되어 있다. 그 원만한 해결은 수많은 승려·신도들 개개인의 각성과 헌신 없이는 불가능한 것이지만, 또한 부처님이 설한 법 자체에 그럴 만한 근거가 주어져 있지 않고서는 산발적인 성과로 끝나고 말 것이다. 과연 불법은 우리 시대 민주·민족운동의 일반적 원칙 내지 과학적 세계관과 양립 가능한 것인가? 아니, 양립 가능한 정도가 아니라 그 원만한 실천을 위해 요긴하기까지 한 것인가?

이 질문들에 확실한 답을 주는 일은 내가 할 수 있는 일이 아니다. 다만 어떤 식으로든 긍정적인 답변이 도저히 나올 수 없는 것이라면 불교도들의 민주·민족운동 참여는 **불교의** 참여까지는 못 되고 말며, 언젠가는 그들에게 운동과 종교 사이에 택일할 운명이 닥칠 것이다. 그런데 필자가 최근 불교계 일각의 새 기운을 특히 뜻깊다고 보는 것은, 우리가 찾는 통일운동·민중운동의 이념이 최소한 나보다도 불도를 더 모르는 사람이 생각하는 만큼 불교에 생소한 것은 아니라 믿기 때문이다.

오늘날 우리의 운동에서 중요하게 거론되는 과학적 세계관은 서양철학에서의 유물론의 전개와 떼어 생각할 수 없는 것이다. 반면에 불교는 '모든 것이 오로지 마음'이라고 주장하는 유심(唯心)의 가르침이라 일컬어지기도 한다. 그런데 서양철학에서는 유물론의 반대가 '유심론' 즉 *Idealism*이다. 그러다보면 어느덧 불교야말로 유심론·관념론의 극치로 낙인찍히고 마는데, 사실 어떤 불교인들의 실행을 보면 그런 낙인에 값하고도 남는 바 없지 않다. 하지만 불교 용어로 '유심'이란 말이 엄연히 있는데 *Idealism*을 '유심론'으로 번역하는 것은 무책임한 오역이다. 불가에서는 일체가 마음이라고도 하지만 마음 자체가 본디 없는 것이라고도 하고 마음이 경계에 따라 있다고도 하며, 어쨌든 실존하는 것 중에서 관념 또는 정신의 초월성·절대성을 주장하는 서양의 관념철학·정신주의와는 판이한 이야기다. 아니, 있는 것에 집착하여 분별하는 한 불교의 유심론은 차라리 서양의 유물론에 가깝다.

귀동냥으로 배운 게송을 하나 들어보면,

假借四大以爲身하니
心本無生因境有로다
前境若無心亦無하니
罪福如幻起亦滅이니라

즉, 4대(흙·물·불·바람)를 임시로 빌려서 몸을 이루니, 마음은 본래 태어남이 없으나 경계로 말미암아 있음이요, 만약 앞의 경계가 없으면 마음도 또한 없고, 죄와 복도 헛것과 같이 일어나고 또 사라진다——라는 것이 이 노래(第三尊 毘舍浮佛 偈頌)의 뜻인 듯하다. 육신을 물리적 요소의 결합으로 이해함은 물론이고, 마음도 그것이 중생이 체험하는 정신현상·의식작용인 한에서는 어디까지나 그 물질적 조건 내지 사회적 존재에 좌우되는 부수현상으로 파악하고 있다. 딱히 있다고도 못하며 없다고도 못할 진여(眞如)의 가르침을 뺀다면, 유물론 중에서도 차라리 기계적 유물론에 방불한 것이 불교의 연기설(緣起說)인바, 이러한 엄밀한 법칙성의 인식이 과학주의로 흐르지 않고 법마저도 놓아버린 깨달음과 실천의 경지로 떨쳐나간다는 것이 기계적 유물론과 결정적으로 다른 점이다.

과학주의에 대한 비판은 현대 과학자들 틈에서도 자주 들린다. 물질의 생김새 자체가 종전의 생각처럼 확실한 것이 아니라는 현대 물리학의 발견도 이러한 자기반성에 한몫 거들고 있는 것으로 안다. 그러나 '불확정성' 운운하며 과학에서의 법칙적 인식 자체에 회의를 표하는 것은 주관주의로 빠질 위험이 크며 불교의 철저한 과학정신에도 어긋나는 것으로 보인다. 불교는 털끝만 한 오차도 없는 인과법칙을 앎으로써 알음알이의 한계 자체를 벗어나는 깨우침이지, 과학성에 대한 근원적 물음과 과학지식의 법칙성에 대한 주관적 회의를 혼동하는 태도가 아닌 것이다.

과학적 세계관의 필요성이 절실해질수록 우리는 철저히 과학적인 태도를 몸에 익히는 일과 과학의 참뜻에 대한 물음을 끊임없이 되묻는 일을 동시에 수행해야 하고, 또 양자를 동시에 안 하고서는 그 어느 하나도 제대로 안 되는 것임을 깨달아야 한다. 역시 우연히 배운 조사(祖師) 게송 하나를 인용해본다.

眞理本無名이나   진리는 본래 이름이 없으나

因名顯眞理라   이름으로 인해 진리가 나타남이라

受得眞實法하니   진실한 법을 받아 얻으니

非眞亦非僞로다   참도 아니요 거짓도 아니다

무릇 이런 게송은 새긴다고 새겨봤자 고승에게 낯박살을 당하기가 고작인데, 대신에 너나없이 한번 새겨보아도 '참도 아니고 거짓도 아니다'라는 이점이 있다. 필자의 평소 관심사를 좀 색다르게 일깨워준 것이 실은 이 마지막 행이었는데, 형체 있고 형체 없는 만유(萬有)의 참과 거짓을 가리는 일이야말로 서양의 대다수 형이상학자와 모든 과학자가 한결같이 수행해온 작업이 아닌가 하는 생각이었다. 이것은 결코 '진실법' 그 자체는 아니다. 반면에 그것이 진리가 나타나고 중생을 제도하는 한 방편일 수 있음은 기술문명의 온갖 폐해에도 불구하고 부인할 수 없는 일인데, 불교를 포함한 동양의 전통문화에서는 이 점을 너무 소홀히 해온 것 같다. 그러나 이는 '진리본무명'만 알고 '인명현진리'는 모르는 어리석음이 아니었는가. 이름을 방편으로 삼아야 하는 이상, 공자의 가르침대로 정명(正名)도 해야 하거니와 자연과학·사회과학에서의 참과 거짓도 과학적으로 따져야 할 것 아닌가.

오늘날 민주·민족운동 내부의 논의를 볼 때에도, 우리 사회의 성격이나 운동의 방향을 설정함에 있어 한편으로 과학적 분석이 너무도 부족한 주관적·감성적 논의들이 있는가 하면, '정통적인 과학적 세계관'의 이름 아래 과학의 본질과 한계에 대한 성찰이 생략된 도식주의 또한 적지 않다. 물론 이런 극단적 편향들을 극복하려는 노력 또한 다각도로 진행되고 있다. 바로 이참에 불교의 지혜를 동지적 실천을 바탕으로 수득(受得)할 길이 열리게 됨은 전체 운동으로서도 큰 행운이 아닐 수 없다. 또한, 과학적 세계관을 존중하되 사회과학의 알음알이에 대한 예술적 깨달음의 우위성 ──과학자에 대한 예술가의 우월성 따위와는 무관한 작품 자체의 진

리성과 실천성 ─을 강조해온 민족문학론자의 입장에서도 무언가 가슴
든든한 바 있는 것이다.

─『실천불교』 제4집, 일월서각 1987

분단시대의 지역감정

실로 열여섯해 만에 보는 대통령선거전이 달아오르면서 '망국적 지역
감정'이라는 표현을 자주 듣게 된다. 또 그런 말이 나옴직한 현상도 거듭
만난다. 이 문제에 관한 몇가지 느낌을 적음으로써 글빚을 갚을까 생각하
던 참인데 이번에는 어느 야당 후보가 다른 야당 후보의 출신지역에 갔다
가 연설조차 못하고 말았다는 소식이 들려온다. 지역감정을 개탄하는 소
리는 바야흐로 더욱 높아질 게 분명하다.

드러나는 현상들 자체가 개탄스럽기도 하려니와 개탄의 음성 가운데는
반드시 싫지만도 않은 듯한 가락이 끼어들어 더욱 사람의 심기를 불편하
게 만든다. '망국적 지역감정'을 한참 규탄하는 어떤 이의 얼굴에는 그러
니까 애초에 직선제 개헌이 나쁘다고 했던 게 아니냐는 회심의 미소가 역
력한가 하면, 충돌의 현장을 열심히 보도하는 외국 언론과 내국 언론 모
두가 한국의 민주주의에 대한 근심 못지않게 한걱정 덜었다는 안심을 풍
기는 것 같다.

이 '망국적' 병폐를 시정할 방안으로 제출되는 것도 갖가지다. 각종 서
류에서 본적란을 아예 없애자거니, 사람을 대할 때 출신지를 묻지 말자거

니, 국민학교에서부터 지방색 타파를 가르쳐야 한다느니, 영남 사람과 호남 사람 간의 결혼이 많아져야 한다느니, 그야말로 묘안백출이다. 게다가 지역감정극복을 위한 합동 궐기대회도 물론 빠질 수 없을 것이다.

그러나 이 모든 방안들이 대개는 실효성이 의심스럽고 그중에는 건성으로 개탄하며 넘어가는 행위에 불과한 것도 많다. 예컨대 이력서에 본적을 안 쓴다고 해서 (또는 호적등본 뗄 때마다 시골 가기가 귀찮아서 본적을 서울로 이미 옮겨놓았다고 해서) 해당자의 출신지역을 알 방법이 정말로 없어질 것인가? 사람을 만나고 사귀면서 고향과 지난날에 대해 서로 묻고 아는 일조차 금기가 되어야 옳단 말인가? 영·호남인의 결혼이란 이야기도, 당자끼리 좋아서 짝을 짓는 것은 얼마든지 환영할 일이지만, 두 지역의 화합이 상호결혼에 의존해야 할 정도라면 부지하세월이다. 아마 미국의 흑백인종 문제가 완전한 혼혈로써 해결되고 모든 국제분쟁이 국제결혼으로 해소되기를 기다려야 할지도 모른다.

장기적인 교육이라는 것도, 이 판에 너무 장기적인 이야기만 한다는 것 자체가 당장의 묘방에만 집착하는 것만큼이나 무책임한 짓이기도 하려니와, 무작정 지역감정극복을 어릴 때부터 주입한다고 될 일이 아니다. 지역감정이 도대체 무엇이며 어디가 나쁜지—또는 좋은지—에 대한 정확한 인식에 바탕을 둔 교육이라야 실효도 있고 인간교육·민족교육의 이름에 값할 수도 있을 것이다.

지역감정에 대해 무엇보다 먼저 분명히 해둘 점은, 자기 고장에 대한 다소 맹목적인 사랑을 포함한 긍지와 애착은 인간의 자연스럽고 건강한 감정의 하나라는 것이다. 여기서 다소나마 맹목성을 인정해야 하는 것은, 사대육신을 지닌 중생의 사랑에서 맹목성을 아주 빼버리면 사랑도 없어지기 때문이다. 그러므로 흔히 제시되는 처방대로 '건전한 애향심'과 '맹목적 지역감정'을 구별하기란 그리 쉬운 일이 아니다. 그럴수록 우리는 지역감정 자체를 원칙적으로 긍정하는 데서 출발해야 된다는 것이 나의 생각이다. 가령 국민학교에서도 애국교육은 반드시 구체적인 애향심의 교육을 바탕으로 이루어져야 관념적 민족주의 내지 국수주의의 폐단을 피할 수 있으리라 본다. 어린이에게 처음부터 지방색 타파 따위나 설교하는 것은 어리둥절한 관념론자들을 양산하기 십상이다.

민족주의 이야기가 나오는 순간, 지역감정과 민족감정이 상반되는 듯하면서도 비슷한 점 또한 많다는 사실이 떠오른다. 나라밖 세상에서는 민족주의·민족감정이야말로 인류평화를 해치는 암적 요소라는 개탄의 소리가 드높고, 실제로 수많은 전쟁과 분규에서 민족감정이라는 일종의 대단위 지역감정이 한몫을 톡톡히 하고 있음을 본다. 동시에 바로 그런 개탄의 소리가 남의 민족을 억압하여 민족감정을 건드려놓은 사람들 쪽에서 가장 드높다는 사실에서 많은 암시를 얻는다. 민족감정이 설령 언젠가는 없어져야 할 물건이라 치더라도 가진 민족과 못 가진 민족의 지역감정을 똑같이 탓할 수 없으려니와, 민족감정을 소리 높여 매도하는 그 사람들이 과연 인류의 먼 장래를 위해 무엇이 좋고 무엇이 나쁜지를 말해줄 자격이 있는지가 의심스러운 것이다.

민족주의·민족감정이 그렇듯이 지역감정도 모든 지역의 것이 똑같이 나쁘거나 좋다고 말할 수 없다. 자기 고장, 자기 이웃붙이에 대한 본능적인 애착은 일단 누구에게 있어서나 평등하게 귀하고 평등하게 버려야 할 미혹(迷惑)이지만, 그것이 자기가 몸소 접하지 않은 좀더 넓은 지역에 대한 애착으로 발전하는 경우에는 각 지역의 과거 및 현재의 역사적 성격에 따라 그 감정의 진가도 달라지는 것이다. 부당한 대우를 받아온 지방의 지역감정을 그렇지 않은 경우와 동일시해서는 안 된다.

까놓고 말하면, 우리 사회에서 전라도의 지역감정은 다른 도의 그것과 달리 보아야 한다. 달리 본다고 무조건 긍정한다는 뜻은 아니다. 그러나 전라도민에 대한 부당한 대우는 우리 역사의 해묵은 치부의 하나임을 직시해야 한다. 많은 사람들이 지적하듯이 박정희 집권 이후 '경상도정권에 의한 호남 푸대접'이 호남인들의 지역감정을 크게 자극한 것이 사실이다. 그것이 제5공화국에 와서도 그대로 연장됨으로써, 특히 1980년 광주항쟁의 무자비한 탄압에 대한 책임이 물어지지 않음으로써, 오늘날 사태는 건잡기 힘들 정도로 심각해져 있다. 그러나 이야기를 군사독재에 대한 비난으로 끝내서도 문제는 해결되지 않는다. 멀리는 백제나 후백제의 멸망 이후의, 가까이는 조선왕조에서의 호남의 역할과 위치에 대한 과학적인 분석이 따라야 할 것이다.

그런데 식민지·종속국의 민족감정이 단순히 자기방어에 필요할뿐더러 인간해방에 좀더 적극적으로 기여할 수 있다고 말하는 근거는, 그것이 소박한 피해의식·저항의식에서 출발하더라도 단순한 민족감정·민족주의의 차원을 넘어선 인간해방의 이념에 도달할 수 있다는 사실이다. 실제로 민족해방의 과업을 성취시키려는 실천운동일 경우 그러한 차원적 비약을 성취 안 하고는 못 견딘다는 것이 현대사의 교훈이기도 하다. 지역감정도 마찬가지다. 부당하게 대접받은 지역민의 저항의식이 반독재정신, 나아가서는 좀더 적극적인 민족의식·민중의식으로 발전하는 현상은 70년대의 유신독재와 80년대의 군부독재에 대한 싸움에서 뚜렷이 드러났다. 지난 6월의 범국민적 항쟁이 있기까지 호남인의 지역감정이 민주화운동의 중요한 동력을 제공한 것은 숨길 수 없는 사실이다.

그러므로 6·29 이후의 새 국면에서도 우리는 지역감정을 무조건 부끄러워할 것이 아니라, 이제까지의 싸움에서 얼마만큼이 소박한 저항감이었고 얼마만큼이 성숙한 정치의식이었는지, 어디까지가 단순한 지역감정 또는 민족감정이었고 어디까지가 각성된 민중의식이었는지, 각자가 찬찬히 따져보면서 새로운 비약의 계기를 구해야 한다. 이때에 국면이 선거국면으로 전개되는 것은 그 나름의 특별한 기회와 특별한 위험을 가져온다.

전에 없던 활발한 토론의 공간이 허용된다는 점과, 너무나 오래 무시되어왔고 선거 뒤에 다시 무시될 가능성이 많은 대중들에게 상당한 권력이 주어진다는 점이 선거국면 나름의 기회이다. 다른 한편 민중세력에게 선거국면이 치명적인 함정이 될 수도 있음은 수많은 사회운동의 역사가 증명해준다. 지속적인 생존투쟁이나 변혁활동보다 몇년마다 한번씩 치르는 단기전(短期戰)에 너무 많은 것을 걺으로써 원칙의 희생과 조직의 훼손을 가져오기 일쑤이고, 더구나 대통령선거의 경우 특정 1인의 당락이 싸움의 초점이 될 수밖에 없는 만큼 민중의식의 후퇴가 일어날 위험은 더욱 커진다. 물론 이 경우에도 특정인에의 집착이 지역감정을 자극하되 그것이 좀더 차원 높은 민족통일·민중해방의 이념으로 승화하느냐 못하느냐는 것은, 수많은 객관적 여건에 달렸고 해당 후보자의 인품과 역량에도 크게 좌우될 것이다. 그런데 요즘 우리의 선거국면에서 뜻있는 사람일수록 지역감정에 대한 염려가 깊어지고 기성체제에 안주하는 논자일수록 '망국적' 운운하면서도 득의의 웃음을 참기 힘들어하는 까닭은, 지역감정의 민중적 잠재력보다 그 소시민성이 크게 우세해져서 지역을 달리하는 동지적 경쟁자에 대한 적개심이 원칙을 달리하는 후보에 대한 반발을 오히려 능가할 지경에 이르렀기 때문이다.

끝으로 우리는 이 사회의 지역감정이 어디까지나 분단시대의 지역감정이라는 통찰을 가져야 한다. 우리는 흔히, "남북으로 갈라진 것만도 서러운데 동서로까지 나뉘어서 싸워야 하다니"라는 탄식을 듣는다. 생각할수록 정말 서글픈 일이다. 그러나 바로 남북으로 갈라진 나라이기 때문에 동서의 분열도 이처럼 심각해지는 것임을 우리는 알아야 한다. 분단이 오래갈수록 앞으로도 경상도·전라도는 다시 남북으로 갈라지고 나머지 지역들은 그들대로, 또 지역 말고도 종교·혈연·직종 등 온갖 이유로 집안싸움이 격화될 것이다. 무릇 어느 때 어느 곳의 지배자든지 분할통치의 수법을 애용하는 터이지만, 분단체제의 지배세력은 그것이 통일된 민족국가의 정당성을 본원적으로 결하고 있기 때문에 분단사회를 다시 이리저리 갈라놓지 않고는 권력유지가 힘들다. 박정권 이래 영·호남의 분화는 여러가지 상승작용도 많지만, 기본적으로는 70년대와 80년대의 정권이 국민을 고루 잘 살게 해줄 수도 없고 통일에의 길을 열어줄 처지도 못 되는 정권으로서 한국의 민중계층을 우선 전라도와 경상도로라도 갈라놓는 일이 시급했기 때문에 조장된 것이다.

이 과정을 정확하게 인식하려면 자본주의 사회로서의 한국사회에 대한 과학적 분석이 있어야 함은 물론이다. 대체로 자본주의가 새롭게 발흥할 무렵에는 전국적인 경제권이 형성되면서 지역감정도 새로운 국민의식·민족의식과 무리 없이 양립하게 된다. 반대로 융성기를 넘긴 자본주의는 비록 양적 성장을 거듭할지라도 지역감정을 포함한 건전한 국민정서를 왜곡하지 않고는 유지되지 못한다. 한국의 자본주의가 과연 어느 단계의 것인지는 여기서 논할 문제가 아니다. 다만 한반도가 분단되어 있다는 사실만으로도 정상적인 통일국가의 지역감정·국민의식은 불가능해진 상태이다. 건전한 지역감정을 되찾기 위해서도 우리는 민족통일·민중해방의 큰길을 흔들림 없이 걸어야 할 것이다.

—『海印』1987년 12월호

통일하는 마음*

   '통일하는 마음'이라는 제목에 대해 다소 의아스럽게 느끼는 분도 계실지 모릅니다. 우리나라에서는 통일이라고 하면, 먼저 남북통일을 생각게 되는데 그것은 누구나 바라는 일이지만 하고 싶다고 마음대로 되는 일은 아닙니다. 과연 '마음'의 문제로 돌릴 수 있을까 하는 의문이 생깁니다. 어쨌든 우리 사회는 남북분단 이외에도 온갖 분열에 시달리고 있는 것이 사실입니다. 오늘 이 시간 남북분단 문제와 우리 사회의 다른 여러 분열 증상이 얼마나 밀접하게 관련되어 있는가를 생각해보고, 또 이 분열을 극복하고 나라를 통일하기 위해 어째서 마음의 문제가 중요한가를 생각해보고자 합니다.

   그런데 저는 우리 시대의 온갖 개인적인 또는 사회적인 분열증상이 남북분단과 무관하지 않다고 봅니다만, 그렇다고 매사를 분단에다 갖다붙이는 것도 옳은 태도는 아닐 것입니다. 우선 남북분단 자체가 외세의 작용으로 이루어졌지만 전적으로 외세의 작용만은 아니고 우리 내부에 이

---

* 이 글은 1988년 1월 20일 원불교 서울 靑耘會 주최 '청운강좌'에서 행한 강연 내용을 간추린 것이다.

미 있었던 분열과 모순 때문인 점도 인정해야 할 것입니다. 그렇기에 우리의 잘못은 덮어두고 모든 것이 분단 탓이라고 말하는 것은 무책임한 일입니다. 또 분열을 극복해야 한다고 합니다만, 분열이라고 해서 무조건 나쁜 것은 아니지요. 가령 선악을 갈라서 선을 취하고 악을 버려야 하듯이, 역사의 발전과정에서 사회도 갈라질 때가 되면 갈라져야 하는 경우가 있습니다. 이렇게 분열도 분열 나름이고 참다운 통일에 필요한 분열도 있다는 점을 기억할 때, 매사를 무조건 통일로만 갖다붙이는 것은 옳지 않다는 것입니다.

그러나 1945년에 일제 식민지에서 해방되면서 남북이 하나의 나라를 만들지 못하고 갈라진 것은 누가 뭐래도 부당하게 갈라진 것입니다. 즉 우리 민족 다수가 원해서 갈라진 것이 아니고 주로 외세의 작용에 의한 강제분단이었습니다. 여기에 편승하여 분단을 부추기고 분단국가를 형성하는 데 적극적으로 가담한 우리 동포들이 있기는 있었습니다만, 그것도 우리 내부의 문제를 제대로 해결하려는 이들이 나선 것이 아니고, 일제하의 온갖 모순들의 극복을 막아보고 늦추기 위해 남북분단을 방조하는 사람들을 위주로 이루어진 것이 우리의 분단입니다. 그러므로 남북의 분단은 역사의 진보 원칙에도, 민족의 자리·이타(自利利他) 원칙에도 어긋나는 것이었습니다.

바로 그렇기 때문에 분단은 일시적 아픔으로 끝나는 것이 아니고 온갖 병적인 현상이 따라오게 됩니다. 남북분단이 서로의 이질성에 근거한 합리적인 해결책이 아니기 때문에 분단된 남과 북을 별도로 유지하고 다스리기 위해서는 분단세력이 원래 없던 이질성을 일부러 조장할 필요가 생깁니다. 같은 민족인데 서로 원수처럼 생각하도록 만들고 또 실제로 무력을 동원하여 대치하기도 하며 통신조차도 못하게 합니다. 그리고 한편으로 이렇게 이질성을 만들어내고 조장하면서 다른 한편으로는 각자가 내부에 없는 응집력을 인위적으로 만들어내기 위한 억지를 써야 합니다. 조금 비판적인 이야기만 해도 국론을 분열시킨다느니 국기를 흔든다느니 하며, 말문을 막고 신변을 제약하는 식의 사태가 벌어지는 것이지요.

그런데 이렇게 물리적인 힘을 동원하는 것으로도 체제유지가 힘드니까 여기에 덧붙여 국민을 분열시키는 수법을 동시에 쓰게 됩니다. 고금동서를 막론하고 남을 지배하는 사람들이 즐겨 쓰는 수법이 소위 분열통치라는 것인데, 어느 사회에서나 사람을 다스릴 때 적당히 이간을 붙여가며 부려먹는 통치술의 기본이라 하겠습니다. 지난번 선거 때 나타난 이른바 지역감정의 경우 남북으로 갈라진 남쪽에서 또 동서로 갈라졌다고 모두들 개탄하고 있습니다. 그런데 이런 식의 지역감정도 근원적으로 따져 들어가면 남과 북으로 갈라졌기 때문에 나타난 현상이라고 봅니다. 즉 남북분단으로 인해서 이 사회가 여러 면에서 지리멸렬해지는 병적인 현상의 하나에 불과한 것이지 지역분열 자체가 결코 문제의 핵심이 아닌 것입니다.

그러나 현시점에서 가장 심각한 문제점으로 부각된 분열상이 지역감정인 것은 사실입니다. 이것이 단순히 경상도 출신이 정권을 잡으면서 호남을 푸대접했기 때문에 생겼다고 보는 것은 피상적인 생각입니다. 우리는 이것을 남북이 부당하게 갈라짐으로 인해 생겨난 분열증 가운데 하나라는 차원에서 인식할 필요가 있습니다. 원래는 자기 고장을 사랑하고 자랑스럽게 생각하며 또 다소 편애하는 것까지도 건강한 것입니다. 그런데 그 감정이 지나치게 배타성을 띠면서 문제가 되는데, 이 경우도 부당하게 차별을 받은 사람들의 방어적인 지역감정과 가해자들끼리의 동류의식을 똑같이 보아서는 안 됩니다. 그런 의미에서 수백년간 차별대우를 받아온 호남인의 지역감정은 역사적 근거가 있는 것인데, 이것을 분단체제가 교묘하게 이용하여 악화시켜놓은 것이 오늘날 영·호남의 대립입니다. 국민들이 단결해서 통일을 요구하고 민주주의를 요구하면 분단체제가 유지되기 어려우니까, 우선 가장 손쉬운 일로 전라도와 경상도의 민중끼리 반목하게 만든 겁니다. 그래서 저는 지역감정의 문제가 남북분단과 불가분의 관계에 있다고 주장하는 것입니다. 또 어떤 정권이 들어서더라도 그 정권이 진정으로 민주화를 하고 남북을 자주적으로 통일하려고 추진하지 못하는 한 지역감정의 문제가 크게 달라지지 않으리라고 보는 것입니다.

그런데 지역감정 문제에서 보듯이 분단과 우리 내부의 분열은 하나의 악순환을 이루고 있습니다. 가령 통일을 제대로 성취하려면 민주화도 되고 외국에 대해 자주성도 갖고 해야 하는데, 바로 분단이 만들어내는 우리 내부의 온갖 분열 때문에 민주화·자주화도 안 되고 있다는 것이지요. 그러다보니 사람들의 마음속에는 패배의식이 깊어지고, 결국 적당히 어물어물 살아가는 것이 제일이라 생각하는 사람이 많아지게 됩니다. 또 그럴수록 이런 풍조에 반발하는 순수한 사람들, 특히 젊은이들과 나머지 사람들의 이념적 분열이나 세대간의 단절이 커져서 그야말로 악순환이 끝없이 되풀이될 가능성이 높아집니다.

이처럼 고약하게 걸린 자리에서 악순환을 깨고 나오려면 그야말로 상식적으로 생각하기 힘든 일대 비약이, 어떤 개벽과 같은 일이 있어야 하지 않을까 하는 느낌을 저는 갖습니다. 통일과 연결시켜 마음이란 말을 사용해본 것도 그 때문입니다. 무언가 근본부터 다시 생각해봐야 할 난국인데, 만사의 근본을 마음에서 찾는 것은 불교의 가르침이자 우리 동양의 전통입니다. 그런데 만사의 근본을 마음에서 찾는다고 할 때 조심해야 할 점이 있습니다. 현실세계의 어려운 문제에 당면했을 때 현실 속에서 실질적인 해결의 길을 찾기보다 정신의 문제와 개인의 수양에 국한시켜 생각하는 경우가 많습니다. 특히 이제까지의 종교가 많이 그래왔지요. 그러나 이것은 무책임한 현실도피이고 종교의 근본정신에도 어긋나는 일이라고 믿습니다.

예컨대 분단사회의 온갖 병리도 민주화와 자주화를 통한 구체적 대책을 내놓아야지 모두를 개인적 수양이 부족한 탓으로만 돌린다면 종교가 민중의 아편이란 비난을 면하지 못할 것입니다. 실제로 불교에서 근본으로 치는 마음이란 것은 서양의 유심론자들이 절대적으로 있다고 고집하는 정신이나 관념과 달라서 딱히 있다고도 못하고 없다고도 못하는 것이고 그밖의 모든 정신현상은 우리의 육신이 처한 경계에서 나오는 것이라 하지 않습니까? 그러므로 '통일하는 마음'을 이야기할 때에도 현실을 외면하는 무책임한 발상이 아니라 정당한 사리분별과 구체적 실천을 전제한 마음이라야 하겠습니다. 그리고 이런 마음공부야말로 원불교에서 말씀하시는 삼학(三學)공부와도 일치하는 것이라고 믿습니다.

분단이 절박한 현실문제인 것은, 그것이 단순히 국토의 분단만이 아니라 사회 구석구석의 모든 분열, 우리 마음속의 모든 병들과 결합되어 있어서 어디서부터 풀어가야 할지 모를 악순환을 이루고 있기 때문입니다. 그러므로 통일이 이루어진다는 것은 하나의 개벽에 해당하는 사태가 될 것이고, 다른 한편으로는 진정한 개벽을 이루고자 할 때 먼저 달성해야 하는 전제조건이기도 합니다. 그러기에 통일하는 일도 우리 마음이 통일을 향해 열리는 일과 분단체제의 외부적 기구를 몸으로 허물어가는 일이 동시에 진행될 수밖에 없는 것입니다. 진정으로 통일하는 마음이란 각자가 개인의 수양을 게을리하지 않는 수양인의 마음인 동시에, 통일이 안된 현실의 모순과 질환을 정확히 인식하려는 연구자의 마음이며, 이 모순과 질환을 제거하기 위해 그날그날의 할 일을 하고 싸움을 싸우는 실천가의 마음이기도 합니다. 이런 통일하는 마음만이 통일을 향한 참된 발걸음이 되리라고 믿습니다.

—『원불교신보』 1988년 2월 6일자

분단시대의 민족감정

　나라가 두 토막으로 갈라진 분단시대의 민족감정이라고 하면 무엇보다도 남북의 통일을 바라는 감정을 생각게 되는 것이 당연한 일이다. 또, 분단된 지 벌써 마흔네해째인데도 그러한 민족감정이 아직껏 강렬한 것이 우리 사회의 특징이기도 하다. 이 점은 한국을 찾는 많은 외국인들에게 곧잘 놀라움을 안겨준다. 특히 같은 분단국인 서독에서 온 방문객들은 우리가 너도나도 통일을 주장하는 것이 납득하기 힘들다는 말을 하곤 한다.

　바로 이런 서독인의 반응에서 보듯이 분단된 민족이라고 해서 반드시 통일을 바라는 마음이 뜨거운 것은 아니다. 뿐만 아니라 우리 사회 안에서도 통일의 열망과 분단의 체험이 갖는 관계가 결코 단순치 않다. 삼팔선 때문에 고향을 잃고 가족이 흩어진 사람들의 다수가 도리어 분단체제의 '안정 희구 세력'이 되어 있는가 하면, 분단이 이미 굳을 대로 굳어진 뒤에 태어난 세대 가운데서 가장 열렬한 통일론자들이 속출하고 있다.

　일이 간단치 않기로 치면 그것뿐이 아니다. 한 겨레가 둘로 갈라지면 다시 하나로 뭉치고 싶어하는 감정이 자연스럽게 일어나기도 하지만, 분단사회는 다시 사분오열되는 경향을 동시에 지니기 마련이다. 본디 하

96

나가 아닌 반쪽이기에 정상적인 구심력을 못 갖는 것이며, 억지로 한 덩어리를 만들어 유지하자니 반쪽마저 다시 갈기갈기 찢어놓아야 우선 다스리기가 편리하기도 한 것이다. 작년 대통령선거 때에 누구나 개탄하던 영·호남의 대립 문제도 어디까지나 분단시대의 한 현상으로 보아야 한다고 나는 어느 글에서 주장했는데(졸고 「분단시대의 지역감정」, 본서 89~90면), 지금 국회의원선거전이 벌어진 마당에서 우리는 분단시대야말로 남북분단만이 아닌 온갖 분열의 시대임을 뼈아프게 실감하고 있다.

어쨌거나 '분단시대의 민족감정'이라는 것도 그때그때의 역사에 따라 그 내용이 달라진다는 점은 명백하다. 이 명백한 사실을 무시하고서 실제로 분단을 이겨내는 행동이 가능할 리 없으며, 통일운동을 감당할 민족감정이 이루어질 수도 없다. 그리고 이렇게 말해놓고 나면, 분단의 극복에 진정으로 이바지할 분단시대의 민족감정이란 단순히 '감정'만이 아니라 인식이요 지혜이기도 함이 뚜렷해진다.

사실 외국인들이 보고 놀라는 우리 사회의 통일 열망은 정서적 차원에 머무는 수도 많다. 예컨대 분단되기 전의 상태에 대한 실향민들의 그리움이 아무리 애절할지라도, 그들이 그리워하는 옛날을 가능케 했던 현실적 조건에 대한 인식이 따르지 않을 때, 그리하여 분단되기 전의 삶에서 어떤 것이 복원될 수 있으며 복원되어도 좋은지에 대한 통찰이 없을 때, 부질없는 탄식으로 끝나거나 심지어 분단을 선호하는 감정으로 슬그머니 바뀔 수도 있는 것이다. 그런데 실향의 설움을 딛고 남쪽에서 이룬 얼마만큼의 안정된 삶에 집착하는 그들과는 여러모로 대조적이지만, 분단한국의 현실을 너무 간단히 부정해버린 일부 젊은 세대의 통일론도 지혜를 담은 민족감정이 못 된다는 점에서는 비슷하지 않을까 한다. 분단극복은 당연히 민족해방의 원리를 따를 일이나, 반쪽나라 민중 나름의 주체성과 독자성을 소홀히 한 민족해방론은 현실적인 힘을 발휘하기 어렵다. 그리고 자기 힘이 튼튼치 못한 상태에서는, 남의 힘을 전술적으로 이용한다는 것이 오히려 이용당하는 결과가 되기 십상이다.

통일 논의의 현장에서 멀리 떨어진 독자들에게는 이런 이야기가 좀 아리송하게 들릴지 모른다. 나 자신도 이른바 운동권의 논의에 대해서는 주로 귀동냥에 의존하고 있지만, 어쨌거나 이제까지의 많은 이야기가 한편에서는 감정에 치우친 민족해방론이 되는가 하면, 다른 한편에서는 한국 사회 내부의 변혁주체를 이론적으로 설정하는 데에 치우쳐 통일문제는 다음 일로 제쳐두는 너무도 민족감정에 냉담한 논리가 되지 않는가 하는 느낌이다. 말하자면 감성적인 통일주장이나 이른바 과학적인 사회분석이 다같이 분단의 극복에 이바지를 제대로 못하고 있는 셈이다.

이처럼 우리 사회는 분단 뒤로 반세기가 가깝도록 통일을 갈망하는 정서를 남달리 뜨겁게 간직하고는 있지만, 아직도 통일을 싫어하는 세력을 이겨낼 만큼 정리된 민족감정을 못 갖고 있다. 게다가 매우 섭섭한 이야기지만 이제까지 우리 정부의 통일정책과 노선은 바로 통일거부세력을 북돋기가 일쑤였다. 물론 정부 당국도 늘 통일의 염원을 강조해왔고 1972년 7월 4일에는 남북한의 자주·평화 통일과 민족적 대단결의 원칙에 정식으로 합의하기도 했다. 그러나 이 '7·4공동성명'에 대한 국민의 열화 같은 지지를 구실로 삼아 '10월유신'이라는 정변을 일으킨 그때의 집권자는 이듬해 6월 23일 '남북한의 유엔 동시가입' 등의 '평화공존' 방안을 들고 나왔다. 기왕에 갈라진 마당이니 우선 전쟁은 확실히 피하면서 국제사회에서 실리도 챙기자는 입장에 전혀 일리가 없는 것은 아니다. 그러나 이 '6·23선언'이 '7·4성명' 뒤로 한해가 못 돼서 나왔다는 점이 아무래도 석연치가 않은 것이다.

예컨대 어느 부부가 싸우던 끝에 정식 이혼만 안 했지 오랫동안 별거를 하고 있었다 치자. 별거를 하면서도 만나기만 하면 싸우기가 일쑤였는데, 어느날 이제는 그만 싸우고 곧 다시 합쳐 살자고 만인 앞에서 약속까지

하였다. 그런데 바로 이튿날—또는 며칠 뒤라고 해도 좋다—그 한쪽이 하는 말이, 싸움질하는 부부 노릇을 철저히 청산하기 위해 우선 호적부터 따로 내고 각자 홀가분한 입장에서 새로 교제해서 원만한 부부로 다시 합치자는 것이다. 이 말의 속셈을 상대방이나 제3자는 어떻게 새겨들을까? 그것이 과연 재결합을 하자는 말인지 아니면 그냥 이혼합의서에 도장만 찍어달라는 말인지 어리둥절해질 수밖에 없을 것이다. 가뜩이나 두 사람은 줄곧 서로 욕하고 의심해온 사이인데, 제안내용 가운데는 더구나, 별거하던 동안의(다소 난잡하기도 했던) 이성교제는 앞으로도 계속하는 일을 정식으로 인정한다는 항목마저 끼여 있는 것이다!

이것은 어디까지나 하나의 공상이므로 그 세목 하나하나에 지나친 의미를 부여할 필요는 없다. 아무튼 통일문제에 관한 우리 정부의 자세는 남에게 까탈을 잡힐 데가 하나둘이 아니었고, 실은 지금도 그렇다. 쉬운 예로 한국이 올림픽을 성공적으로 치른 뒤에 '제2의 일본'이 되리라는 꿈을 내놓을 때에, 북한의 존재는 아예 잊혀져 있거나 우리가 '압도'할 대상으로밖에 설정되지 않는다. 정부뿐 아니라 언론계나 학계가 즐겨 내놓는 '태평양시대'에 대한 구상에도 한국은 언제나 분단된 상태로 등장하며, 요즈음은 그 화려한 그림 속에 공산중국도 으레 들어가고 이따금씩 소련도 끼이건만 북한은 어김없이 빠져 있다. 사실 '제2의 일본'이라는 구호는 우리가 통일을 하지 않고도 잘 살 수 있으리라는 희망의 표시, 어떻게든 사회주의 북한과의 통일을 피하고 살아보겠다는 의지의 표시라고밖에는 보기 어렵다.

그러나 통일을 아예 않겠다는 말은 아직껏 아무도 쉽게 입 밖에 내지 못한다. 그만큼 일반국민의 통일 열망이 강하기 때문일 것이다. 그래서 통일문제가 직접 언급될 때에는 '제2의 일본'론이 '제2의 서독'론으로 바뀌곤 한다. 이른바 라인강의 기적에 이어 '한강의 기적'을 이룬 한국이 '국력의 우위'를 바탕으로 한반도의 '독일식' 통일을 이룬다는 것이다.*

사실 독일이 둘로 갈라져 있으면서도 서로 왕래를 하고 교역도 하며 제법 동족답게 지내는 모습은 부러울 때가 많다. 우리도 어쨌거나 지금보다는 좀 덜 얼어붙은 상태로 살 필요가 있는 것이 분명하다. 다만 문제는 통일에 관해서는 동서독이 모두 그런 것은 안 하기로 합의한 사이라는 점이다. 우리의 통일의지를 다짐한 '7·4성명'이 나온 지 얼마 뒤인 1972년 11월 8일에 그들은 '기본관계조약'이라는 일종의 합의이혼 문서에 조인했다. 반면에 우리의 경우는 정부가 82년에 내놓은 '남북 기본관계에 관한 잠정협정' 제안에서조차 남북이 함께 통일헌법을 만들어서 통일정부를 세울 것을 머리글에서 주장하고 있다. 그런데 정작 '협정' 본문의 내용은 오히려 독일의 '조약'을 거의 그대로 빼다박았다. 이로써 생기는 온갖 혼선과 자가당착에 대해서는 리영희 교수가 「'독일식' 한반도 통일방안 비판」(두레사에서 나온 평론집 『역설의 변증』에 실림)에서 꼼꼼히 따져놓았으므로 여기서는 설명을 줄인다.

어쨌든 한반도의 군사분계선이 독일의 동서 국경보다 몇 곱절 더 살벌한 것이 우리 민족이 독일민족보다 본디부터 더 호전적이어서나 특별히 더 못나서가 아니라는 점을 강조할 필요는 있다. 자기 민족에 대해 그 정도의 믿음도 못 가진다면 통일도 자주도 다 부질없는 이야기일 뿐이다. 진정한 믿음은 무턱대고 자기 민족을 좋게 보려는 고집과는 다르다. 실제로 동족끼리 그처럼 살벌하게 마주하고 있는 현실을 현실로서 인정하면서 그것을 올바로 설명할 수 있어야 하는 것이다.

우리 한민족이 독일민족에 비해 잘난 점도 있고 못난 점도 있겠지만, 통일국가를 이루고 살아온 역사만은 그들과 비교가 안 될 만큼 깊다. 오늘의 동서독 영토를 합친 것과 비슷한 땅이 비스마르크의 영도 아래 통일되어 '독일제국'이 선포된 것은 1871년, 그러니까 우리 역사로 치면 한말

* 1988년 봄은 필자나 정부 당국자나 독일의 통일을 예상 못하던 때이므로 '독일식'으로 통일하자는 것은 장기적인 분단고착을 실질적으로 전제하는 이야기였다. (저자)

의 고종 8년이었다. 신라가 불완전하게나마 한반도를 통일하고 고려와 조선으로 이어지는 단일민족사의 터전을 잡고서 자그마치 12세기가 지난 뒤였던 것이다. 그러므로 독일의 분단이 비록 패전 탓에 타율적으로 이루어졌다고는 하지만, 1300년 묵은 민족의 분단에 견준다면 '분단'이라기보다 '원상회복'에 가까운 면도 없지 않다. 실제로 히틀러의 독일은 1938년부터 오스트리아도 합병하고 있었는데, 같은 게르만족이요 옛날에 동일한 황제의 치하에 있기도 했던 오스트리아가 45년에 떨어져나간 것을 아무도 '분단'이라 부르지 않는다.

그러나 갈라지기 전에 얼마나 오래 살았느냐가 가장 중요한 사항은 아니다. 사람살이에는 언제나 과거보다 현재가 더 중요한 만큼, 갈라진 뒤의 삶이 얼마나 참을 만한가―또는 오히려 더 잘된 면도 있는가―라는 문제가 더 결정적인 것이다. 물론 오랫동안 하나로 살아온 민족일수록 갈라지는 괴로움이 크기 마련이고, 그런데도 이들을 갈라놓자니 무리한 수단을 쓰고 무리한 결과를 낳을 수밖에 없는 것이 사실이다. 독일의 분단도 연합국의 일방적인 결정이었고 수많은 독일인들에게 말 못할 쓰라림을 안겨주었다. 그러나 어쨌거나 그것은 그들 스스로 일으킨 전쟁의 참화가 끝나는 것을 의미했고 히틀러 아래 통일독일이 보인 엄청난 침략성을 제거한다는 그 나름의 진보적 내용을 담은 것이기도 했다. 반면 한반도의 분단은 패전국에 대한 징벌도 아니요 침략자에 대한 단속도 아닌, 약한 자는 멋대로 짓밟아도 좋다는 무법자의 논리가 관철된 것일 뿐이었다.

그렇기 때문에 삼팔선이 굳어지는 과정에도 연합군에 의한 독일 점령통치와는 비교가 안 되는 엄청난 무리가 따랐다. 가장 두드러진 차이는 물론 6·25전쟁의 경험이다. 온 강토가 한바탕 피바다가 된 뒤에야 삼팔선이 휴전선으로 바뀌어 자리잡았으며, 그나마 외국군의 핵무기까지 동원된 살기등등한 대치상태로 유지되고 있다. 하지만 전쟁이 나기 전에도 이미 분단은 피로써 유지되고 있었다. 남쪽에서만 해도, 여운형과 김구 등의 암살이 분단체제 건설작업의 폭력성을 실감케 하지만 40년이 지난 요즈음에 와서야 활발히 논의되기 시작하는 1948년의 제주도 4·3사건이야말로 단독정부 수립 자체가 대대적인 유혈사태를 통해서만 가능했음을 입증하는 단적인 증거이다.

이런 과정을 통해 형성된 분단사회의 실상 또한 대조적이다. 독일은 자본주의의 출발이 좀 늦었고 파시즘이라는 비뚤어진 길로 나서기는 했지만 분단되기 전에 이미 선진자본주의 사회였는데, 그러한 바탕은 패전과 분할점령으로도 소멸되지 않았다. 그 바탕을 딛고 동쪽은 사회주의 경제를 건설했고, 서쪽은 최초로 자유민주주의의 모양새를 갖춘 자본주의 사회를 발전시켰다. 그런데 한반도의 분단은 식민지 조선의 예속성을 실질적으로 연장하기 위한 분단이었고, 그리하여 오늘날 한국사회에는 식민지시대의 유산이 고스란히 남아 있거나 형태와 지배주체를 달리하며 재생되고 있는 것이다.

이처럼 역사적 배경과 현실 조건이 판이한데도 서독처럼 된다느니 분단문제가 애초에 없는 일본처럼 된다느니 하는 말들은 헛배만 불리는 속임수이기 쉽다. 그리고 그런 이야기야말로 민족의 긍지를 멍들게 한다. 사상과 체제가 다른 두 사회를 평화적으로 다시 하나의 민족국가로 만드는 창조의 기회를 마다하고 그런 기회를 못 가진 다른 누구처럼 되겠다는 것 자체가 긍지가 모자라는 짓이려니와, 어쨌거나 그들처럼은 도저히 될 수 없음이 확인될 때에 남는 것은 열등감과 열패감뿐이기 마련이다.

그러나 통일을 하지 못하고—또는 안 하고—오래 끌다보면 마침내는 서독이나 일본과 비슷해지는 것이 아닐까? 경제성장이 계속되고 정치도 조금은 민주화가 되고 올림픽을 치러서 국제적 위신도 높아지고 공산권과 교역도 하게 되고…… 그렇다, 여기 제시된 어느 한가지도 현실 속에 전혀 조짐이 없는 일은 아니며, 이런 사실을 사실로 인정하지 않는 통일주장은 설득력을 지니지 못한다. 또 이런 조짐들이 하나같이 현실로 굳어져 서독이나 일본을 좀더 닮은 사회가 되는 것을 큰 재앙인 듯이 몰아쳐서도 많은 이들의 공감을 사기 어렵다.

문제는 그런 꿈에 젖어드는 사람 수효가 많아질수록 그 꿈이 실현될 가능성이 커지는 것이 아니라 정말로 재앙이 다가올 위험이 커지지 않을까 하는 것이다. 가장 큰 재앙은 꿈꾸는 사람이 많은 탓에 도리어 전쟁이 다시 터지고 드디어는 핵무기까지 사용되는 상황이다. 그러나 전쟁이 안 터지고도, 분단이 오래가면서 한때 어느정도 달성됐던 경제성장·인권신장·사회안정 이런 것들이 모두 흐지부지되는 일도 역사에서는 얼마든지 가능하다. 그런 점에서 우리는 '제2의 서독'을 꿈꾸기 전에 '제2의 북아일랜드'가 안 될지 단단히 따져보는 것이 좋겠다.

물론 한국은 독일이 아니듯이 아일랜드도 아니다. 그러나 남의 식민지였다는 점에서는 아일랜드와 더 닮았다. 실제로 아일랜드가 영국의 식민통치를 받은 역사는 훨씬 더 깊다. 잉글랜드의 아일랜드 정복은 12세기에 시작하여 헨리 8세 때에 일단 완성되었으며, 그 뒤로 다시 많은 곡절을 겪으면서 18세기 말엽에 아일랜드는 한때 독자적인 국회를 갖기도 했다. 그러나 1800년에 다시 런던의 직접지배를 받게 되었고 19세기 내내 영국 정치의 가장 큰 골칫거리의 하나였다. 20세기에 들어와서는 독립운동이 더욱더 본격화되어, 영국으로서도 그 자치를 허용하지 않을 수 없게 된다.

그런데 오랜 식민지 통치를 받는 동안에 아일랜드섬의 동북부에는 스코틀랜드에서 이주해온 사람들이 많아졌다. 이들은 가톨릭을 믿는 대다수 아일랜드인과 달리 주로 장로교파의 개신교도로서, 영국으로부터의 독립을 오히려 두려워하는 입장이었다. 이는 단순히 종교적·문화적 차이 때문만도 아니고, 경제적으로도 동북부지역이 집중적으로 공업화되어 저개발 농업사회인 아일랜드의 나머지하고보다 오히려 영국 본토와 생활상의 유대가 긴밀했기 때문이다. 그리고 그렇게 된 배경에는 식민주의자의 상습적인 분열책이 작용했던 것이 사실이다.

어쨌거나 1920년과 21년의 두 단계 조처를 통해 아일랜드는, 일정한 지방자치권을 갖고 영국연합왕국의 일부로 남은 얼스터 지방의 여섯개 군과 영연방의 일원인 아일랜드자치국 스물여섯 군으로 양분되었다. 이때만 해도 분단은 통일과 독립을 강행함으로써 일어날 유혈사태를 피하기 위한 잠정조처로 양해되었으나, 그 뒤로 남쪽은 자치파와 완전독립파의 내전을 거쳐 마침내 49년에 독립공화국이 되었고 통일은 아직껏 이루어지지 않고 있다. 그런데 애당초 분단은 북아일랜드 주민 다수의 지지를 받았고, 단순히 종교적인 파당성뿐 아니라 그 지역의 선진적 경제기반과 영국 국민으로서의 여러 자유민주주의적 기본권 혜택을 보존하겠다는 상당한 명분이 그들에게 있었다. 그러나 아일랜드 전체 민중의 입장에서 보면 이야기가 다르다. 특정 지역의 다수라고 해도 전체 인구의 극소수에 불과한 사람들이 본디 하나이던 나라에서 마음대로 떨어져나갈 수 있다면, 이는 세상의 온갖 분리주의를 다 인정하는 논리가 된다. 더구나 북아일랜드의 가톨릭 주민들은, 그때까지 아일랜드의 다수파였고 그렇다고 해서 한번도 남을 억누르고 산 적이 없는 서민들인데 하루아침에 새 나라의 소수파로 전락해버린 셈이다. 이런 무리한 일들이 벌어진 것이 물론 아일랜드의 민족운동이 자력으로 통일과 독립을 쟁취하면서 얼스터 지방의 특수성은 그것대로 존중하는 방안을 내놓지 못한 한계 때문이었다고도 말할 수는 있다. 그러나 그것은 피억압자에게 너무나 많은 것을 요구하는 논리이고, 좀더 쉽게 말하건대 아일랜드 분단은 영국 제국주의의 횡포였음이 분명하다. 어느 사회에나 있을 수 있는 내부 분열을 더욱 부추겨놓은 뒤에 '당사자들의 의사를 존중하여' 남의 나라를 이리저리 요리하는 일은 제국주의자의 상투수법인 것이다.

그런데 우리가 주목할 점은, 분단 70년이 가까워가는 오늘 북아일랜드는 경제발전도 정치안정도 없으며 영국민으로서의 기본권과 북아일랜드의 자치권마저 박탈된 상태로 돌아갔다는 사실이다. 다수파 개신교도가 아일랜드공화국과의 통일을 반대하는 열기는 그 어느 때보다도 높다. (반대로 공화국 정부는 영국과의 관계나 내부적 이유로 통일을 말로만 내세우지 진지한 열의를 잃은 지 오래다.) 그러나 북아일랜드 지배세력이 주장하는 영국과의 통합은 영국이 도저히 감당할 수 없고 감당하고 싶어하지도 않는 것이며, 가톨릭 소수파에 대한 차별과 탄압 및 이로 인한 혼란 역시 영국정부로서 좌시할 수 없는 것이었다. 60년대에 가톨릭 교도들이 전개한 민권운동과 이에 대한 개신교도 쪽의 탄압, 게다가 그전부터 '영국의 북아일랜드 점령'에 대항해 싸워온 무장독립운동세력까지 끼어든 일련의 충돌사태로, 69년에 영국군의 파병이 시작됐고 72년에는 지방자치가 정지되었다. 74년에는 영국과 아일랜드공화국 정부 및 북아일랜드 행정당국 삼자의 타협책이 신·구교도 양쪽 민중의 지도부에 의해 거부됨으로써, 그 뒤로 오늘까지도 영국의 실질적인 계엄통치가 지속되고 있다. 입헌민주정치를 자랑하는 영국으로서도 망신스러운 일이거니와, 폭력과 유혈의 악순환 속에 사는 북아일랜드 주민들——신·구교를 막론하고——의 고통은 더 말할 나위도 없다.

앞으로 이 사태가 어떻게 진전될지는 나로서 예측하지 못하는 일이다. 또, 전혀 다른 세계일 뿐 아니라 남·북이 거의 균등하게 양분되어 있고 얼스터의 스코틀랜드계 주민과 같은 특수한 문제가 없는 한반도와 아일랜드의 경우를 비교하기가 조심스러운 것도 사실이다. 그러나 '분단 고착을 통한 평화공존'이라는 것이 결코 쉬운 일이 아닌 점만은 분명하다. 20년대 초의 아일랜드 분단에는 그런대로 적잖은 명분과 실리가 따랐고 무엇보다 북아일랜드 주민 다수의 동의가 있었음에도 불구하고, 분단은 함부로 하는 것이 아님을 역사가 증명하고 있는 것이다. 우리의 경우에도, 가령 남쪽 주민의 50퍼센트 이상이 통일보다 분단이 낫다는 입장에 어떤 이유로든 기운다 치자. 하지만 나머지 사십몇 퍼센트가 북쪽의 통일 지지

세력과 합쳐서 민족의 과반수를 이룬다고 하면, 과연 남쪽 사회가 하룻들 편할 날이 있을까? 아니, 반드시 과반수가 아니더라도 상당한 수효가 되기만 하면, 통일의 명분을 지닌 그들이 소수파이기에 더욱 격렬하게 싸우지 않을까? 군사분계선은 더욱 살벌해질 테고, 없던 외국 군대라도 새로 모셔와야 할 판이 될 게다. 그런 상황에서 민족의 자주성이나 사회의 민주화 따위는 헛소리에 불과해질 것이 뻔하다.

그러므로 우리 국민 대다수가 아직도 통일을 바라고 있다는 사실은 이 나라의 홍복이요 이 겨레에 장래가 있다는 증거이다. 다만 이 소중한 민족감정이 막연한 감정으로 머물다 아무 열매도 못 맺고 스러질 가능성을 경계해야 한다. 감정은 지성과 하나가 되어 온몸의 느낌으로 화함으로써만 모든 어려움을 견뎌내는 금강심의 경지에 이르는 것이다.

그러려면 먼저, 민족감정이라는 것도 무릇 중생의 마음이 그렇듯이 경계에 따라 변하며 지금도 변하고 있는 것이라는 인식이 전제되어야 한다. 어디까지나 분단 44년째 이땅의 현실에 뿌리를 둔 감정이라야 하며, 우선 남쪽에서부터라도 한국사회 성원 대다수의 현실적인 이익을 존중하는 통일방안을 찾음으로써만 지속되는 감정이라야 한다. 그런데 정서적일 뿐인 통일주장 말고 현실적인 통일방안을 내놓을 경우, 아무리 동질성이 높은 민족일지라도 만장일치란 있을 수 없다. 현실 속에서는 이해관계에 따른 분열이 반드시 있기 마련인 것이다. 그러므로 훌륭한 통일방안에는 그것을 밀어줄 다수 세력이 전제되어야 하고, 이런 다수 세력을 설정하고 규합할 어떤 기준이 포함되어야 한다. 통일의 대원칙으로 말한다면 남북 정부가 1972년에 이미 합의한, 무력을 쓰지 않고 외세에 기대지 않으며 민족적 대단결을 꾀한다는 원칙보다 더 나은 것을 생각하기 힘들다. 다만 이런 큰 원칙에 추상적으로 동의하는 것이 아니라 그날그날의 생활 자체가 그러한 통일을 요구하도록 자리매겨져 있는 다수 집단이 존재할 경우라야, 통일운동은 든든한 중심을 갖고서 그 세력의 확대를 실현해나갈 수 있는 것이다.

지금 우리 사회의 심각한 문제점의 하나가 된 지역감정이란 것도 이런 각도에서 살펴볼 수 있겠다. 우선, 지역 사이의 반목이 심해질수록 통일운동을 위한 전국적인 중심세력의 형성이 어려워질 것은 당연한 이치다. 더구나 통일방안의 현실화에 반대하는 세력이 엄연히 있으면서도 통일을 아예 하지 말자는 이야기는 입 밖에 내기 힘들어하는 마당에서는, 통일운동세력의 이런 분열이야말로 나라 안팎의 분단주의자들에게 안성맞춤의 활로라고 하겠다. 아니, 지난번 대통령선거 때의 야권 분열이 전적으로 자생적인 것이기보다 그것만이 자신들의 살길임을 간파한 국내외 세력의 구상이었을 가능성이 크듯이, 지역감정의 악용 역시 분단체제의 객관적 논리의 관철인 동시에 대국적인 분단고착 전략의 일환이기 쉽다.

그런데 애당초 이런 악용이 가능한 것은 지역감정이 결코 나쁜 것만이 아니기 때문임을 기억할 필요가 있다. 자기 고장에 대해 각별한 사랑과 긍지를 느끼는 것은 인간의 자연스러운 감정이며, 그런 의미의 지역감정이 없는 사람이 민족을 말하고 인류를 말할 때에 우리는 신용하기 힘들다. 뿐만 아니라 오늘날 지역감정의 표본처럼 알려진 호남 사람들의 지역적 단결과 특별한 자기인식은 그 나름의 역사적 근거와 당위성을 갖는 것이다. 몇백년 이어진 부당한 차별의 역사가 있고 80년 5월로 상징되는 희생과 항쟁의 전통이 있으며 지금도 예컨대 수도권의 빈민층은 호남 출신이 대다수라는 계급적인 요인마저 곁들고 있다. 그러므로 무릇 자연스러운 지역감정이 건강한 민족감정의 한 구성요인이라는 일반원리에 덧붙여, 피해집단의 지역감정은 분단체제를 허무는 중심세력의 형성에 곧바로 이어질 남다른 잠재력조차 지녔다고 하겠다.

이처럼 지역감정이 분단극복에 일조할 수도 있는 것이기에, 통일운동의 초점을 흐리고 분단시대의 민족감정을 어지럽히는 데 써먹기가 그만큼 더 좋은 것이다. 예컨대 지역감정이 못사는 사람들의 정치적 각성과 계급적 단결을 돕는 몫을 하는 반면에, 민중들로 하여금 출신지가 다른 동료 노동자보다 자기 고장의 재산가들과 더 친근감을 느끼게 한다면 이는 민족통일의 경륜을 갖는 노동운동의 발전에 장애가 될 수밖에 없다. 그와 마찬가지로 그동안 영남에 편중됐던 개발정책을 시정하는 '서해안 개발'의 당위성도, 단순히 자기 출신지역을 편애했던 독재정권의 잘못을 바로잡는다는 차원에서가 아니라 북한 및 공산중국과 단절되고 미국과 일본에 의존하는 경제가 당연시된 분단시대의 논리 자체에 대한 문제제기에서 나와야 한다. 지금의 분단체제 아래서는 영남의 입지조건 때문에 그 집중적 개발이 무시하지 못할 경제적 합리성을 갖는 것이며, 분단체제의 '합리성'이 민족사의 '비리'로서 극복되지 않는 한에는 독재가 다소 완화되고 중국 대륙과의 무역이 좀 늘어난다고 해서 호남과 영남이 대등하게 발전할 수는 없을 터이다.

지역감정의 양면성을 생각하면, 이 문제에 남다른 영향력을 지닌 정치적·사회적 지도자들의 책임이 정말 무겁다. 지역감정, 민족감정, 계급의식 이런 것들이 복잡미묘하게 얽혀든 것이 통일세력과 분단세력의 싸움터인데, 이 싸움터에서 남을 이끌겠다는 사람에게는 털끝만 한 사심이나 잠깐의 판단착오도 용서 못할 죄악이 되기 쉽다. 사실은 지도자가 아니더라도 정도의 차이가 있을 뿐 마찬가지다. 싸움은 모두가 나서야 할 어려운 싸움이며, 단순한 정열만이 아니라 지혜와 부동심을 요하는 어지러운 싸움인 것이다.

끝으로, 분단시대의 민족감정을 복잡하게 만드는 또 하나의 요소에 대해 몇마디 언급하고자 한다. 첫머리에 말했듯이 분단시대의 민족감정이란 무엇보다도 남북으로 갈라진 겨레가 하나로 뭉쳐 자주적인 민족국가를 이루기를 바라는 감정이다. 그러나 이것이 민족 전원이 일제히 부르짖는 구호여서는 별 뜻이 없고 현실적인 통일방안을 갖는 다수와 반대하는 소수가 마침내는 어떤 식으로든 구별되는 일이 불가피함을 지적했다. 또, 이 과정에서 지역감정이 미묘한 역할을 하고 있음도 살펴보았다.

그런데 분단이 상당기간 계속되다보면 경상도, 전라도, 강원도 같은 고장 단위의 '지역감정'과 한반도 단위의 '민족감정' 말고도 남한 또는 북한 단위의 독특한 유대의식과 정서가 생겨나기 마련이다. 이것이야말로 강만길 교수가 참된 민족주의와 구별하여 이름지은 '분단국가주의'가 이용하기에 더없이 편리한 재료이다. 그러나 남한 사람들끼리 어떤 일체감을 갖는 것이 곧 분단국가주의 그 자체는 아니다. 이것 역시 건전한 민족감정으로 나아갈 수도 있고 그에 역행할 수도 있는 양면성을 지닌 것이다.

예컨대 국제적인 운동경기에서 북한이 등장하는 경우를 생각해보자. 미국 같은 영판 남하고 싸우는데도 한국인이 미국 쪽을 응원하는 것은 민족주의도 아니요 진정한 국제주의도 아닌 순수한 분단주의의 위력을 실증하는 꼬락서니일 따름이다. 또 남북한 대결이라고 해서 마치 원수와 사생결단을 내는 일처럼 남쪽 팀의 승리에 집착하는 것도 분단시대의 서글픈 작태이다. 다만 이 경우에 분단주의는 지역감정 또는 민족감정에 비슷한 어떤 것과 결합되어 있음을 본다. 만약에 통일된 상태에서라면 남북 대표팀이 겨룰 때 남쪽 사람이 남한대표를 응원하는 것은 당연한 '지역감정'일 터이며, 분단상황에서이지만 가령 일본팀과 남한선수들이 싸울 때 한국이 이기기를 바라는 심정은 대체로 '민족감정'이라 부름직한 것이겠다.

정작 어려운 문제는 스포츠 응원보다 더 뜻있는 일로 남한 사람끼리 뭉칠 때의 일이다. 특히 민주주의와 통일을 위해 싸우는 과정 자체에서 형성되는 함께 싸운 사람들의 연대감 같은 것은 참으로 미묘한 문제를 던진다. 이것이야말로 누가 보나 당연하고 떳떳한 감정이지만 분단시대에는 이런 감정조차도 아무 생각 없이 방치하다가는 낭패를 보게 된다. 예컨대 4·19혁명이나 지난해의 6월항쟁은 민주화의 승리이자 통일을 위한 전진이었음이 분명하다. 그러나 그 싸움은 북한의 민중이 직접 뛰어들지 않은 싸움이므로, 승리의 감격과 더불어 남북한의 민중들은 각자의 역사적 경험에 또 하나의 중요한 차별성을 더하게 된 셈이다. 민주화운동과 통일운동의 성장 자체가——적어도 어느 단계에서는——민족의 이질성을 증대시키는 일면도 지닌다는 역설적 현상인 것이다.

이런 역설은 사실 '민족'의 개념 자체에 담겨 있는 셈이다. 근대적 민족은 단순히 종족이 같다거나 언어가 같음으로써 이루어지는 것이 아니라 얼마쯤 공통된 정치적·경제적 경험을 전제로 하는 것이다. 바로 그렇기 때문에 우리의 통일문제도 다만 과거에 함께 살았대서가 아니라, 그처럼 오랫동안 함께 살던 겨레를 억지로 갈라놓음으로써 끝까지 따로 살기 힘든 사회가 어떻게 생겨났는가를 밝히는 데서 풀어야 한다. 그리고 남북한이 전혀 딴 세상처럼 막혀 있는 지금의 상황에서는 좋은 일이건 궂은일이건 한쪽만의 체험으로 되면서 남북 주민 각기의 독자적인 민족형성에 가세하는 측면을 마땅히 감안해야 한다.

그것을 올바로 감안한다는 것은, 분단국가에서는 '분단국가주의'와 '참다운 민족감정'이 대결하는 틈바구니에서 그 둘 중 어느 하나도 아닌 분단국민 특유의 감정이 있음을 인정하고 이에 슬기롭게 대처함을 뜻한다. 딱히 지역감정이랄 수도 민족감정이랄 수도 없는 이 특이한 국민감정을 정확히 인식하지 못하면, 이를 분단국가주의의 이용물로 고스란히 헌납할밖에 없으며, 지역감정을 올바른 민족감정으로 승화시킬 결정적인 매개물 하나를 잃는 꼴이 된다. 그리하여 분단이데올로기이건 지역감정이건 자유자재로 활용하는 세력과의 싸움에서 처음부터 좌절할 가능성도 높아지려니와, 한차례 승리를 거두었을 때 그 승리 자체가 분단세력을 돕는 일면이 있음을 간과한 채로 어설프게 다음 싸움을 벌이기도 쉽다.

통일의 길은 그 한발짝 한발짝이 도리어 분단체제의 개량으로 엇나갈 가능성을 담은 위태롭고 헛갈리는 길이다. 그러나 분단체제는 또 그 개량

의 노력 하나하나가 곧바로 통일운동의 폭을 넓히고 남북 사이의 억지 담
장을 다소나마 헐지 않을 수 없게 하는 자기모순을 안은 체제이기도 하
다. 분단국 나름의 국민적 일체감과 긍지가 어느정도 생기는 경우도 마찬
가지다. 그만큼 분단이데올로기를 강화할 위험도 있지만, 민중의 권리의
식과 자주의식이 커지면서 분단체제가 이를 수용할 수 있는 한계가 더욱
뚜렷해지기도 한다. 문제는 땀 흘려 일하는 사람들이 사람답게 사는 세상
을 만들려는 노력과 갈라진 땅을 하나로 합치려는 겨레의 노력이 얼마나
슬기롭게 결합되느냐 하는 것인데, 분단시대의 민족감정이 실제로 통일
을 이루는 힘으로까지 되느냐 못 되느냐는 것도 거기에 달렸다고 하겠다.

―『샘이깊은물』 1988년 5월호

개벽과 통일

1.

문익환 목사의 북한방문 사건을 계기로 우리는 남북분단의 문제가 우리 모두의 삶에 얼마나 큰 멍에로 들씌워져 있는지 다시 한번 실감하게 되었다. 또한 통일을 가로막는 벽은 단지 남북 사이에 놓인 벽이 아니라 우리 사회의 내부에 갖가지 형태로 버티고 있는 벽이기도 함을 뼈저리게 느끼고 있다. 그러나 통일이 아무리 큰 사업이요 통일을 위해 헐어야 할 벽이 많고 깨부수어야 할 사슬이 아무리 무겁다 해도, '개벽'이라는 낱말과 함부로 연결시킬 일은 아니다. 막연히 그 과업의 거대함을 표현하는 수사법의 차원을 넘어 태초의 '천지개벽'이라든가 그에 못지않은 우주적 사건으로 이해되는 후천의 '정신개벽'을 말할 때와 같은 의미로 그 말을 쓰려면, 우리 민족의 통일이 과연 그런 차원의 사업인지 아닌지 좀더 자세한 검토가 있어야 할 것이다.

통일이 되려면 "어떤 개벽과 같은 일이 있어야 하지 않을까" 하는 느낌을 나 자신 바로 이 지면(앞의 「통일하는 마음」 참조)을 통해 밝힌 일이 있다.

그것도 업이 되었는지 '개벽과 통일'에 대해 써달라는 힘겨운 부탁을 거절 못할 처지를 당하고 말았는데, 얼마나 어려운 사업인지 그 장애요인들을 다소 구체적으로 검토해보는 것으로써 책임을 면할까 한다.

2.

통일의 첫째 장애로는 뭐니뭐니 해도 우리 사회의 실권을 쥔 사람들 가운데 통일이고 민주주의고 다 일없고 자기네 욕심만 계속 채우겠다는 이들이 적지 않다는 사실을 꼽아야겠다. 문목사 방북에 따른 소동만 보아도 그렇다. 문목사의 행위에 대한 법률적 해석이라든가 그의 방북이 통일과업에 실제로 끼친 공과에 대해서는 얼마든지 다툴 수 있다. 그러나 그 일로 온 세상이 시끄러운 법석이 벌어진 데에는, 분명히 소동을 극대화해서 자신의 허물을 감추고 국민의 정당한 주장을 억누르며 종국에는 분단 속에서만 지켜지는 자신들의 기득권을 더욱 튼튼히 다지려는 세력의 작용이 가해진 것이다.

그런데 우리 사회가 이러한 소수 반통일·반민주세력과 나머지 전부로 확연히 양분되어 있다면, 전자가 아무리 큰 물리력을 지니고 있다 한들 다수 통일세력의 승리는 손쉬운 일일 터이다. 문제는 나머지 다수들이 또 몇갈래로 나뉘어 있으며 각기 그 나름의 한계를 지니고 있다는 사실이다. 여기서 이들을 대충 세갈래의 주된 흐름으로 나누어 살펴볼까 한다.

첫째는 통일과 민주주의에 대한 그들대로의 열망을 갖고 있으나 남북의 통일보다는 남쪽 사회의 민주화가 먼저 이루어져야 하며 민주화 자체도 점진적인 개혁에 한정되어야 한다고 믿는 갈래이다. 여기에 속하는 사람들은 집권층 내부에도 있고 제도권 야당들의 경우 대부분이 이런 입장이며 사회 전체로 볼 때는 중산층의 많은 이들이 이에 동조한다고 하겠다. 그리고 이것은 분명히 여러가지 미덕을 지닌 입장이다. 통일작업을 슬기롭게 추진할 수 있기 위해서도 먼저 우리 사회가 지금보다 좀 자유롭고 민주적이 될 필요가 시급하며, 통일이 안 된 상태에서나마 우리 남쪽에서 우리 나름으로 성취해놓은 민주화투쟁이나 경제발전의 열매들을 헛되이 잃어버리지 않기 위해 통일과 민주화의 작업 모두에 신중을 기하자는 것도 틀린 이야기랄 수 없다.

그러나 문제는 통일 같은 큰 사업이 이런 신중론만으로는 이룩되지 않는다는 점이다. 반세기 가까이 갈려 살았고 게다가 어느 외국보다도 더욱 원수처럼 맞서온 남북한이 화해하고 통일한다는 것은 연방제라는 점진적인 방식을 취하든 어쩌든, 쌍방의 상호관계에서만이 아니라 각각의 내부에서도 엄청난 변혁이 아닐 수 없다. 그야말로 백척간두에서 또 한걸음을 내딛는 판인데, 이제까지 누리던 것 다 누리고 지키고 싶은 것 다 지키려다보면 아무것도 안 하자는 꼴이 되기 십상인 것이다. 이 첫번째 흐름에 속하는 사람들이 자기 나름으로는 민주화를 열망하고 통일을 지향한다지만 정작 결정적인 대목에 가서 오히려 공공연한 반민주·반통일세력과 손잡는 일이 적지 않은 것은 그 때문이다. 예컨대 민주화를 외치면서도, 이미 많은 것을 누리고 있는 사람들이 좀더 자유로워지고 확실한 권리를 누리게 되는 일만을 주로 생각하기 때문에, 아직 아무것도 못 가지다시피 한 더 많은 사람들이 약간만 거세게 나와도 금세 '자유민주주의체제 수호' 운운하며 자유와 민주주의를 파괴해온 세력과 타협할 태세로 돌아선다. 또한 남쪽에서만 가능한 이점들을 지키기에 너무나 열중한 나머지, 북쪽의 실상을 계획적으로 왜곡하는 반통일세력의 선전을 아무 저항 없이 받아들이는 일도 흔하다.

그러므로 '선민주 후통일'과 '안정 속의 개혁'을 내세우는 이 흐름을 두고 다른 두갈래에서 결국 분단의 영구화에 가담하는 입장이라고 비판하는 것은 그들 나름의 근거를 지닌 일이다. 그중 한갈래에서는, 그것이 특히 남한사회 내부의 가진 자들의 입장이라는 계급적 성격을 꼬집는다. 우리 사회는 이미 고도로 발달된 자본주의 사회이고 외부 제국주의세력의 지원을 받는 국내 독점자본이 다수 민중을 억누르고 착취하는 체제이니만큼, 이런 기본적인 사실을 무시하고 '통일'을 말하는 것은 속임수거나 환상이요, '민주화' 역시 이제까지 너무나 적은 수의 권력자와 재벌들이 누리던 것을 조금 더 많은 수의 재산가들끼리 함께 누리자는 이야기지 대다수 민중이 자기 삶의 주인 노릇을 못하기는 마찬가지라는 것이다.

정부 당국은 이런 입장을 극도로 불온하다고 보아 종종 탄압을 가하기도 한다. 그러나 첫번째 갈래에 심각한 문제점이 있음을 인정한 이상 그에 대해 진지한 비판을 제기하는 사람들이 어떤 다른 의견을 갖고 있는지 일단 경청해보는 것이 공부하는 태도요 정녕 통일을 이루고야 말겠다는 사람의 자세일 것이다. 더구나 자본주의 사회의 계급관계에 대한 분석은 그 나름의 유구한 전통과 권위를 지닌 학문방법이다. 또 실제로 우리 주변에서 벌어지는 현상을 보더라도, 지식층의 반체제활동이나 학생데모에는 비교적 관대한 정부가 노동자들의 생존권싸움에 대해서는 그야말로 적군을 토벌하듯 무자비하게 나가고 그러고도 기성 언론들의 호의적인 반응을 얻기 일쑤인 것이다.

그러므로 이 두번째 흐름도 일정한 설득력을 지녔음은 분명하다. 동시에 그 나름의 문제점과 한계도 있다고 할 것이다. 계급간의 착취·피착취관계를 강조하는 나머지 앞서 첫번째 흐름에서 옳게 지적된 사실들을 외면하는 경향이 있는가 하면, 남한에서 민중이 주인 되는 세상을 먼저 만듦으로써 통일도 가능케 된다는 발상은 분단이 우리 사회의 온갖 발전을 얼마나 속속들이 제약하고 있는지를 충분히 감안하지 못했음을 말해준다고 하겠다.

세번째 흐름 역시 불온하고 위험한 것으로 배척당하곤 한다. 다만 이경우의 특징은 남한사회 안의 계급적 대립보다도 통일을 열망하는 우리 민족 대다수와 이 염원을 짓밟는 외국세력(주로 미국) 및 소수의 국내 매국세력 사이의 대립을 더욱 중요시한다. 그런 의미에서 남북통일은 곧 민족해방이며 이를 위한 광범위한 민족자주화운동을 가장 중요한 과제로 삼고 있다.

우리가 첫번째, 두번째 입장에서 그 나름의 문제점을 이미 발견한 만큼, 이 세번째 관점의 불온성 여부에 구애받기 전에 여기서도 우리가 배울 바가 무엇인지를 먼저 물어야 할 것이다. 그럴 경우, 최소한 그것이 다른 두 흐름에 비해 우리 사회가 무엇보다도 분단으로 고통받는 사회라는 인식이 투철하고 통일을 소망하는 열의가 뜨거움을 인정하지 않을 수 없을 것이다. 반면에 외세의 역할을 과대평가하여 우리 자신의 문제점들을 간과하거나 남한사회 내부의 갈등을 '애국 대 매국'으로 단순화하는 경향이 있으며, 북쪽의 자주성과 남쪽의 비자주성을 대비하는 일에 몰두하는 가운데 남북 사회 각기의 장단점에 대한 과학적 분석이 모자란다는 비판도 받아야 하지 않을까 싶다. 셋째 갈래 역시 통일로 가는 길을 어김없이 밟고 있지는 못한 것이다.

3.

이쯤 되면 통일을 이룬다는 것이 얼마나 복잡하고 어려운 일인지 실감된다고 하겠다. 우리는 아직도 기세등등한 극단적 반통일세력 앞에서 자신을 방어하기도 급한 판인데, 통일을 지향하는 셋 또는 그 이상의 갈래들이 지닌 문제점들을 모조리 극복할 길을 찾아내야 하는 것이다. 이럴 때 각각의 부분적인 미덕을 그냥 이것저것 주워모으는 일은 참된 종합이 아닌 '절충주의'로서, 머릿속으로는 그럴듯하게 보일지 모르나 실천의 마당에서는 죽도 밥도 아닌 꼴로 끝나게 마련이다.

그러면 통일은 너무 어려워 엄두도 못 낼 일인가? 갈래갈래 나뉜 입장들의 미덕을 두루 간직한 채 각기의 한계를 일거에 뛰어넘는다는 점에서 일대 비약을 요구함에는 틀림없으나, 그런 비약일수록 정작 깨닫고 보면 쉬운 일이라는 것이 뭇 성현들의 가르침이요 '변증법'의 원리이기도 하다. 소태산(少太山) 대종사의 말씀에도, 도(道) 이루는 일이 지극히 어려울 듯싶어도 그 이루는 법을 알고 보면 '밥 먹기보다 쉬운 것'이라 하지 않았던가.

그렇다고 내가 통일하는 어렵고도 쉬운 길을 터득했다는 말은 물론 아니다. 다만 통일이 이런저런 단순처방으로 결코 안 되는 일임을 그냥 머리로 아는 것이 아니라 수양하고 연구하며 실행하는 마음으로 깨우친다면, 막상 이루어질 때는 마치 저절로 이루듯이 이루어지는 '개벽'과도 같은 것이리라는 짐작을 해보는 것이다.

그런 짐작을 하는 데에는 문학에 종사하는 사람으로서 나름대로 문학과 예술에 관해 생각해온 것이 작용한 바도 없지 않다. 훌륭한 작품일수록 지극히 성취하기 힘들면서도 막상 될 때는 저절로 되듯 되는 것이요, 읽는 사람에게는 우선 즐거운 것이 참예술이다. 1970년대 이래 우리 문학에서 '민중문학'의 이름으로 벌어져온 운동은, 바로 이러한 예술의 본성에 충실한 문학이 우리 시대에는 남쪽만의 국민문학이 아니라 분단을 거부하는 민족 전체의 문학이어야 하고 동시에 막연히 민족을 찾고 통일을 찾는 것이 아니라 분단된 이 사회 대다수 민중의 삶과 욕구에 근거한 민중문학이어야 한다는 주장이었다. 그 구체적 실천으로서 우리는 앞서 언급한 첫번째 갈래가 중시하는 당면의 민주적 개혁을 위해 싸우는 동시에 두번째 갈래가 강조하는 자본주의 사회의 기본모순에 대한 과학적 인식에 근거하고자 했고, 세번째 갈래의 뜨거운 통일 열망과 민족자주의 정신에 공감하면서도 우리의 분단이 비록 외세의 결정적인 개입으로 형성되었으나 지금은 남북 각기에 일정하게 내부화된 '분단체제'의 문제로 파악고자 한 것이다. 그리고 단순한 알음알이나 한정된 효력의 행동이 아닌 '작품'이 되려면, 이 모든 요소들이 그때마다 하나의 새로운 진실로 열리며 독특한 세계를 창조하는 길뿐임을 거듭 확인해온 것이다.

실제로 그런 경지에 다소나마 도달한 작품조차 아직은 많지 못하다. 그러나 구체적인 예를 들 지면이 없는 상태에서 결론만 말한다면 문학에서도 분단극복의 한길을 환히 뚫어준 작품은 안 나왔지만 대저 어떤 경지에서 그런 작품이 가능할지를 실감할 정도는 되어 있다고 할 것이다. 그리고 그 경지는 여타 분야의 통일작업에서와 마찬가지로, 냉철한 현실인식과 뜨거운 실천이 본마음의 고요와 하나가 됨으로써 복잡다단하기만 하던 남북통일이 각자에게 너무나도 당연하고 분명한 일감으로 제시되는 경지라고 표현할 수 있겠다.

4.

나는 원불교 교도는 아니지만 일원회상(一圓會上)과 겹겹의 고마운 인연이 있어, 평소에 통일을 생각할 때나 문학을 생각할 때 소태산 선생의 가르침을 염두에 두는 일이 적지 않았다. 이 글에서 '개벽' 운운하며 주제넘게 문자를 농한 것도 결국 그런 인연을 믿고 한 노릇이다. 그리고 내친김에 개벽에 관해 생각나는 바를 한두마디 덧붙이고 끝맺을까 한다.

'물질이 개벽되니 정신을 개벽하자'는 원불교의 개교표어를 두고, 나는 정신개벽에 대한 그 자세한 가르침을 알아서 따르려는 노력보다도 물질개벽이 도대체 어떤 것일까 하는 의문을 자주 해보는 편이다. 개교 당시 일제 식민지가 된 이땅에 급작스레 밀어닥친 근대 서양의 문물과 그 와중에 아무런 주체적 방비 없이 겪은 엄청난 물질생활의 변혁을 우선 생각하게 되지만, 그것을 물질의 '개벽'이라 했을 때 단순히 변화의 거대함이나 급격함을 표현하는 수사법은 아니었지 싶은 의심이 드는 것이다. 사실 현대 과학기술로 대표되는 물질문명도 물질 자체가 만들어낸 것이 아니라 사람의 마음이 움직여서 이루어놓은 개벽이다. 그것이 개벽임을 모르기 때문에 그 앞에서 사람의 정신이 약해지고 닫히는 것이 아닐까. 그러나 바로 그것이 개벽임으로 해서 비로소 물질의 개벽이 정신의 개벽을 부르고 정신개벽으로 그 완성에 이를 수 있는 것이 아닐까.

이런 생각을 굳이 말해보는 것은, 통일을 정신개벽과 연결시킬 때 일종의 정신주의로 흐를 염려가 있겠기 때문이다. 원불교의 자세한 사정은 모르지만, 무릇 기성의 종교에는 그런 성향이 다소간에 끼어들기 마련이 아닌가 한다. 물질적인 현실의 변화에 대한 깊은 공부와 적극적인 대응을 소홀히 한 채 정신의 변화만을 강조함으로써 진정한 정신개벽이 아닌 개인 차원의 정신수양에 치중하고 말 위험이 그것이다. 이는 정신수양만이 아닌 삼학(三學)의 고른 수행을 강조했을뿐더러 삼학 자체도 육신의 의·식·주 3건을 포함한 '6대강령'의 절반으로 설정한 원불교의 교리와도 다른 것이다.

더구나 물질이 개벽된 세상에서는 모든 사람의 의·식·주를 해결할 만큼의 생산력이 주어지므로 만인이 실제로 고르고 풍족한 물질생활을 영위하게 해주는 연구와 실행이 마음공부의 직접적인 과제가 될 수밖에 없다. 통일의 과정에서 노동자·농민을 억누르는 사회구조의 문제가 기본적인 것으로 대두하는 까닭은 그것이 바로 이처럼 물질이 개벽되는 시대에 정신을 개벽하는 과업의 당연한 일부이기 때문이다. 동시에 우리 사회의 구조적 문제가 통일이라는 일대 개벽을 통해서만 제대로 풀릴 수 있다고 말하는 것은, 모든 진정한 역사발전이 그때마다 하나의 정신개벽이 아니면 안 된다는 원리에서 벗어나는 이야기가 아니다.

—『원불교신보』1989년 4월 26일자

90년대 머리해에 펼치는 우리의 꿈과 과제

베를린장벽은 그 규모나 살벌함으로는 우리의 남북을 가르는 휴전선에 비해 차라리 누추하다 할 수준이었다. 그러나 그것의 개방이 갖는 세계사적 의의는 한마디로 막중하다. 동서독 간에 이미 얼마간 평화공존 체제가 성립됐다고는 하지만 미·소의 대군이 직접 대치하고 있는 유일한 분단국이라는 점에서, 그리고 독일이 두차례 세계대전의 '주범'이었고 동서독 관계가 2차대전 이후 최대의 미결 현안이라는 점에서, 양독 간 장벽의 제거는 전후 세계사의 한 획을 긋는 대사건이라 해도 과언이 아니다. 더구나 그것이 초강대국들이나 양독 정부의 타산으로 추진되었다기보다 동독 민중의 저항운동에 의해 쟁취되었다는 점에서, 사태는 한층 뜻깊고 찬란하기조차 하다.

그런데 정작 같은 분단국인 우리 한국의 민중에게는 1990년대를 맞이하는 이 순간까지 그것이 어딘가 남의 일 같은 느낌이 없지 않다. 결코 남의 일만은 아니건만 당장에는 저들의 찬란함에 비해 이쪽의 궁색한 꼴이 너무 가슴 저리다. 실제로 얼마만큼 우리 일인가에 대해서도 아전인수식의 주장이 너무 많아 어지럼증이 나고 듣기 싫은 생각이 앞설 때도 있다.

80년대에 자유민주주의를 압살하던 온갖 행위의 진실을 덮어두고 반민주 악법들을 남겨두기에 급급한 사람들이 동독의 국경개방이 사회주의의 끝장을 입증한다고 일러줄 때 그다지 미더울 리도 없으려니와, 동독이 베를린장벽을 열었으니 북한도 개방사회로 전환하라는 주장 또한 문익환 목사와 임수경씨, 문규현 신부 들이 줄줄이 갇힌 상황에서 공허하게 들릴 수밖에 없다.

게다가 남북한이 동시에 휴전선을 개방했을 때 일어날 인구이동의 가능성에 대해서도 남북의 위정자 모두 너무 일방적인 예상은 버려야 할 것이다. 북한은 동독보다 훨씬 완전한 낙원이므로 떠날 사람은 거의 없고 남쪽의 억눌린 민중들만 대거 월북하리라는 생각도 분명히 환상이라고 나는 믿지만, 어쨌든 자체 내에 생존권조차 위협받는 인구가 다수 있는 사회에서는 지도자도 국민도 조심스러워야 하는 법이다. 실은 서독의 일부 지도자들이 치는 큰소리도 두고봐야 할 바가 많은데 그네들 일이 그대로 우리 일인 양 큰소리치는 것은 더욱 가당찮은 짓거리가 아닐 수 없다.

그럼에도 동서독의 화해가 우리 일은 우리 일이다. 결국은 우리에게 좋은 일이기도 하다. 서독에 의한 동독의 흡수통합과 뒤이어 남한에 의한 북한의 흡수통일을 기약해준대서가 아니라, 한반도 분단체제의 성립과 존속에는 베를린장벽으로 상징되는 전세계적 냉전체제가 어쨌든 큰 몫을 했던 것인데 이제 그 냉전체제가 결정적인 타격을 입었기 때문이다. 물론 분단의 내용과 그에 따른 분단체제의 성격이 우리의 경우 판달랐다는 점은 이미 상식이 되어 있다.

그러나 분단체제임으로 해서 동서냉전의 종결에 특별히 민감할 수밖에 없다는 사실 말고도, 우리가 베를린장벽의 열림을 우리 일로 생각할 수 있는 또 한가지 사유가 있다. 장벽을 허문 주역이 동독의 민중이었기에 그 사건이 더욱 찬란하다고 할 때, 우리에게도 동서독 어느 쪽에 내놓으나 결코 초라하지 않은 민중운동의 역사가 있음을 우리는 떠올리게 된다. 1980년대에 한정시켜 말하더라도, 광주의 오월 자체가 그냥 패배만은 아니고 승리를 안은 패배였으며 87년 6월은 불완전하나마 엄연한 승리였고 그 뒤의 우여곡절도 일단 민간정부로의 교체를 성취한 필리핀이나 몇몇 라틴아메리카 나라들보다 오히려 착실한 전진인 면이 있었다.

90년대 첫머리에 멀리 베를린으로 눈을 돌리는 것도 어디까지나 우리 자신의 이런 떳떳한 삶을 새로운 안목과 새로운 희망으로 다시 보려는 것이다. 새해의 덕담만이 아니라 정녕 우리는 큰 희망을 품어봄직한 자리에 있다. 우리의 현실이 아직껏 동서독 사이의 그것과 너무나 대조적이라는 사실 자체가 독일에 없는 또다른 세계사적 사명을 말해준다.

강대한 침략자에 대한 응징이라는 명분조차 없이 피억압자에게 강요된 분단이었기에 우리에게는 통일이 훨씬 더 절박한 민족사적 요구이자 뚜렷한 가능성으로 주어져 있다. 그리하여 이 뚜렷한 가능성을 가로막는 온갖 현실적 제약을 극복할 때, 그것은 동서냉전의 종결로도 풀지 못한 제3세계 문제의 해결——즉 현대세계 전체의 문제 해결——에 결정적인 이바지가 될 것이다. 어떤 의미로, 베를린장벽에서 시작된 역사는 한반도의 휴전선에 와서야 비로소 완성된다 할 것이다.

이런 벅찬 보람을 안은 우리가 무엇보다 경계할 일은 스스로 희망하기를 줄이는 일이다. 그리고 우리의 희망이 줄기를 바라는 세력은 나라 안팎에 너무나도 많다. 이북의 아무개 아래서 살기 싫으면 이남의 아무개로도 만족하라는 지배권력과 그 주변의 논리가 그렇고, 말로는 이에 반대하면서도 미리부터 차선책을 찾기에 급급하여 '차선'의 기준을 공동선과 거의 무관하도록 낮춰놓는 정치인들의 행태도 그렇다. 일본이나 기껏해야 미국을 모범으로 잡은 '선진화'의 구호도 마찬가지다.

이럴 때 그럼 너는 소련이나 중국을 본받자는 것이냐, 그들의 사회주의가 지금 무너져가고 있는 것도 모르느냐라고 반문하는 습성 역시 스스로를 업신여기는 짓이다. 세계사의 새 장을 하나 더 열 기회가 남북으로 갈라져 반세기를 고생한 대가로 우리에게 주어진 마당에, 고작 그런 식으로밖에 생각을 못한다면 그간의 피눈물이 아깝지 않은가. 자본주의와 사회주의의 문제도 근본부터 다시 생각해야 된다. 소련이나 중국 또는 동유럽에서의 사회주의체제가 심각한 문제점을 드러내고 있음은 분명하고, 그것이 사회주의의 붕괴가 아니라 갱생을 위한 진통일 따름이라는 주장 역시 아직까지는 한갓 주장 이상이 못 되는 것이 사실이다. 그러나 사회주의 사회의 실패가 곧 자본주의 사회의 행복을 보장해주는 것은 아니다. 더구나 자기가 돈이 좀 있고 먹고살 만하다고 해서, 또는 점점 먹고살 만해지리라는 기대에 차 있다고 해서, 돈이면 다 되는 세상을 자손만대에 물려주어도 좋다는 생각이라면 이는 사람의 몸을 받아 태어난 존재로서 너무나 서글픈 자기배반이 아닐 수 없다.

이는 무작정 드높은 이상을 갖자는 말과는 다르다. 아니 '현실 대 이상'이라는 등식도 우리가 벗어나야 할 낡은 관념이다. 현실은 본디 꿈을 잉태한 현실이며 부분적으로는 꿈에 의해 만들어진 현실이기도 하다. 이러한 현실의 모습이 올바로 인식되지 않았거나 인식해보았자 잉태된 꿈의 실현이 너무 요원했던 시절에, 더러 현실과 동떨어진 '이상'이 그 태동을 돕기도 하였다. 그러나 이런 뜻의 '이상주의'는 먹고살기조차 바쁜 대다수 민중에게는 사치였고 따라서 소수층의 정신적 재산이라는 한계를 지니게 마련이었다.

민중시대란 바로, 땀 흘려 일하는 평범한 사람들이 굳이 이상주의에 기댈 것 없이 현실을 직시하고 현실 속의 자신을 직시하는 가운데 현실의 일부로서 주어진 꿈을 실현하는 일을 자기실현의 과업으로 떠맡게 되는 시대를 말한다. 그런 의미에서 그것은 이상주의의 시대도 아니요 맹목적 현실추수의 시대도 아닌 지혜의 시대이다. 오늘날 우리가 크게 보아 그런 시대에 들어선 것은 분명하다. 인류가 고르게 잘살 수 있는 물질능력이 확보된 점으로도 그렇고, 민중의 꿈이 실현 안 되다가는 현실 자체가──적어도 인류가 사는 현실 자체가——없어져버릴 위험이 절박해졌다는 점으로도 그렇다. 여기서 좀더 가까운 이야기로 돌아오면 그처럼 견고해 보이던 동서의 벽이 민중의 힘으로 무너졌다는 사실이 있고, 그보다 더욱 견고하고 살벌한 한반도 남북의 벽을 허무는 힘이 1980년대 내내 이땅에서 자라왔다는 사실이 있다. 그러므로 우리의 꿈을 얕잡으려는 세력들은 꿈을 버리고 현실을 택했다기보다 현실 자체를 헛보고 헛듣는 사람들이다.

90년대 들어 우리가 시급히 해야 할 일도, 꿈을 간직하고 키우되 좀더 엄정한 현실인식으로써 키우는 일이다. 우리가 80년대를 통해 많은 것을 성취하고도 민주·자주·통일의 어느 한 영역에서도 확고한 성과를 못 거둔 채 새 연대를 맞이하는 것은, 꿈과 과학의 거리가 아직도 너무 멀어서, 엄밀히 말하면 과학도 못 되는 학식과 이상주의자의 헛꿈이 너무 설쳐댔던 탓이 아닌가 한다.

사실 '민주·자주·통일'이라는 목표 자체도 분단체제에 대한 과학적 인식을 바탕으로 다시 정리되어야 할 것 중의 하나다. 분단체제를 우리가 반드시 허물어야 할 대상으로 삼는다면, 그리고 베를린의 벽도 뚫린 마당에 남북의 장벽도 못 헐릴 이유가 없다는 마음가짐으로 구체적인 실천에 나서고자 한다면, '통일'은 어떤 통일이며 '민주' 및 '자주'와는 어떤 관계에 있는지를 밝혀야지 그 셋을 나란히 늘어놓는 것으로 만족할 수는 없다. '민주'는 분단극복 운동의 과정에서 이미 쟁취했어야 할 최소한의 민주화와, 분단극복을 통해서만 가능해질 한층 높은 차원의 민주주의를 구별해서 그러나 동시에 생각해야 한다. 전자를 후자의 단순한 수단으로 보아서도 안 되고, 후자를 전자의 단순한 연장으로만 생각하거나 그때 가서 보자고 미루어서도 안 된다. '자주' 또한 마찬가지다. 통일운동·민주화운동의 필수적 일부로서 미국이나 일본의 부당한 간섭을 배제하는 당장의 노력과, 급변하며 날로 더 상호의존하는 세계 속에서 통일된 조국이 어떤 모양의 자주성을 선택할지에 대한 진지한 구상이 병행되어야 할 것이다.

이때 오늘의 북한이 분단상황에서 견지하는 자주노선도 하나의 참고사항 이상은 되지 못한다. 물론 그에 대한 편견 없는 검토가 있어야겠고 '북한 바로알기' 운동은 한층 본격화되어야 옳다. 그러나 본격적인 운동은 어디까지나 '분단체제 바로알기' 운동의 일부로서 총체적이고 과학적인 시각에 서야 할 것이다.

분단체제에 대한 인식이 깊어질수록 어떤 면에서 한국사회의 내부갈등이 더 첨예해질 것이다. 갈등 없는 역사발전은 없기 때문이다. 그러나 꿈이 없는 소모적인 싸움, 현실인식이 덜 무르익은 데서 오는 뜻있는 사람들끼리의 불필요한 다툼은 한결 줄어들 것이다.

—『한겨레신문』1990년 1월 1일자

90년대 민족문학의 과제*

발제자료를 만들다보니 앞의 강만길 선생님 것보다 훨씬 길어졌습니다. 토론시간을 충분히 남기기 위해 부연설명을 최대한 줄이고, 미리 나누어드린 문안을 거의 그대로 읽도록 하겠습니다.

1. 머리말

(1) 한 세기의 4분의 1을 채우는 25주년은 누구에게나 기념할 만한 사건이지만, 20주년 행사를 해볼 생각조차 못했던 '창비'로서는 남다른 감회가 있게 마련이다. 5년 전인 1986년 1월로 말하면, 80년 7월의 강제폐간으로 20주년 기념의 주체인 계간지가 없던 상태임은 물론, 바로 그 전해 85년에 무크지 『창작과비평』을 내고서 12월에 출판사 자체가 등록을 취소당한 직후였던 것이다. 그러한 '창비'가 지금 출판사업과 잡지사업이

---

* 1991년 1월 11일 유성에서 있은 계간 『창작과비평』 창간 25주년 기념토론회의 '제2주제' 발제.

모두 그런대로 번창하는 가운데 두번째 4반세기를 시작하게 된 것은 당사자인 우리들의 행복일 뿐 아니라 이 행복을 점지해준 우리 역사의 조그만 전진을 뜻한다고 믿는다.

(2) 때마침 세계는 20세기의 마지막 10년을 시작했으며 연도 문제를 떠나서도 세계사의 새로운 단계가 운위되고 있다. 이런 마당에 25주년을 맞는 '창비'의 과제를 우리 모두가 마땅히 점검해볼 일이다. 그러나 발제에서부터 '창비' 자체의 일감을 세세히 따지는 것은 너무 자기중심적인 편협일 수도 있겠으므로, '90년대 민족문학의 과제'를 주로 생각해볼까 한다. 물론, 『창비』는 문학중심의 계간지이되 문학지만은 아닌 만큼 '문학의 과제'가 '창비의 과제'를 자동적으로 다 포용하는 것은 아니다. 더구나 요즘은 '민족문학'이라는 합성어가 전체 한국문학의 일개 분파를 가리키는 데 불과할 우려마저 있고, 바로 이것이 오늘 우리가 진지하게 논의해야 할 문제이기도 하다. 그러나 원래 민족문학의 개념은 민족적 위기의식의 산물이자 문학 본연의 성질에 충실한 개념이므로, '민족문학의 과제'를 말하는 것은 문학 전체를 말하는 것이요 우리 시대의 역사적 과제 일반을 거론하는 것이 된다. 문학은 문학 아닌 그 무엇으로도 환원할 수 없는 고유성을 지니는 동시에 결코 '문학만의' 테두리를 그을 수 없이 삶의 모든 영역으로 터져 있는 것이기 때문이다.

2. 위기의 새로운 양상

(1) 민족문학 개념이 민족적 위기의식의 소산이라고 했는데, 90년대에 우리가 당면한 위기의 성격은 70년대 또는 80년대에 비해 크게 달라진 면이 있다. 애국계몽기와 식민지시대가 다르고 8·15 이전과 분단시대가 다른 정도만큼이나 상이한 것은 아니지만, 분단시대의 주어진 조건 속에서

는 어지간히 달라졌다고 하겠다. 민족문학과 관련해서 그 달라진 점을 요약한다면, 정권의 폭압에 의해 민족문학 자체가 말살될 위협은 일단 사라졌다는 것이다. 물론 민족과 민족어를 말살하려던 일본의 식민지지배가 끝장남으로써 민족문학의 생존이 기약된 바 있었지만, 6·25를 통한 분단체제의 확립, 5·16에 의한 사월혁명의 좌절, 유신체제와 5공의 폭압정치 등 고비고비마다 민족문학은 바로 국가기구 그 자체와 생존을 건 싸움을 벌여야 했던 것이다.

지금도 국가기구에 의한 탄압이 멎은 것은 물론 아니다. 국가기구의 요충을 장악하고 있는 인사들 중에는 그냥 탄압이 아닌 말살을 여전히 꿈꾸는 경우도 많을 것이다. 그러나 1987년 6월을 고비로 적어도 말살의 꿈만은 한갓 백일몽으로 바뀌었다고 보아도 좋을 듯하다. 6월항쟁 그것만으로 무슨 영구불변의 담보가 생겼다는 뜻은 아니고, 비록 정권교체나 뚜렷한 대안제시까지는 못 갔어도 수그러질 줄 모르는 민중·민족운동의 활력이 엄밀한 의미의 5공회귀를 불가능하게 만들었다는 것이다. 89~90년에 일어난 국내외의 큰 사건들도 이런 판단을 뒷받침한다. 세계적 냉전체제의 붕괴가 진정한 동서화해보다 사회주의 진영의 일방적 패퇴에 가까운 것이지만 아무튼 '5공' 식의 분단체제운영에 유리한 조건은 아니며, 3당합당이라는 것도 결국은 국내 지배세력 저들 마음대로 안 되는 세상에서의 편법적 대응에 불과했음이 일찌감치 명백해졌다. 민자당 출범 이래 노동운동을 위시한 민중운동에 대한 탄압공세가 강화되고 있기는 하지만 내각제 개헌의 속결 실패라든가 30년 만의 지방자치제 부활 등, 철권정치에 결정적으로 불리한 사태가 정치권 안에서만도 잇달아 발생하고 있는 것이다.

(2) 그렇다고 민족적 위기가 끝난 게 아님은 더 말할 것도 없고 이에 대응하려는 민족문학 자체가 새로운 위기를 맞고 있다. 공권력이 민족문학의 생존을 직접 위협하는 상황이 완화된 대신, 위험은 훨씬 다양해졌으며

민족문학운동에 종사하는 많은 사람들이 효과적 대응방안을 못 찾고 있는 것이다.

위험의 하나는 여전히 공권력이다. 6공정부는 6월항쟁을 겪고 개량된 정권이지만 민중의 주권행사에는 철저히 적대적이며 자신의 기득권을 위협하는 어떠한 통일운동도 용납지 않으려 한다. 그러나 북방정책의 현란한 성과와 남북한관계의 일정한 진전이 보여주듯이 개량된 그만큼의 유연성과 발빠른 대응력을 지닌 정권이며, 국내외의 그 지지기반을 민자당의 인기도로 가늠할 문제는 아닌 것이다. 이러한 정권의 한정된 공권력 사용과 그에 연계된 경제력·언론매체·교육기구 들의 적절한 활용은 강권 일변도의 정치보다 훨씬 큰 위력을 발휘하고 있다.

(3) 불리한 객관적 조건은 운동주체들의 약점과 따로 생각할 수 없다. 하나가 다른 하나의 원인이자 결과이기도 한 것이다. 6월항쟁에 이르는 민족민주운동은 5공정권이라는 명료한 표적을 지닌 대신 그 목표의 단순성에 맞먹는 갖가지 환상을 생성 또는 배태하고 있었다. (물론 환상 중에는 역사가들이 '영웅적 환상'이라 부르는 것도 있듯이, 그냥 냉소하고 말 일은 아니다. 다만 특정 시기에 긍정적인 역할을 하는 경우도, 그것이 환상인 한에는 얼마 안 가 역기능이 더 커지게 마련인 것이다.) 그중 소박하면서도 널리 퍼진 환상은 직선제 개헌만 되면 두 김씨가 힘을 합쳐—또는 어느 한 사람의 압도적 우세 속에—문민정권을 수립하리라는 것으로서, 이 자체는 얼마 안 가서 간단히 깨져버렸다. 그러나 특정 정치인(들)을 둘러싼 찬반간의 온갖 환상은, 우리 사회의 모순 중 급격히 그 심각성이 더해져온 지역간 대립 문제와 겹쳐, 지금도 끊임없이 재생되고 있으며 민민운동의 중대한 약점을 이루고 있다.

다른 한편, 그 시작은 87년 이전으로 거슬러올라가지만 항쟁 이후에 본격적으로 작용하게 된 변혁운동의 두가지 상반된 편향 역시 유신과 5공 시대 특유의 환상과 무관하지 않다. 즉 개량의 기미조차 없는 지배체제는,

전술 차원의 민주화 과정만 주어지면 곧바로 '민족해방'과 통일이 쟁취될 수 있다는 환상과, 통일이 안 되고도 남한만의 온전한 민중권력이 창출될 수 있다는 환상을 동시에 낳기에 알맞았던 것이다. (이때에 '온전한' 민중권력이라는 표현에 유의할 필요가 있겠다. 통일 이전에도 민중생존권과 민중의 주체성이 지금보다 획기적으로 개선된 민주적 정권의 창출이 불가능하다는 뜻은 아니며, 오히려 이러한 의미의 민주화야말로 분단극복운동의 진전과 떼어 생각할 수 없는 것이다.) 물론 두가지 편벽된 경향을 일부러 극단적으로 표현해본 것이지만, 정도의 차이가 있고 더러 양자가 뒤섞이기도 했을지언정, 분단체제의 근본적 변혁을 꿈꾸는 사람들이 이런 상반된 ── 그러나 실은 쌍생아적인 ── 환상에 시달리는 경우가 아직도 너무나 많은 것이 사실이다. 한마디로 분단체제의 속성에 대한 현실주의적 인식의 부족이며, 분단체제를 극복할 실력의 부족이기도 하다. 그런데 분단체제를 유지하려는 쪽보다 극복하려는 쪽이 70년대와 80년대 내내 현실적으로 힘이 달린 것은 어쩔 수 없었다 치더라도, 90년대 들어 점차 분단고착론에서 서독식 흡수통일론으로 전환해가는 저들보다 다름아닌 분단극복의 경륜과 실행력에서조차 뒤지는 변혁운동이라면 차라리 공공연한 개량주의만도 못한 것이 되기 쉽다.

(4) 문학운동에서 경륜과 실행력은 무엇보다도 작품으로 구현된다. (이때 '작품'이란 창작품에 대한 정직·정확하며 시의적절한 비평적 논의도 포함하는 넓은 의미의 문학작품이다.) 그런데 분단체제의 근본적 변혁을 꿈꾸는 문학운동이 남보다 나은 작품을 내놓지 못한다면 그것 자체로도 서글픈 일이지만, 문제는 거기서 끝나지 않는다. 애당초 변혁을 표방하거나 운동을 내세우지 않는 경우와도 또달라서, 작품의 부재 또는 부족이 그냥 아쉬움으로 그치는 게 아니고 갖가지 허세와 억지를 낳게 마련이다. 그야말로 부정직·부정확하며 유해무득한 평설의 범람으로 훌륭한 작품이 태어나고 자라날 터전이 더욱 좁아지는 것이다.

우리의 민족문학운동이 그런 악순환에 빠져들었다고는 믿지 않는다. 고은·신경림 같은 우리 시대 최고 수준의 시인들로부터 김영현·방현석·김하기 등 90년대 초 작단의 가장 유망한 신예에 이르기까지, 민족문학의 대의에 동참하는 창조적 성과들을 우리는 여전히 자랑할 수 있는 처지다. 하지만 민족민주운동 전체의 새로운 위기는 문학에서도 엄연하다. 민중적인 민족문학을 외치면서도 다수 독자들로부터 외면당하는 문학, 가장 민족적이기에 가장 떳떳한 세계문학이라고 내세우면서도 민족언어와 민족적 생활 고유의 보람을 살리지도 못하고 국제적인 흐름에도 무감각한 문학—이런 것의 대명사가 '민족문학'이 되어버릴 위험이 전혀 없다고 누가 장담할 것인가.

이제 그 위험을 대중성, 세계성, 계급성의 세 항목으로 나누어 잠깐씩 살피고자 한다.

3. 대중성 획득의 과제

(1) 민족문학은 처음부터 민중성이 생명이다. 그러나 이때의 민중성이 자본주의 세계와 그것의 한 표현인 분단체제의 가치관에 안주하는 대중추수주의나 이에 대한 피상적 반발에 그치는 민중주의—즉 흔히 말하는 포퓰리즘 내지 정서적 민중주의—와 본질적으로 다른 것이니만큼, 대중성을 상실할 위험은 민족문학에 숙명적인 것이기도 하다. 그렇다고 이념으로서의 민중성과 현실의 대중성을 전혀 별개의 것으로 설정한다면 '민중성' 자체가 공허한 관념으로 변하고 만다. 그 결과 다수 대중에 대한 지배문화의 영향력 앞에 무방비상태가 되는 것이다.

바야흐로 자본주의 시대 상업문화의 위력은 거의 기하급수적인 팽창을 보이고 있다. 자본주의 자체가 유달리 반시적·반예술적 생산양식이라는 맑스의 지적이 있었거니와, 자본 중에서도 민족적 주체성이 취약한 예속 자본이며 그중에서도 개인적(=근로기업가적) 주체성이 결여된 허구자본의 비중이 높은 한국 자본주의가 이제 텔레비전 등 전자매체를 포함하는 막강한 문화수단을 구사하게 되었다. 그리고 이런 민족적·개인적 주체성의 결핍을 오히려 미화하는 포스트모더니즘이라는 '첨단' 문화이념이 수입되어 전국적 보급망을 넓혀가는 중이다.

(2) 상업문화의 이런 위세 앞에서 민족문학·민족예술운동의 대응은 너무나 날렵지 못하고 더러는 갈팡질팡인 듯하다. 그리고 이렇게 된 데에는 앞서 언급한 민민운동 전반의 이런저런 환상이 한몫을 했다고 본다. 물론 참된 민중성과 현실적 대중성의 일치를 목표로 내거는 일은 누구도 빼놓지 않았다. 하지만 예컨대 남한사회의 독자성과 저력을 과소평가하는 '민족해방'의 논리는, 오늘의 현실에 걸맞은 대중화 논리로서도 미흡하다. 남한의 엘리뜨문화보다는 정녕 대중적이고 통속문화보다는 건강하며 더러 세련미도 높은 북한의 작품을 민중성과 예술성의 전범으로 곧잘 오인하는가 하면, 바로 그런 작품이나 그런 유형의 민중성·예술성을 남한사회에 보급하는 일에 지나친 의미를 부여하기도 한다. 이러한 사업도 물론 어느정도 필요한 것이지만 그 대중적 호소력에는 처음부터 한계가 있을뿐더러 결과적으로 진정한 민중성과 예술성의 달성을 저해하게 되기도 쉽다.

마찬가지로 남한 노동자계급의 독자적 정권 창출을 전제하는 논의는, 1920년대 말~30년대 초의 '대중화논쟁'에서처럼 기존의 전위적 이념을 어떻게 대중에게 전파할 것이냐는 전술론으로 떨어지기 십상이다. 물론 이 경우에도 해당 이념의 전파와 선동이 무의미한 것은 아니다. (그 이념이 실제로 전위적인 부분도 있고, 설혹 그렇지 않더라도 일단 전파할 만은 하다는 측면도 있을 것이다.) 그러나 창조적인 작품과 그것이 끊임없이 개척하는 창조적 이념에 근거한 대중성 논의가 아닌 한, 독단주의냐

대중추수주의냐라는 소모적인 논쟁에서 스스로도 벗어날 수 없으려니와, 그나마 달성된 민족문학적 성과의 대중적 확산을 차단하는 데 일조할 수도 있다.

아무튼 위에 말한 상업문화의 약진과 민중·민족문학적 대응논리의 혼선은 그야말로 진짜와 가짜, 좋은 작품과 덜 좋은 작품, 아예 안 좋은 작품들의 분별이 거의 없어져버린 상황을 낳고 있다. 그러잖아도 문학·예술에서의 이런 분별은 자연과학에서처럼 확실한 게 아닌데, 지배문화와 일부 대항세력의 논리가 맞장구를 치면서 그런 분별을 지켜내려는 노력 자체를 반대중적인 것으로 몰아치는 판이다. 하지만 앞서 말했듯이 좋은 작품이 분명히 창작되고 있고 그 민중성을 신뢰하는 진지한 비평적 논리도 미흡하나마 지속되고 있다. 90년대의 민족문학은 무엇보다도 이 착실한 바탕을 살리면서 대중성을 넓혀나가야 할 것이다.

4. 세계문학의 차원: 포스트모더니즘의 도전

(1) 그동안 민족문학의 국제적 지평을 담보하는 이론으로는 제3세계론과 리얼리즘론이 있었다. 그중 제3세계론은 '제3세계주의'라는 또 하나의 특수주의가 되지 않기 위해서도 리얼리즘 같은 보편적 예술이념을 자기식으로 소화해야 했던 만큼, 리얼리즘론이야말로 민족문학의 세계문학적 차원을 해명하는 주된 방식이었다고 하겠다. 이때 그 대칭개념은 '모더니즘'으로 설정되는 일이 보통이었고, 흔히 형식주의 또는 예술지상주의로도 나타난 모더니즘의 현실 일반에 대한 무관심이나 무책임, 그중에서도 민족의 현실, 민중의 현실에 대한 냉담과 제국주의 문화에의 친화성이 비판의 대상으로 되었다.

이러한 비판에 맞선 모더니즘의 전략은 리얼리즘을 협의의 사실주의와 동일시하여 모더니즘에 의해 이미 지양된 낡은 문예사조로 규정하면서, 특히 민족문학론과 리얼리즘론의 결합은 계급적 편협성이나 국수주의적 배타성—또는 그 둘 모두—을 자초하는 길이라고 반박하는 것이었다. 이러한 역비판에도 다소의 진실이 담겼기에 80년대 평단에서 리얼리즘론의 결정적 승리는 이룩되지 않았다. 하지만 그런 반박이 해당되지 않는 리얼리즘 문학과 리얼리즘론이 자리잡았다는 점에서 재래식 모더니즘론의 생명은 실질적으로 끝장난 것이었다.

(2) 그러나 모더니즘이 크게 보아 난숙한 자본주의의 문화적 논리라고 할 때, 세계자본주의가 자생력을 지니는 한 모더니즘 또한 자기갱신의 능력을 완전히 잃는 일은 없게 마련이다. 그리하여 참다운 리얼리즘을 통한 자기극복에는 미달하지만 리얼리즘론의 비판을 훨씬 그럴싸하게 피해나가는 논리가 '포스트모더니즘'의 이름으로 개발되었다. 이에 따르면 리얼리즘론자들이 비판하는 현대 서양예술의 형식주의, 예술(지상)주의, 개인주의, 엘리뜨주의, 서양중심주의 따위는 모두 20세기 상반기 '모더니즘'의 고유한 특징이고 이제는 더욱 발전되고 탈산업화·탈중심화된 기술문명에 걸맞은 대중적이고 민주적이며 다양한 현실에 밀착된 '포스트모던'한 예술로 대체되었다는 것이다. 그러므로 아직도 모더니즘 어쩌고 하는 리얼리즘론자는 닭 쫓던 개 울 쳐다보는 격이며, 이들이 포스트모더니즘에 대해서조차 불만을 터뜨린다면 그것은 모더니스트들이 이미 지적했던 리얼리즘론자의 획일주의·독단주의와 위장된 엘리뜨주의를 반증하는 꼴밖에 안 된다. 결국 범세계적 차원에서 중요한 논쟁의 축은 '모더니즘 대 포스트모더니즘'이요 '리얼리즘'은 지엽문제에 불과해지는 것이다.

(3) 포스트모더니즘이 자랑하는 모더니즘극복이 진정한 극복과 거리가 멀다는 점은 나 자신도 틈틈이 지적해왔다(『민족문학과 세계문학 Ⅱ』 중 「모더니즘 논의에 덧붙여」, 『민족문학의 새 단계』 중 「신식민지시대와 서양문학 읽기」 등 참조). 예컨대 포스트모더니즘 문화의 대중성은 진정으로 민중의 주체성과

개개인의 창조성을 존중하는 대중성이기보다 모더니즘의 고급문화를 일부 흡수해서 활력을 더한 새 차원의 상업문화이며, 그 다양성이라는 것도 자본의 다국적화·전지구화에 조응하는 한정된 다양화지 살아 있는 민족문화들의 공생과 창조적 상호작용을 보장하는 진정한 다양성은 못 되는 것이다. 더구나 포스트모더니즘에 의한 리얼리즘의 지양 운운할 때의 '리얼리즘'은 종래 모더니즘이 손쉬운 공격목표로 설정했던 소박한 사실주의 그대로이다.

이처럼 리얼리즘의 본질적 비판에 결코 충분한 응수를 하지도 못한 포스트모더니즘의 논리가 리얼리즘론을 논쟁무대의 변두리로 몰아낼 기세마저 보이는 데는, 그 논리를 뒷받침하는 막강한 정치·경제·사회적 실행력과 특히 우리나라 특유의 문화식민지적 풍토가 작용하고 있음은 물론이다. 그러나 많은 리얼리즘론자 자신들의 책임도 작지 않다. 특히 최고의 리얼리즘이라는 사회주의 리얼리즘을 내세우면서 정작 작품이해나 언어관·진리관 등에서는 소박한 사실주의와 대동소이한 수준인 경우가 허다했으며, 후기자본주의 사회나 현실사회주의의 실상에 대해서도 극히 부실한 인식을 보여주기 일쑤였다. 그렇다고 이제 와서 결국 중요한 것은 비판적 리얼리즘이라고 주장하는 것은 사회주의 리얼리즘이 강요한 도식 속에서 단순 반대의 입장을 선택하는 데 불과하다. ('비판적 리얼리즘 대 사회주의 리얼리즘'이라는 도식에 대해서는 이우성교수정년기념논총에 실은 졸고 「민족문학론과 리얼리즘론」〔창비신서 101 『한국 근대문학사의 쟁점』에 재수록〕을 통해 비판적인 검토를 한 바 있다.) 문제는 여전히 리얼리즘일지라도 이는 근본부터 다시 생각해야 할 문제인 것이다.

(4) 따져보면 이제까지 '근대 이후'를 자처한 문예이념은 두가지가 있었다. 서방세계의 포스트모더니즘이 그 하나요, 사회주의권의 사회주의 리얼리즘이 다른 하나다. 둘 다 자본주의의 출범과 함께 시작된 '근대'를 넘어선 세계의 존재를 주장해왔는데, 그중 '현실사회주의' 또는 '혁명후

사회'가 자본주의 생산양식의 극복에 성공했다는 주장은 일단 허상이었음이 드러난 셈이다. 그런 의미에서 이제 포스트모더니즘은 한층 득의양양한 '탈근대'의 기수로 자처함직도 하다.

그러나 사회주의권 큰 부분의 재자본주의화야말로 자본주의적 근대가 아직도 한창 위세를 떨치고 있다는 결정적인 증거가 아닐까 싶다. 지금이야말로 근대의 공적과 근대성의 상존하는 위력을 충분히 인정하면서 올바른 탈근대를 지향하는 인식과 실천이 어느 때보다 중요한 시기이며, 그런 의미에서 오늘의 지구적 현실에 걸맞은 새로운 리얼리즘이 요구된다. 그리고 이런 리얼리즘은 생태계의 위기와 성차별의 현실 등 이제까지 변혁운동에서 경시되었던 문제들에 대한 인식과 더불어, 나라마다의 독특한 전통과 체험 —— 특히 근대사에서 소홀히 된 동아시아 각국의 풍부한 문화유산 —— 이 능동적으로 작용한 성취여야지, '보편적'인 내용에 '민족적 형식'을 입혀주는 식의 리얼리즘일 수는 없을 것이다.

5. 계급성의 문제

(1) 대저 위와 같은 인식에서 나는 80년대 평단에서 원론적 계급문학론에 대해 비판적인 거리를 취해왔다. 그리하여 나의 민족문학론에는 '소시민적'이라는 딱지가 곧잘 붙여졌으며, 계급문학론의 주창자가 아닌 최원식씨로부터도 "계급모순에 대한 정면돌파가 아직 부족하다"는 지적을 받았다(『창작과비평』 1990년 겨울호 87면). 이 발제에서도 무슨 '정면돌파'가 이루어질 리야 없겠지만, 민족문학의 과제를 검토하는 하나의 방편으로서, 내가 사용해온 개념 중 계급모순을 외면하거나 적어도 에돌아가는 것으로 흔히 비판받는 '지혜의 시대' '분단모순' 등에 대해 한두마디 부연할까 한다.

현실 속에 계급이 있는 한 그 실상을 파헤쳐야 하고 계급 없는 사회가 바람직한 이상 그 실현을 위해 진력해야 한다는 점을 누가 부인할 것인가. '지혜'를 말하면서 이 명백한 진실을 외면한다면 도대체가 지혜도 아무것도 아니다. 더욱 중요한 것은, 막연히 지혜를 말할 것이 아니라 지혜의 **시대**를 설정하고 이를 민중이 스스로 다스리는 '민중의 시대'로 이해하는 일이다. 그리고 이는 플라톤이 꿈꾼, 지혜로운 소수가 어리석은 대중을 다스리는 현인군주체제와 본질적으로 다르며 기존의 어떠한 계급사회와도 다른 것이다.

이러한 미래사회를 예컨대 '과학적 세계관이 지배하는 사회'라거나 '노동해방의 시대'로 부르기보다 '지혜의 시대'라 일컫기를 선호하는 데는 몇가지 이유가 있다. 하나는 과학적 세계관, 노동해방 등을 실현했다고 자처하는 사회들이 아직도 강압시대의 큰 테두리를 벗어나지 못한 현실을 좀더 냉철히 직시하자는 것이요, 동시에 과학적 세계관이라는 것 자체가 인류에게 필요한 지혜의 일부일 뿐 '과학' 또는 '세계관' 이상의 것인 지혜 없이는 제 몫조차 못한다고 믿기 때문이다. 뿐만 아니라 다가오는 세상이 지혜가 **다스리는** 세상이라는 인식도 중요하다. 계급 없는 사회라 해서 풍요와 쾌락만 있고 절제와 노동이 없는 사회는 아니며 지혜의 위아래도 모르고 마음에 어른이 없는 애물들의 세상이 아닐 것은 분명한 일이다. 그렇다면 지혜의 다스림을 미리부터 체득하는 노력이 광범위한 변혁운동의 일부가 되지 않는 한 사람이 사람을 억누르는 세상은 끝나지 않을 것이다.

(2) 우리는 한반도 통일의 세계사적 의의를 곧잘 말한다. 그러나 이 말이 한갓 입버릇에 그치지 않으려면 남북분단의 성격에 대해 그야말로 과학적인 인식이 필요하다. '분단모순'의 개념은 바로 이런 현실적 요구에 부응하려는 민족문학론의 한 시도이다. 분단이라는 현실은 이미 하나의 체제적 성격을 띤 것이며 그것이 남북한 모두의 민중의 삶에 질곡이 되고

있는 한 '모순'의 이름에 값하기도 한다. 동시에 모순이라는 명칭은 그것이 벗어던질 수 있는——아니, 역사의 과정 속에서 벗어던져질 수밖에 없는——질곡이라는 뜻을 내포한다.

반면에 기본모순·주요모순 등등을 둘러싼 온갖 현학적 논의를 자초한 것이 분단모순론의 불운이라면 불운이요 나의 불찰이라면 불찰이었다. 아무튼 한반도의 분단체제는 크게 보아 계급사회의 근대적 형태인 자본주의 시대의 한 발현양상이라는 점에서, 그리고 그 구체적 발현방식이 분단된 두 사회 각각의 내적 모순에 의해 조건지어진다는 점에서, 분단모순은 계급모순과 동일 차원의 모순이 아니며 분단모순론이 계급모순을 외면하는 것도 아니다. 그 점에서는 민족모순이라는 것도 마찬가지인데, 다만 '민족모순'이라는 낱말이 너무 모호하게 쓰이는 점을 차치하고도 그 말뜻을 심히 왜곡하지 않고는 분단체제를 구성하는 주된 요소들을 포괄할 수 없다고 본다. 말하자면 '분단모순'이라는 새로운 개념이 필요한 것은, 분단체제의 현실 자체가 적어도 두개의 내적 모순과 몇개의 외적 모순(보통 쓰는 의미에서의 민족모순), 그리고 분단된 당사자들 간의 대립·경쟁·협조를 포함하는 남북관계, 이 모든 것을 동시에 사유할 다원방정식을 요구하기 때문이다. 이 다원방정식을 실제로 푸는 데는 여러개의 일원방정식이 동원되겠지만, 많은 변수들이 어떻게 상호연관지어졌는지를 추상적으로나마 이해하지 못하는 상태에서 여러개의 일원방정식 또는 기껏해야 이원방정식을 순차적으로 풀어서 합산을 하려고 해보았자 그 어느 하나도 제대로 풀기 힘든 것이다.

예멘의 경우는 잘 모르는 일이지만, 베트남과 독일의 통일 모두가 그 나름의 세계사적 의의가 있고 교훈도 있었다. 생각건대 베트남의 경우는 기본적으로 구식민지 민족해방전쟁의 연장으로서 신식민지시대의 그 어떤 힘도 구태의연하게 베트남민족을 지배할 수 없음을 보여주었고 제국주의의 패권에 막대한 타격을 가했다. 반면에 독일의 경우는 개량된 선진자본주의와 경직된 국가사회주의의 경쟁에서 후자가 적수가 못 됨을 보여주었고 냉전체제에 결정적인 타격이 되었다. 한반도의 분단체제는 그 중 어느 것과도 성격이 다른 만큼, 베트남식 또는 독일식의 통일을 해서는 특별한 세계사적 의미를 지니는 행복한 결말일 수가 없으며 또 그렇게 되지도 않을 것이다. 베트남과 독일이 각각의 분단극복 과정에서 풀지 못한──각각의 분단이 지닌 역사적 특성상 풀 수 없었던──한층 복잡하면서도 그만큼 더 핵심적인 세계사의 과제가 지혜의 시대를 향한 거의 마지막 고비에 우리 민족의 직접적인 일감으로 주어져 있는 것이다.

6. 뒷말

발제가 너무 긴 것은 좋지 않으므로 일단 여기서 매듭을 지을까 한다. '창비의 과제'는 따로 상론치 않더라도 민족문학의 과제를 말하는 과정에서 대충 밝혀졌다고 믿는다. 민족문학이 진정한 대중성을 확보하고 세계적 차원을 획득하며 계급적 시각의 유효한 대목을 견지하는 데 '창비'가 구심력을 강화해나가야 할 것이다. 이는 결코 문학만의 일은 아니나, 훌륭한 창작과 엄정한 비평의 이바지가 결정적인 변수인 것 또한 분명하다고 믿는다.

끝으로, 이번 발제 또한 '실제비평'이 태무한 글이 되었다. 독서의 부족도 있고 발제시간의 제약에 따른 전략적 선택도 있었다. 다만 분단모순 등등의 개념에 대한 해명을 들으면서 가령 분단모순론이 응용된 실제비평이 어떤 것일지 궁금해하는 분이 있다면, 또 한마디의 해명이 필요하겠다. 문학비평과 관련해서 분단모순론──그리고 그 인류사적 틀로서의 지혜의 시대론──이 갖는 의의는 무엇보다도, 어떤 이론을 문학에 **응용**하는 일체의 비평태도를 문제삼는다는 점이다. 이것이 맹목적인 이론불신이나 경험주의가 아님은, 문학비평이 문학이론(및 이론 일반)에 우선한다는 명제를 논증하기 위한 『민족문학의 새 단계』 제4부 등에서의 내 나름의 이론적 노력이 뒷받침해주지 않을까 한다. 미흡하나마 허심탄회한 작품 논의를 전개할 터전은 마련되었다고 믿으며, 당장 오늘의 질의응답과 토론에서부터 그러한 작업이 좀더 활발해지기를 바란다. 여기에 한마디 개인적 해명을 더한다면, 문학비평의 중요성에 대한 이론적 탐구 자체가 나의 경우 언제나 우리 민족문학의 소중한 결실을 포함한 실제 작품들의 독서가 함께하는 과정이었기에 가능했다는 점이다.

분단모순·분단체제에 관한 보충답변*

계급성에 대해서는 김명환씨의 질문 중에서도 관련부분이 있었다고 봅니다만, 일제시대는 민족모순이라는 것이 민중생활의 이해관계와도 일치하는 주요모순으로 분명하게 있었는데 분단시대의 분단모순이라는 것은 그러한 것이 아니지 않느냐라고 김재용씨가 질문을 해주셨습니다. 저는 이건 요즘의 현상이나 논의수준만 보고 속단할 문제는 아니고 좀더 연구하고 기다려볼 문제가 아닐까 하는 생각이 듭니다. 적어도 김재용씨 질문을 통해서 분명해진 것은 일제시대에 민족모순이 주요모순으로 분명했던 것만큼 분단시대에도 민족모순이 분명한 주요모순이라고 말할 수는 없다는 점이겠지요. 이것은 분명한 것 같습니다. 그때는 전체 조선민족과 일본 침략자의 모순관계가 분명했고 그것은 민족간의 대립인 동시에 대다수 민중의 생활상의 이익과 직결된 것이었는데, 분단시대에는 그런 식의 민족모순은 발견하기 어렵다고 봅니다. 물론 일부에서는 미국과 조선

---

* 발제에 이은 토론 중 일부만 잡지게재 내용에서 발췌하여 실었다.

민족 전체를 그렇게 설정하는 수도 있는데, 적어도 일제시대의 조선민족과 일제의 모순만큼 명백한 것은 아니다, 이것만은 누구나 인정하리라고 봅니다. 그래서 그냥 민족모순이 다양화되었기 때문에 그런 것인가, 아니면 민족모순이 주요모순이 아니고 민주화의 문제라든가 군사정권과 문민주의의 투쟁이라든가 이런 것을 주요모순으로 보아야 할 것인가, 이런 식으로 논의가 복잡해진 상황입니다. 저로서 제기하고 싶었던 것은, 분단시대의 특성상 한반도가 두개의 사회로 엄연히 갈라져 있기 때문에, 우리 시대의 주요 과제를 해결하기 위해서는 어쨌든 남북사회 각각의 내적 모순을 정확히 포착해야 하고, 동시에 민족모순이라는 것도 주요모순이든 아니든 어떤 형태로 있는 것인지, 다양화하고 다기화했다면 얼마나 어떻게 되어 있는 것인지, 이것도 감안해야 하고, 동시에 남북관계 자체도 또 다른 변수로 작용하는데, 이 모든 변수가 함께 어울려 돌아가는 과정에서 이것이 각각으로 따로 노는 요인들이 아니고 우리가 분단체제라고 부름 직한 하나의 체제를 형성하고 있다는 점에 유의하자는 겁니다. 그리고 실제로 그것은 우리 민중이 살아가는 삶의 질곡이 되고 있고 역사적으로 극복가능하고 극복해야 한다는 점에서 하나의 모순이라고 볼 수 있다, 이런 점에서 분단체제를 분단**모순**이라는 차원에서 한번 생각해보자는 것입니다. 그것이 '주요모순'이냐 아니냐 하는 이론적인 논의에 매달릴 것이 아니라, 지금이 분단시대라는 것을 우리가 인정한다면, 이 시대에 분단체제라고 이름할 만한 현실이 있고 그것이 모순된 현실이라면, 이것이 도대체 무엇인가를 생각해보자는 거예요. 그런데 앞서 강만길 선생께서 우리가 전국적 관심을 운위할 만큼 북한의 실상에 대해 알고 있느냐고 의문을 표시했습니다만, 실제로 분단체제의 다른 한쪽에 해당하는 북한의 실상에 대해서 알지도 못하면서 아는 듯이 얘기한다거나 모르기 때문에 분단체제 전체의 문제를 생각하려는 이론적인 노력조차도 포기하는 일이 너무나 많은 까닭에 분단모순이 실제 민중생활과 어떻게 연관되는지가 분명하지 않은 것이 당연한지도 모른단 말입니다. 정말로 그것이 관련이 없기 때문에 분명치 않은 게 아니라 우리의 인식수준이 아직 거기까지 못 간 것이 아닌가? 지금 박현채 선생께서 저기서 뭐라고 그러시는 모양이지만, 박선생께서 무수히 얘기하신 것이 "우리 시대의 모든 문제가 분단에 의해서 규정되고 있다"는 말씀이었어요. 어쨌든 우리 현실에서 민중생활의 질곡이랄까 억압 이 모든 것이 분단과 관계가 있다는 점은 인정하신 것이고, 분단이 어떤 포괄적인 규정성을 발휘하고 있다는 사실만은 인정하신 셈이죠. 이것을 주요모순으로 보느냐 아니냐 하는 데 대해서 아까도 말했지만 주요모순이라는 표현을 고집하지는 않겠고, 다만 분단시대에는 통일을 지향한다는 의미에서 분단극복이 주요 과제라고 한다면 상식적으로 대개 납득할 만한데도 지금 박선생처럼 반발하는 이유는 제가 볼 때는 크게 두가지가 아닌가 싶습니다. 하나는 아까 발제에서도 해명했지만 사회 내부의 내적인 모순을 무시하고 분단모순을 주요모순이 아니라 기본모순의 차원에까지 두고 있는 것이 아니냐는 오해가 있는 것 같고, 또 하나는 그러면 민주화 문제 같은 것은 어떤 위상에 둘 것인가 하는 데 대한 해명이 필요하기 때문에 의문이 나온다고 봅니다. 민주화에 대해서는 저는 이렇게 생각합니다. 민주주의라는 것에는 여러 차원이 있기 때문에 분단모순의 해결 이전에도 우리가 달성할 수 있는 수준의 민주화가 있고, 분단모순의 해결을 통해서만 달성하거나 다가갈 수 있는 수준의 민주주의도 있습니다. 그 양자를 혼동해서 생각하는 데서 분단모순에 대한 오해도 나오고 민주화운동에 혼선도 일어나는 것이 아닌가 합니다. 만약 그것을 구별해서 생각한다면 아까 임형택 선생이 얘기하신 민주적 정권의 창출이라는 것은 어떻게 보면 주요모순의 해결을 위한 일차적인 과제, 주요측면이랄 수 있고, 그다음에 주요모순의 해결을 통해서 우리가 더 높은 차원의 민주주의를 달성하고 그야말로 민중이 주인 노릇 하는 세상에 다가간다는 의미에서 기본모순 해결에 접근하는 과정이 따로 있다고 생각합니다.

이제까지의 답변을 통해 김명환씨 질문 중에서 분단체제론이나 분단모순론이 민중생존권운동의 일정한 독자성이라든가 또는 그 중요성을 경시하는 것이 아닌가 우려했던 바는 어느정도 불식되었으리라고 생각합니다만, 중요한 것은 분단체제를 얘기하는 것은 막연하게 통일을 얘기한다든가 분단극복을 얘기하는 것과는 다르다는 점입니다. 하나의 체제라고 할 때는 남쪽은 엄연히 자본주의체제라는 형태로 그 일부를 구성하고 있고 북한은 북한 나름의 내부적인 문제를 안은 사회체제로서 분단체제에 참여하고 있는 것이기 때문에 양쪽 문제의 동시적 해결을 목표로 삼는 분단모순론이 너무 공허해질 염려도 없지 않지만, 남쪽에 사는 우리의 일차적인 과제가 우리가 실제로 소속하고 활동하고 있는 이 남쪽 사회의 문제라는 점, 자본주의체제인 이 남쪽 사회에서 민중생존권 문제의 해결이 분단극복운동에서 절대로 경시할 수 없는 문제라는 점, 그와 더불어 일차적인 과제로 남한 내부의 민주화에 힘써야 한다는 점, 이런 것은 대체적으로 받아들일 수 있는 얘기가 아닌가 생각합니다. 적어도 저는 그렇게 생각하고 있습니다.

—『창작과비평』67호, 1990년 봄호

분단시대의 계급의식*

　1970년대까지만 해도 이 나라에서는 계급을 말하는 것 자체가 몹시 위태로운 일이었다. '계층'이라는 전혀 다른 용어로 바꾸지 않고 '계급'이라고 그대로 쓰기만 해도 '계급의식'을 조장한다는 혐의를 받기 일쑤였고, 계급의식을 조장하는 것은 곧바로 '반국가단체를 이롭게 하는' 행위였다. 엄연히 계급이 존재하는 현실에서 그런 게 없다는 듯 행동하는 것이야말로 계급관계를 더욱 악화시키고 정말 나쁜 의미의 계급의식을 조장하는 행위가 아닐지에 대한 토론도 벌어지기가 힘들었다.

　80년대에 와서 정권의 폭압성이 줄어든 것은 물론 아니었다. 그러나 유신말기 민중의식의 고양과 5·18광주민중항쟁을 겪고 난 민중운동의 새로운 각성은 반미논의의 벽을 무너뜨렸듯이 계급문제에 대한 공공연한 논의를 막을 수 없게 만들었다. 아니, 80년대 말엽에 이르면 진보적 연구자나 활동가들의 세계에서는 누가 더 분명한 노동계급적 관점을 표방하는지 경쟁하는 분위기마저 감돌았으며, '정통적'인 계급론에서 조금이라

---

* 발표 당시엔 편집자가 개제하여 「분단시대의 계급의식을 다시 생각한다」로 실렸다.

도 벗어나는 듯한 입장에 대해서는 '소시민적'이라는 딱지가 붙여지기 십상이었다.

요즘의 상황은 또 좀 달라진 것 같다. 한편에서 독단주의의 목청은 여전히 드높고, 최근의 서울사회과학연구소 사건에서 보듯이 계급논의 자체를 강권으로 봉쇄하려는 당국의 해묵은 습성도 그대로 남아 있다. 다른 한편 계급문제에 대한 진지하고 학구적인 논의가 그동안 적잖은 축적을 이룬 것도 사실이다. 그러나 90년대 들어 특히 새로운 점은, 계급문제의 중심성을 부정하는 **언설**들이 전에 없이 위세를 떨치게 된 현상이다. 여기에는 87년 이래의 국내체제 개량이 결정적으로 작용했고, '사회주의 진영'의 실질적 와해가 크게 가세했으며, 이라크전쟁에서의 미국 군사력의 일방적 승리도 한몫 거들었다고 보겠다.

그런데 이런 사태진전이 어째서 계급적 관점 자체를 무효로 만드는지는 전혀 불분명하다. 6·29선언에서 약속하고 6공화국에서 부분적으로 실행한 개량이 계급대립을 완화했다기보다 종전에는 보수야당에까지 가해지던 마구잡이 탄압을 노동자들과 노동운동가·노동해방론자들을 주목표로 좀더 '분별있게' 조정한 것일진대, 계급의 차이에 따른 현실체험의 간격은 더욱 벌어졌다고 할 수밖에 없다. 사회주의권 변화의 경우에도, 현실사회주의의 기존 이론을 유일하게 타당한 계급적 관점으로 떠받들던 논자들에게는 심각한 타격임이 분명하지만, 동유럽 및 소련에 대한 서방세계의 영향력이 증대된 사실 자체는——이들 나라의 완전한 재자본주의화가 이루어진다면 더더군다나——자본주의체제 양대 계급에 대한 인식의 절실성을 오히려 더해줄 따름이다. 이라크전쟁도 그렇다. 그것이 미국의 장기적 이익에 얼마나 보탬이 되었느냐는 문제는 제쳐두고, '반공성전'의 명분조차 없는 싸움에 세계의 부자나라들이 떼지어 '다국적군'으로 참여했다는 사실은 이제 국제정치에서도 부자와 빈자의 경제적 이해대립이 그 어느 때보다 적나라하게 작동하게 되었다는 증거가 아닐까 싶다.

이처럼 계급대립이 국내외적으로 격화되고 있는 조짐들이 도리어 계급 논의무용론을 낳고 있는 현상을 어떻게 이해할까? 첫째는, 계급대립이 격화될수록 이를 은폐하는 이데올로기에 대한 수요도 커지게 마련이라는 고전적인 설명이 있다. 그러나 연구자들의 입장에서는, 실재하는 계급현실을 정확히 인식하고 이에 적절하게 부응하는 계급론·계급의식론을 제대로 정립하지 못한 점도 당연히 반성해야 하리라 본다.

예컨대 이땅에서 계급에 대한 논의 자체가 오랫동안 금기시되고 정당한 계급의식의 형성이 지연된 것은 '분단사회의 특수성'이요 '분단이데올로기'의 위력 때문이라는 말을 흔히 듣는다. 그러나 '분단이데올로기'가 단순히 '반공이데올로기'의 다른 이름이요 '분단사회의 특수성'은 예의 허위의식이 남달리 강할 수밖에 없는 이런저런 사정들을 말하는 데 불과하다면, 이는 분단한국의 계급현실에 대한 과학적 해명에 한참 못 미치는 이야기다. 반공이념이 얼마나 강하냐는 양적인 문제만 하더라도 어떤 기준으로 어떤 나라들과 비교해서 남다른지를 실증해볼 필요가 있다. (가령 '폭압성'에 있어서 분단 안 된 제3세계 우익독재국가들보다 반드시 더한 것이며, '견고성'의 기준으로 과연 미국 같은 나라를 능가한다 할 것인가?) 더구나 분단현실을 지탱하는 이데올로기를 반공주의로 규정할 수 있는지는, 분단된 한반도 전체의 실상에 대해 그야말로 과학적인 검토를 수행함으로써만 판가름날 문제이다.

분단현실의 과학적 검토는 당연히 분단시대의 생성과 변천에 대한 역사적 인식과, 분단된 남북 각각의 사회에 대한 구조적 인식이 함께해야 한다. 이렇게 파악된 현실은 두개의 크게 이질화된 '사회' 또는 '국가'이면서, 단순히 구성원들의 정서적 유대감이나 국가기구 간의 대치관계 이상의 다각적인 상호관련을 지닌 하나의 '분단체제'를 구성한다는 것이 나의 지론이다. 그리고 이 분단체제를 좀더 전문적으로 분석·규명해달라는 것이 사회과학도들에 대한 나의 거듭된 주문이었다. 이는 남한의 계급모순에만 집착하는 자세와 명백히 다르기 때문에, 민족자주와 통일의 대의를 앞세워 남북한 어느 쪽의 계급현실도 깊이 따질 필요를 안 느끼는 논리로 오해받기도 했고, 남한의 시민계급(또는 소시민계급)의 입장을 대변하는 논리로 치부되기도 했다.

그러나 80년대 이래 계급논의의 진전은 계급적 관점에 입각한 분단시대 이해에도 점차 유연성과 구체성을 더해주고 있다. 비근한 예로 『동향과 전망』 금년[1991년] 봄호의 지면에는, "분단 이후 분단사의 전개과정은 민족모순의 의연한 존재와 계급모순의 상대적·절대적 성장, 그리고 양자의 결합을 특징으로 하는 관계 속에서 파악되어야 한다. 여기서 여전히 민족모순만을 강조하는 것은 한반도, 특히 남한 내에서의 동태적인 사회변화를 간과하는 것이며, 반대로 계급모순만을 강조하는 것은 이러한 계급모순을 규정하고 있는 기원과 성격을 간과하는 것이다"(「민주변혁과 민중적 통일운동의 올바른 관계」 115면)라는 타당한 비판이 발견된다. 이는 어느 한가지 모순만을 강조하는 단순논리에 비해서 분명히 진전이다. 그러나 "모순은 개별적으로 존재하지 않는다. 따라서 중첩되어 작용하는 제 모순에 대한 총체적 파악이 필요하다"는 당연한 전제가 "결론적으로 분단이 민족모순과 계급모순의 결합에 의한 모순의 한 현상형태이고 민족모순이 남한사회에서 계급모순에 내재되어 국가권력과 자본에 의해 표현되는 것인 이상 우리는 변혁운동을 중심으로 자주화와 통일운동을 결합할 수밖에 없다"(126면)라는 명제로 귀결되는 것을 보면, 아직도 실제로 분단체제에 "중첩되어 작용하는 제 모순" 중 일부밖에 다루어지지 않고 있음이 드러난다. 말하자면 훨씬 많은 변수의 다원방정식이 요구되는 상황에서 이원방정식의 차수(次數)만 다소 높여놓는 식으로 대응하고 있는 것이다. 그러나 '계급모순'만 해도 남북 각기에 어떻게 적용되는지 밝혀야 하고 (어느 한쪽에 계급모순이 없다고 하면 해당 변수의 값이 0이 되는 거지 변수 자체를 처음부터 제거할 일이 아니다), '민족모순'이라는 것도 남한에만 적용되는지 남북한 각기에 각각 다르게 적용되는지 아니면 이 경우에만은 '남북한 민중'이라는 별도의 실체가 대상이 되는지를 확인해야 한다. 게다가 남북 집권층의 결탁에 의한 체제유지의 가능성 역시 그때그때의 실가가 어찌 나오건 무시해도 좋을 변수는 아니다. 이렇듯 '총체적 파악'과는 거리가 있는 현실인식이기 때문에, 자주화와 통일운동을 결합할 중심으로서의 민주변혁운동이 과연 어떤 것이고 이에 걸맞은 계급의식의 구체적 내용은 무엇인지가 여전히 막연한 상태로 남는 것이다.

혼란의 뿌리는 어쩌면 '분단사회'라고 할 때 '사회'의 개념과 범위 그 자체에 있는지도 모른다. 계급을 말할 때는 남북한을 두개의 사회(또는 '사회구성체')로 치는 것이 상식이지만, 민족을 말하는 순간 어떤 식으로든 하나의 '민족사회' 내지 '민족공동체'를 설정하는 것이 상식이 된다. 상식에 대한 근본적인 재검토 없이 계급모순·민족모순 운운하는 것이 논의의 혼란을 낳기 쉬운 까닭이 여기서도 실감된다.

더구나 본질상 경제적 개념인 '계급'에서 정치적 실천의 차원에 속하는 '계급의식'으로 이야기가 발전되면 문제는 더욱 복잡해진다. 예컨대 남한 노동자들의 계급의식이 자신들이 남한의 '국민경제' 속에서 차지하는 객관적 위치에 의해 일차적으로 규정되고 그 위치에 대한 인식을 출발점으로 삼는다고 하더라도, 주어진 현실을 바꾸는 실천적 의식이 되려면 단순히 자기네가 한국의 노동계급이라는 인식은 그야말로 출발점에 불과하다. 흔히 말하는 '민족모순'에도 눈떠야 하고, 이 모순이 크게 작용하여 형성됐으나 그 재생산에는 다른 요인들이 어쩌면 더 큰 몫을 하고 있을지도 모를 분단체제가 자기 계급의 삶을 어떻게 규정하고 있는지도 알아야 하며, 이를 극복하기 위해 한국의 국가기구는 물론 북한의 국가기구와 민중에 대해서 각기 어떤 인식을 가지고 어떤 관계를 맺을지도 밝혀나가야 하는 것이다.

이런 식으로 말하면 '분단사회의 특수성'을 빌미로 문제를 무조건 복잡하게 만들어가려는 무슨 저의가 있는 양 의심할는지도 모른다. 그러나 첫째는 분단된 한반도의 현실 자체가 워낙 얽히고설킨 문제라 복잡하지 않게 이해할 길이 없는 것이요, 더욱 일반적으로는 '계급'의 개념 자체가 애당초 평면적인 사고로는 감당할 수 없는 변증법적 개념인 것이다. 예컨대 계급과 계급의식을 일단 구별해서 말했지만, 계급의식이 전무한 계급이 가능한 것인지 의문이다. 이른바 '즉자적 계급'과 '대자적 계급'의 대비도 두개의 관념적 실체를 설정하는 일이 되지 않으려면, 역사 속에서 진행되는 구체적 계급형성의 상이한 두 계기로 이해되어야 할 것이다. 다시 말해 '계급'의 외연은 원래가 유동적이며, '계급의식'이라는 것 역시 계급의 경제적 조건에 자동적으로 따른다거나 반대로 경제와 분리된 정치(및 문화)의 영역에서 나온다는 식으로 단순화할 수 없는 사항인 것이다.

그런데 계급이 아무튼 일차적으로는 경제에 의해 규정된다고 할 때 '경제'의 기본단위를 무엇으로 잡느냐는 문제가 생긴다. 일반적인 관례는 물론 국민국가에 상응하는 '국민경제'를 기본으로 삼고 이들의 총화를 '세계경제'로 이해하는 방식이다. 이는 계급문제나 민족문제에 특별한 관심이 없는 자본주의 경제학에서도 그러려니와—이들이 말하는 '세계경제의 상호의존성'도 어디까지나 개별 국민경제들의 상호의존성이다—노동자계급의 관점을 강조하는 논자들도 이 점에서는 대체로 비슷한 것 같다. 그리고 계급투쟁의 중·단기 목표가 국민국가 내부에서의 권력쟁취 또는 잉여재분배가 아니면 다른 국민국가를 상대로 한 민족해방 내지 자주화인 것이 상례인 만큼, 그것은 쉽사리 이해되는 현상이기도 하다.

그러나 이것이야말로 아직 충분히 발전되지 않은 계급의식에 의해 계급의 외연을 한정짓는 잘못이 아닐까? '경제'의 단위가 실질적인 사회적 분업이 성립하는 영역이라면, 자본주의 경제는 월러스틴 등이 주장하듯이 처음부터 일국 단위를 넘어서는 '세계경제'로 출발했고 지금은 전지구를 망라하고 있다. 그 안에서 국민국가가 수행하는 독특하고 강력한 경제적 기능을 간과한다면 공허한 논의가 되고 말겠지만, 국민국가의 정치적 개입을 그 중요한 운행장치의 일부로 가진 세계경제가 경제분석의 기본단위가 되어야 한다는 명제는 최소한 숙고의 가치가 있다고 믿는다. 특히나 분단시대를 살면서 '일국' 개념의 애매성, '전국적 시각'의 복합성에 부딪히는 우리들로서는, 세계경제의 변천에 따라 유동하는 하위단위로서의 일국 내지 일국경제라는 발상은 다분히 매력적인 것이다. 게다가 식민지 조선이나 분단한국뿐 아니라 사회구성체 분석의 고전적 모델로 곧잘 거론되어온 영국이야말로 일국사회의 개념을 적용하는 데 가장 곤혹스러운 사례일 수 있는바, 나 자신 이 점을 몇해 전의 좌담에서 지적했었다(「현단계 한국사회의 성격과 민족운동의 과제」,『창비 1987』 45~46면).

그렇다면 일국 단위(혹은 민족 단위)의 운동을 강조하는 계급의식은 어떤 의미를 갖는가? 세계경제의 현시점에서 국민국가의 기능이 아직도 막중한 한에서 그것은 효과적인 정치운동이 요구하는 의식, 즉 본래 의미의 계급의식이라 보아야 한다. 그러나 국가(=국민국가)의 기능 자체가 경제(=세계경제)에 의해 궁극적으로 규정된다는 명제가 통하는 한, 경제적으로 자리매겨진 계급의 장기적 이해관계에 부응하는 정치의식, 즉 최고 수준의 계급의식에는 미달하는 것이며, 오히려 이러한 의식의 발전을 가로막는 일면을 지닌다고 할 것이다.

뿐만 아니라 '내적 모순=계급모순' '외적 모순=민족모순'이라는 통념 자체가 그러한 허위의식의 일부일 수 있으며 '계급모순과 민족모순의 중첩' 운운도 큰 진전이 못 되기 쉽다. 세계경제 차원에서는 계급문제나 민족문제가 둘 다 내부적 모순인 것이며, 세계경제에 의해 기본적으로 규정되면서도 국민국가 중심의 정치적 결정으로부터 가장 직접적인 영향을 받는 자본주의 시대의 생활현실로 말미암아 민족문제와 무관한 계급체험이나 계급의식은 애당초 실존할 수 없는 것이다. 계급 개념이 본디부터 지닌 이런 복합성을 충분히 감안하지 않은 채 '양대 모순의 중첩'을 말하고 그중 어느 하나의 '우위'를 정하는 논의들이 분단현실의 해명에 큰 성과를 못 거둔 것도 그러므로 무리가 아니다. 분단현실이 워낙 특수해서 그렇기도 하지만, 그 유별난 특수성으로 인해 계급론 일반의 문제점이 더 이상 드러나는 것을 피할 수 없기 때문이다.

계급 개념의 또다른 미묘성은 앞머리에 말한 계급의식의 '실천적 성격'에 관한 것이다. 계급의식의 성숙으로 계급의 자기형성이 완수된다고 한다면, 진실로 바람직한 계급의식의 성숙은 계급 자체의 철폐와 인간해방의 실현으로 완수된다고 보아야 옳다. 어떤 의미에서는 계급의식의 자기부정인 셈이다. 이때의 '자기부정'이 자기실현을 통한 변증법적 지양을 뜻한다는 점에서 종래의 계급론·계급의식론보다 새로울 것이 없는 이야기인지도 모른다. 요는 실제로 그러한 자기부정에 걸맞은 의식의 자기실현인지, 아니면 여전히 미숙하고 한정된 계급의식을 강력하게 실천해나가기만 하면 '역사의 합법칙성'에 의해서라든가 다른 어떤 경위로 인간해방이 성취되리라고 다분히 자의적으로 설정한 것인지가 문제이다. 물론 후자에 속하는 움직임들도 전자의 경지를 향한 실험으로서 값진 일면이 없지 않을 터이다. 그러나 생태계의 파괴로 인한 인류멸망의 위험을 보건, 냉전에 패배한 제2세계와 승리한 제1세계를 가릴 것 없이 대다수의 인류가 경험하는 사회혼란과 도덕상실을 보건, 우리는 "지금까지 모든 사회의 역사는 계급투쟁의 역사이다"라고 선언한 저자들 자신이 계급투쟁을 통한 "사회 전체의 혁명적 재편"뿐 아니라 "서로 다투는 계급들의 공멸로" (mit dem gemeinsamen Untergang der kämpfenden Klassen) 끝날 가능성도 명시했음을 되새기지 않을 수 없는 처지다. 이제 "서로 다투는 계급들"은 거의 인류 전원이 되었으며, 계급론·계급운동의 시행착오를 감당할 여지가 그만큼 줄어든 시대에 우리는 살고 있는 것이다.

한반도의 분단극복이 곧 인간해방의 완수는 아니며, 세계경제 차원에서의 "사회 전체의 혁명적 재편"과도 구별되어야 옳다. 그러나 독일식도 베트남식도 아닌 자주·평화통일이 이루어진다면 계급대립이 더욱 첨예해진 이 시대 세계사의 과제 해결에 획기적인 전기가 제공될 것이 분명하다. 민족뿐 아니라 전체 인류가 공멸할 확률이 대폭 감소하게 마련인 것이다.

　무력이나 금력보다 지혜의 힘이 주가 되어 통일을 해낸 우리 민족이 인류사의 큰 고비에서 수행할 몫은 족히 꿈꾸어봄직하다. 그러나 당장은 거기까지 가는 지혜가 더 아쉬운 형편이며, 그것이 어째서 지혜의 경지여야 하는지를 납득하는 것도 아쉬운 지혜의 일부이다. 실상 계급문제에 대한 과학적 탐구 자체가 그러한 지혜에 도달하기 위한 것일 터인데, 이제까지 우리 주변에서 진행된 사회과학도들의 논의가 그 점에서 얼마나 본분을 다했는지 의심스럽다. 오히려 과학의 이름으로 온갖 지혜롭지 못한 독단과 무감각을 변호하고 혼란을 가중시키는 일이 많았던 것이 부인할 수 없는 사실이다.

　생각건대 사회과학도들의 대다수가 곧잘 생략하는 두가지 물음이 '사회'가 무엇이냐는 질문과 '과학'이 무엇이냐는 질문이 아닌가 한다. 그중 후자는 자연과학이나 사회과학보다 인문학에 속하는 문제겠지만, 적어도 분석대상인 '사회'의 기본단위가 무엇인가에 대한 명료하고도 사실에 입각한 규정을 내리는 일은 사회연구의 과학성을 담보할 최소한의 조건이다. 그런데 이것이 결코 간단치 않고 간단치 않다는 점조차 흔히 망각되는 문제임을 우리는 분단시대에 걸맞은 계급의식을 찾는 가운데 확인하였다. 남한을 일국 단위로 설정한 기왕의 '계급모순·민족모순' 논의들이 분단체제의 해명으로서 갖는 엄연한 한계가 '일국 단위' 발상 자체의 근본적 문제점을 드러내주는 것이다. 분단체제는 이제 그 전지구적 존재를 더이상 의심할 수 없게 된 자본주의 세계경제의 한 발현양태로서 파악되어야 하며 분단된 양쪽의 일국사회 내지 반국사회는 이 분단체제의 맥락에서만 올바로 인식될 수 있다. 동시에 남북한 각기의 모순구조를 바로 이런 맥락에서 정확히 파악함으로써만 '주변정세'와 남북 '쌍방관계'에도 슬기롭게 대처하는 총체적 인식이 성립하는 것이다.

분단체제에 대한 올바른 인식은 '변혁'이냐 '개량'이냐는 식의 부질없는 논란을 정리하는 데도 필수적이다. 일체의 개량조치를 '개량주의'로 몰아붙이는 태도가 이론적으로나 대중정서에 비춰서나 터무니없는 것임은 분명하지만, 분단현실과 동떨어진 변혁의 구도를 내걸고 이를 향한 전술로서의 개량만을 용인하겠다는 태도 또한 엇비슷한 노릇이다. 예컨대 계급적 관점을 강조하면서 분단된 남한에서의 '민주변혁' 성취를 주장하는 것이 그런 경우일 듯하다. 이런 주장이 대중을 설득하지 못하는 것은, '민주변혁'의 모형으로 곧잘 제시되곤 하던 현실사회주의체제가 원래도 미덥지 못한 인상이 많았는데다 지금은 거의 파산상태로 판정되었기 때문이기도 하지만, 설혹 바람직한 목표라 해도 남북이 맞버티고 있고 강대국들의 직접적인 이해관계가 얽힌 현실에서 너무도 허황된 꿈으로 비쳐지기 때문이다.

이것이 모두 '분단이데올로기'가 너무 강한 탓이라고 말하는 것은 동어반복이거나 매사를 반공이데올로기로 설명하려는 단순논리이다. 변혁에 대한 국민의 냉담에는 허위의식으로서의 반공주의뿐 아니라 6·25의 참화를 겪은 민족으로서의 정당한 평화욕구와, 변혁을 하든 개량을 하든 북한 당국의 지도는 싫다는 남한 민중 나름의 자주성이 곁들어 있다. 자주와 평화에 대한 민중의 욕구가—그리고 생활상의 개선이 지속되고 알찬 것이 되기를 바라는 기대가—분단체제의 개량만으로 결코 충족될 수 없다는 점에서, 그러한 바람이 체제수호의식으로 나타났을 때 우리는 이를 분단이데올로기라 부를 수 있다. 그러나 이것을 이겨내는 변혁논리는 분단체제에 내재하는 위험성과 분단체제의 일부로서의 북한사회가 지닌 특성을 아울러 해명하면서 남한의 민주화운동·민중생활개선운동을 분단체제극복운동의 수준으로 끌어올리는 논리여야 한다. 통일이 달성되려면 이러한 운동 외에도 여러가지 조건이 갖춰져야겠지만, 이런 운동을 배제한 통일을 구상하고 전망하는 사람들도 나라 안팎으로 수두룩하다. 그러나 남한의 민중운동이 중대한 몫을 차지하는 통일은 분단체제의 **변혁**이 아닐 수 없을 것이며 인류사회의 더 큰 변화를 촉진하는 민중역량의 **개량**이기도 할 것이다.

그런데 이 운동에서 계급의 개념을 결코 빠뜨릴 수 없다는 깨달음이야말로 지혜에 이르는 또 하나의 중요한 고비다. 이는 물론 민중운동을 어느 특정 계급의 것으로 한정시키는 이야기와 다르다. 일국 단위로 잡은 노동자계급만 해도 두개가 있는 분단체제에서, 그리고 그중 한쪽의 민중들을 다 합쳐도 범민족 단위로는 절반밖에 안 되는 판에 강대국의 지원마저 업은 분단체제와 싸우겠다는 운동으로서, 광범위하고 다각적인 민중연합이 없이 어느 한두 계급이 해낼 수 있는 일이 무엇이 있을 것인가! 하지만 예의 민중연합을 계급적 존재를 중심으로 거론하는 것은 단순히 계급이 있으니까 이를 사실로서 인정하고 출발하자는 이야기만도 아니다. 분단극복 운동이건 인간해방운동이건 생활하는 민중의 물질적인 욕구와 동떨어진 운동을 구상하는 헛수고를 덜어야 할 책무의 이행이며, 민중의 자기이익추구가 최고의 인간해방의식으로까지 발전할 수 있다는 인간신뢰의 표현인 것이다.

억눌리고 소외된 계급이 어떻게 단기적 계급이익을 넘어 보편적인 인간해방의 대의를 구현할 수 있는지는 계급의식론의 여전한 쟁점이다. 역사발전의 철칙에 따라 거의 저절로 그리된다는 낯익은 독단에서부터, 노동자계급이 하나의 집단으로서 그런 의식에 달하는 것은 도대체 불가능하다는 일부 '포스트맑시스트'들의 최신 언설에 이르기까지, 민중을 어지럽게 만드는 담론들도 분분한 실정이다. 하기야 어떤 법칙성을 믿지 않고서는 도저히 될성부르지 않아 보일 때가 많을 정도로 힘든 과업인 것 또한 사실이다. 그리고 바로 그렇기 때문에 억압적인 체제 속에서도 자기발전의 공간을 조금이나마 넓혀줄 개혁조치의 값어치가 더 빛나는 동시에 그것을 미끼 삼은 변심에의 유혹도 그만큼 강력한 것이다. 그러나 남의 노동으로 살도록 구조적으로 자리매겨진 계급이 아닌 한 개개인의 부분적인 이익실현이 끊임없는 자기쇄신의 노력과 합쳐서 자리·이타(自利利他)의 보살행으로 발전할 수 있다는 믿음이야말로 막연한 성선설이 아니라 이 시대가 구체적으로 요구하는 지혜이다. 그것 없이는 인류의 공멸이 예견되는 조짐이 너무도 뚜렷해지고 있기 때문이다. 이들 조짐을 확인하고 분석하는 한편 갱생의 믿음이 미신이 아닌 참된 앎이라는 점을 인류의 실제 경험 속에서 예시하고 논증하는 작업이야말로 누구보다도 사회과학도들에게 안겨진 복된 짐일 것이다. 그리고 한국에서의 그 작업이 우선 분단시대의 총체적 해명을 통한 분단체제극복의 지혜로 모아져야 함은 당연한 일이겠다.

—『동향과 전망』 1991년 가을호

개편기를 맞은 한국의 민족민주운동*

1.

4월 9일 상당수의 '재야운동권' 인사들이 참여한 가운데 한국의 제1야당 평화민주당(평민당)이 신민주연합당(신민당)으로 개편되었다. 이로써 그동안 크게 세갈래로 나뉘어 진행되어온 재야인사들의 '제도권 정치' 진입이 일단 마무리된 셈이다. 1989년 1월 전국민족민주운동연합(전민련)의 조직으로 재결합했던 재야세력이 그해 11월 또다시 분열을 겪은 것이 바로 합법정당건설 문제 때문이었다. 이때 전민련을 떠난 이우재(李佑宰)·장기표(張琪杓)씨 등이 작년 여름 민중당을 창당했고, 독자정당건설에 앞서 평민·민주 두 야당을 포함한 야권의 통합을 주장했던 이부영(李富榮)씨 등은 결국 금년 2월에 민주당 입당을 택했는데, 통합추진 과정에서 의견을 달리했던 이우정(李愚貞)씨 등과 전민련에 잔류했던 일부가 이제 김대중(金大中) 총재가 이끄는 신민당으로 진출한 것이다.

---

* 이 글을 비롯한 네 편의 『세까이』지 기고문은 '서울의 눈'이라는 제목 아래 다른 두 사람의 글과 번갈아가며 연재되었고 타까사끼 소오지(高崎宗司) 씨가 일본어로 번역했다.

전민련 자체는 아직 남아 있지만 전국의 민족민주운동을 연합하고 지도한다는 그 역할은 89년 출범 당시에 비해 크게 줄어들었다. 물론 그 당시에도 전민련이 한국의 '재야세력'이나 '민족민주운동'을 실질적으로 결집하고 있었던 것은 아니며, 재야인사들의 정당참여는 '민민운동'의 무대가 그만큼 넓어졌다는 뜻일 수도 있다. 하지만 넓어진 무대가 셋으로 갈라져 있다는 점은 문제가 아닐 수 없다. 아무튼 전민련이 있고 한시적 공동투쟁기구로서의 국민연합(민자당일당독재분쇄와 민중기본권쟁취 국민연합)이 아직 존속하며 학생운동도 계속되고 있지만, 정치권 안팎의 활동가들에게 조직 차원은 말할 것 없고 이념 차원에서도 두드러진 영향력을 행사하는 단체나 집단이 안 보이는 실정이다. 87년 6월, 제도권 야당과 연합하고 다수 민중의 호응을 얻어 제5공화국 체제를 끝장낸 한국의 민족민주운동은, 바야흐로 대대적인 개편의 시기를 맞고 있는 것이다.

이것을 단순한 쇠퇴가 아닌 개편이라 일컫는 데는 그럴 만한 이유가 있다. 첫째, '재야'와 '민민운동'이 동일한 범주도 아니지만, 한국에서는 아직도 기본적 민권과 생존권을 확보하려는 노력조차 '제도권' 바깥에 머무를 수밖에 없도록 만드는 국가보안법, 안기부법, 노동·교육·선거관계제 법률 등 온갖 법적 장치가 남아 있고 당분간 크게 달라질 전망도 아니다. 둘째로, 이런 상황에 대응하여, 전국노동조합협의회(전노협)·전국농민회총연맹(전농)·전국교직원노동조합(전교조) 등 법외조직이 당국의 탄압에도 불구하고 아직 건재하며, 대학교수·변호사·기자·의사 같은 엄연한 '제도권인사'들까지도 각기 재야적 성격의 운동단체를 구성해놓고 있다. 셋째로, 경제정의실천시민연합(경실련)처럼 애초부터 실정법 테두리 안에서의 한정된 개혁만을 추구하는 시민운동단체들의 활성화 또한 민족민주운동에 반드시 불리한 여건은 아니다. 이들 단체의 성원 가운데는 스스로 민민운동의 대의에 공감하는 사람들도 적지 않거니와, 이런 시민운동의 진행 자체가 좀더 원대한 목표를 지닌 운동을 크게 강화할 가능성이 얼마든지 있다. 즉 한편으로 토지공개념이라든가 금융실명제 같은 한정된 목표조차 허용하기 어려운 현실의 구조가 더욱 분명해지는 계기가 되면서, 다른 한편 운동권 내부에서도 '개량주의'와 '변혁주의'를 도식적으로 양분하는 사고방식에 대한 반성이 합세할 것이기 때문이다.

여기서 개편에 따르는 이론적·실천적 모색을 일일이 소개할 계제도 아니고 나 자신 널리 알고 있지도 못하다. 다만 그런 과정에 대한 하나의 정리이자 그 진전에 다소의 기여도 하는 뜻으로, 지금도 재야운동권에서 가장 널리 쓰이고 있는 '자주·민주·통일'이라는 표어에 관해 생각해볼까 한다.

2.

80년대 종반 이래 이 표어를 공유하게 된 것 자체가 운동의 일정한 진전에 힘입은 것이며 6월항쟁에서의 대동단결 경험이 작용한 결과였다. (민족민주운동이라는 명칭도 비슷한 성과로서, 민족적 자주성과 통일까지를 추구하는 모든 민주세력에게 적용되기에 이른 것이었다.) 그에 앞서 80년대 중반, 주로 학생운동권에서 한때 널리 공유된 것은 '민족·민중·민주'의 이른바 '3민'의 노선이요 구호였다. 여기서 '민족'은 남한의 대외종속과 남북의 분단을 동시에 지목하는 용어였고, '민중'은 민중생존권의 쟁취와 나아가서는 '민중이 주인 되는 세상'을 지향한 구호였으며, 따라서 '민주'는 시민적 기본권과 민주적 절차 위주의 민주주의에 한정되는 의미가 강했다. 이 목표들이 모두 역사적 정당성을 띤 것이었음은 의문의 여지가 없었다. 동시에 그 하나하나의 내용이나 그들간의 상호연관성이 깊이 성찰된 것은 아니었다. 그리하여 86년부터는 막연히 민족·민중·민주를 나열할 것이 아니라 반미자주화라는 핵심과제의 해결에 총력을 집중해야 한다는 이른바 자민투(반미자주화·반파쇼민주화 투쟁위원회) 노선과, 예속국가독점자본주의로서의 한국사회에 대한 인식을 바탕으로 민중의 계급투쟁을 선도해야 한다는 민민투(반파쇼민주화 민족민주투쟁위원회) 노선으로의 분화가 학생운동에서 먼저 일어나고 다른 분야에도 일정하게 퍼져나갔다. 그중 자민투는 애당초 대학생 전방입대교육을 반대하는 서울대생 2명의 분신자살을 포함한 격렬한 직접투쟁을 벌였으나, 뒤이어 목전의 민주개혁을 우선시하는 전술전환을 이루어, 87년 6월의 대연합을 성취하는 데 자민투의 맥을 이은 학생운동조직이 적극적인 기여를 했다.

'3민'의 구호가 '자주·민주·통일'로 재정리된 것을 보더라도 이러한 기여가 짐작된다. 물론 그것은 어느 한 정파의 작용이 아니고 분단체제의 현실에 대한 전반적인 인식의 심화를 반영한 것이지만, 어쨌든 3민 중의 하나이던 '민족'이 '자주'와 '통일'로 세분되고 명시됨으로써, 민주화가 단순히 국내 독재정권의 문제가 아니라는 점이 그만큼 더 강조되고 통일 논의와 민간주도의 남북교류가 운동의 직접적인 과제 가운데 하나로 떠오른 것이다.

한편 '3민'에서의 '민중'과 '민주'는 '민주'라는 한마디로 통합되었는데, 여기에는 민민투를 비롯한 민중민주주의론자들이 '민주' 개념을 형식적 민주주의 이상의 것으로 확대하려던 노력이 반영되었다고 하겠다. 즉 '민중'과는 별개의 것으로 설정된 '민주'는 진정한 민주주의의 일부에 불과하다는 인식이 담긴 것이다. 동시에 새로운 표어 속의 '민주'는, 학생운동권 양대 세력 간의 견해차이뿐 아니라 재야를 포함한 각계각층에서 민중과 민주의 구체적 내용 및 그 실현방안을 둘러싸고 첨예화된 갈등을 가장 무난한 한마디로 얼버무린 것이기도 하다. 노태우씨의 6·29선언으로 전두환시대의 철권정치에는 일단 변화가 오고 뒤이어 그해 7·8월의 대규모 노동자투쟁이 벌어진 이래, 앞으로는 점진적 개혁과 자유민주주의의 정착에 주력하자는 세력과 '민족해방' 또는 '민중해방'·'노동해방'을 주장하고 개중에는 민주적 개혁에 전술적 의미 이상을 두지 않기도 하는 세력 사이에 큰 거리가 벌어지게 되었던 것이다.

'민주'뿐 아니라 '자주'와 '통일'의 구체적 내용에 대해서도 예의 표어를 사용하는 사람들 간에 무슨 확실한 합의가 존재하지는 못했다. 3대 목표 사이의 상호연관이나 우선순위에 대해 일관된 정리는 더욱이나 없었다. 그런 점에서 '자주·민주·통일'은, '민족·민중·민주'보다 진일보한 운동의 수준을 반영하기는 했지만, 여전히 나열식이요 절충주의적 성격의 구호라는 비판을 면하기 어렵다.

3.

최근에 와서는 이 구호를 명시적으로 내건 단체들의 전체사회 내 비중이나 일반대중들에 의한 구호의 사용빈도가 확실히 줄어들었다고 생각된다. 이것을 나 자신은 민족민주운동의 일방적 쇠퇴라기보다 개편의 과정으로 본다는 점을 이미 밝혔지만, 개편이 이루어진다면 표어도 바뀌든가 최소한 새롭게 정리되어야 할 것이다. 어떤 결과가 나올지는 예측하기 힘든 일이다. 다만 현시점에서 3대 목표 각기에 대한 약간의 검토와 재정리를 시도해볼 따름이다.

먼저 '자주'에 관해서 말한다면, 요즘 미국과의 무역마찰 문제를 보건 군사적 종속을 완화하려는 대미협상의 진행을 보건 또는 점점 심각해지는 문화침략의 위험을 보건, 남한사회에서 자주화운동이 갖는 의의는 조금도 줄지 않았음이 분명하고 실제로 이에 관한 대중적 인식도 확산되고 있다. 그러나 이러한 현실에 제대로 부응하기 위해서는, 이제까지 자주화를 가장 열렬히 외쳐온 사람들이 북한을 자주의 모범으로 곧잘 생각해온 데 대해서 좀더 냉철한 정리가 있어야 할 것이다. 북한의 대외자주성에서

높이 사줄 점은 사주는 동시에, 현재의 남한을 위해서건 통일 후의 미래에 대해서건 그것이 결코 모범이 될 수 없는 면면도 분명히 밝힐 필요가 있겠다. 와다 하루끼(和田春樹) 씨는 조선민주주의인민공화국을 '유격대국가'로 특징지은 적이 있는데, 나의 짐작으로도 북의 자주노선은 밖으로부터의 절박한 위험에 대응해온 측면과 이렇게 성립된 독특한 체제의 재생산과정에서 더욱 굳어진 측면을 아울러 지닌 일종의 농성체제로서, 누가 뭐래도 상호의존이 심화되어가는 오늘의 세계에서 그것이 갖는 의의는 매우 특수하고 한정된 것일 수밖에 없다. 여기서 우리에게 안겨지는 절실한 이론적 과제는, 불가피할뿐더러 여러모로 바람직한 상호의존과 결국은 극복해 마땅한 '종속'을 어떻게 구별하느냐는 것일 게다. 이는 또한 통일 이전에도 달성 가능한 '자주화'의 성격과 정도, 그리고 그 일환으로서의 남북한 간 상호의존의 성격을 통일민족으로서 추구할 자주성(및 국제적 상호의존성)과 구별해가면서 현단계 자주화운동의 전략전술을 정하는 실천적 과제와도 직결된다.

'민주'에 관해서도, 실제로 이 문제야말로 통일을 기준으로 해서 그 이전과 이후 단계에 각각 추구할 민주주의의 내용을 규명하는 작업이 절박하다고 할 수 있다. 우리의 당면과제가 여전히 '민주화'라는 점은 오늘날 한국사회에서 가장 폭넓은 합의가 이루어진 대목이다. 다만 그 내용과 성격, 이미 진행된 정도와 앞으로의 방안 등에 관해서 각양각색인 것이다. 그중에서도 남한에서의 자유주의적 문민정권의 성립을 실질적인 최종목표로 삼는 경우와 통일에 앞선 '민중권력'을 꿈꾸면서 '현존사회주의'의 모델을 대체로 수용하는 경우는 가히 극과 극의 대조를 이룬다고 하겠다. 그러나 목표를 자유민주주의—특히 남쪽 절반에서만의 자유민주주의—에 한정시키는 일이나 민주주의의 모범으로 이미 공산주의권 여러 곳에서 위신을 잃은 국가체제를 설정하는 일이 다같이 비현실적임을 인정한다면, 이런 최소한의 합의를 전제로 광범위한 민주세력의 일치가 새롭게 성취되지 못할 이유가 없다. 합의의 요령은 무엇보다도, 분단상황에서 얼마만큼의 민주화가 가능하고 분단극복을 위해서도 달성되어야 하며 통일된 한반도에서는 어떤 성격, 어떤 수준의 민주주의가 가능하고 인류역사를 위해서도 추구되어야 할 것인가를 분별해서 실천의 우선순위를 정하는 길일 것이다. 남한의 비민주적 현실은 어디까지나 분단체제의 일환이요 분단체제는 남북한 각기의 민주주의를 각기 다른 식으로지만 여하튼 근원적으로 제약하는 **하나의** 체제인 만큼, 모든 차원의 민주화운동은 곧 분단극복 운동의 핵심적 일부인 동시에 분단극복은 더 높은 차원의 민주주의를 성립시키는 열쇠인 것이다.

이렇게 볼 때 '통일'은 '자주' 및 '민주'에 병렬시킬 성질이라기보다, 그 둘의 일정한 진전을 통해서만 가능한 좀더 원대한 목표인 동시에, 양자의 더욱 완전한 실현의 전제조건이 되는 중간수준의 목표이기도 하다. 말하자면 나머지 둘과는 차원을 달리하는 특이한 성격인데, 그 셋을 나란히 놓고 있다는 사실 자체가 '통일'에 대해서도 아직껏 충분한 천착이 없었다는 증거다. 실제로 목전의 개혁에 열심인 사람들 중에는 통일이 한갓 구호 이상의 의미를 못 가진 경우가 많았는가 하면, 민간주도의 남북교류 등을 가장 적극적으로 벌여온 사람들은 흔히 범(汎)한반도적 비민주체제로서의 분단체제에 대한 인식부족 탓에 통일운동(또는 통일촉진운동)을 하나의 부분운동으로 격하시키고 심지어 분단정권의 대(對)민중 공세를 거들어주는 결과조차 없지 않았던 것이다. 이 때문에 '민중해방'을 우선시하는 운동권 일각에서는 통일운동 자체를 잠시 유보하자는 주장마저 나온 바 있는데, 이 또한 분단체제의 성격에 대한 인식부족에 근거한 것이며 대중으로부터의 고립을 자초하는 길임이 분명하다.

통일문제와 관련해서 감안해야 할 또 하나의 결정적 사실은, '사회주의 진영'의 실질적 분해와 서독에 의한 동독병합 이후로 남한의 지배세력이 통일에 대해 한결 적극적으로 나서고 있다는 새로운 현실이다. 그러므로 재야측의 통일운동에 대한 정권의 계속되는 탄압은, 정권 내부의 구태의연한 반통일세력이 작용한 경우도 물론 많지만, 흔히 말하듯이 정부의 '통일의지 결여'를 드러낸다기보다는, 남한형 분단사회의 전국화를 노리는 그들 나름의 통일의지와 그것의 반민주성·반자주성을 입증한다고 해야 옳다. 이러한 새로운 현실은, 그동안 민족민주운동이 어떤 이유로든 충분히 감안하지 못했던 다른 여러 문제들과 더불어, 민민운동의 개편과정에 당연히 반영되어야 할 것이다. 여성운동, 생태계운동, 평화운동, 기타 여러 부문의 시민운동 가운데는 처음부터 개량주의를 표방하고 분단체제의 변혁을 기하지 않는 경우도 있지만, 그들이 부각시키는 문제들의 해결이 반민주적 분단체제와의 싸움과 본질적으로 분리될 수 없는 것이 우리의 현실인 한, 이 현실에 상응하는 민족민주운동=분단체제극복 운동의 개편·전진은 국내외를 막론하고 인간해방을 염원하는 모든 사람들의 관심사가 되기에 족할 것이다.

—『世界』1991년 6월호, 東京

광역의회선거 결과가 말해주는 것

1.

6월 20일에 실시된 광역(특별시, 직할시, 도)의회선거에서 야권이 겪은 참패는 한국 민족민주운동의 개편을 더욱 다그치는 계기가 되었다. 집권 민자당은 호남을 제외한 모든 지역에서 압도적인 우세를 보여 전국 총 866석 가운데 564석을 차지했으며, 전통적으로 열세인 서울에서조차 80%가 넘는 의석을 석권했다. 이에 반해 신민당은 호남의 확고한 지지를 재확인했을 뿐 전국적으로 165석에 그쳤고, 민주당은 21석, 그나마 지지기반이라는 부산에서 단 한석밖에 못 얻었다. 그외에 전교조 후보가 2명, 민중당이 1명 당선됐고 '시민연대회의'가 추천한 15명은 전원 낙선했다.

5월의 반정권투쟁 열기가 비록 1987년 6월 수준에는 못 미쳤지만, 시위군중이 전국적으로 수십만을 거듭 넘어서는 상황이었고 그동안 분열되던 민족민주운동의 재결합을 일단 이루어냈었다. 그런데 바로 그 뒤끝이 오히려 민자당의 선거 압승이고 보니 야권의 당사자들은 물론 상당수 국민들도 허탈감에 젖어 있는 것이 사실이다. 어떤 의미에서는 87년 6월의 승리가 그해 12월 대통령선거 패배로 귀착되었을 때의 허탈감과도 흡사하다. 그러나 대선 패배 역시 또 하나의 기복에 불과했고 뒤이은 4·26총선에서 '여소야대'의 국회를 이룩했듯이, 이번의 광역선거 패배 또한 집권세력의 최후 승리가 아님은 분명하다. 물결의 높낮이를 지닌 채 저변의 어떤 큰 흐름이 지속되고 있다고 하겠으며, 이 흐름을 올바로 짚어서 슬기롭게 적응하는 세력이 이 시대의 역사를 주도하게 될 것이다.

이번 선거결과가 정부나 여당이 잘해서라기보다 야권이 못해서였다는 이야기는 여권 지도자들 자신의 입에서도 나온 바 있다. 다시 말해 여·야 어느 쪽도 역사의 큰 흐름에 슬기롭게 반응하지 못한 상태에서 어쨌든 표면상의 흐름을 장악하고 있는 집권세력에 유리한 결과가 나올 수밖에 없었던 사정을 (적어도 입으로는) 시인한 셈이다. 실제로 이번 선거결과에 40%가 넘는—한국 정치에서는 매우 높은—기권율이 결정적인 영향을 끼쳤다는 점에는 분석이 일치하고 있다. 기권자들의 대다수를 차지하는 젊은층이 만약 투표를 했더라면 여권이 불리했으리라는 점은 개표 당시 국민들이 체험으로 실감하기도 했다. 초저녁의 상황은 민자당의 참패를 예견케 하는 것이었는데, 느긋한 기분으로 일찌감치 잠자리에 든 사람들은 이튿날 아침 뜻밖의 충격을 당해야 했던 것이다. 제일 먼저 개표되는 부재자(대다수가 현역병사)투표가 관례를 깨고 야당과 무소속에 쏠렸기 때문이었는데, 이는 부재자투표 관리가 옛날보다 공정해졌다는 증거인 동시에, 기권한 대부분의 젊은이들도 투표를 하기만 했다면 야권 후보를 찍었으리라는 점을 극적으로 입증해준 사실이기도 하다.

실제로 민자당은 그 출범의 계기가 된 3당합당 자체가 국민의 호응을 받지 못한데다가 최근의 온갖 부정·의혹사건과 시위대학생 타살사건 같은 무리수들이 겹쳐, 젊은층이 아니고도 인기는 바닥장세였다. 오히려 혼란이 극에 달하다보니 국민들 쪽에서 '나라걱정'을 더 하게 되었고 야권의 무책이 한층 두드러지게 되었다. 이런 상황에서, 민자당 지지는 애당초 생각도 않지만 상호분열되고 선거법상 제약마저 많아 누가 누군지 모를 야권 후보를 골라 찍을 마음도 안 난다는 유권자들의 대거 이탈이 여당의 승세를 더욱 굳혀주었다. 그리하여 총유권자수에 비한다면 87년 노태우 후보보다도 오히려 못한 득표율을 올린 민자당이 의석수 64%를 장악하기에 이른 것이다.

2.

그러나 이러한 숫자놀음을 근거로 다음번에는 4·26총선 비슷한 반전이 뒤따르리라고 생각하는 것은 부질없는 일이다. 수로만 치더라도 이번에 괄목할 진출을 이룬 무소속 후보들이 대부분 친여적 성향임을 감안하면 야권의 패배는 더욱 참담해진다. 이런 상황에서 아전인수식의 계산을 제시하면서 차기 선거에는 국민의 '견제심리'가 발동될 것을 기대하는 식의 진부한 대응이야말로 그나마 발동되려던 견제심리마저 견제해버리기 쉽다. 이번 승리가 정원식 총리 봉변사건 같은 '우발적 사건'이나 신민당 간부들에 대한 검찰의 수사계획 발표 등 '부당한 정부개입'에 크게 좌우되었다는 설명도 본질에서 벗어난다. 크고 작은 사건들은 끊임없이 있게 마련이지만 그중 자신에게 유리한 계기를 엄청나게 확대조작할 능력을 갖춘 것이 집권세력이며, 나아가 '시도 때도 없이' 유리한 사건을 조달할 권능과 의지 또한 갖춘 것이 그들이라는 전제를 떠나서는 현실적인 정치 구상이 성립할 수 없을 것이다. 더구나 야권의 단일후보가 나섰다가 패배한 구역도 있으니 야권통합이 무의미하다는 논리에 이르면, 기존 야당에 대한 국민의 염증은 더욱 심해지게 마련이다.

물론 야권통합의 명분 아래 현존하는 야당체제를 무조건 해체부터 하려는 일부 여론매체의 압력이 구체적인 대안은 못 되며, 더러는 그 저의가 의심스러울 때도 없지 않다. 그러나 정권교체는커녕 의미있는 견제를 위해서도 지금 상태로는 안 된다는 것이 너무나 명백해진 만큼, 기존 야당들과 전체 민족민주운동에 걸친 대대적인 개편이 요구되는 것만은 분명한 일이다.

87년 이후의 민족민주운동은 박정희의 '10월유신' 이래 실로 15년 만에 부활한 선거제도에 아직껏 제대로 적응하지 못하고 있다. 선거라는 절차가 민주주의의 불가결한 요소인 동시에 기득권세력의 헤게모니를 유지·강화하는 데도 더없이 유용한 제도임은 익히 알려진 사실이다. 그러므로 선거란 민주적 변혁세력에는 언제 어디서나 극히 미묘한 도전을 안기는 것이며, 절대적인 힘이 모자라는 단계에서는 참여해도 지고 안 해도 손실이 더 큰 진퇴유곡을 이루기 쉽다. 한국의 민족민주운동은 그렇게까지 일방적인 열세는 아니고 4·26총선 같은 부분적 성과를 이미 거둔 바 있지만, 5월투쟁의 열기를 식히기에 마침 좋은 시기에 닥친 이번 선거의 경우 그 대응의 난감함이 특히 두드러진 것이었다.

예컨대 급진적 운동권의 양대 기존 노선을 대표하는 이른바 NL(민족해방)파와 PD(민중민주주의)파 그 어느 쪽도 6월 선거에 효과적으로 대응하지 못했다. 전자는 전대협이라는 아직도 무시 못할 조직을 장악하고서 5월투쟁에 적극적으로 기여했으며 '민자당후보 낙선운동'의 형태로 선거과정에도 참여했다. 그러나 명지대생 강경대군 사망으로 촉발된 광범위한 반정부운동을 곧바로 반미운동으로 발전시키려고 시도함으로써 불필요한 마찰을 빚기도 했으며, 선거참여활동 역시 별다른 성과를 못 거두었다. 전술의 적절성 여부를 떠나, 전술의 근거가 된 한국사회의 성격에 대한 인식 자체가 너무나 일방적이고 어쩌면 비주체적인 것이어서 대중을 움직이기 힘들었던 것이다.

'PD파'의 경우는 전대협 같은 대중조직을 장악한 것이 아니라 노동운동의 일각과 상당수의 소장연구자 집단들 간에 영향력을 지닌 상태며, 다양한 'PD성향' 분파들의 총칭이라 보는 것이 더 정확하겠다. 따라서 실천의 과정에서도 응집력 있는 하나의 집단으로 작용하지도 않지만, 그렇다고 가령 5월투쟁의 '범국민대책회의' 같은 데서 중론을 따라가는 자세는 아니며 '기층민중의 봉기'를 전제한 강경 일변도의 투쟁을 고집하고 나오기 십상이었다. 선거에 관해서도 일치된 입장은 없고 대체로 거부론에 기울었던 셈이다. 어차피 질 선거였는데 참여 않는 게 상책이었다는 논리가 이제 와서 먹혀들 소지가 전혀 없는 것은 아니다. 그러나 87년 6월항쟁 당시 명백히 무의미한 '체육관식' 선거를 부정할 때와는 달리, 어쨌든 국민이 쟁취한 지방자치제의 첫 광역선거를 거부하는 논리가 큰 설득력을 갖기는 힘들었다. 실제로 영향력을 발휘했던 한에서는 젊은층의 기권율을 높이는 데에 일조했다고 보겠다.

지방의회선거에 대해 야권에서 가장 확실한 전략과 부푼 기대를 갖고 임한 것은 제1야당인 신민당이었다. 지자제 자체는 87년의 국민항쟁에 굴복한 6·29선언 공약사항이었지만, 이 약속을 어떻게든 허구화해보려는 집권층과 집요한 줄다리기를 계속하여 정당참여가 허용되는 광역선거를 얻어낸 것은 신민당의 전신인 평민당이었다. 이를 위해 김대중씨는 스스로 공언했듯이 온갖 양보와 타협을 마다않았고 선거에 대비해서 평민당을 신민주연합당으로 탈바꿈하는 승부수를 놓기도 했다. 이러한 집념이 단순히 '풀뿌리 민주주의'의 대의에 대한 헌신이나 호남지역 의회의 장악이라는 실리의 계산에 기인한 것만이 아니었음은 물론이다. 호남의 지지기반은 유지하면서, 수도권을 비롯한 다른 여러 지역에서 여타 야권세력들을 제치고 유일하게 민자당에 맞설 세력으로 떠오름으로써 93년(또는 92년 말)의 대선승리를 준비하려는 구상이었다. 결과적으로 다른 야권세력의 이렇다 할 대두가 실현되지 않았다는 점을 빼고는 이 구상은 빗나가고 말았다. 아직도 신민당은 야권의 가장 큰 실세요 민족민주운동의 개편과정에서 결코 따돌릴 수 없는 존재로 남아 있지만, 기존의 선거전략 자체는 양당정치의 미명 아래 거대여당+지역야당의 '1.5당제'를 꿈꾸는 집권세력에 오히려 편리한 품목으로 된 느낌이다.

3.

선거제도가 큰 비중을 차지하게 된 6공화국체제에서 제1야당으로부터 급진운동의 대표적 정파에 이르기까지 이 제도를 감당할 뚜렷한 복안을 가진 집단이 없다는 사실이야말로 민자당의 압승 자체보다도 뜻있는 사람들을 한층 허탈하게 만드는 현실이다. 더구나 내년에는 국회의원 총선과 두 종류(기초 및 광역)의 지방자치단체장 선거, 그리고 뒤이어 대통령 선거까지 예정되어 있으므로 차분히 대응책을 강구할 시간상의 여유도 없는 형편이다. 상황이 이러하니만큼, 이름조차 일본의 자유민주당을 닮은 민주자유당을 만든 사람들의 의도가 드디어 성공하여 실질에서도 자민당식의 안정된 지배가 시작되지 않았느냐는 기대와 우려가 동시에 들려오는 것은 당연한 일이다.

이런 논의에서 정작 중요한 문제는 특정 정당의 집권예상기간이 아니라, 흔히 말하듯 '한국이 제2의 일본이 될 것인가'라는 좀더 본질적인 질문이다. 이는 물론 민자당 출범 훨씬 전부터 제기된 질문이며, 왕년의 '근대화론'이나 최근의 '중진자본주의론' 등이 모두 '제2의 일본'론에 다름 아닌 것이다. 노태우씨 자신은 7월의 방미 도중 스탠포드대학에서 행한 연설에서 한국은 제2의 일본이 되지 않고 선진국과 후진국 간의 교량 역할을 맡겠다고 했다지만, 크게 보면 그 소리가 그 소리다.

요즘의 분위기가 87년 대선패배 직후와 비슷한 바가 있다고 했는데, 바로 그 무렵(88년 초) 필자가 일본을 방문했을 때 자주 마주친 질문 중의 하나도 바로 이 '제2의 일본화' 여부였다. 그에 대한 나의 답변은— '일본화'가 바람직한 목표냐 아니냐와는 별도로 ─ 한국은 분단국가이므로 통일이 안 되면 안 되어서 일본처럼 발전하기 힘들 것이고 통일이 된다면 됨으로 해서 일본과는 다른 사회를 이룩할 것이라는 취지였다. 그 뒤로 세상은 엄청나게 바뀌었고 나의 현실인식에도 달라진 대목이 많다. 그러나 '제2의 일본' 문제에 대한 기본인식은 여전하다고 말해야겠다.

달라진 현실 가운데 하나는 통일 자체가 제2의 일본을 달성하는 독일식 흡수통일이 될 가능성이 전과는 다른 실감을 지니게 되었다는 점이다. 말하자면 한국이 '제2의 서독'이라는 두름길을 거쳐 '제2의 일본'에 도달한다는 것인데, 이렇게 표현해놓고 보면 한국의 지배세력이 감당하기에는 다소 버거운 이중의 곡예라는 느낌이 들게 마련이다.

이 느낌을 지워버릴 논리가 어떤 이유로든 쉽사리 발견되지 않는다고 할 때 결국 되돌아가는 곳은, 분단상황에서도 제2의 일본이 가능하다라는, 뭐니뭐니 해도 가장 친숙하고 편안한 생각이다. 지난 3년간의 많은 변화에도 불구하고 이 낯익은 입장이 어째서 기본적으로 그릇된 생각인가를 논증하자면 분단시대의 역사와 현상에 대한 훨씬 철저한 해명이 필요할 것이다. 분명한 점은, 한국은 (8·15 이전의 식민지 경험은 차치하고라도) '해방' 자체가 일본에 '패전'이 뜻했던 만큼의 민주화에도 멀리 못 미치는 변화였고 게다가 침략국인 일본에는 오히려 면제된 국토분단의 비극을 안고서 출범했다는 것이다.

그후의 한국전쟁, 군부통치 등 일본과도 서독과도 판이한 현대사의 진행을 여기서 늘어놓을 필요는 없다. 60년대 후반 이래의 경제성장과 87년 이래의 일정한 개혁이 분단체제의 본질적 반민주성과 비자주성을 바꾸지 못했음은 바로 민자당의 광역선거 압승 이후에 새삼 실감되고 있다. 사실 민자당이 일본 자민당에 버금가는 운명을 성취하려면, 지금이야말로 과감한 개혁조치로써 야권이 끌지 못한 민심을 수렴하고 제2의 일본이 될 법적·제도적 기반을 마련할 호기이다. 그러나 6월 하순 이래 전개된 상황은 정반대다. 각종 공안기구들은 마치 기다렸다는 듯이 시국사범의 양산에 박차를 가하고 있으며, 신도시 건설공사의 부실사태라든가 재연된 한보그룹(수서택지 불법분양사건의 당사자)에 대한 특혜 및 진상은폐 시비는 정권의 허약한 체질을 다시금 확인시켜주고 있다. 의혹사건이야 일본에도 흔한 것이지만 부패가 '일본화'의 첩경이 아닌 점 또한 분명하겠다.

제도언론에 충분히 부각되지는 않지만 당국의 강화된 공세 중에서도 가장 핵심을 이루는 것은 노동운동에 대한 무자비한 탄압이다. 실제로 노조활동을 통한 노동자계급의 체제편입이 원천적으로 봉쇄되어 있다는 사실이야말로 일본과의 또 하나의 결정적인 차이이다. 이는 일시적 현상이 아니라 6·29선언에서 노동문제가 빠진 데서 알 수 있듯이 현정권의 기본구상과 직결된 현실이며, 나아가 한국 경제의 비자주적 체질의 당연한 표현이다. 따라서 10년 또는 20년 전의 일본과는 달리, 한국에서는 경제력이 가령 10년 전 일본의 경제력에 접근하면 할수록 국내의 계급대립이 오히려 격화될 전망이다. 북방정책의 성과라는 것도, 전통적인 국경과 통합된 민족을 못 가진 분단국가에서는 체제안정 못지않게 체제불안의 가능성을 지닌 것이며, 범분단체제적 민중연합의 위험성을 안은 것이다.

이제는 '민주 대 반민주'의 구도가 낡아버렸다는 민자당측의 주장에 일말의 진실이 있다면, 계급관계의 이러한 다각적 변화를 감안하지 않은 해묵은 반독재투쟁의 구호가 대중의 호응을 점점 얻기 힘들어지고 있다는 점일 것이다. 계급대립이 격화되면 격화될수록 집권세력의 민주화와 자주화 의지도 줄어들기 쉬운 만큼 민주 및 자주의 구호 자체는 여전히 유효하다. 다만 분단한국에서 노동계급정당의 집권을 꿈꾼다거나 반대로 한국이 분단사회 나름으로 성취한 자본주의적 발전조차 외면하는 운동들이 기존의 보수야당 전략이나 마찬가지로 한계에 부딪힌 것은 분명하다. 적어도 이러한 한계들을 뚜렷이 밝혀주었다는 점에서 이번 선거의 결과

는 민족민주운동 개편의 소중한 전기가 되었다. (7월 18일)

— 『世界』 1991년 9월호, 東京

개량되는 분단체제와 민주화세력의 대응

1.

'분단체제'라는 개념은 한국에서 아직 널리 통용되는 편은 못 된다. 대개는 막연한 수사적 표현으로 쓰이고 있는 정도다. 또한, 그 용어를 곧잘 사용해온 필자 자신을 포함하여 어느 누구도 이제껏 명쾌한 개념규정을 제시했다고 보기 어렵다.

그러나 민족통일의 이런저런 대안들이 점차 구체적으로 논의되고 민주화세력의 시야가 넓어질수록, 남북으로 분단된 두 사회를 동시에 생각할 수 있는 개념의 틀이 아쉬워진다. 남북한 각기가 지닌 수많은 난제들이 분단이라는 현실에 의해 직접간접으로 규정받고 있다는 단편적 인식을 넘어, 양자의 난제들이 합쳐짐으로써 더욱 복잡다단해지는 분단현실의 총체를 이제는 좀더 체계적으로 파악할 필요가 절박해진 것이다. 이러한 체계적 인식이 주어지지 않는 한, 아무런 경륜도 없이 '조국은 하나다'라는 구호만 되풀이하거나 아니면 통일문제는 일단 유보하고 '자본주의 사회구성체'로서의 남한부터 '과학적으로' 분석하여 변혁하자는 식의 운동론에서 벗어나기 힘들다. 이에 비한다면, 엄청난 기득권과 정보능력을 바탕으로 그때그때의 정세변화에 실용적으로 대응하면서, 계속 참고 묵묵히 일하는 것만이 민주주의와 민족통일의 바른 길이라고 주장하는 집권층의 논리가 차라리 먹혀들게 마련이다. 아니, 좀더 참아서 될 일이라면 기득권자의 말이라고 못 들어줄 것도 없다. 하지만 그들의 계산 또한 분단의 '체제적' 성격을 도외시하고 있다면 계산착오가 현실로 입증되는 날까지 기다려줄 수는 없지 않은가.

물론 '체제'라는 용어에는 그 나름의 함정도 따른다. 분단체제라는 무슨 고정된 실체가 따로 있어서 한반도의 모든 현실들이 그것의 '속성'으로 확인되고 끝나는 관념유희에 빠질 위험이 없지 않은 것이다. 그러나 남북한처럼 판이한 두 존재를 그런 식의 관념유희로 해명하는 일이 무리임은 너무나 쉽게 드러나게 마련이고, 오히려 도저히 단일한 체제에 편입될 수 없을 것처럼 보이는 이질적 현상들을 체계적으로 인식하려는 노력을 통해 그보다 훨씬 광범위하고 다양한 세계체제에 대한 인식능력에도 획기적인 진전이 이루어질 가능성이 크다 할 것이다.

아무튼 한반도에 분단체제라는 것이 있다고 할 때, 그것이 문자 그대로 민족분열적일 뿐 아니라 비자주적이고 반민주적이며 불안정한 체제이리라는 점은 짐작하기에 어렵지 않다. 당사자들의 자발적 합의에 따른 분리독립이 아닌 한 외세의 강압이 크게 작용하는 체제일 것이요, 외압에 편승한 내부요인이 있다 할지라도 항상 통일 또는 전쟁의 가능성을 안은 체제이며 그만큼 민주적인 절차나 민중의 실질적인 권리행사를 용납하기 힘든 체제일 것이다. 다른 한편 그것이 일단 '체제'의 성격을 갖추고 나면, 분단되지 않은 나라의 종속성이나 반민주성과는 다른 독특한 지구력을 갖기도 한다. 분단국 상호간의 격렬한 대립이 외세의 개입에 대한 의식을 흐려놓는가 하면 표면적인 대결구조가 쌍방 지배세력의 실질적인 공조관계로 기능하기도 하는 등, 현실을 있는 그대로 인식하고 마땅한 대응책을 찾기가 결코 쉽지 않은 것이다. 게다가 예의 분단체제가 전세계적인 냉전체제의 일환이기조차 할 경우, 분단의 해소가 그만큼 더 어려워지는 대신 분단을 전제한 경제건설이나 국가안보에 남다른 지원이 제공되는 실리 또한 적지 않다.

2.

다른 모든 체제가 그렇듯이 분단체제의 경우도 그것의 '개량'과 '극복'은 전혀 다른 개념이다. 동시에 현실 속의 모든 운동들이 다 그렇지만 분단체제의 개량운동과 극복운동은 양자를 확연히 가르기가 특히나 어렵다. 혁명을 촉진하는 개량조치, 개량에 공헌하는 혁명운동 따위가 얼마든지 있을 수 있다는 일반적 상식을 넘어서, 분단의 극복이 얼마만큼 근본적인 변혁일지에 대해서도 합의가 없는 상태이며, 처음부터 통일을 목표에서 배제한다는 사람도 한반도에서는 찾아보기 힘들기 때문이다.

그런 애매성을 전제한다 하더라도 최근의 상황은 분단체제의 극복보다 개량을 향해 일단 움직이고 있다 하겠다. 그 대표적인 사례가 지난 9월에 성사된 남북의 유엔 동시가입이다. 주지하다시피 이는 다년간 남한측의 외교목표였고, 북측은 '두개의 조선 조작책동'의 일환이라고 완강히 반대했으며, 남한의 단독가입이 거의 확실해진 뒤에야 마지못해 차선책으로 전환한 것이었다. 유엔가입을 포함한 한국정부의 '북방정책'의 성과가 남한 내부에서 국가보안법의 폐지라든가 노동관계법의 개정 등으로 이어지지 않았다는 점에서도, 그것이 반민주적 분단체제의 부분적 개량에 불과함이 명백하다. 반면에 그것은 문자 그대로 개량이요 개선이지 개악은 아니며, 분단체제의 장기화에 이바지할 가능성과 더불어 분단체제극복 운동에도 새로운 공간을 열어주는 것이다. 첫째, 국제연합 무대에서의 접촉이라는 것이 유엔기구의 성격상 정권담당자들의 통제 아래 진행되게 마련이지만 그 파급효과마저 당국이 전적으로 통제할 수는 없는 것이 현대 세계의 실정이다. 또한, 남북이 각기 유엔에서 1표씩을 갖게 된 것은 누가 뭐라 해도 민족 전체의 자주능력 신장이며, 특히 북으로서는 국제적 고립과 '제2의 이라크'가 될 위험성을 줄이는 실리가 확보됨으로써 분단의 극복에 좀더 현실적인 기여를 할 여유가 생기리라 본다.

실제로 조선민주주의인민공화국 정부의 유엔가입 결정은 단순한 임기응변이라기보다 '사회주의체제 고수를 전제한 점진적 개방'이라는 '중국식'—또는 '한정된 중국식'—노선으로의 전환을 말해주는 또 하나의 예라 하겠다. 그동안 '팀스피리트' 한미합동군사훈련의 지속과 남한 당국에 의한 방북인사 제재, 그리고 남한의 민간측이 추진하고 정부가 승인한 남북접촉 시도에 대한 북한 당국의 소극적 반응 등 여러가지 장애요인이 있었지만 남북교류는 꾸준히 확대되어왔다. 탁구나 축구의 국제경기에 단일팀 출전이 이루어졌고 판문점을 통한 남쪽 정치인들의 방북이 성사되었으며 오랫동안 중단되었던 제4차 고위급(총리)회담도 10월 22일 평양에서 열릴 예정이다. 북측은 또한 일본과의 수교에 비상한 열의를 보이고 미국과의 관계개선에도 적극적인 것으로 알려져 있다. 특히 요즘 관심을 끄는 대목은, 유엔개발계획기구(UNDP)와 동북아 국가들이 참여하는 두만강경제특구 개발구상과 관련하여 북한이 자국의 선봉(웅기)항이 중심이 되는 '선봉경제무역지대 개발구상안'을 추진 중이고 남한도 이를 지원할 태세라는 사실이다.

이러한 일련의 해빙과정에 최대의 걸림돌이 되어온 것이 북한에 대한 핵사찰 문제다. 남한에 미군의 핵무기가 수두룩한데 있지도 않은 북쪽의 핵만 사찰하겠다는 거냐는 '정치적 명분'과, 국제원자력기구에 참여한 이상 핵안전협정에 조인해야 하고 그에 따른 의무수행을 다른 문제와 연계시켜서는 안 된다는 '법률적 명분'이 팽팽히 맞서온 것이다. 그러나 이 문

176

제 역시 9월 27일 미국 부시 대통령의 지상 및 해상 발사 단거리 전술핵무기 폐기 선언으로 돌파구가 열린 셈이다. 사실 이번의 부시선언은 고르바초프 집권 후 소련이 일방적으로 취해온 일련의 조치에 비하면 그리 대단한 것이 아니랄 수도 있고, 한반도의 전술핵무기 가운데도 항공기탑재 핵무기는 제외된 상태다. 그러나 남북회담 또는 북·미접촉의 과정에서 추후 해결될 여지가 생겼으며 북측의 핵사찰수용 가능성 — 그리고 북·일 수교의 가능성 — 도 그만큼 높아졌다. 뿐만 아니라 이제까지 남한에 지상 및 해상 핵무기가 있었고 적어도 당분간 미공군의 전술핵이 남으리라는 사실이 공론화됨으로써, 한반도비핵화운동 및 자주평화통일운동에 중대한 전기를 마련해주었다.

3.

분단체제의 이러한 개량을 위한 결정적인 계기는 역시 1987년 6월 남한 민중의 민주화투쟁이었다. 물론 소련의 뻬레스뜨로이까를 시발점으로 89년 말타 미·소 정상회담과 베를린장벽 붕괴, 90~91년의 독일 통일과 소연방 해체 등 '현실사회주의권'의 급격한 변화가 세계사적 배경이 되어주었지만, 87년 6월 이래 남한판 분단체제의 일정한 개량과 민족민주운동의 지속적인 압력이 없었더라면 한국정부측의 발빠른 대응은 불가능했을 것이다. 이렇게 본다면 작금의 분단체제 개량 자체가 상당부분 남한 민주화세력의 업적이며 비자주적·반민주적 지배세력의 몫으로 고스란히 헌상할 이유가 없다. 그런데도 한국의 민주화운동은 지난번의 광역의회선거 패배 이후 가중된 탄압을 겪으면서 이렇다 할 제 몫을 챙기지 못하고 있다.

다만 이러한 사태에 대한 자기반성의 움직임은 이제 민주세력 전반에 걸쳐 꽤 널리 퍼졌다고 하겠다. 정치권에서 그 가장 두드러진 징표는 지난 9월의 신민·민주 두 야당의 합당으로 나타났다. 이를 민주세력의 약진으로 보기보다 '자기반성의 징표'라고 표현하는 것은, 김대중·이기택 공동대표에다 김대중씨 명의의 선관위 등록이라는 '묘수'로 새로운 민주당을 출범시킨 이 거사가 여론의 대체적인 지지는 받았으나 국민을 열광시킬 정도는 못 되었으며, 92~93년의 일련의 선거일정에서 확실한 참패는 면하겠으나 아직 국회의원 총선에서조차 승리를 내다볼 처지가 아니라고 인식되고 있기 때문이다. 그러나 한동안 거의 사라지다시피 했던 야당의 견제력이 다소 회복된 것은 분명하며, 한번의 대통령선거에 모든 것을 걸기보다 건전한 국민정당의 건설을 위한 체질개선을 해나갈 경우 당장의 선거전에서도 오히려 유리한 결과를 거둘 수 있으리라 믿는다.

반성의 움직임은 정당정치권 바깥의 재야운동 상설연합체 건설 논의라든가 진보적인 성격의 각종 활자매체와 토론회에서 기왕의 운동방식과 노선에 대한 반성이 이루어지는 형태로도 활발히 진행되고 있다. 다만 필자가 보기에 이러한 움직임에서 아직 시원하게 해결되지 못한 핵심문제는, 남한의 민주화세력이 이제까지 기본적으로 분단체제 극복론자와 개량론자의 연합체였다는 현실에 어떻게 대응하느냐는 것이다. 엄밀한 의미의 민족민주운동이란 이 연합체 가운데서 전자를 가리키는 것인데, 전두환정권 아래서 그들의 주도 아래 광범위한 민주연합세력이 가능했던 것은 정권의 폭압성이 워낙 적나라하고 분단체제개량의 기미도 태무했기 때문이다. 그러나 제6공화국의 달라진 상황에서도 민족민주운동 내의 선도적 집단들이 다수 국민의 지지를 새롭게 확보하려는 노력 대신 체제극복의 내용이 '민족해방'이냐 '민중혁명'이냐라는 식의 공허한 논리로 주도권을 다툴 때, 민족민주운동 자체의 영향력이 크게 손상될 수밖에 없는 것이었다. 요즘 형편으로는 민주화세력의 최대 실세인 통합야당도 민족민주운동과 일정한 거리를 두고자 하고 있으며, 왕년의 급진적 지식인들 가운데는 소련형 사회주의의 붕괴에 따른 자기반성을 빌미로 그야말로 과격한 전향선언을 내놓는 예 또한 빈번하다.

이러한 현상에도 불구하고 필자가 민족민주운동의 개편을 통한 그 주도권 회복을 전망하는 것은 앞서 지적한 대로 분단체제의 경우 그 개량운동과 극복운동의 관계가 남달리 유동적이기 때문이다. 다시 말해 불가능한 혁명──또는 북한형 자주화──대 가능한 개량의 대립관계에 머문다면 이야기는 벌써 끝난 거지만, 분단극복 자체는 공공연한 개량주의자도 반대하고 있지 않으며 그것이 어느 만큼이나 분단체제의 비자주성과 반민주성을 극복하는 내용있는 사회변혁이 될지는 객관적인 여건과 운동주체들의 대응에 따라 큰 폭의 가변성을 지니는 것이다. 그러므로 정권의 여전한 폭압성에 맞선 전술적 연대에 그치지 않고, 지금 가능한 분단체제의 개량을 분단체제의 극복으로까지 밀고 나갈 장기적인 민주·자주·평화운동의 현실적·이론적 근거는 엄연히 존재한다 하겠다.

이런 현실의 다른 한 면은 지배세력 자체가 분단체제에 대한 현실적이고 통일된 대응책을 갖고 있지 못하다는 것이다. 이 점은 북방정책의 몇몇 괄목할 성과와 민족민주운동측의 방황 덕분에 곧잘 가려지지만, 분단체제가 개량되고 통일의 가능성이 실감될수록 집권층 내부에서도 근본적인 입장차이가 부각되지 않을까 싶다. 북한에 대한 고립화 압력을 계속해서 루마니아식의 파국이 올 때 들어가 접수하면 된다는 위험천만한 발상을 견지하는 세력이 집권층 내부에 적지 않으며, 좀더 현실감각이 있는 나머지도 한편으로 독일식 흡수통일을 추진하는 세력과 그런 과분한 비용을 감당하느니보다 강력한 분단정권이 통제하는 북한의 노동력과 시장을 활용하는 편이 낫다는 신종 분단고착세력으로 나뉜다고 보겠다. 물론 분단체제극복의 뚜렷한 경륜을 갖춘 민주화세력의 대응이 없는 한 그러한 입장차이가 심각한 약점까지는 안 될 것이다. 그러나 정작 심각한 약점은, 그들 중 어느 분파도 한반도의 분단체제가 아무리 개량해보았자 일본이나 서독 수준의 자주화와 민주화를 허용할 수 없는 역사적 특성을 가진 체제이며 남한의 자본주의 발전이 진행될수록 이 점을 몸소 깨닫는 민중들의 힘이 커가게 마련임을 간과하고 있다는 사실이다. 이토록 결정적인 계산착오를 저지른 집권세력의 장기적인 득세는 오로지 남한 민족민주운동의 대대적인 직무유기와 북쪽의 효과적인 방조를 통해서나 가능한 일일 것이다. (10월 18일)

──『世界』1991년 12월호, 東京

남북 합의서 이후의 통일운동

1.

작년 12월 서울에서 열린 제5차 남북고위급회담에서 '남북 사이의 화해와 불가침 및 교류·협력에 관한 합의서'(이하 '합의서')가 채택됨으로써 남북한관계와 한반도통일운동은 획기적인 새 국면을 맞게 되었다. 합의서는 2월 19일 평양에서의 문건교환으로 정식 발효할 예정이지만, 그전에 이미 한반도비핵화공동선언이 조인되고 대우그룹 김우중 회장의 북한방문이 양쪽 정부의 공식 승인 아래 이루어지는 등, 괄목할 진전이 잇따르고 있다.

이번 합의는 '자주·평화·민족대단결'의 통일 3원칙을 천명한 1972년의 7·4남북공동성명 이래 최초의 남북한 공식 합의문서라는 점만으로도 획기적이지만, 여러모로 7·4성명보다 진전된 성격임을 많은 논평자들이 지적한 바 있다. 예컨대 7·4성명의 3대 원칙을 계승하면서 동시에 원칙의 선언보다 구체적 실천방안에 역점을 두었고, 합의의 과정 또한 남북 수뇌의 측근 밀사들에 전적으로 의존하기보다 양쪽의 총리가 표면에 나서서 비교적 공개적인 협상을 거쳐 조인했으며, 과거 동서독 간 기본조약처럼 발효절차에 대해서까지 언급하고 있다. 합의서 채택의 역사적 배경을 보더라도 72년 당시와는 한결 다르다. 남한 내부의 경우, 7·4성명이 박정희의 유신정권수립에 이용되고 만 쓰라린 경험을 딛고 민간측의 남북화해 노력과 분단체제극복 운동이 혹독한 탄압에도 불구하고 성장해왔다. 또한 국제정세에도 엄청난 변화가 일어나, 89년 이래 동서냉전체제가 붕괴되었고, 뒤이은 소련 및 동구 공산체제의 몰락은 통일에 소극적이던 남쪽 정권의 자신감을 북돋아주는 동시에, 통일에 미달하는 부분적 교류·협력을 반대하던 북쪽 정권에도 '개방'에의 압력으로 작용하게 된 것이다.

어쨌든 합의서의 채택은 많은 사람들로 하여금 통일이 하나의 현실적인 가능성이요 구체적인 과제임을 실감케 했다. 이것만으로도 그것은 한반도의 통일운동에 큰 힘을 보태주었다고 하겠다. 동시에 합의서 이후의 새로운 정세가 누구에게든 새로운 대응을 요구할 것은 당연하다. 통일을 주요 목표의 하나로 설정해온 남한의 민족민주운동에 이것이 남달리 심각한 도전이 되는 것은, 이제까지 통일운동의 성격이 반민주적·비자주적일 뿐더러 반통일적이라고 규정된 국내외 지배세력과의 싸움이었기 때문이다. 합의서 채택으로 후자가 반통일세력의 오명을 씻었는지는 확실치 않지만, 과연 누가 어느 만큼 통일을 추진하고 방해하는지가 전보다 모호해진 것만은 사실이다.

2.

새롭게 떠오른 쟁점 중 하나가 이른바 독일식 흡수통일의 가능성이다. 즉, 남한이 옛 서독처럼 상대방을 자기 체제 안에 병합함으로써 통일을 이룩할 수도 있다는 것인데, 독일 통일에 이어 소연방이 해체되고 러시아가 자본주의화의 길로 들어선 와중에 남한측이 통일문제에 적극성을 보이고 있는 현실은 그런 가능성을 상기시키기에 충분하다.

재야운동권에서도 이 문제에 관해 활발한 논의가 진행 중이다. 또한 계간『창작과비평』이번호(92년 봄호)의 지상토론에 참여한 좀더 다양한 분야와 성향의 열 사람도, 설문 중 '통일의 전망과 민족민주운동의 역할'이라는 항목에서 거의 전원이 흡수통일 문제를 거론했고 대다수가 그것이 바람직한 해결책이 아니라고 보면서도 그 가능성은 배제하지 않고 있다.

그러나 민족민주운동측의 어떤 합의된 분석은 아직 없는 상태다. 아니, '민족해방론'(NL)과 '민중민주주의변혁론'(PD)의 대립이 여전히 되풀이되고 있는 현상도 눈에 띈다. 예컨대 지난 1월 21일 전국연합(민주주의민족통일전국연합) 정책위원회가 주관한 통일정책토론회에서 범민련(조국통일범민족연합) 남측 준비위 간사가 발제한 내용은 구 전민련(전국민족민주운동연합) 및 현재의 전국연합 자주통일위원회의 주류를 대변한다고 생각된다. 그러나 남한사회 전체로 볼 때는 점차 주변화되어온 운동방식과 결부된 인식이 아닌가 한다. 발제의 요지는 2월 초순의 다른 행사와 관련하여『한겨레신문』(92년 2월 13일자)에도 보도된 바 있는데, 대체로 흡수통일의 가능성에 대해서는 별다른 비중을 두지 않은 채 합의서의 채택을 적극 지지하고 그 철저한 이행을 촉구하는 입장이다. 합의서가 비록 정권 당국에 의해 성사되었으나 기본적으로 남북 민중의 통일 열망의 산물이라는 주장은 물론 타당하다. 그러나 노태우정권과 배후의 외세(주로 미국)가 아직도 마지못해 남북화해로 끌려오는 반통일세력이라는 인식은 다분히 시대에 뒤진 느낌이며, 다른 한편 합의서가 흡수통일 반대를 못박았다는 사실에 대한 긍정적인 평가도 다소 고지식한 게 아닌가 한다. 흡수통일을 고집하거나 적어도 서두르지 않겠다는 남한정권과 흡수통일을 막기 위해 분단의 장기화를 감내할 수도 있다는 북한정권 사이의 묘한 이해의 일치를 그 조항이 표현했을 가능성에 대한 검토가 빠져 있는 것이다. 따라서 예의 발제가 제시하는 실천적인 대응책도, 범민련 중심의 기존 '조국통일운동'을 더욱 대중화하자는 호소의 성격을 크게 벗어나지 못한다. 물론 집권세력이 구태의연한 반통일세력이라면 합의서 이후의 정세가 이러한 대중화에 크게 유리해진 것임이 분명하다. 그러나 흡수통일이 그들의 단기목표든 아니든 작금의 정세변동을 오히려 그들이 주도하고 있다면, '조국통일운동'은 더욱 주변화되고 심지어 지배세력에 이용당할 우려마저 커진다.

바로 이러한 위험을 경계하는 PD진영의 한 대표적인 논객은, 현시점의 세계정세와 남북간의 경제력 차이에 비추어 민중적 통일이 불가능한 만큼 반동적인 '자본주의적·부르주아적 통일' 또는 '남한에 의한 북한의 흡수통일'을 막는 데 주력하면서 먼저 남한에서 '민중권력'을 창출한 뒤에 통일과업에 착수해야 한다는 입장을 피력한 것으로 알려졌다(위의 『한겨레신문』 보도). 그러나 민족성원 대다수의 통일 열망이 엄연한 현실이라면, 통일 자체를 뒤로 미루자는 입장은 그 주장의 진보성 여부를 떠나 대중으로부터의 고립을 자초하는 것이 아닐 수 없다. 그리고 이처럼 고립을 자초하면서 어떻게 먼저 남한사회의 '민주변혁'을 성취하여 '민중적 통일'의 길을 열겠다는 것인지도 막막할 따름이다.

물론 크게 보아 'PD진영'에 속하는 논자들이 모두 이런 '선변혁·후통일'의 공식을 고수하는 것은 아니다. 오히려 변혁운동과 통일운동을 결합해야 한다는 주장이 우세할 것이다. 하지만 제시된 변혁과 통일의 구상이 기본적으로 그 수준이라면 양자의 '결합'이란 한갓 당위론이요 관념상의 결합에 그칠 수밖에 없다.

『한겨레신문』의 같은 지면에 '절충론적 대안'으로 보도된 노운협(전국노동운동단체협의회)측의 토론자료는 조금 다른 내용이다. 이 문건은 「다가오는 통일시대와 노동운동의 새로운 임무」라는 제목으로 다시 정리되어 『노동운동』지 2·3월 합병호에 게재되었는데, "소위 '흡수통일'의 위협이 있다고 하여 통일문제를 회피하거나 소극적으로 임하면서 남한의 변혁만을 앞세우는 방향으로 나아갈 것인가? 그렇지 않다"라고 단언한다. 흡수통일 자체에 대해서는, 주체를 남한의 지배계급으로 본다면 역부족이지만 실상 "그 주역은 미·일 제국주의라고 보아야 할 것"이며 따라서 "자본주의적 통일일 뿐만 아니라 식민지적 통일로 될" 위험이 실재한다는 입장이다. 그리하여 "무엇보다 제국주의에 의한 식민지적 통일을 거부하는 자주적 통일이어야" 함을 강조하는데, NL 주류의 자주통일론과는 달리 북한식 사회주의체제와 분명한 거리를 두며 "현재 조성된 주·객관적 조건에서 북한의 정권이 자주적이고 진보적인 통일을 주도해나갈 것이라고는 기대하기 어렵다"고 본다. 결국 남한의 민중운동 특히 노동운동이 중심에 선 통일운동이 당면의 과제라는 것이다.

3.

이것은 운동권의 통일논의가 기존의 틀에서 조금씩 벗어나고 있는 하나의 조짐이자 한국의 민중운동이 곧 분단체제극복 운동일 수밖에 없다는 인식이 점차 넓어져감을 확인해주는 예이기도 하다. 그러나 "외세의 개입을 단호하게 배격"(같은 글)하는 자주통일이라는 것도 현실 속의 남한 노동자대중을 동원하기에는 너무나 관념적인 목표이기 쉽다. 분단체제하에서 '민중권력의 창출'이 하나의 환상이듯이 분단체제의 극복과정에서 외세개입의 '단호한 배격' 역시 한갓 관념이다. 상대적으로 외세보다 민족이 더 주도성을 발휘하도록 '단호히 노력'하자고 한다면 훨씬 방불한 이야기지만, 그럴 경우 (필자가 본지의 '서울의 눈' 연재에 처음 참여한 작년 6월호의 「개편기를 맞은 한국의 민족민주운동」에서 주장했듯이) 통일 이전에도 달성 가능한 '자주'와 통일 이후에 추구할 '자주', 그리고 이들 장·단기적 목표를 '민주'라는 또다른 목표의 장·단기적 내용과 구체적으로 결합시키는 이론적·실천적 정리작업이 여전히 숙제로 남게 된다.

실제로 우리가 '제국주의'를 미·일 등의 자본으로 이해하건 좀더 일반화해서 국경이나 민족자본을 곧잘 짓밟는 자본주의 세계경제의 한 속성으로 이해하건, '제국주의'로부터 홀가분히 벗어난 자주성이란 통일운동의 도중에는 물론 그 성공 이후에도 성립하기 힘들다. 극단적으로 말해, 설사 현 북한 체제가 남한을 흡수하는 (남한의 우리들이 귀에 못이 박히도록 들어온) '적화통일'이 이루어진다 해도 세계시장의 논리에서 벗어난 폐쇄상태가 장기화될 수는 없다. 이것이야말로 구 소련의 교훈이고 현 베트남의 교훈이며 중국의 교훈이기도 하다.

동시에 우리가 독일식 흡수통일을 경계하는 논리도 다시 한번 가다듬어질 필요가 있다. 남한에 서독 같은 능력이 없고 북한 역시 동독처럼 만만하게 흡수당할 상대가 아니라는 점은 초보적인 상식으로서, 남한의 대북정책 입안자들도 대체로 그 정도의 상식은 있다고 보아야 한다. 다만 앞서 노운협의 토론자가 지적했듯이 외국 자본의 능력은 별개문제인데, 그들 역시 통일독일과 엇비슷이라도 한 통일한국을 자신들이 주도하는 세계질서 속에 편입하기 위해 그 막대한 비용을 감당해줄 리는 없다. 그보다는, 만약에 북한측의 결정적인 실족과 남한측의 경거망동이 겹쳐 일종의 흡수통일이 이루어졌을 경우 그로 인한 전국적 혼란과 경제파탄을 '유연한 자본축적'의 또다른 계기로 삼으려 할 것이다. 세계경제 속의 통일한반도의 지위가 지금의 남한보다 훨씬 낮아진다 해도 이에 쉽사리 적응할 수 있는 것이야말로 국제자본의 '흡수통일능력'인 것이다.

바로 이처럼 흡수통일이 남한의 자본가들에게조차 속담의 '죽 쑤어 개 주는' 꼴이 되기 쉽기에, 연방제 또는 다른 어떤 복합국가 형태를 통해 쌍방의 장점을 살리는 통일이 광범위한 대중운동의 목표로 될 소지가 생긴다. 그것이 민족의 자주성을 높이는 유일한 통일임은 더 말할 나위 없다.

반면에 국내외 자본의 입장에서는 복합국가에도 미달하는 지점에 멈춘 개량된 분단체제야말로 훨씬 입에 맞는 선택일 것이며, 세계시장에 북한을 편입시키는 가장 무난한 방법일 수 있다. 따라서 분단고착 자체가 이런 의미의 '흡수'와 얼마든지 양립할 수 있으며 그 귀결은 예속성의 심화가 될 것이다.

4.

이렇게 볼 때, 한반도의 통일운동은 남북의 민중이 각각의 구체적인 생활현실에 근거하여 분단체제의 비자주성·반민주성과 싸워가는 운동임이 다시금 확인된다. 그리고 남한의 지배세력처럼 외세의존이 두드러진 경우 그 반민주성에 대한 당면의 투쟁과 일차적·상대적 자주화에 대한 요구는 거의 완벽하게 합치된다. 단지 환상적인 자주성을 추구하는 자주화운동만이 광범위한 민주화운동과 갈등을 일으킬 것이며, 양자가 갈등하는 한 전자가 고립될 것은 뻔한 이치다.

남한사회의 당면과제가 여전히 민주화요 아직도 꽤나 한정된 수준의 민주화라는 사실은, 합의서 채택 이후 더욱 두드러진 정권의 반민주성이 거듭 되새겨준다. 우선 합의서 자체가 문자 그대로의 '비준'은 불필요한 민족 내부의 협약이라 해도, 민족의 장래와 당장의 국민생활에 막중한 결과를 지닌 정부간 합의문서로서 당연히 국민의 대표기관에 의한 심의와 동의를 거쳐야 했다. 그러나 국회에서의 형식적인 지지결의에 야당이 제동을 걸자 정부는 국회심의 자체를 생략했고, 급기야는 대통령이 마치 전제군주인 양 자신의 '재가'로 합의서에 규정된 '발효에 필요한 내부절차'가 충족되었음을 선포하는 광경이 벌어졌다.

합의서가 발효되면 북한정권을 '반국가단체'로 규정한 국가보안법은 원천적으로 무의미해지는데도 정부가 법의 폐지 없이 '신축적인 운영'으로 대처해나가겠다고 하는 것도 전형적인 전제주의적 작태다. 이것이 집권세력의 '반통일적 본질'을 말해주는지는 두고볼 일이지만, 그 반민주적 근성이 확인되는 것만은 명백하다. 전제군주적 발상은 또 대통령이 연두 기자회견에서 법률에 금년 상반기 실시를 못박아둔 지방자치단체장(기초 및 광역) 선거를 연기한다고 일방적으로 선언한 데서도 드러난다. 3월 하순경 실시될 총선에 이긴 뒤 새 국회에서 6월 말 전에 법률을 개정하면 된다는 주장이지만 이는 어불성설이다. 선거에 이기리라는 정치적 판단을 행정수반이 법 집행 여부의 기준으로 삼는 것도 문제려니와, 설혹 예상대로 이긴다 해도 야당의 반대 역시 예상되고도 남음이 있는데 기한 내에 원 구성을 마치고 지방자치법의 개정을 완료할 확률은 영(零)에 가깝다고 보아야 옳다. 법치국가의 지도자라면 선거연기를 제의하면서 즉각 임시국회를 소집하여 법의 개정 절차를 시작했어야 하는 것이다.

이처럼 적나라한 반민주적 작태가 한두가지가 아닌데도 집권 민자당의 총선승리가 대체로 예상되는 데는 물론 그럴 만한 이유들이 있다. 먼저 원론적으로, 광범한 민주 열망이 살아 있는 사회에서도 반민주적 기득권 세력의 선거승리가 얼마든지 있는 법이다. 게다가 합의서 이후의 한국사회에서는, 통일에의 감상적인 기대가 갖는 당장의 정치적 효력을 떠나서도, 정권의 전제성을 혐오하는 상당수의 자유주의자들이 북한의 개방 또는 흡수를 통해 직접적인 이득을 내다보게 되었다는 현실이 있다. 여기에 민족민주운동 자체의 방황과 분열이 가세함은 물론이다. 그러나 분단체제의 개량이 진행될수록 민주화운동이 자유주의자의 이상보다 민중의 생활상의 욕구에 근거할 필요성과 개연성이 더해지는 것 또한 사실이다. 6공의 부분적인 민주화 속에서 이제까지도 오히려 가중된 탄압을 겪어온 노동자들은 남한 (및 미·일) 자본가들에 의한 값싼 북한 노동력 이용으로 계급적인 처지가 더욱 악화될 위기에 놓여 있다. 오직 이들을 포함한 민중세력만이 현정권의 반민주성을 그것이 통일지향적 반민주성이냐 아니냐에 관계없이 결연히 반대할 수 있을 것이며, 어떠한 통일 노력이나 구호에 대해서도 그것이 과연 민중이 주도하여 민족의 자주성을 실질적으로 제고하는 분단극복인지 아닌지를 기준으로 평가할 실력을 지닐 것이다.

하지만 그러한 세력의 형성은 국제적인 연대뿐 아니라 무엇보다 북한 민중의 체험과 공감이 가세함으로써 완성된다고 할 때, 아직 요원한 일이라는 느낌이 들 수도 있다. 더구나 그것을 곧바로 자본주의 세계경제의 종말이라거나 그 법칙으로부터의 면역을 뜻하는 사건으로 설정한다면 영구히 하나의 관념으로 남기 십상이다. 그러나 민중이 주도하는 한반도 통일의 세계사적 의의가, 이제 지구 전체를 거의 '흡수통일'한 세계시장의 논리를 일면 존중하면서도 그 변증법적 극복을 재촉하는 인간해방운동에 희귀한 지혜의 경험과 새로운 활동공간을 보태주는 정도로 '한정된' 것이라고 이해한다면, 이는 얼마든지 가능하고 우리들 하기에 따라서는 성큼 앞당겨질 수도 있는 일일 것이다.

무엇보다 그래야 할 이유는, 국내외의 지배세력이 그 놀라운 중·단기적 대응력에도 불구하고 장기적으로는 대안이 거의 없다는 사실이다. 남북 민중이 흡수통일 또는 분단고착 그 어느 것도 개인적·민족적 불행임을 깨닫고 계속 고집을 부릴 경우 좀더 자주적인 통일이라도 시켜주어야 하고 시켜줄 수 있는 것이 구시대의 정복주의와 다른 오늘날 세계시장의 논리이며, 좀더 구체적으로는 미·일의 협력과 각축이 독특하게 뒤얽힌 동아시아 지역경제의 논리라고 하겠다. 물론 이미 말했듯이 한반도 민중의 패배도 엄연한 가능성이며 세계자본은 한국자본의 몰락조차 감당할 저력을 지녔다. 그러나 이러한 승리의 연속이야말로 자본주의의 자기모순을 격화시키는 원동력이다. 모순의 격화가 반드시 변혁과 갱생으로 이어지는 것은 아니고 갈등하는 세력들의 공멸을 초래할 수 있음은, 생태계의 위기가 절박해진 오늘날 누구나 실감하는 터이다. 그리하여 지배세력

스스로도 자신의 이익을 위해, 적어도 자기 후손들의 이익을 위해, 한반도에서 '한정된 패배'를 겪고 넘어가는 것이 차라리 행운임을 깨닫는 사례가 일각에서나마 점차 늘어나지 않을까 한다. (2월 18일)

──『世界』1992년 4월호, 東京

제2부

대학과
공부길

학원의 자율화와 자기쇄신*
대학사회를 중심으로

'자율'은 '자기쇄신'의 일부

편집자로부터 받은 제목은 '학원 자율의 제도화 방안'이라는 것이다. 이것을 필자 나름대로 약간 고쳐서 이야기할까 하는데, 이에 대해 몇마디 설명을 먼저 해둘 필요가 있겠다.

첫째, '학원'의 문제를 주로 '대학사회'의 문제에 국한시키는 것은 무엇보다도 필자 자신의 경험이나 식견으로써 그 이상의 논의를 감당하기 힘들기 때문이다. 하기는 근년의 우리 사회에서는 대학의 문제를 학원문제라고 빗대어 부르는 경향도 적지 않았다. 애초에 편집자의 주문도 대학문제를 말해달라는 것이었는지 모른다. 그러나 편의상 대학문제에 국한시키더라도 그것이 이 나라 학원문제의 일부분에 지나지 않음을 잊어서는

---

* 이 글은 1980년 초 '서울의 봄'을 맞은 신학기를 앞두고 씌어졌다. 계엄사령부의 검열에 의해 몇 대목이 삭제된 상태로 발표되었는데, 교정지를 토대로 원본을 되살렸다. 당시 이 글을 청탁하고 필자교정본을 반환하는 성의를 보여준 이근성(李根成)씨에게 감사한다. 중간제목은 잡지 편집자가 붙인 것을 그대로 두었다.

안 된다. 고등학교에서 중학교, 국민학교로 내려갈수록 해당되는 인원수도 많고 각자의 인격형성에 미치는 영향도 깊고 크다. 또한 이른바 콩나물 교실에서부터 아동과 청소년에게는 일종의 고문(拷問)이요 학부모들에게는 세금 두번 내기만큼 무서운 '과외지옥'에 이르기까지, 우리 교육의 병폐가 가장 뿌리깊은 것도 사실은 초·중등교육의 분야일 게다. 그리하여 대학들은 그 자체로서 아무리 좋은 시설과 제도를 갖추었더라도, 벌써 12년 또는 그 이상의 기간 동안 비뚤어진 교육을 받음으로써만 대학에 발을 들여놓을 수 있었던 인재(人材)를 갖고서 시작하게 마련이다. 우리가 현실 속의 대학을 논하려면 이 사실을 항상 염두에 두어야 할 것이다.

둘째로 대학사회의 자율성을 되찾는 문제에서도 필자는 그 구체적인 제도화 방안을 제시하는 일은 사양할 수밖에 없다. 벌써 여러해 동안 대학의 바깥에서 살아온 사람으로서 학칙이라든가 기타 세부적인 제도의 문제를 충분히 거론할 형편도 못 되거니와, 대대적인 제도변혁의 기회가 주어졌을 때일수록 우리는 그 변화의 기본방향과 이에 임하는 우리의 자세를 되새겨볼 필요가 있다. 어떠한 역사적 변화도 제도의 변화에까지 이르지 못하면 헛된 것이지만, 모든 제도는 또한 현실 속에 살고 있는 인간들의 갖가지 욕구에 따라 만들어지고 움직여지는 것이다. 그러므로 한 나라의 헌법에서 한 대학의 학칙에 이르기까지의 크고 작은 제도들은 해당 사회 안에서 살아온 사람들의 체험에 의해 느껴지고 깨달아진 만큼 바뀌어야 하고 바뀌게 마련이며, 그 이하로의 제한이나 그 이상으로의 비약은 둘 다 오래가지 못한다. 대학의 자율성을 제도화함에 있어서도 우리는 이러한 변화를 낳은 국민적 욕구와 대학사회의 구체적 체험을 헤아리는 일이 무엇보다 중요할 것이다.

셋째로 대학의 '자율'이란 어디까지나 하나의 수단이지 그것 자체가 목적일 수 없음을 필자는 강조하고 싶다. 대학이 그 구성원 개개인의 인간적 성장에 이바지하고 나아가서는 사회 전체의 진보에 기여하기 위해서는 웬만한 일은 대학 스스로가 결정하도록 보장해주어야 한다는 것이지, 일종의 절대자유를 지닌 '대학'이라는 실체가 사회 바깥에 외딴섬처럼 따로 있는 것은 아니다. 이른바 '상아탑'의 이상은 사회 전역에 걸쳐 시민적 자유를 확립하려는 역사적 노력의 일부로서 유효한 것이었다. 그러한 맥락에서 벗어나는 순간, 그것은 바깥세상은 온통 억압사회라도 대학만은 안전하기를 바라는 염치없는 소망이거나, 민중이 이미 형식적인 시민권 이상의 좀더 실속 있는 자유와 평등을 요구하게 된 대목에서 역사의 흐름을 등진 오만한 자세로 되기 쉽다. 우리의 경우에도 대학의 자율은 어디까지나 대학의 당면과제를 민족사회의 흐름에 맞게 해결하기 위한 '자기쇄신'의 일부로서 추구되어야 한다. 권력의 지배를 덜 받는 대신 더욱 자발적으로 금력(金力)의 시녀가 되는 자율이어서도 안 될 것이며, 타율적으로 만들어진 낡은 상황을 기정사실로 굳히기 위한 자율화여서도 안 될 것이다.

1970년대 학원의 타율적 상황

그러나 1980년대 한국 대학의 자기쇄신이 학원의 초보적인 자율성을 되찾는 데서 출발해야 하는 것만은 분명하다. 오늘날 대학사회의 온갖 문제가 거의 대학 자체보다도 외부로부터의 작용에 말미암은 것들이기 때문이다. '상아탑'이 대학의 정당한 목표든 아니든, 제발 상아탑 비슷한 것이라도 한번 되어나 보았으면 하는 것이 많은 대학인들의 간절한 소망이었다. 그만큼 학원은 상아탑보다 관청이나 병영을 방불케 했던 것이다.

70년대 학원의 타율적 상황을 여기서 일일이 예시할 생각은 없다. 다만 바깥에서 보기에도 뻔한 한두가지 사실만을 꼽을까 하는데, 무엇보다도 학생 또는 교수로서 이미 대학사회의 성원이 된 사람들이 대학의 의사와 관계없이 학원 밖으로 나가야 했던 사실은 오늘날 그야말로 자타가 공인하게 되었다. 지금 제적학생의 복교와 일부 해직교수들의 복직이 추진되고 있는 것도 바로 그 때문이다. 물론 이들의 제적 또는 해직은 대부분의 경우 총·학장들의 '재량'에 맡겨져 실행되는 것으로 발표되었고, 그중에는 이런 틈을 타서 자기가 싫어하던 교수를 재임용에서 탈락시키는 등, 타율적으로 주어진 상황을 '자율적'으로 악용한 학교 당국자들도 없지 않았다. 그러나 기본적으로는 밖에서 시키는 대로 안 하면 총·학장들 자신의 자리가 위태로울뿐더러 그로 인해 피해자들이 반드시 보호되지도 않는 상황에서 어쩔 수 없이 진행되는 형편이었다. 아니, 70년대 중엽부터는 거의 모든 문제에 대한 학생들의 집단적 의사표시가, 그리고 가령 헌법문제에 대해서는 개별적인 의사표시조차도 단순한 학칙위반이 아닌 국법위반이 되었으므로, '범법행위'의 진압·처벌 또는 예방을 위해 외부인력이 학원 안팎에서 취해놓은 온갖 조처들을 학교측은 사무적으로 정리나 하는 데 그치기도 했다. 그러나 긴급조치와 관계없이 이른바 학사징계를 악용한 경우라든가 일부 대학에서 총·학장의 권한으로 소위 문제학생에게 휴학을 명령하도록 했던 '지도휴학제' 같은 조치는 '자율'의 허울을 쓰고 있었던 만큼 더욱 대학사회를 병들게 했는지도 모른다.

학생을 자르는 문제와 달리 어떤 학생을 받아들이느냐에 있어서는 대학의 재량권이 대체로 존중되었던 것이 사실이다. 입학에 한해서는 근본문제가 정부의 간섭보다도 사회의 전체적 흐름이 입시 위주의 공부, 그것도 돈 많은 사람만이 할 수 있는 과외공부를 해야만 대학 문턱에 갈 수 있게 되었다는 데 있다. 이것이야말로 '자율화'만으로 풀리지 않을 문제의 하나이다. 게다가 입학금·등록금의 자유화까지 이루어지면, 가난한 집 자식은 설혹 기적적으로 과외 않고 시험에 붙는다 해도 학생처나 재벌에서 밀어주기 전에는 공부를 할 수 없게 될 형편이기도 하다. 그러나 이렇게 비교적 자율성이 존중되었던 입학의 영역에서도 학교측은 제대로 권한행사를 못했다. 그 가장 두드러진 예가 학원사태로 제적된 학생은 다시 입학할 수 없다는 개정학칙 조항이다. 학생의 제적은 교육적인 사형선고나 다름없다고 흔히 말하는데, 진짜 사형과 한가지 다른 점은 뒷날 재입학이라는 절차를 통해 되살아날 가능성이 남아 있다는 사실이다. 바로 이런 차이마저 없애서 명실공히 제적은 곧 사형이 되도록──그리하여 학칙 자체가 바뀌는 '재림의 날'이 오기까지는 개별적인 부활이 있을 수 없도록──만든 것이 문교부의 지시에 의한 예의 학칙개정이었다. 그러자 '부활'이 안 되면 딴 목숨으로 환생이라도 해볼까 하고 새로 입시공부를 해서 1학년에 합격하는 예가 생겼고 그중에는 수석합격자도 나왔던 것으로 안다. 그러나 이들 역시 정체가 드러나는 대로 입학금지 또는 입학취소가 되었다. 어느 지방대학에서는 필기시험에 우수한 성적으로 붙은 수험생을 떨어뜨리는 길은 구두시험에서 낙제점을 주는 수밖에 없다고 결정했다. 그러나 면접을 맡은 교수가 이유 없이 나쁜 점수를 못 주겠다고 버티자, 좀더 책임있는 자리에 있던 분이 몸소 시험관이 되어 기어코 낙제점을 주고 말았던 일도 있다. 설혹 그것이 그분의 자의에 의한 행동이었다고 하더라도 이로 인해 그 대학의 자율성이 증대되지 않았음은 물론이다.

학교측 고유의 권한이자 그 공신력의 기초가 되는 입학의 문제에서조차 이러했으니 나머지는 더불어 짐작할 만하다. 이제 새 내각의 문교장관이 '자율화'를 시정방침으로 내걸면서 대학마다 제적학생의 복학과 이에 필요한 학칙개정을 서두르고 학도호국단 문제, 교내언론과 학생서클활동의 자율성 문제 등이 들먹여지고 있는 것은 그러한 배경에서 이해되어야 한다. 해직교수의 복직이 거론되고 나아가서는 교수재임용제 자체가 문제되고 있는 것도 마찬가지다.

아픔의 축적된 체험과 인식

80년대 대학사회의 성격은 바로 이러한 문제들이 어떻게 해결되느냐에 따라 결정될 것이다. 그 자율성이 얼마나 확실하고 건전하게 제도화되느냐는 것도 그러한 변화가 얼마만큼이나 70년대 학원의 타율성에 대한 뼈아픈 체험을 반영할 것인가에 달려 있다. 예컨대 학도호국단 문제는 애초에 김옥길(金玉吉) 문교장관이 그 전면적 폐지를 선언했다가 약간의 곡절 끝에 호국단 자체는 남겨두되 간부를 학생들이 선출하는 등 그 운영을 대폭 개선하는 것이 최선의 방책이라고 해당부처간에 결론을 내렸다고 한다. 이것이 잘된 것인지 어떤지 필자로서는 판단할 능력도 없고 여기서 그런 판단을 시도하려는 것도 아니다. 필자가 말하고자 하는 것은, 예컨대 이 학도호국단의 경우만 하더라도 그러한 제도를 없애는 것이 좋으냐 나쁘냐, 없앤다면 대안은 무엇이며 남겨둔다면 어떤 손질을 해서 남길 것이냐의 문제가 추상적인 토론으로 결정될 일이 아니라는 것이다. 1975년에 학도호국단이 생길 때 어떤 필요에 맞춰 생겼고, 그후로 어떤 실질적 기능을 해왔는가에 대한 대학사회 당사자들의 축적된 체험에 의해 좌우될 문제인 것이다. 만약에 학생들을 포함한 대다수의 당사자들이 자신의 권리와 학원의 효율성이 호국단이라는 제도에 의해 침해 또는 제약되었다고 느껴온 정도가 그걸 없애기 위해 상당한 희생을 기꺼이 받아들일 만큼 심각한 것이라면, 정부측이 고안한 '최선의 방책'도 시련을 겪게 될 것이다. 설혹 그 시련을 이겨낸다 하더라도, 이미 그 나름의 역사작용을 통해 창출된 동력을 오히려 더욱 바람직하지 못한 방향으로 전환시킬 위험이 있는 것이다. 그러나 정부측에서 지적하는 민방위훈련 면제의 혜택이라든가 또는 다른 어떤 이유들로 해서 호국단에 대한 반발이 사실은 그 운영상의 문제점들과 직결되는 것이라면, 대학의 자율화와 자기쇄신을 위한 80년대의 노력이 호국단의 존폐 자체에 집착할 필요도 없는 것이며 또 일부 학생들이 집착한다 하더라도 이들의 노력은 쉽사리 좌절되거나 한 층 중요한 쟁점을 흐리는 방향으로 역이용되고 말 것이다.

이것은 다른 모든 문제에도 그대로 해당되는 자명하다면 자명한 원리 인데, 실제로는 이 뻔한 진실을 선의의 사람들조차 간과해버리는 수가 많은 것 같다. 학원의 자율화를 위해서든 나라의 민주화를 위해서든 우리에 게 필요한 새로운 제도는 옛 제도 아래서 가장 아팠던 것의 인식에 의해 설계되고 그 아픔을 동력으로 해서 추진되는 것이다. 소위 이상적이라는 갖가지 방안에 대한 국외자의 조언은 잘해야 다소의 참고가 될 뿐이요 자 칫하면 낡은 제도가 아프지 않았던 사람들의 지연작전에 봉사하게 된다. 이론상 아무리 좋은 방안이라도 그 실현을 위한 당사자들의 역량축적이 안 되었으면 이 대목에서는 좋은 방안이 못 되며, 현실역사 속에서 자생 한 합의의 실천인 경우에는 얼핏 대수롭지 않아 보이는 개혁도 참으로 엄 청난 쇄신의 계기가 되게 마련인 것이다.

제적학생들을 보는 눈

그러한 엄청난 쇄신을 수반할 변화의 한 보기로 필자는 제적학생들의 복교 문제를 생각해보고자 한다. 복교 자체가 '제도'의 차원에서 당장에 어떤 획기적 변혁을 요구하는 문제는 아니라고도 볼 수 있다. 제적됐던 학생이 본인이 희망하고 학교측이 허용할 때 돌아올 수 있다는 것은 대학 사회의 상식이며 이런 상식을 무시했던 학칙을 일부 개정 — 또는 재개 정 — 하는 것으로써 족하다. 실제로 어떤 대학에서는 학칙개정조차 없이 총장의 직권으로 결정하기도 했다. 물론 그 배경에는 긴급조치 9호가 해 제되고 정부 스스로가 헌법개정을 추진하는 등, 국가적 차원에서의 제도 변혁이 있는 것이 사실이다. 그러나 이런 변화가 공식적으로 펼쳐지기 전부터 학생복교 문제는 당시 대통령권한대행의 첫 시정연설에서 이미 제기되었고, 또 기술적으로 복교 자체는 긴급조치가 안 풀리고 유신헌법이 안 바뀌는 상황에서도 얼마든지 가능한 일인 것이다. 말하자면 우리 사회가 정치발전을 하고 민주화를 하고 학원자율을 한다고 할 때 누구나 생각할 수 있는 '최소한의 변화'가 소위 학원사태로 쫓겨났던 학생들에게 다시 배움의 기회를 주자는 것이었다.

그런데 이러한 '최소한의 변화'가 실제로 의미하는 것은 무엇일까? 정작 그들을 받아들이는 대학의 입장에서는 이것이야말로 가장 엄청난 변화가 되는 것이 아닐까? 예컨대 서울대학교의 경우, 1월 26일 현재 일간지에 명단이 보도된 복학대상자는 296명이다. 이 중에 병역관계로 새 학기에 복학을 못하는 학생들도 있는 대신 휴학·정학 등이 풀리는 학생들도 있을 테니까, 어쨌든 적어도 3백명 가까운 70년대 학원사태의 피해자들이 다시 학교에 들어오는 셈이다. 이 아이들을 어찌할 것인가—라는 물음은 시골 국민학생들 이야기를 주로 쓴 어느 책 제목이지만, 이제는 아이도 아닌 이 아이들을 대학측은 과연 어찌할 것인가?

이런 질문을 순전히 눈앞의 '안정'이라는 차원에서만 던지는 사람들도 많다. 데모하다 쫓겨났고, 개중에는 나와서도 계속 데모를 하던 친구들이 이제 복교해서 또 데모를 하면 어떻게 하느냐는 것이다. 물론 그런 문제점이 전혀 없지는 않겠지만, 학원의 단기적 안정이라는 관점에서는 이들의 복교가 오히려 도움이 되는 면이 훨씬 많으리라는 것이 필자의 생각이고 또 당국자들의 계산이었으리라 싶다. 최소한 제적학생들의 복학은 실현되어야 한다는 문자 그대로의 국민적 합의를 외면했을 경우 사태는 정말 심각해졌을 것이다.

그들이 체험한 '자기교육'

그러나 대학인으로서 우리가 바야흐로 함께 생각하고 걱정할 일은 이 아이들이 '경거망동'을 할 것이냐 안 할 것이냐는 그런 차원의 문제가 아니다. 필자는 이들을 무조건 위험인물시하는 데 반대하듯이 그들을 미화할 생각도 없지만, 이제 학원에 돌아가는 그들 중 상당수는 이미 총·학장이나 교수들이 이해하는 경거망동의 수준은 넘어서 있지 않은가 싶다. 그리고 정작 문제는 이들이 경거망동을 않고 진지한 눈빛으로 학구에 임할 때인 것이다. 오늘의 대학은 이들에게 무엇을 줄 수 있으며 교수들은 과연 무엇을 어떻게 가르칠 것인가?

이 물음의 심각성을 알아차리려면 우리는 그것을 70년대 학원현실의 맥락에서 이해해야 한다. 4·19 직후의 기분이 아직도 많이 남아 있던 60년대 초·중엽과는 달리, 60년대 말과 특히 70년대에 와서 '학원사태'에 주도적으로 참여한다는 것은 그냥 공부하기 싫어서나 일시적 영웅심으로 해보는 일이 아니었다. 오히려 학업성적도 좋은 학생이 비장한 각오와 치밀한 계획으로써 단행하는 바가 되었다. 그리고 그 결과는 투옥 아니면 최소한 퇴학──게다가 한번 제적되면 재입학도 안 되는 상황이었다. 그런데 그 대학이란 또 어떻게 해서 들어온 대학이었던가! 학생 자신의 타고난 두뇌와 힘겨운 노력은 물론, 대부분은 부모형제들의 결사적인 뒷바라지까지 받아서 어린 나이부터 수없이 많은 시험을 치고 수없이 많은 경쟁자들에게 패배의 쓰라림을 안겨준 끝에야 세칭 이류 대학이나마 들어가게 되는 것이 우리 사회의 실정인 것이다.

그런데 여기서 생각해볼 점은 그렇게 해서 들어간 대학일수록 그 세계에서 한번 벗어나봄으로써만 진정한 인간교육이 가능해지지 않느냐는 것이다. 우리나라에서 일류 대학에 들어온 학생이란 좋게 말하면 엘리뜨 중의 엘리뜨지만, 또 한편으로 생각하면 그야말로 너무나 많은 인간적 불구화의 과정을 겪고 나온 애처로운 존재이기도 하다. 한국처럼 극단적인 상황이 아니더라도 어린 나이부터 줄곧 학교만 다녔다는 사실 자체가 비교육적인 경험이라고 주장하는 학자들이 점점 많아지고 있다. 필자가 한때 공부했던 미국의 세칭 명문대학에서도 교육효과를 높이기 위해 학부 재학생들이 자기가 원하는 대로 아무 때나 휴학하고 복학하는 것을 오히려 권장하고 있다고 한다. 이것은 물론 여유 있는 나라에서나 가능한 일이지만, 70년대의 한국에서는 미국에서처럼 정상적으로 제도화하지는 못한 대신 '학원사태'라는 변칙적인 길을 통해 더욱 철저하게 그런 교육을 해냈다고도 볼 수 있다. 어린 나이부터 학교공부와 과외공부와 1·2등 다투기밖에 모르고 자란 젊은이가 하루아침에, 그것도 자기가 정의롭다고 생각한 결단의 열매로, 학원 바깥의 세상에 내던져져 모르던 생활현장을 알고 지금까지 알던 학문과 인생을 새로 볼 수 있는 기회를 얻었던 것이다. 이 기회를 그들 모두가 충분히 살렸다는 말은 아니다. 요는 그중 몇 사람만이 그랬다 해도 무시 못할 사실일 터인데, 몇십명 몇백명이 적어도 학교에 남아 있었던 것보다는 훨씬 생생하고 착실한 자기교육의 과정을 거쳤다는 것이다. 그것은 먹고살기 위해 뛰어다니고 자기가 옳다고 믿는 일을 위해서도 계속 뛰어다니는 어수선함 속에서 쌓은 공부이기 때문에——뛰어다니느라고 아예 공부를 내팽개친 경우가 아니라면——70년대 대학의 테두리 속에서는 교수도 학생도 해보지 못한 산 공부였다.

'함께 배움'으로 합류하는 길

80년대 대학사회의 큰 과제는 이렇게 어렵게 얻어진 교육성과를 대학을 위해 살리는 일이다. 이 친구들 오자마자 또 경거망동하지 않을까, 저희가 들어오면서 나보고 나가라고 하지는 않을까——이런 차원의 생각은 진정으로 대학을 위하는 사람이라면 일단 접어놓을 줄 알아야 할 것이다. 물론 그것은 학생 쪽에서도 마찬가지다. 온갖 고난을 지불하고 해낸 각자의 공부는 이제 대학이라는 장에 다시 모인 모든 대학인들의 함께 배움으로 합류할 때 바야흐로 제값을 찾을 터이다. 그동안 누가 나한테 얼마나 섭섭하게 했는가를 따질 계제가 아닌 것이다.

교직자들 쪽에서의 자기반성은 물론 별개문제다. 다만 그것도 개인적인 참회나 고백보다는 80년대의 대학사회가 이룩해야 할 자기쇄신의 맥락 속에서 자신의 위치를 설정해보는 역사적 평가의 차원이었으면 좋겠다. 이러한 자기점검을 마치고 교수가 강단에 섰을 때 비로소 스승으로서의 권위가 가능해질 것이다. 그리고 이때에 스승과 제자 관계가 새로워짐은 물론 학문의 내용과 방법도 마땅히 달라지지 않을까 한다. 뭐니뭐니 해도 책은 내가 더 많이 읽었지 하며 버티는 것은 학자들이 가장 빠지기 쉬운 함정인데, 80년대의 대학생들에게는 이런 낡은 권위는 통할 수가 없게 되었다. 무슨 책을 어떻게 읽고 어떻게 실천했느냐고 물을 것을 70년대의 역사는 이들에게 가르쳐주었고, 상대가 교수든 정치인이든 수사관이든 물을 것을 묻는 습성을 길러온 학생들도 너무나 많아진 것이다.

이들을 당돌하다거나 무례하다고 욕하기 전에 —개개인으로 보면 당돌한 친구도 많고 무례한 친구도 많을 터이지만— 공부하는 사람으로서는 실제로 학문의 정도(正道)가 그쪽에 있지 않은가 스스로 되물어보는 것이 순서이리라 본다. 지행합일(知行合一)이라는 옛 성현들의 가르침은 더 말할 것도 없고, 이론과 실천의 통일을 노리는 온갖 근대 사상가들의 모색도 결국은 그런 것이 아니겠는가. 이런 이야기를 외국의 '원서(原書)'에서 읽을 때는 '최신 학설'로서 경청하지만 제자들의 뼈아픈 체험에서 나온 다그침으로 만나면 무지와 무례의 소치로 돌려버린다는 것은, 아무것도 배울 줄 모르고 따라서 아무도 가르칠 자격이 없는 인간임을 스스로 드러내는 꼴밖에 안 될 것이다. 아니, 여기서 배울 것을 배우느냐 못

배우느냐에 따라 80년대 대학사회가 당면한 온갖 과제의 성패가 판가름 나리라고 해도 너무한 말이 아닐 것 같다. 예컨대 학문의 지나친 전문화·세분화를 배격하고 이른바 인접학문 간의 연계적 접근(interdisciplinary approach)을 추구하는 것이 요즘 학계의 새로운 관심사인데, 이러한 연계(連繫)란 실천 —역사적 정당성을 지니는 실천—의 와중에서 자연스럽게 이루어지는 것이 아닌 한, 결국 몇몇 박식한 개인의 호사취미와 권위의식을 만족시켜주는 것밖에 안 된다. 우선은 한 과목도 힘겨운 학생들과는 거리감만 더해질 뿐이요, 방대한 지식의 축적을 뒷받침해줄 정부나 재단과의 연대의식만 도타워지게 마련인 것이다.

80년대 대학사회의 과제

다시 말해서 대학의 장래 자체가 걸린 문제가 바로 이것이다. 70년대 대학사회의 가장 큰 비극은 교수와 학생들 간의 인간적 유대가 상실되었다는 사실이라고 흔히들 말한다. 사제간의 믿음이 없이 교육은 불가능하다고도 말한다. 그러나 학생은 데모를 하는데 교수는 데모를 못 하게끔 '지도'를 하고 '담당'을 하는 곳에서만 사제간의 인간관계가 깨지는 것은 아니다. 실천과 동떨어진 지식의 판매자와 구입자로 대면할 때도 스승과 제자라는 인간관계는 사라지며, 교수가 지식의 '희사자(喜捨者)'로까지 되는 경우에도 죽은 지식을 선심 써준다고 스승으로 모시는 제자는 변변치 못한 인물들뿐인 것이다. 교수와 학생이 기본적으로 하나의 역사적 실천에 동참할 때 그들 사이에 인간적 신뢰의 터전이 깔리는 것이요, 그러한 실천이 대학이라는 특수한 사회에서 학문이라는 특수한 활동을 통해 추구된다는 사실에서 그들의 상호신뢰는 대학인 특유의 동류의식으로 다져진다. 이러한 가운데서야 학생들보다는 아무래도 학식도 많고 나이도 많고 또 대학사회에 인생의 더 많은 것을 걸고 있는 교수라는 특정 대학인들에게 젊은이다운 존경과 애정을 지불하지 않을 수 없게 되는 것이다.

80년대의 한국에 이러한 인간관계의 현장으로서의 새로운 대학이 생겨날 것인가? 이것은 누구도 장담할 수 없는 것이다. 그러나 이미 당연하고도 돌이킬 수 없는 것으로 인정된 '최소한의 변화'만 하더라도 대학의 지속적인 자기쇄신을 통해서만 수렴될 수 있는 역사성을 지녔다는 것이 필자의 관찰이다. 그것은 학문의 개념, 대학의 개념 자체를 새로이 하는 작업이며 이에 따른 학원 안팎의 온갖 제도적 변혁을 수반하는 작업일 것이다. 그 성공을 위해서 바깥사회의 지원이 필요함은 물론이나, 학원 안에서 그런 노력이 펼쳐지는 일 자체를 막을 힘은 아무 데도 없다고 본다. 적어도 대학 내부에 그럴 힘이 없는 것은 확실한 만큼, 막으려면 다시 외부의 힘을 끌어들여 막을 궁리를 해야 될 것이다. 그러나 70년대 학원의 기억이 생생한 이 나라의 국민과 대학인들이 그러한 새로운 타율화를 용납하리라고는 믿어지지 않는다.

—『月刊中央』1980년 3월호

물질개벽 시대의 공부길[*]

　제가 청탁받기로는 현재로부터 2000년대 초반까지 한국사회를 진단하고 지도자로서 해야 할 역할을 말해달라는 것이었습니다. 그런데 이 청탁 내용대로는 도저히 말씀드릴 자신이 없습니다. 저는 예언자도 아니고 미래학자도 아니고 또 사회과학자도 아닙니다. 그래서 2000년대 초반까지 한국사회가 정말 어떻게 돌아가려는지 진단하거나 예언할 능력이 없고, 더군다나 지도자로서의 역할로 말하자면 여기 계신 분들이 전부가 종교계, 진리사업에 종사하는 지도자들이시고 그중에는 지도자 가운데서도 또 지도자에 해당하는 분들이 계신데, 저 자신은 사실은 수양이 모자라서 제 몸뚱어리 하나도 제대로 건사를 못해서 주위 분들에게 많은 심려를 끼치며 살고 있습니다. 그런 제가 여러분들께 지도자는 이러저러한 역할을 해야 한다고 마치 지도를 하는 것처럼 입을 놀린다면 망발이 될 것입니

---

[*] 이 글은 1992년 7월 원불교 중앙훈련원에서 실시된 교무훈련의 일환으로 행한 강연의 녹음을 풀어 약간의 첨삭을 가한 것이다. 강연 제목은 청탁과 실제 강연 내용을 절충하여 「물질개벽 시대의 지도자 역할」이라고 달았었는데, 여기서는 좀더 글의 취지에 맞게 고쳤다. 각주는 독자의 편의를 위해 새로 단 것이다.

다. 그래서 대신 생각해본 것이 제가 평소부터 관심을 가지고 있던 문제와 연관시켜서, 원불교의 개교표어에 '물질이 개벽되니 정신을 개벽하자'고 했는데 물질개벽에 대해 제가 생각한 바를 말씀드릴까 합니다. 그런데 어떻게 보면 이것은 그냥 한국사회를 진단하는 것보다 더 거창한 얘기가 되겠고, 더 주제넘은 얘기가 될지도 모르겠습니다. 그야말로 부처님 앞에서 설법하는 격이 되겠는데요, 저는 그런 뜻으로 말씀드리는 것은 아니니까 양해를 해주시기 바랍니다. 오히려 문외한으로서 평소에 교전도 읽고 귀동냥한 것을 가지고 제가 생각한 것을, 말하자면 학생이 선생님들 앞에서 발표하는 마음으로 말씀을 드리고 여러분들의 질정을 받아볼까 하는 것이니까요.

그래서 우선은 오늘 제가 물질개벽을 말하게 된 취지를 조금 더 설명드리고, 다음에는 물질개벽 시대의 실상이 어떤 것인가에 대해서 제가 생각하는 바를 말씀드리고, 그다음에는 물질개벽 시대에 부응하기 위해서 어떻게 공부할 것인가 또 어떻게 나아갈 것인가에 대해 그 부분은 좀더 줄여서 말씀드리고, 마지막으로는 정신이 개벽된 그런 시대를 향해서 우리 민족이 나아갈 때 당장 부닥치는 문제로서 민족의 통일이라는 과제에 대해서 한두마디 말씀드릴까 합니다.

제가 개교표어에서 '물질이 개벽되니(…)'라는 구절에 남다른 관심을 갖게 된 것은 워낙 정신수양이 모자라니까 정신개벽 부분에 대해서는 자신이 없어서 그렇기도 하지만, 물질개벽론은 말하자면 시국에 관한 판단이고 현실에 대한 판단이라고 생각되었기 때문이기도 합니다. 이것은 종교 안팎을 막론하고 누구나 우리가 살고 있는 시대에 대해서 함께 논의하고 생각할 자료가 된다고 보았기 때문이지요. 그런데 오늘날 물질문명이 놀랍게 발달하고 있다는 것은 누구나 알고 실감하는 사실입니다만, 이것을 '개벽'이라고 표현했을 때 여러분들은 늘 개벽사상을 말하고 또 정신개벽의 사업에 종사하기 때문에 어쩌신지 모르겠습니다만 이런 표현에 익숙지 않은 세상사람들의 머리에는 조금 색다르게 느껴집니다. 그냥 물질이 발달한다는 것이 아니라 **개벽**된다고 할 때 도대체 무슨 말인가? 물론 개벽이라는 말을 사전을 찾아서 알 수도 있고, 또 사전을 안 봐도 그 의미를 대충은 이해하고 있습니다만 물질이라는 것이 개벽된다는 것이 도대체 무슨 말일까? 물질이 발달한다는 말을 단지 조금 더 강조해서 말하는 하나의 수사법에 지나지 않는 것인가, 아니면 그것을 꼭 개벽이라고 말해야 할 까닭이 있는 것일까? 저는 평소부터 이런 것에 의문을 가져왔습니다. 어떻게 보면 이것이야말로 우리 시대의 하나의 의두(疑頭)요 화두(話頭)가 아닐까 하는 생각도 해봤습니다. 그래서 이것도 '의두요목'의 하나로 추가해서, "물질이 개벽되리라고 말씀하셨는데 그것은 무슨 뜻인가"라고 한번 화두를 걸어보면 어떨까 하는 생각을 했습니다.

특히 제가 근래에 와서 그런 생각을 더 많이 하게 된 것은 물질개벽·정신개벽을 두고서 어떤 사람들은 이것이 별로 대단한 얘기가 아니고 심지어는 표현이 잘못됐다고까지 하는 것을 들었기 때문입니다. 물질문명/정신문명, 이런 식으로 나누어서 보는 것 자체가 말하자면 서양철학에서 또는 우리 일상생활에서 하나의 상투적인 사고방식인데 원불교에서 그런 상투적인 사고나 표현의 수준을 넘어서지 못해서, 말하자면 대종사님 뜻이야 그렇지 않았겠지만 그것을 정리하는 사람들이 뭔가 상투성에 얽매여서 개교표어를 잘못 만들었다는 얘기를 한 것을 전해 들었습니다. 그때 저는, 물질이 개벽된다는 말에 그야말로 화두가 걸려서 이것을 하나의 의두로 연마를 안 하면 이런 식의 해석도 가능하겠구나라는 생각이 들었습니다. 그냥 평범하게 물질문명이 발달하면서 정신문명이 부족해졌다든가 하는 식의 얘기는 수없이 들어왔고, 또 지금도 수없이 하고 있고, 그렇게 암만 얘기해봤자 대개는 하나의 공염불로 끝나고 맙니다. 그래서 물질개벽이 정말 무엇인지를 조금 더 깊이 생각을 해봄으로써만 우리가 개교표어를 제대로 이해하는 것은 물론이고 거기서 말씀하신 오늘 우리에게 필요하다는 정신개벽도 제대로 해낼 수 있지 않을까 하는 생각이 들었던 것입니다.

제가 여러 종교에 대해서 갖고 있는 짧은 지식을 근거로 판단할 때 소태산(少太山) 박중빈(朴重彬) 선생의 후천개벽론에는 몇가지 특이한 바가 있습니다. 하나는, 소태산 선생뿐 아니라 우리 구한말에 후천개벽(後天開闢)을 얘기하신 수운(水雲) 선생이라든가 증산(甑山) 선생, 이런 분들이 단순히 이 시대가 난세니까 난세를 다스려야겠다는 수준의 말씀이 아니고 이제 정말 선천이 가고 후천이 오는 큰 전환의 시대이고 그때 우리가 개벽을 해야 된다고 말씀하신 것이 종래의 흔한 난세론과 다른 바가 있다고 생각합니다. 그전에도, 가령 중국에서 같으면 우리 조선에서보다 왕조의 전환이 더 많았는데 어쨌든 왕조가 바뀔 무렵이 되면 그것이 난세가 되고 새로 개국하는 임금이 나서서 치세를 다시 이룩하곤 했습니다. 그러나 후천개벽이라는 것은 그런 수준의 수습이 아니라 더 근본적인 전환입니다. 이런 더 근본적인 전환을 내다보았다는 것이 조선조 말기의 우리 민중종교 사상들과 더불어 소태산 사상의 한 특징이라고 할 수 있겠습니다.

동시에 메시아 사상이라든가 그 비슷한 것은 서양에도 있었고 동양에도 없지 않았습니다. 예수께서 다시 재림하여 천년 동안 세상을 다스리신 후에 이 세상의 종말이 온다는 것이 성경에 나와 있는데 그런 천년왕국의 도래를 예언 또는 선포한 사람이 많았고 후천개벽 사상이 그런 것과 통하는 바도 있습니다. 하지만 그것과 원불교에서 말하는 후천개벽, 또 선후천교역기(先後天交易期) 개념의 가장 큰 차이는 현실에 대한 사실적인 인식을 바탕으로 후천개벽을 얘기한 것이지 막연히 예수께서 재림하신다든가 또는 후천이 열린다든가 이런 것이 아니라는 점인 것 같습니다. 다시 말해서 현 문명에 대한 인식, 이것이 바로 **물질이 개벽**하는 시대라는 인식에 그 차이가 있다고 생각합니다. 거기에다 같은 후천개벽을 얘기하신 수운이나 증산 선생과 비교할 때 소태산 대종사께서는 정신을 개벽하자고 하시면서도, 가령 내가 태어남으로써 후천이 열렸다든가 또는 원불교가 창시됨으로써 저절로 후천개벽이 이루어졌다고 말하기보다, 앞으로 우리 한 사람 한 사람 모두가 정신개벽을 하고 모든 민중이 깨어나는 세상이 될 때 그것이 새로운 세상이 되리라고 하셨다는 점, 이렇게 우리 모두의 노력에 후천개벽의 임무를 맡긴 점이 또 하나의 특징이 아닌가 합니다. 그런 의미에서 저 같은 사람도 외람되나마 물질개벽·정신개벽, 이런 얘기를 하는 것이 허용되지 않을까 하는 것입니다.

그러면 물질개벽에 대해서 몇가지 말씀을 드려보겠습니다. 「대종경(大宗經)」 서품(序品)에 그런 말씀이 있지요. "지금 물질문명은 그 세력이 날로 융성하고 물질을 사용하는 사람의 정신은 날로 쇠약하여, 개인·가정·사회·국가가 모두 안정을 얻지 못하고 창생의 도탄이 장차 한이 없게 될지니(⋯)"[1] 이렇게 말씀하셨는데, 지금 세상이 돌아가는 것이 전부 나쁘게만 돌아가는 건 아닙니다만, 어떻든 "창생의 도탄이 날로 심해지고 한이 없게 될지니(⋯)"라고 하신 그 말씀은 여전히 유효하고 우리가 나날이 실감하면서 살고 있지 않은가 합니다. 특히 세상의 병을 말씀하신 자리에서는 여섯가지 병을 열거하신 것을 기억하는데, 여러 교무님들은 다 외우다시피 하시겠지만 제가 이야기 전개의 편의상 다시 한번 상기시켜드리면, 첫째가 돈의 병이고, 둘째가 원망의 병, 셋째가 의뢰의 병, 넷째가 배울 줄 모르는 병, 다섯째가 가르칠 줄 모르는 병, 여섯째가 공익심이 없는 병이라고 했습니다.[2] 그런데 이 여섯가지의 어느 하나를 보거나 지금 우리 세상 돌아가는 것이 병이 점점 깊어져가고 있지 아직까지는 사회 전체로 볼 때 소생·회복기에 접어들어갔다고는 보기 어려운 것 같습니다. 사례를 들자면 한정이 없겠습니다만 우리가 매일 신문만 읽고 살아도, 또 신문을 읽지 않는 사람도 자기가 직접 생활에서 겪으면서 사는 일이기 때문에,

---

1 「대종경」 서품 13장, 『원불교전서』, 원불교출판사 1977, 113면.
2 「대종경」 교의품 34장, 같은 책 151~52면.

거기에 대해선 길게 설명을 안 드리겠습니다.

그런데 한국에서 이런 현실을 살면서, 우리가 흔히 외국에서는 안 그런데 우리는 그렇다, 서양의 선진국 같으면 이러저러하게 잘하는데 우리는 왜 이렇게 못하는가라는 얘기를 많이 합니다. 실제로 서양의 이른바 선진국이라는 나라들은 우리보다 낫게 하고 있는 점이 많은 것도 사실입니다. 제가 젊어서 미국에서 공부를 했고 지금도 주로 공부하는 내용이 서양에 관한 학문입니다만, 가령 많은 미국 사람들이 자기들끼리 일을 꾸려나가면서 공익심을 발휘하는 것을 본다거나 또는 남에게 의뢰하기보다 자력에 의해서 생활하려는 태도를 볼 때, 이런 것은 대체로 우리보다 훨씬 낫지 않은가 하는 생각입니다. 또 미국사회의 어떤 구석을 보면 미국이 금전만능사회라고 하지만 돈의 벽이 우리보다 덜 심각한 구석도 많습니다. 그러나 크게 볼 때 소태산 선생께서 말씀하신 오늘날 문명사회의 병은 한국이나 미국이나 또 세계 어느 사회나 다 마찬가지가 아닌가 생각되고, 특히 미국 같은 사회, 소위 선진국이라는 사회를 우리가 그 나라만을 따로 보지 않고 인류사회의 차원에서 본다면 어떤 면에서는 이 병이 더 깊이 들어 있다고 볼 수 있습니다. 가령 미국 사람들이 자기네끼리 자기 나라의 살림을 꾸려나가는 데는 남달리 공익심을 발휘한다고 칩시다. 그러나 그들이 자기 나라만을 운영하는 것이 아니고 세계를 지배하는 위치에 있는데 약소민족들에 어떻게 하고 있는가, 또 인류의 장래를 위해서 무슨 전망을 갖고, 신념을 갖고 꾸려나가고 있는가, 아니면 자기네들이 남보다 조금 잘 살고 또 좀 앞서 있다는 이것을 지키기 위해 급급해 있는가. 이런 차원에서 본다면 이른바 선진사회라는 것이야말로 공익심도 없는 사회이고 남을 가르칠 줄도 모르는 사회이고 또 스스로 배울 줄도 모르는 사람들로 가득 차 있다고 할 수 있습니다. 따라서 이런저런 점을 두루 감안할 때 이른바 선진국이라는 나라들이 실은 물질개벽의 선진이지 정신개벽의 선진은 아니라고 말할 수 있겠습니다. 실제로 주인 될 정신이 도리어 물질의 노예가 되고 만 현실의 뿌리를 찾자면 동양 못지않게, 또는 오히려 그 이상으로 서양의 선진사회에서 찾아야 하지 않을까 하는 생각입니다. 그래서 서양을 공부한 사람으로서 거기에 관해 몇가지 말씀을 드려볼까 하는 것입니다.

서양의 물질문명이 화려하게 발전하고 있는 것은 우리가 다 아는 사실입니다. 그런데 그 뿌리가 되는 서양의 정신문명이 있는데, 이 정신문명의 기둥으로 우리가 흔히 말하는 것 중에 하나는 유태교·기독교로 대표되는 서양의 종교입니다. 유일신(唯一神) 신앙입니다. 그래서 서양문화의 연원이 한편으로는 히브리문화에 있고 또 하나는 그리스와 로마의 고대문화에 있다고도 하지요. 특히 고대 그리스의 탐구정신이라고 할까요, 학문과 예술을 꽃피운 정신이 서양정신의 또 하나의 뿌리라고 할 수 있습니다. 이러한 큰 두 흐름이 합쳐서 유럽, 그리고 오늘날의 미국에까지 이르는 서양문명을 발전시키면서, 그 사회를 이끌어온 여러가지 윤리·도덕을 형성했습니다. 이런 것들이 서양정신의 뿌리라고 할 수 있겠는데 과연 그 정신이 오늘날에는 얼마나 살아 있으며 또 물질이 개벽되는 이 시대를 얼마나 잘 감당해내고 있는가 하는 점을 한번 생각해보고자 하는 것입니다.

우선, 서양의 종교가 유일신을 내세우고 있고 또 그것을 바탕으로 많은 중생을 제도하고 교화하며 오늘날의 서양사회를 건설해왔습니다. 그러나 신이라든가 하느님이 창조하셨다고 하는 인간의 영혼이라든가 이런 것은 서양 사람들의 개념에 의하면 그것이 정신적인 존재에 해당할 터인데, 우리 동양에서 불교의 진리에 입각해서 본다면, 원불교의 관점에서도 마찬가지겠습니다만, 어디까지나 유·무의 분별에 근거한 현상 중에서, 그러니까 우리가 있다고 단정한 것 중에서 정신적인 존재, 영적인 존재가 정신이요 영혼입니다. 그리고 하느님은 그러한 존재들, 정신적인 존재들 중에서 지고(至高)한 존재, 가장 높고 가장 힘있고 또 가장 현명하신 존재입니다. 즉 신은 모든 존재자 중 지고의 존재자인 셈입니다. 이것이 서양정신의 하나의 큰 뿌리라고 할 수 있는데, 이것은 가령 원불교의 「정전(正典)」에서 삼학 중에 '정신수양'을 얘기하면서 정신을 정의하기를 "정신이라 함은 마음이 두렷하고 고요하여 분별성과 주착심이 없는 경지를 이름이요"[3]라고 했을 때의 정신에 관한 생각과는 전혀 다른 차원의 것입니다. 즉 원불교 교전에 정의된 이런 '정신'이라고 할 때는, 이것은 있는 것들 중에서 물질이 아닌 다른 종류의 있는 것이다라는 뜻이 아니라 오히려 물질과 정신의 분별이 없는 경지라고 해야 옳겠습니다. 영육쌍전(靈肉雙全)의 경지라고 표현되기도 합니다. 그런 점에서는 정신이라는 것은 육신에 의존하는 존재이기도 하고, 마찬가지로 육신은 정신에 의존하는 존재인데, 육신은 우리가 다 아는 바와 같이 물질적인 존재입니다. 말하자면 불교에서는 응용무념(應用無念)한 도(道)를 적용하는 하나의 방편으로서 물질과 정신을 가르기도 하고, 또는 정신·육신·물질 이렇게 셋을 가르기도 하는 것이지, 서양에서처럼 있는 것들 중에서 정신과 물질을 갈라놓고 비물질적 존재자로서의 정신을 말하는 일은 설혹 그것이 정확하게 가른 것이라 하더라도 어디까지나 분별지(分別智)의 정확성에 지나지 않고 참다운 지혜에는 못 미치는 것입니다. 사실은 그것이 정확한 분별인가 하는 것도 심히 의심스러운 일입니다. 왜냐하면 방금 말씀드렸듯이 정신이라는 것 자체가, 있는 물건의 차원에서는 정신도 물질의 일부다, 또는 물질과 정신을 구별하는 것은 불가능하다고 할 수 있기 때문입니다. 우리가 흔히 마음을 말할 때에도 '정신수양'과 관련하여 말씀하신 '정신'은 바로 불성과 같은 것입니다만, 중생의 마음이라고 할 때는 원래 그런 것은 없는 것이지만 경계를 따라서 있어지는 것이다라고 말하지요. 다시 말해서 물질현상에 부수되는 현상으로서 나타나는 것이 그런 차원의 정신작용이라고 말할 수 있습니다. 그런 의미에서도 중생심이라는 것은, 보통 사

---

3 「정전」 교의편 4장 1절, 『원불교전서』 50면.

는 사람들의 평범한 의식이라는 것은, 물질현상의 일종이라고 말할 수 있고 이는 바로 서양에서 유물론자들이 주장하는 바입니다. 또 정신에 대한 그런 철학적 해석뿐만 아니라 현대 물리학에서도 정신과 물질의 차이를 구별하기가 점점 어려워져가고 있는 것으로 압니다. 물질을 옛날에는 무슨 물질의 덩어리가 있는 것처럼 생각했는데 물리학의 연구가 깊어질수록 그런 식으로 우리가 어떤 물질의 알갱이를 객관적으로 확인한다는 것은 어려워지고, 어떤 의미에서는 물질은 에너지 그 자체이고 관찰하는 사람과의 관계를 떼어서 생각할 수 없는 것으로 이해되는 일이 많다고 듣고 있습니다. 이렇듯 물질을 에너지라고 한다면 어떻게 보면 정신이야말로 물질이라고 말할 수도 있는 것입니다.

오늘날 기독교, 유태교를 포함해서 기존의 종교들, 특히 서양의 종교들이 실제로 많이 쇠퇴해 있습니다. 교세 자체도 쇠퇴하고 있고, 가령 천주교라든가 기독교가 이상하게도 우리나라에서는 그렇게 융성합니다만 서양에서는 천주교 같으면 교도의 수도 줄어들거니와 특히 신부 하겠다는 사람이 없어서 제3세계에서 인재를 수입해야 하는 실정이라고 합니다. 이렇게 종교가 쇠퇴하고 있는 데는 여러가지 이유가 있겠는데, 크게 보아서 그들이 모시는 하나님, 또는 그들이 가장 존귀하다고 생각하는 인간의 영혼, 이런 개념 속에는 한편으로는 그것이 진리를 담은 측면도 있습니다만 그것을 기존의 서양 철학이나 신학에서 정리하고 체계화해놓은 상태가 진리와 다소 거리가 있고 어떤 의미에서는 물질과 다름없는 것으로 만들어놨기 때문에 물질이 개벽하는 시대를 감당할 수가 없는 것입니다. 말하자면 모든 물질이 열리고 깨지는 이 시대에 그들이 존귀하게 모셔온 정신도 깨지게 마련이라고 볼 수 있겠습니다. 물론 오늘날 기성의 종교들이 쇠퇴하는 가운데 여러가지 종교적 부활·부흥 운동이 일어나고 있는 것도 사실입니다. 기성의 종교가 힘을 잃으면서 미신적인 종교들이, 혹은 기성의 종교 내에서도 미신적인 분파들이 더 힘을 발휘하는 것이 사실인데,

저는 이것 역시 크게 보면 종교가 쇠퇴하는 현상의 일부라고 봅니다. 진리에서 멀어지는 과정의 하나라고 볼 수밖에 없을 것 같습니다.

종교가 그렇듯이 고대 그리스의 탐구정신에서 출발한 서양의 철학이라든가 학문, 과학, 이 모든 것들도 오늘날 심각한 도전에 직면했고 이제 물질문명의 주인 노릇 할 힘을 잃어버리고 있다고 생각합니다. 그리스 사람들이 생각한 진리 개념도 원래는 그것이 어떤 있는 사물에 대해서 사실 여부를 확인하는 단순한 알음알이의 차원은 아니었습니다. 오히려 숨겨진 도가 드러나는 것, 이런 것을 최초의 그리스 철학자들은 진리라고 생각했지요. 그런데 그것이 발전하면서 숨겨진 것이 드러나는 과정에 대한 깨달음이라고 할까 이런 면은 오히려 잊어버리고, 드러난 것만 가지고 그것이 정말 있느냐 없느냐, 맞냐 틀리냐를 따지는 쪽으로 치우쳐온 것이 서양철학의 발전과정이라고 생각됩니다. 이것이 전적으로 잘못됐다는 이야기는 아닙니다. 서양 학문과 동양 학문을 비교해볼 때 서양 사람들은 드러난 것이 맞느냐 틀리냐에 대해, 또 개별적인 사물 하나하나가 맞냐 틀리냐만이 아니라 맞는 사물들끼리의 상호관계가 정확히 어떤 것인가에 대한 집념이 제가 보건대 동양 사람들보다 훨씬 강했다고 생각합니다. 그렇기 때문에 서양의 학문이 훨씬 더 체계적으로 발달하고 거기서 근대과학이 탄생하고 오늘날과 같은 눈부신 과학문명을 건설하는 데 서양 사람들이 주역을 맡게 되었던 것입니다. 그러니까 원래는 서양의 과학도 그 뿌리를 캐자면 구도(求道)의 한 방편으로 출발한 것이고 수많은 도인들을 낳기도 했습니다. 그러나 그 방편 자체가 워낙 발달하고 전문화되면서 그것이 **도**의 방편이라는 것을 망각하게 된 결과가 오늘날 서양의 과학에서 말하는 진리의 개념입니다. 가령 서양의 과학뿐만 아니라 많은 철학자들이 여기 있는 이 컵을 두고 이것이 컵이라고 하면 '진리'이고 컵이 아니라고 하면 '진리'가 아니라고 얘기하는데, 우리는 진리라는 말을 그렇게 함부로 쓰지 않지요. 서양에서도 예수께서 "나는 길이요 진리요 생명이다"라고 말씀하셨을 때 그 진리라는 말 역시 우리 동양에서 말하는 것에 더 가까운 진리이지, 무슨 이게 컵이냐 아니냐, 2 더하기 2가 4냐 5냐 하는 차원의 알음알이는 아니었던 것입니다. 하지만 가령 오늘날 영어에서 *truth*라고 하면 우리가 생각하는 진리의 개념은 거의 없어졌고 그야말로 맞냐 틀리냐, 혹은 실험을 해서 결과가 나오느냐 안 나오느냐 하는 차원으로 떨어져버렸습니다. 따라서 그들이 말하는 진리는 물질의 운동과 물질의 운용에 대해서 이렇게 할지 저렇게 할지를 따지는 작업이 되었고 그것이 진정으로 진리다운 진리를 탐구하고 구현하는 차원에서는 벗어나게 된 것입니다. 그렇기 때문에 오늘날 과학의 진리 역시 물질이 개벽하는 시대에는 깨지고 무너지지 않을 수 없게 되었습니다. 요즘 최첨단에 있다고 하는 서양의 이론가들 중에는, 진리라는 것 자체가 하나의 신화이고 하나의 이데올로기이다, 그것이 어떻게 구성된 이데올로기인가를 알아서 그것을 다시 해체해보아야 한다는 얘기를 하는 이들도 있습니다. 그것을 해체주의 또는 해체론이라고도 하고 탈구조주의라고도 하는데, 물론 덮어놓고 아무거나 문자 그대로 해체해서 없애버리겠다는 뜻은 아니고 진리 역시 역사적인 과정을 통해서 구성된 하나의 구성물이기 때문에 그것을 그대로 진리로 받아들일 수 없다는 얘기입니다. 따라서 이야기 자체는 정말 진리가 아닌 것이 진리로 행세해온 것을 폭로하고 거기서 우리가 어떤 깨달음을 얻는 데는 유효한 말입니다만, 그런 낮은 차원의 진리나 진실을 해체한 다음에 우리가 더 높은 차원의 진리에 도달해야 할 텐데, 어디까지나 그러한 참 앎의 방편으로서 해체작업을 수행해야 할 텐데, 그런 진리를 제시하지 못하고 있는 상황에서는 진리 자체가 무너지고 그래서 진리의 이름으로도 우리가 물질문명의 주인 노릇을 할 수 없게 된 시대의 또다른 증상이라고 할 수밖에 없겠습니다. 윤리·도덕에서도 마찬가지죠. 긴 말씀은 안 드리겠습니다만, 윤리·도덕에 관한 한은 서양 사람들 전부가 윤리를 잊어버리고 산다는 것은 아니고, 다만 윤리·도덕에 대해서 오늘의 과학이나 철학이 그것은 어떤 독단이다라거나 그때그때 사회의 풍습에 불과하다라는 정도, 아니면 개인의 주관적인 판단에 맡겨진 문제다라는 정도지, 그 이상의 근거를 제시하지 못하고 있는 것 같습니다. 물론 이것은 어떤 특정 시대에 태어난 생활상의 규칙을 모든 사람에게 강요하는 그런 강압적인 도덕규범을 갖는 것보다는 발전한 면이 있습니다. 그러나 도덕이 하나의 생활상의 편의에 지나지 않는다고 말하다보면 결국은 그 편의 자체도 사라지게 되고 우리는 물질문명의 노예가 되어서 불편한 생활을 하지 않을 수 없게 될 것입니다.

서양에서 19세기 말에 니체라는 철학자가 나왔는데 그가 한 유명한 말 중에는, 신에 관한 것도 있고 진리에 관한 것도 있고 도덕에 관한 것도 있지요. 이 세 가지 기존의 권위를 부정하는 유명한 말을 남겼고, 바로 그렇기 때문에 오늘날 해체론자라든가 탈구조주의자들이 니체를 자신들의 가장 중요한 선구자로 모시고 있습니다. 그의 유명한 발언 중에서 신에 관한 말로는 여러분들도 아시다시피 "신은 죽었다"라는 말이 있죠. 하나의 충격적인 역설입니다. 특히 서양에서는 신과 인간을 구별할 때 인간은 수명이 유한한 존재이고 신은 무한한 존재이다라는 것이 신의 정의나 다름 없었습니다. 즉 죽지 않는 것이 신의 특징인데 신은 죽었다라고 했지요. 다음에, 진리라는 것은 하나의 허구라고 보았습니다. 진리라는 말 자체가 어떤 의미로는 가장 큰 거짓말이라는 것이지요. 그다음에 도덕에 대해서는 『도덕의 계보』라는 책을 썼습니다. 도덕이라고 하면 그 자체가 우리에게 선과 악을 가려줘서 모든 사람에게 구속력을 가져야 하는 것인데, 어떤 것을 좋다고 하고 어떤 것을 나쁘다고 하는 도덕과 선악분별에 대해서 그 계보·족보를 따져야겠다는 겁니다. 다시 말해서 선악의 절대성을 부정한 것이죠. 제가 니체를 깊이 공부하지는 못했습니다만, 니체 자신은 이런 것을 부정할 때 그야말로 구도하는 자세로 했다고 저는 믿고 있습니다. 그래서 제가 어느 글에서, 그때도 주제넘게 불교문자를 써서 표현을 했습니다만, 붓다가 말씀하신 삼법인(三法印) 중에서 니체라는 사람은 제행무상(諸行無常)과 제법무아(諸法無我)의 깨달음은 이루었지만 열반적정(涅槃寂靜)의 중도(中道)를 설파하지는 못한 것 같다는 취지의 말을 했는데,[4] 아무튼 니체의 그러한 부분적 깨달음마저 가세해서 이제까지 서양문명의 기둥을 이루고 있던 정신적인 가치들이 물질개벽 앞에서 그야말로 개벽당하고 해체당하고 만 상태가 오늘의 시대상황이라고 생각됩니다.

요즘은 물질문명이 또 한걸음 나가서 정보사회라는 말을 하는데 이 말이 얼핏 듣기에는 참 멋있습니다. 이제까지는 우리가 땀 흘리며 궂은일을 해서 생산을 해야 살았는데 이제는 아는 것이 제일이다, 정보가 제일이라는 거죠. 하기 힘든 노동이 줄어든 사회라는 뜻에서도 달콤하게 들리고, 또 종전에는 총칼이 지배했고 총칼의 지배 뒤에서는 금력, 돈이 지배를 했는데 이제는 총칼도 아니고 돈도 아니고 지식이 지배하는 사회가 되었다, 어떻게 보면 '지자본위(智者本位)'의 사회가 된 것처럼 들려서 그럴듯합니다. 하지만 제가 이해하기로는 정보사회라는 것이야말로 물질개벽이 한걸음 더 나가서 극치에 달한 사회이고, 정말 지자본위의 살기 좋은 세상이라기보다는 물질문명에 대해 인간이 더욱 노예가 되는 사회를 뜻하는 것이 아닌가 합니다. 인간이 노동을 안 하고 지식만 가지고 사회를 운영한다는 것이 저는 우선 현실적으로 가능하지도 않다고 봅니다만 설혹 그것이 가능하다고 해도 바람직한 상황은 아니라고 봅니다. 그야말로 영육쌍전하고, 일할 때 일하고 공부할 때 공부하고 즐길 때 즐기면서 사는 것이 바람직한 세상이지, 풍요롭다고 해서 모두 앉아서 책이나 보고 컴퓨터나 두드리고 나머지 시간에는 낮잠이나 잔다든가 놀기만 하는 이런 것이 바람직한 사회는 아닐 것입니다. 그래서 정보사회가 노동을 없앴다는

---

4 졸저 『인간해방의 논리를 찾아서』(시인사 1979; 개정판이 졸저 합본 평론집 『민족문학과 세계문학 1/인간해방의 논리를 찾아서』(창비 2011)로 출간됨)에 실린 「인간해방과 민족문화운동」 142면(또는 졸저 평론선 『현대문학을 보는 시각』 276면) 참조.

것은, 상당수의 사람들이 먹고살기 위해 육체노동을 해야 하는 처지에서는 벗어났음에도 불구하고 좀더 자기에게 맞는 노동을 찾지 못하고 머리에 든 지식만을 가지고 살아가려고 하는 불건전한 사회풍조가 더 커지고 있다는 얘기로 들립니다. 더군다나 아직까지도 땀 흘려서 일하지 않으면 끼니를 때울 수 없는 사람들이 많이 있는 세상에서, 그것은 우리 한국도 그렇고 미국도 사실은 마찬가지지만 한국보다 더 뒤떨어진 나라들을 포함해서 지구 전체를 볼 때는 더더욱이나 세상의 압도적인 다수가 아직도 그런 삶을 살고 있는데, 마치 그런 현실이 없는 것처럼 호도하는 발상이라고 할 수 있습니다. 또 총칼이 지배하지 않고 지식이 지배한다는 것도 원래 진정한 지혜가 지배하는 것이라면 물론 좋은 일입니다만, 그게 아니라 아까 말씀드렸듯이 원래 서양 사람들이 생각하던 진리라는 것도 도가 드러나는 하나의 모습으로 시작을 했는데 이제는 그야말로 물질에 대한 사실 여부를 확인하고 그것을 우리가 어떻게 운용할 수 있는가라는 실용적인 목적으로 변한 '진리'를 바로 '정보'라고 표현하면서 그런 정보를 가지고 매사를 움직여나간다는 뜻이라면, 그건 전혀 다른 이야깁니다. 이것은 참된 의미의 정신이 지배하는 사회가 아니라, 물질개벽이 되는 사회에서 종래 정신의 분야에 속하던 것조차 물질의 일부가 되어버린 그런 현상이 이제는 극도에 달해서 지식까지도 물질운용의 법칙에 의해서 돌아가게 된 세상이라고 말할 수 있는 것입니다. 실제로 지금 정보사회라고 할 때 그 정보라는 것은 참된 지혜나 참된 앎과는 거리가 멉니다. 컴퓨터로 입력이 안 되는 것은 정보사회에서 활용이 안 됩니다. 가령 일원상의 진리가 컴퓨터에 넣으니까 안 들어간다면 그것은 정보도 아니고 지식도 아니고 따라서 이 사회를 움직여가는 원리로서, 힘으로서 인정될 수 없다는 얘기인데, 그런 의미에서 저는 정보사회야말로 물질개벽이 극치에 달한 사회이고 인간이 물질의 노예가 되는 현상이 더없이 심각해진 사회라고 생각합니다.

오늘날 물질문명의 발달이 바로 이런 의미에서 개벽이기 때문에, 그래서 심지어는 종전에 진리를 우리에게 가르쳐주던 정신적인 가치들마저도 물질개벽의 대상이 돼서 그야말로 깨져버리는 시대이기 때문에, 종래의 정신적인 가르침 가지고는 이 현실에 대응을 할 수 없는 것입니다. 가령 미국에 도덕재무장(MRA)운동이라는 것이 있습니다만 그런 식의 낡은 도덕재생운동을 가지고는 이 현실을 감당할 수 없습니다. 또 서양문명이 처음 쳐들어올 때 우리나라에서는 동도서기(東道西器)라고 해서 도는 동양의 도를 바탕으로 삼고 거기에 서양의 기술문명을 도구로 삼아서 이 난국을 헤쳐보자는 얘기를 했고, 중국에서는 중체서용(中體西用)이라고 해서 중국의 학문, 또는 도를 체로 삼고 서양의 학문을 용으로 삼아 해나가자고 했지요. 그러나 그 점에서 중국이나 우리나 다 실패했습니다. 앞으로도 저는 그런 식으로, 동양의 도를 우리가 잊어버리자는 것은 아니지만 기존의 낡은 동양의 도를 그대로 가져와서 그것을 현실에서 살린다는 것도 불가능하다고 봅니다. 서양의 종교나 윤리를 재생하는 것이 불가능하듯이 말입니다. 그렇기 때문에 선천시대 종교들이 남겨준 귀중한 가르침들은 배워서 활용해야겠지만 선천종교를 강화한다든가 선천종교들과 연합해서 그 자체로 무슨 해결책이 생기지는 않으리라고 확신합니다. 바로 그렇기 때문에 정신도 그냥 발달하는 정도가 아니라 그야말로 **개벽**될 필요가 있는 것입니다. 이제 그 이야기로 넘어가기 전에 혹시 이제까지 제가 말씀드린 것 중에서 질문하실 것이 있으면 한두가지만 해주시기 바랍니다. 없으시면 쉬었다가 계속하도록 하고요.

(휴식)

문 백선생님 말씀 가운데 대종사님의 후천개벽은 '우리들의 노력함에 의해서(…)'라는 말씀이 있었는데, 특히 원불교에서는 5만년 대운이라든지 여러 용어들이 있습니다만 무한한 발전이 이루어질 것으로 생각을 하고 있고 저도 또한 그와 같은 사고에 젖어 있습니다. 그런데 과연 발전이라고 할 때 지금 기독교와 같은 상황을 말하는지, 기독교와 같은 교단의 세력이 되는 것을 말하는지를 생각해봅니다. 그러나 서구에서의 발전이라는 개념으로 우리가 원불교에서 한국이 발전할 것이다, 혹은 원불교 교운이 발전할 것이다 하는 말을 하고 있지는 않은 것 같습니다. 그렇다면 과연 우리는 지금 서구에서 쓰는 발전이라는 말의 의미를 어떻게 봐야 하며 한국은 과연 어떻게 발전할 것인가, 그리고 원불교가 앞으로 발전한다고 할 때 그 모양은 어떻게 갖추어지는 것인지, 혹시 지도를 받을 수 있다면 감사하겠습니다. (일동 웃음)

답 경전에 대해서는 여러 선생님들이 더 잘 아실 터인데 제가 읽은 기억으로는 소태산 대종사께서 앞으로 돌아올 세상에 대해서 여러가지 전망을 하시면서 원불교 교단에 대한 말씀도 많이 하시고, 또 교단과 직접 관계없이 세상에 대한 얘기도 많이 하셨습니다. 그런데 막연한 생각으로는, 지금의 기독교와 같은 발전일 것인가라는 점에 의문을 표하셨는데, 저도 그것은 아니지 않겠는가, 교단과 세상의 관계도 선천시대와는 다른 관계이며 기독교하고도 좀 다른 것이 아닌가 합니다. 특히 미륵불이나 용화세상을 말씀하신 대목 같은 데서 사람들이 대종사님 당신을 자꾸 미륵불로 모시고, 마치 기독교인들이 예수 그리스도를 신앙하듯이 당신을 신앙하고——기독교 복음서를 보면 다른 제자들도 다 훌륭하지만 베드로가 수제자로 발탁된 이유가 예수님의 가르침은 둘째 치고 "당신이 그리스도이십니다"라고 말한 때문에 "네가 반석이다"라고 발탁을 받았는데, 대종사님은 그것과는 정반대라는 느낌을 받았습니다. 당신을 미륵불로 모시는 것보다도 말하자면 너희들 모두가 똑같이 나처럼 될 때, 혹은 다 깨달을 때 모두가 미륵이 되고 미륵세상이 오는 것이다라는 뜻으로 말씀을 하신 것으로 기억됩니다. 적어도 그런 자세가 저의 기억에는 유달리 남아 있습니다. 그래서 교단으로 보더라도 교단이 그런 세상을 만드는 과정에서 핵심적인 역할을 해야겠지만 기독교 교회와는 뭔가 달라야 하지 않을까 합니다. 세상의 발전 혹은 한국의 발전에 대해서는, 사실 발전이라는 말 자체가 요즘은 경제발전이라든가 경제발전에 바탕을 둔 이제까지 통념상의 발전을 생각하게 만들기 때문에 쓰기가 조심스러운 면도 있습니다만, 어쨌든 지금 문명의 병이 깊어졌지만 이것을 극복하고 무궁하게 더 나은 세상으로 나아갈 것이라는 신념을 대종사께서 심어주셨고 우리도 그런 신념을 가지고 사는 것이 당연하다고 생각합니다. 세상 자체가 어떻게 발전해야 할 것인가에 대해서는 제가 말씀드리기 어렵고 한국에 대해서도 먼 장래에 대해서는 말씀드리기 어렵습니다. 다만 당장 우리 역사가 맞닥뜨린 중요한 과제로서, 역사의 고비로서 통일문제에 대해서는 이 시간의 끝부분에 가서 말씀드릴 예정입니다. 그러면 다른 질문 있으면 하나만 더 받고 다음 얘기를 하겠습니다.

문 물질이 무한히 발전하고 개벽이 되고 있습니다. 선진국들은 물론 우리 정부도 첨단과학단지나 연구단지를 많이 만들어서 발전을 시키고 있는데, 정신개벽에 대해서는 정부나 세계 각국 모두 물질개벽보다는 힘을 덜 쓰고 있다는 느낌이 듭니다. 그런데 앞으로 세계는 정신개벽이 물질개벽을 앞서갈 것인가, 저는 그런 것에 대한 생각을 많이 하게 되는데, 그러기 위해서는 우리들의 사명이 참 크다고 봅니다. 물질개벽을 앞서가는 시대가 되어야 이 사회가 좋아진다고 보거든요. 그 부분에 대해서는 어떻게 생각하십니까?

답 우리가 후천시대라는 말을 더러 합니다만 정확히 말하면 지금은 선후천교역기죠. 그래서 우리 사회의 많은 부분이 사실은 선천시대의 유물들입니다. 그리고 정부라는 것이 나라마다 다르고 시대마다 다릅니다만 지금 우리나라의 정부를 비롯해서 대부분 나라들의 정부가 말하자면 선천시대의 기관이라고 보는 것이 타당할 것 같습니다. 그런 의미에서 정부가 경제개발이나 과학기술진흥, 이런 문제에 대해서 주로 신경쓰는 것은 당연한 것이고, 설혹 거기서 문화사업을 한다거나 정신문화를 일으킨다고 하더라도 그것 역시 아까 제가 말씀드린 대로 대부분의 경우는 물질개벽의 과정에서 깨어지게 되어 있는 낡은 정신을 어떻게든 지켜볼까 하는 사업이고 심한 경우에는 정신의 유산을 깨는 데 가세하는 사업이지, 정말 정신을 개벽하는 사업은 아닌 경우가 대부분이라고 생각합니다. 물론 선천시대의 정신적인 가치를 지키는 것도 그 나름으로 뜻있는 과업이긴 하지요. 그것이 그 모양 그대로는 보존이 안 되지만 그 안에도 진리가 담겨 있긴 하니까 깨진다고 해서 그냥 없어져버리면 곤란하고, 어떻게든 지켜가면서, 그동안에 우리가 그것을 더 잘 활용할 수 있는 정신개벽을 이룩해야 되는 거겠죠. 그런데 정부로 말하더라도 '정부'라는 무슨 온전한 물건 덩어리가 미리 주어진 것이 아니고 정부도 사람들이 만드는 것이고 시대가 만드는 것이니까, 우리 국민들 한 사람 한 사람의 정신이 깨어나고 우리가 정부의 주인 노릇을 하게 되면 정부가 하는 사업도 정말 우리 모두가 요구하는 정신개벽의 사업에 더 가까워지리라고 생각합니다.

문 앞에서 말씀하신 두분 질문에 관련이 되는 것 같은데요. 서양에서의 발전이 진행되는 과정에서 요즘 등장하는 정신, 사상으로 아까 말씀하신 해체주의, 포스트모더니즘의 경향이 사방 군데에서 일어나고 있는데 거기에 대해서 저도 불안하게 생각하거든요. 도대체 해체를 해놓고 어떤 쪽으로 갈 것인가? 그랬을 때 저는 그것이 표현은 다르지만 일원주의 사상의 모습으로 가는 것이 아닌가 하는 생각을 개인적으로 하는데 그 생각이 맞는 것인지, 틀린 것인지 ──.

답 일원주의라는 것은 일원(一圓)사상을 말씀하시는 것이지요? 으뜸 원(元) 자가 아니고 둥글 원(圓) 자 (⋯)

문 예, 그렇죠. 다 수용하면서 뭔가 새로운 것들도 인정을 해주는 다원적인 현상으로 세상이 가고 있는데 그렇게 가는 과정으로서 일어나는 사상 경향이 해체주의가 아닌가 하는 생각을 합니다만 그것이 맞는지요?

답 제가 아까 해체주의 말씀을 드렸는데, 진리의 개념도 해체해서 그것의 절대성을 부정한다거나 그런 얘기들입니다. 진리뿐 아니라 이성(理性)이라든가 인간이라는 개념도 부정을 하고 주체라는 개념도 부정합니다. 그런데 아까도 말씀드렸습니다만, 종래 인간에 대한 우리의 이해라든가 인간의 이성에 대한 생각이라든가 심지어는 지고한 정신적인 존재라고 하는 신에 대한 개념도 어떻게 보면 진리의 한 부분만을 부각시켜서 그것을 절대화한 것이니까 이것을 해체하고 상대화하는 작업은 의의가 있는 작업이라고 생각합니다. 이것을 역사적으로 보면 물질이 개벽하면서 물질을 제대로 통어하지 못하는 정신은 전부가 그것 역시 해체되어가는 과정의 일부라고 볼 수 있는데, 지금 말씀하셨다시피 그래가지고 어떻게 할 거냐 할 때 적어도 해체론을 얘기하고 포스트모더니즘을 얘기하는 사람들은 대안이 없는 것 같습니다. 대안이 없을 뿐 아니라 그중 많은 사람들은 대안이 없다는 걸 무슨 큰 자랑으로 삼고 뻐기고 다니는 것 같아요. 우리 옛날 식으로 얘기하면 참 싸가지 없는(일동 웃음) 인간들이죠. 대안을 내세우는 사람들은 낡은 사상에 묶여서 해체를 당해야 할 개념에 얽매여 있는 사람들이고 대안이 없는 자기들이 가장 개명한 사람들이라고 하는데, 어떻게 보면 우리의 개화기에 서양의 과학, 서양의 정치, 서양의 이성, 이런 것을 들고나와서 그전 것을 모두 우습게 보던 사람들이나 지금 그것을 해체해야 한다고 하면서 종전 것을 우습게 보는 사람들이나 그 행태에 있어서는 비슷한 점이 많습니다. 그러나 거듭 말씀드립니다만 큰 흐름으로 볼 때는 이것이 물질개벽에 한몫을 하고 있고 또 그것은 당연히 개벽되어야 할 것들이 개벽되는 것이니까, 여기에 부응해서 우리가 어떻게 주인 노릇을 하느냐가 관건이고 따라서 비록 싸가지 없는 형태로나마 그런 작업을 하는 사람들은 자기 나름대로 이 사업에 동참하고 있는 거지요. 자기 복은 못 지으면서 세상에 좋은 일을 부지런히 하고 있는 사람들인지도 모르지요. (웃음)

그러면 이제 제가 준비한 이야기의 다음 대목으로 넘어가겠습니다. 이제까지 물질개벽에 관해서도 제가 여러가지로 주제넘은 얘기를 했습니다만, 지금부터는 정말 주제넘은 얘기를 하려고 합니다. 뭐냐 하면 물질개벽의 시대에 우리가 어떤 공부를 해서 정신개벽을 할 것인가 하는 얘기입니다.

공부에 대해서는 바로 원불교에서 3학8조의 공부법을 대종사께서 가르치셨고 여러분들이 실천을 하고 계시니까 거기서 벗어나는 다른 얘기를 할 생각은 없습니다. 오히려 다른 얘기를 할 수 있으면 마음이 편할 터인데 바로 그 얘기를 가지고 말하려니까 마치 부처님 앞에서 설법하는 느낌이 드는 거지요. 어쨌든 제 생각에는 이제까지의 물질의 발달이라는 것은 정말 개벽이라는 차원에서 봐야지 그냥 과학의 진보라든가 근대화라든가 이런 정도의 수준에서 보는 것은 온당한 이해가 아니라는 것입니다. 그렇다면 그야말로 개벽되는 물질의 시대, 또는 물질이 개벽되는 이 시대에 걸맞은 정신만이 우리를 살릴 수 있다고 보겠습니다.

그런 의미에서 정신공부가 무엇보다 중요하다는 것은 옳은 말이라고 믿습니다. 인간이 무슨 일을 하려면 우선 몸에 병이 없고 튼튼해야 하니다만 그냥 몸만 움직여서 되는 게 아닌 더 큰 일을 하려면 몸과 더불어 정신이 튼튼해야 하는데 정신이 튼튼하다는 것이 옛날처럼 간단한 일이 아니지요. 옛날에는 그 정도면 정신적인 존재로 인정되던 것조차도 지금은 물질의 일부가 되고 그나마 개벽되는 물질의 일부가 되는 세상인 만큼 특별한 정신공부가 필요한 것은 틀림없는 사실입니다. 그렇기 때문에 정신의 중요성을 강조하면서도 우리는 선천시대의 정신주의라든가 선천시대의 도덕주의를 가지고는 도저히 오늘날의 문명을 감당할 수 없다라는 인식이 있어야 하지 않을까 합니다. 그래서 정신수양이 긴요하기는 한데 그것도 뭔가 종전과는 다른 방식이 되어야겠다, 정신수양에 대한 개념 자체가 근본적으로 달라져야 한다고 생각합니다. 그런데 바로 원불교의 가르침에서도 정신수양이라는 것은 어디까지나 3학 중의 하나고 나머지 둘이 따라와야 된다고 하지요. 구불교에도 계·정·혜 3학이 있고 정신수양은 그중 정학(定學)에 해당되는 셈이지만 구불교의 정학과도 사실은 또다른 점이 많다고 생각합니다. 어쨌든 '정신' 자가 붙어 있기 때문에 개인 차원에서 정신의 수양만 하면 바로 정신개벽을 이룰 것처럼 착각할 수도 있지만, 정신수양이라는 것은 어디까지나 정신에 관한 일심(一心)·알음알이·실행, 이 3건 중 1건에 해당할 뿐이라는 것을 저는 강조하고 싶습니다. 물론 제가 특별히 강조를 안 해도 여러분들은 다 아시는 일이겠지만요.

아무튼 정신수양(精神修養)에 따라오는 것이 사리연구(事理研究)와 작업취사(作業取捨) 아닙니까. 사리연구는 기존의 불교에서는 지혜를 얻는 혜학(慧學)에 해당하는 것입니다만 제가 원불교 교전을 읽으면서 특별히 인상깊었던 것은, 종전 불교에서는 지혜를 얘기할 때 주로 그것이 알음알이와 얼마나 다른 것인가를 강조하면서 알음알이를 없애는 것이 바로 지혜라는 점을 거듭 되풀이하는데, 물론 그 원칙 자체는 원불교에서도 그대로 수용·계승하고 있는 것으로 압니다. 그러나 표현된 것을 보면 사리연구를 또 '알음알이 공부'라고도 했거든요. 저는 이것이 소태산 선생의 독창성인 동시에 후천시대 종교로서 원불교의 큰 강점이 아닌가 합니다. 그래서 연구력을 얻는 빠른 방법을 열거하는 가운데서도 첫째는 "인간만사를 작용할 때에 그 일에 알음알이를 얻도록 힘쓸 것이요"[5]라고 말씀하셨는데, 이것은 전통불교의 스님들이 보면 영 방향이 빗나간 것이다, 적어

---

5 「대종경」 수행품 2장, 『원불교전서』 159면.

226

도 표현이 잘못된 것이다라고 말씀하실 것 같습니다. 물론 지식이나 알음 알이라는 것이 성리(性理)에 근거한 지식이어야 하고 또 일상생활에 응용되는 지식이라야 되지만 인간만사의 사리를 연구하는 데 있어서 알음알이가 중요하다, 또 제가 앞서 하던 이야기와 연결시켜서 말씀드린다면 인간사라는 것도 정말 우리가 구체적으로 살고 있는 현실, 물질이 개벽되는 현실 속의 그 일 그 일의 알음알이를 얻어야 된다는 말씀이 될 것 같습니다. 곧, 우리 시대의 객관적인 성격에 대해서 정확한 과학적 지식을 갖는 것이 도인의 연마 가운데 일부인 '사리연구'에서 중요한 몫을 차지한다는 얘기가 될 수 있겠습니다. 사회과학적인 문자로 말한다면 지금 물질이 개벽되는 이 시대는 자본주의가 지배하는 근대라고 하겠습니다. 물론 자본주의 이전에도 물질의 발달이라는 것이 있었습니다만, 자본주의가 서구에서 시작돼서 전세계로 퍼져나가 오늘날 이 지구를 다 덮게 되었고, 한때는 자본주의에서 벗어났다고 자부하던 공산국가들까지 지금 자본주의 세계에 다시 편입되어 들어가고 있는데, 자본주의가 발달해온 몇백년 사이에 일어난 물질문명의 변화야말로 바로 개벽에 해당하는 변화이고 그 이전 시대의 물질문명 발달과는 질적인 차이가 있다고 생각됩니다. 그래서 물질이 개벽되는 시대의 사리연구는 성리공부가 바탕이 되면서도 이 자본주의가 지배하는 근대에 대한 역사학의 공부, 사회과학의 공부, 이런 것이 핵심적으로 중요한 몫이 되어야 하지 않을까, 그것은 단순히 전문가에게 맡겨놓을 문제가 아니라 공부하는 모든 사람이 관심을 갖고, 물론 모두가 똑같이 전문적으로 연구할 수는 없습니다만, 누구나 연마해야 할 삼학의 일부로 봐야 하지 않을까 하는 생각입니다.

그 점과 관련해서, 제가 이번에 이 강연을 준비하면서 교전 몇군데를 다시 들춰봤는데요, 아까 말씀드린 교의품 34장에 여섯가지 병을 열거하신 것을 보면서 저는 특별히 흥미를 가지고 주목한 대목이 있는데 여러분들 생각은 어떠실지 모르겠습니다. 그 여섯가지를 보면 ①이 돈의 병이고

②가 원망의 병이고 이어서 ③ ④ ⑤ ⑥까지 있습니다. 그중 ②의 원망의
병이라는 것은 물론 4은(四恩, 원불교에서 말하는 천지·부모·동포·법률의 은혜)과
관련된 말씀이겠고 나머지 ③ ④ ⑤ ⑥은 4요(四要, 인생의 네가지 요도, 즉 自力
養成·智者本位·他者女敎育·公道者崇拜)에 관련된 말씀인 것 같은데 그러면 ①
은 뭐냐? 돈의 병, 이것은 물질개벽, 즉 개교표어와 직접 관련된 병이겠다
는 생각이 들었습니다. 그런데 돈의 병이 깊어지는 까닭은, 사람들이 돈
욕심이 있기야 옛날이나 지금이나 마찬가질 텐데 오늘날 돈의 병이 그처
럼 깊어가는 것은 자본주의가 발달하면 할수록, 물질문명이 발달하면 할
수록 돈이 조화를 부리는 힘이 더 커지기 때문입니다. 옛날 같으면 임금
이고 천자라고 하더라도 어디 겨울에 싱싱한 여름 과일을 먹을 수 있었겠
습니까? 그런데 지금은 돈 몇푼만 있으면 되거든요. 축지법을 웬만큼 해
서야 하루에 천리길을 달렸겠습니까? 그런데 고속버스 값만 있어도 서울
서 부산까지 간단히 달려갑니다. 반면에 돈 없으면 꼼짝 못하기로는 옛날
보다 훨씬 지독한 세상이지요. 돈이 조화를 부리는 자본주의 세상이기 때
문에 돈의 병이 깊어지는 것이고, 이것을 여섯가지 병을 나열하시면서 4
은과 4요에 앞세울 정도로 중시하셨을 때는 적어도 개교표어하고 연결시
켜 생각해보는 것이 마땅하지 않겠는가 하는 것입니다.

　다음으로 실행 또는 작업취사의 건인데 저는 이 점이 특히 종전 불교
삼학 중의 계학(戒學)과는 큰 차이가 있다고 생각됩니다.[6] 어떻게 보면 계

---

6 과거의 삼학과 원불교 삼학의 차이에 대해서는 일찍이 원불교 2대 종법사 송규(宋奎)
　선생이 설한 바 있다. "과거에도 삼학이 있었으나 계·정·혜(戒定慧)와 우리 삼학은 그
　범위가 다르나니, 계(戒)는 계문을 주로 하여 개인의 지계에 치중하셨지마는 취사는 수
　신 제가 치국 평천하의 모든 작업에 빠짐없이 취사케 하는 요긴한 공부며, 혜(慧)도 자
　성에서 발하는 혜에 치중하여 말씀하셨지마는 연구는 모든 일 모든 이치에 두루 알음
　알이를 얻는 공부며, 정(定)도 선정에 치중하여 말씀하셨지마는 수양은 동정간에 자성
　을 떠나지 아니하는 일심공부라, 만사의 성공에 이 삼학을 벗어나지 못하는 것이니 이
　위에 더 원만한 공부가 없나니라."(「정산종사 법어」 경의편 13장, 같은 책 1031~32면)

공부라는 것은 오히려 정신수양의 일부라고 할 수 있을 것 같아요. 계도 지키고 참선도 하고 하면서 수양의 기초를 닦는 것이 계학일 텐데, 작업 취사에는 물론 지계(持戒)도 포함이 됩니다만, 이것은 수양과 연구를 바탕으로 그야말로 응용하는 단계에 들어가는 것이고 또 실제로 나무에 열매 맺는 것으로 표현하신 적이 있는 것으로 봐서도 취사라는 것은 어떤 의미에서 삼학의 종합이고 그야말로 응용무념 그 자체에 가까운 것이 아닌가 하는 생각이 듭니다. 그런데 취사에 대해서 "정의는 취하고 불의는 버림을 이름이니라"라고 「정전」에 나와 있습니다.[7] 다시 말해서 취사의 기준이 바로 정의 대 불의라는 것입니다. 정의는 동서고금을 막론하고 많은 사람들이 얘기해왔습니다만, 사실 선천의 종교들을 보면 정의를 얘기하면서도 세속의 정의는 외면하는 경우가 많았습니다. 거기에는 여러가지 이유가 있겠습니다. 당장의 선악을 가리기보다는 더 높은 진리를 추구한다는 종교 나름의 사명도 있고, 또 교단을 보호하기 위해서 세속 권력과의 충돌을 피해야 할 테니까 하나의 방편으로서 그럴 수도 있겠지요. 아무튼 전반적인 경향이 말로는 정의를 얘기하지만 세속의 정의 따로 있고 종교의 정의는 또 따로 있는 것처럼 말해서 실제로 일상생활에서 정의와 불의를 가려내는 일을 강조하지 않는 경우가, 말하자면 개인 윤리의 차원을 벗어났을 때는 정의의 문제를 소홀히 하는 경우가 많았다고 생각됩니다. 그런데 원불교에서는 삼학 중에서 어떻게 보면 그 결론에 해당되는 작업취사를 얘기하면서 바로 그 기준을 다름아닌 정의와 불의로 해놓으신 것을 볼 때, 앞으로 우리가 정신을 개벽해나가는 과정에서 우리 일상생활에서 그날그날을 살면서 개인 차원에서건 가정 차원에서건 국가와 사회 차원에서건 더 나아가서 세계 인류의 차원에서건 정의를 구현하는 작업이 정신개벽의 요체다라는 말씀이 되는 것 같습니다. 그렇게 본다

---

[7] 교의편 4장 3절, 같은 책 55면.

면 교단에 계신 여러분들도 한편으로는 교단을 키우면서 다른 한편으로는 병든 정치, 병든 종교, 병든 교육, 병든 사회, 이런 것들과 싸우는 세속의 여러 움직임들과도 회통(會通)하는 일이 중요하리라고 생각됩니다.

그러면 마지막으로 정신이 개벽될 때 돌아올 새로운 세상에 대해 소태산 대종사께서 여러가지 황홀한 전망을 많이 하신 것과 관련하여 오늘 우리 민족의 당면문제를 잠깐 생각해볼까 합니다. 소태산 선생은 우리 민족의 암울한 시대에 조선땅에서도 아주 궁벽한 시골에서 사신, 어떻게 보면 한 촌로이신데, 그런 분으로서는 정말 대단한 예측을 많이 하셨습니다. 그러면서 정신개벽이 되는 시대를 대명천지라고도 말씀하시고 용화사상이니 참문명세계, 이런 것을 예언하셨는데, 동시에 우리 조선의 역할과 비중에 대해서 많은 강조를 하셨습니다. 「대종경」에는 "정신적 방면으로는 장차 세계 여러 나라 가운데 제일가는 지도국이 될 것이니, 지금 이 나라는 점진적으로 어변성룡(魚變成龍)이 되어가고 있나니라"[8]라는 대목도 있지요. 당시가 일제 통치하라는 점을 생각하면 이건 매우 불온한, 요즘 같으면 국가보안법에 걸릴 발언이었습니다. 그런데 이런 대목을 읽으면서 우리가 한가지 기억해야 할 것은, 그때 소태산 선생이 말씀하신 '조선'은 비록 식민지 통치 아래서 신음하고 있던 조선이지만 지금처럼 분단된 조선은 아니라는 점입니다. 그래서 그분의 예언을 우리가 그대로 지금의 '한국'이라는 말로 바꿔서──단순히 언어습관상 바꾸는 것이라면 좋은데, 실제로 우리가 사고의 습관으로까지 흔히 그러듯이 '한국'을 남한으로만 국한한다면 이건 전혀 대종사의 뜻과 어긋나는 해석이라는 것입니다. 통일이 없이 그런 예언이 성취되리라고 바랄 수 없는 겁니다. 그리고 만약에 대명천지를 이룩하는 과정에서 조선이 정말 그런 역할을 맡아야만 그런 세상이 오는 것이라면, 이건 한반도가 통일이 안 되면 세상도 그렇게

8 전망품 23장, 같은 책 446면.

안 된다는 얘기가 되니까 우리 민족의 책임이 그만큼 더 막중해지는 것이라고 할 수 있습니다.

제가 여기저기서 통일 얘기를 하면 어떤 사람들은 통일을 이렇게 강조하는 것은 마치 통일이 안 되면 아무 일도 안 될 것 같은 이야기라서 당장에 우리가 해야 할 일을 소홀히 하게 된다고 하고, 심지어는 우리가 해야할 일을 안 하는 핑계로 통일을 내세우는 것이 아니냐는 비판도 합니다. 물론 그런 점은 우리가 경계를 해야겠습니다. 통일, 통일 하면서 자기 할 일을 안 하는 것은 그야말로 게으른 자의 핑계고 어리석은 자의 편견에 지나지 않을 것입니다. 말하자면 통일운동도 이소성대(以小成大)의 정신으로 해야지 거창한 일을 앞세워 작은 일들을 게을리해서는 안 되겠지요. 그래서 각자의 정신수양에 근거해서 연구하고 취사하면서, 당장 우리 남한사회의 민주화라든가 하나하나 개선할 것을 개선하는 이런 당면의 취사로부터 출발해서 통일처럼 큰 것을 이루어나가야 된다는 것은 당연한 이야기입니다. 그러나 이소성대라고 할 때는 '소'로써라는 면도 있지만 '대'를 이룬다는 면도 있는 것이니까, 작은 일을 할 때 작은 일에 매몰되지 않고 통일이라는 큰 것을 향해서 하는 일이라는 점, 어떻게 해야지 부분적인 개선으로 끝나지 않고 통일의 대업으로 이어질 것인가 하는 점을 동시에 생각하고 판단하면서 작은 일을 해나가야 그야말로 이소성대가 되는 것이지, 그렇지 않으면 범부의 작은 선행에 머물기 십상이지요. 그런데 통일조차도 더 크게 보면 그 자체가 이소성대의 '소'에 해당하는 것 아니겠습니까? 우리가 인류 전체를 위한 대명천지를 이룩해가는 하나의 과정으로서 통일을 한다라고 생각할 때 통일도 이루어지는 것이지, 통일만 되면 인류가 갑자기 잘 살게 되는 것처럼 생각한다면 통일 자체도 이루어지기 힘들고 통일이 된 뒤 그다음 일을 하는 데에도 큰 도움이 안 되리라고 봅니다.

이제 남은 시간에, 이 과정에서 지도자, 종교지도자의 역할에 대해서 말

쏨드릴까 합니다. 종교지도자의 역할은 정치지도자의 역할과는 물론 다릅니다. 그러나 이제까지 말씀드린 대로 정신수양에는 연구와 취사가 따라야 하고 또 연구라는 것은 물질개벽 시대의 사실에 관한 연구, 과학적인 인식을 포함해야 하며, 한국인으로서 취사를 한다고 할 때는 민주화와 통일을 위한 큰 움직임에 참가하는 취사가 포함되어야 한다면, 삼학공부의 선진이시고 또 그 공부를 지도할 임무가 있는 종교지도자 여러분들이 바로 그런 것을 우리 민중에게 가르치는 것도, 지도자 역할의 일부라고 생각합니다. 그러니까 결코 종교를 버리고 무슨 정치 발언을 하시라는 게 아니라 종교인으로서 정의로운 취사를 하시라는 거지요. 사실 그것은 지도자 여러분들뿐만 아니라 물질이 개벽되어서 거기에 걸맞은 정신개벽이 요청되는 시대에 우리 모두가 할 일이겠지요.

제가 특히 통일과 관련지어 이런 말씀을 드리는 것은, 2차대전 이후에 이데올로기 문제로 분단된 나라가 크게 보면 셋이 있었는데 하나가 베트남이고 하나가 독일이고 또 하나가 우리 한국입니다. 그중 두 나라가 이미 통일이 됐는데 베트남은 직접 총칼의 힘으로 통일이 됐습니다. 물론 그것을 저는 단순한 무력통일이라고만 보지는 않습니다. 잘하고 잘못한 것이 양쪽에 다 있긴 합니다만 크게 볼 때는 약소민족의 해방과 민족의 독립을 강대국이 총칼로 방해하려고 하는 데 대해 정의의 취사를 해서 총칼을 들고나와서까지 기어코 항거하며 통일을 이루었다고 생각합니다. 그러나 누가 잘하고 잘못했건 간에, 또 주변상황이 어땠건 간에 그것은 총칼의 힘이 주가 되어 이룩한 통일이기 때문에 그 과정에서도 수많은 무리가 있었고, 또 결과가 앞으로는 어떻게 될지 모르겠습니다만, 긴 장래로 본다면 베트남 민족이 그 고귀한 피를 흘린 만큼의 복을 언젠가는 받게 되리라고 믿습니다만, 지금으로서는 신통한 꼴을 못 보고 있는 것입니다. 또 가까운 장래에도 많은 문제에 부닥치리라는 생각이 듭니다.

반면에 독일은 평화통일을 하긴 했습니다만, 그러나 이때 주가 된 것은 돈의 힘이었습니다. 여기에도 물론 정의가 작용했지만 오히려 정의라고 한다면 동독 쪽의 공산통치에 대해 들고 일어난 민중들, 또 동독의 지식인들이 정의의 취사를 했고 그것을 기화로 갑작스럽게 서독 마르크화의 위력으로 통일을 한 서독 쪽 위정자들의 행위를 정의의 취사라고는 보기가 어렵습니다. 그렇기 때문에 오늘날의 독일을 보면, 독일 역시 머지않아 당면하고 있는 문제들을 극복하고 더 융성하리라고 생각합니다만 지금 사회문제가 심각하기가 이를 데 없고 또 독일이 자랑하던 경제도 다소 침체에 빠져 있으며, 더욱이 세계의 다른 민족에 대해 별로 모범이 되지 못하고 있습니다. 물론 우리 정부나 사회의 일각에서는 독일이 돈의 힘으로 통일했으니까 우리도 독일처럼 빨리빨리 돈을 벌어서 북한을 흡수통합해보자고 생각하는 사람도 있습니다. 그러나 제가 볼 때 이것은 아주 어리석은 생각이고 비현실적인 생각입니다. 동독과 북한은 달라서 이북은 철수할 소련 군대도 없고 소련이나 러시아의 누가 지지를 철회한다고 해서 곱게 무너질 사회도 아닙니다. 또 남북간에 원수가 되도록 싸운 군대가 그대로 있는데 남쪽에서 통합한다고 할 때 그 군대가 가만있겠습니까? 어떤 천하대란이 일어나더라도, 심지어는 중국과 손잡는다든가 또는 독력으로 피바다를 만들더라도 그렇게 동독식으로 문문하게 손을 들지는 않을 것입니다. 북쪽은 북쪽대로 그렇게 완강한 데가 있는가 하면 남쪽의 우리도 그사이에 자본주의가 발달을 해서 돈을 좀 벌었다고는 하지만 서독이 이룩한 성과에 비하면 천양지차입니다. 경제력에서도 그렇고 사회제도 면에서도 그렇고 복지 면에서도 그렇고 모든 면에서. 그래서 섣불리 이북을 삼키려고 해서 삼켜지지도 않으려니와 만약에 삼킨다고 해도 서독 정도의 소화불량에 걸리는 것이 아니라 아마 남북한의 민족이 전부 지금보다 훨씬 못한 자리에 떨어져서 일본이나 미국에 대해서 지금보다 훨씬 심한 종노릇을 하게 될 우려가 큽니다. 그렇기 때문에 이제는 2차대전 후에 남아 있던, 이념문제로 분단된 3개국 중에서 하나는 무력으로 통일했고 하나는 돈으로 통일했는데 우리는 지혜로 통일하고 도덕으로 통일하는 길밖에는 없다고 생각합니다. 도덕이라는 말이, 통일이 옳은 거니까 통일을 해야 된다는 당위적인 명제만 가지고 통일한다는 말이라면 그야말로 공염불일 따름이지만, 그런 선천시대의 도덕이 아니라 사실적인 도덕, 현실이 어떻게 되어 있고 세상이 어떻게 돌아가는가에 대한 정확한 알음알이를 바탕으로 한, 남북 모두가 정말 자기에게도 이롭고 상대방에게도 이로운 자리이타(自利利他)의 새로운 도덕을 말하는 것입니다. 이렇게 서로가 이로운 통일을 지혜롭게 추구하는 길만이 우리에게 가능할 길이라고 저는 믿습니다. 또, 다른 길이 없는 것이 차라리 기회가 되어 그 길을 찾아가다보면 우리가 어쩔 수 없이라도 지혜를 발휘하게 되고, 그렇게 되면 우리가 편안할 뿐 아니라 이 세상의 다른 사회에 대해서도 모범이 될 수 있다고 봅니다. 그래서 앞으로 좋은 세상이 돌아오는데 그 과정에서 조선이 큰일을 하리라고 하신 대종사 말씀을 대종사 시대와는 달리 분단되어 있는 지금 우리 실정에다 꿰맞춰서 생각해보면, 바로 분단되어 있기 때문에 조선에 관한 대종사의 예언을 실행하기 위해서라도 우리는 통일을 해야 하고, 무력통일도 금력통일도 불가능한 처지에서 통일을 하려면 지혜가 깨어나고 정신이 개벽되지 않을 수 없고, 또 그렇게 해서 통일을 하게 된다면 세상 전체의 정신개벽에도 남다른 이바지를 해서 정신적 지도국이 되지 않을 수 없고, 이렇게 수학문제 풀리듯이 척척 풀리는 면도 있는 것 같습니다. 이것으로 제 말씀은 마치겠습니다. 감사합니다.

그럼 시간이 얼마 남지 않았습니다만 질문 있으시면 해주십시오.

문 감사합니다. 먼 장래로 보면 우리는 좋은 세상, 낙원사회가 도래하리라고 믿고 그것을 신앙으로 받아들여서 살아가고 있는 사람들 중의 하나입니다만, 짧게 보면 현실적으로 존재하는 물질세력, 세속적인 권력이나 특히 물질적인 소유, 이런 것이 편재한다든가 또는 이것을 기득권세력이라는 사람들이 계속 재창출하고 유지하면서 현실적으로 분배정의가 실현 안 된다거나 이런 것들이 상당히 걸림돌이 됩니다. 앞으로 남북통일의 번영된 민족공동체를 이루기 위해서도 현실적으로는 남한에서의 부도덕하고 정직하지 못한 정부——그래서 우리는 정직한 집권층을 갖는 것이 정말 소원입니다. 아마 어떤 면에서는 통일보다 먼저 이룩해야 할 준비과정의 하나인데, 그런 점에서는 종교집단들이 특히 불교계 종교가, 아까는 좋게 말씀하셨습니다만 대단히 아쉬운 면이 있지요. 그 점에서는 원불교에서도 젊은 교역자들은 역시 불만을 갖고 있습니다. 그래서 개벽교무단도 실제로 있습니다. 또 청년운동 쪽에서도 그 점에서는 교단 지도자 여러분들에게 약간은 불만을 갖고 있습니다. 백교수님께서도 그런 부도덕한 정부라든가 정치행태에 대해서 비판의 입장을 갖고 계시고 현실적으로 참여한 일도 있는 걸로 아는데, 불교 또는 원불교 교단에 대해서도 충고 말씀이라든가 견해를 말씀해주시면 감사하겠습니다.

답 교단에 대해서 제가 구체적인 충고 말씀을 드릴 수는 없고요. 그건 제가 발뺌을 하려는 게 아니라 그야말로 교단은 교단대로 취사를 하실 터인데 각자 개인도 그렇고 단체도 그렇고 자기가 주체가 되어 상황을 판단해서 취사하는 거니까 구체적인 조언을 바깥 사람이 하기는 어려울 것 같습니다. 일반론으로는 지금 말씀하신 것처럼 제 자신이 정치학자라거나 정치인은 아니지만 현실의 문제에 대해서 한 시민으로서 발언할 건 발언하고 항거할 것은 항거하는 것이 당연한 의무라 믿고, 그 점에서는 종교인이나 세속인이나 다 마찬가지라는 생각입니다. 특히 원불교의 경우에 그동안 제가 문외한으로서 교전을 읽은 감상을 말씀드렸습니다만 결론은, 구체적으로 어떤 취사를 해야 할지는 몰라도 당연히 지금 말씀하신 방향으로 우리 현실에 기여해야 한다는 얘기가 바로 삼학공부의 내용 속에도 들어 있지 않은가 합니다.

문 삼학을 설명하시면서 세가지를 어느 하나도 간과해서는 안 된다고 하신 말씀에 공감을 하고 있습니다. 한가지 여쭤보고 싶은 것은, 대답하기 어려우실지 모르겠습니다만 사모님이 우리 원불교도이시기 때문에 말씀 드리는 겁니다. 뭐냐면, 저희들 원불교학과가 원불교 지도자들을 양성하는 곳이거든요. 그런 점에서, 원불교학과의 교과과정을 살펴보셨다면, 세가지 중요한 이런 것들을 포함한 원불교학 과목에 대해 충고를 해주실 부분은 없으신지요? 즉 작업취사에서 사회적인 문제, 또 사리연구에서도 사회과학이라든지 전반적인 학문, 또 정신수양에서도 마찬가지죠. 좌선 일변도가 아닌, 원만한 수양이라야지요. 이러한 종교지도자를 만들어내는 가장 기본과정인 저희 원불교학과의 커리큘럼을 볼 때에 좀 지적해주실 말씀이 없으신지요?

답 죄송합니다만 제가 원불교학과의 교과과정을 보지 못했습니다. 그래서 그 질문에는 답변을 못 드리겠고, 혹시 선생님께서 커리큘럼을 아시는 입장에서 어떤 문제점이 있다고 지적을 해주시면 제가 듣기에 공감이 가는지 안 가는지를 말씀드릴 수는 있겠습니다. (일동 웃음)

문 제가 질문드린 것은, 가장 기본이 되는 저희들 전통적 해석인 삼학을 수행해나가는 것에다가 말 그대로 개벽종단으로서 세가지 점을 많이 보완해서 교육시켜나가야 하는데 그 점이 별로 없어서 교무들 스스로의 인식·자각하에서 공부를 해야 하기 때문에 바로 저희들이 원불교라는 좋은 사상을 가지고 있으면서도 사회라든지 정치라든지 이런 데 대해서 종교지도자의 입장에서 코멘트하는 일이 별로 없거든요. 이것은 교육의 부재와, 지도자를 가르친다기보다는 뭐랄까 원불교 교리를 전파하는 데만 치우친 면이 있어왔기 때문이 아니냐 하는 반성에서, 앞으로 저 자신도 반성을 해보고 또 우리들도 단순한 교무가 아니라 인류와 사회의 개벽 지도자라는 그런 입장에서 지도자가 되는 공부를 좀더 포괄적으로 해나가고 후학들에게도 제시해줘야겠다는 생각입니다. 게다가 저희가 작년에

교육발전위원회라는 것을 엄청나게 거쳤는데 그러한 것들의 결과가 지금 교과에 반영도 안 되고 있고 해서 좀 섭섭해서 그런 겁니다. (일동 웃음)

답 말씀하시는 취지는 제가 이해하기로 공감이 가는 말씀입니다. 서양의 그리스도교가 저렇게 융성하고 또 그 사회에서 지도적인 임무를 다해온 데에는 신학의 몫이, 성직자들에 대한 신학교육의 몫이 컸다고 생각합니다. 그런데 교리 자체로 볼 때는 그리스도교 교리가 학문과 양립하기가 불교보다 훨씬 어려운 면이 있다고 생각합니다. 서양 사람들 중에도 신학이라는 학문이 도대체 어떻게 성립할 수 있느냐는 이야기가 있습니다만, 왜냐하면 라틴어로 "Credo quia absurdum est" 즉 불합리기 때문에 나는 믿노라는 유명한 말이 그리스도교 전통에 있거든요. 그만큼 더 철저한 신앙고백이랄 수도 있지요. 신앙의 내용이나 대상이 합리적이지 않기 때문에 바로 **신앙**이 요구된다, 그리고 이성적으로 도저히 믿을 수 없는 것을 믿어주는 것이 진짜 신앙이다라는 발상인데, 불교의 가르침과는 정반대죠. 물론 불교에서도 신심이 없이는 깨달음에 이르기 힘들지만 원칙적으로는 누구나 깨달아서 진리를 알게 되고, 정말 이치에 맞다고 깨달음으로써 믿는 것이니까요. 그럼에도 불구하고 그리스도교의 신앙이 서양문명의 형성과정에서 또 하나의 큰 몫을 해낸 그리스적인 진리탐구 정신이나 예술문화와 합쳐지면서 신학이라는 독특한 학문이 형성되고 서양의 대학도 원래는 주로 목사나 신부를 양성하기 위해서, 말하자면 종교지도자 양성을 위해서 만들어졌습니다. 그런데 이들에게 거기서 가르친 것이 기독교의 교리나 교단운영에 관한 문제만이 아니고 그 당시로서는 기초적인 학문들, 수학이나 철학 등 모든 분야를 폭넓게 가르쳤습니다. 그래서 신부가 되면 단순히 교리를 전파하는 사람만이 아니라 그 사회의 지적인 지도층이 되었던 것이죠. 그래서 시골이라도 각 교구마다 목사가 하나씩, 또는 신부가 하나씩 배치되어 있었다는 사실은 최소한 한 교구에 지식인이 한 사람은 있었다는 뜻이 되며 그것이 그 사회의 조직원리가 되고 문명화의 동력이 되었던 것입니다. 그런 것을 생각한다면 지금 원불교학과의 실상이 어떤지는 잘 모릅니다만, 종교지도자의 교육이 훨씬 넓어져야 한다는 것은 옳으신 말씀이라고 생각합니다.

문 통일에 대한 견해 말씀을 잘 들었는데요. 제가 말씀드리고 싶은 것은 한반도의 통일은 지혜와 도덕으로 이루어야 한다는 것은 좋은 말씀인데 거기에 한가지 덧붙여서 사상의 조화를 이루어야 한다고 봅니다. 좀더 적극적으로 말하면 우리 개인간에도 화해를 위해서는 상대방의 처지를 이해해야 되지 않습니까? 마찬가지로 저쪽과 이쪽 역시 그 단점이 있지만 기능도 있거든요. 그것을 이해하지 않으면 도저히 만날 수가 없어요. 그렇기 때문에 사상의 조화를 이루어야 하는데 그것은 역사라든지 문화, 이런 이해를 바탕으로 해야 하며, 결국은 아까도 일원주의라는 말이 나왔지만 중도주의라든지 일원주의에 바탕한 이념이 제시되어야 할 것 아니냐, 이렇게 생각됩니다. 그래서 우리 원불교 교전도 많이 읽으셨으니 그런 점도 추가해서 생각하시면 어떨까 해서 말씀드리고, 또 제가 느끼기에는 북쪽에 있는 분들도 그런 점에서 우리 원불교 이념에 관심을 가질 면이 있다고 보기 때문에 선생님께서도 이런 문제에 더 많은 관심을 가져주시기를 부탁드립니다.

답 네. 전적으로 공감하는 바인데 요구하신 사항이 너무 어려운 문제가 돼놔서 지금 무슨 말씀을 드릴 수 있을는지 모르겠습니다. 아까 제가 우리가 시대의 병과 싸우기 위해 사회 안에서 종교적인 움직임뿐 아니라 병든 사회에 항거하는 세속의 움직임들, 이런저런 시민운동이나 민중운동과도 회통하는 것이 필요하다는 취지로 말씀드렸는데 그 이야기를 조금 더 연장하면 북쪽의 사상과도 일정한 회통을 이루어야겠죠. 회통이라는 말은 이제까지는 주로 종교에서 사용되는 말이고 원래는 불교 내부의 여러 종파들 사이의 만남과 하나됨을 뜻하는 것으로 압니다만, 원불교가 과연 후천개벽을 담당할 종교라면 단순히 불교끼리의 회통 또는 선천종교들과의 회통이 아니라, 그보다 훨씬 복잡하고, 그러나 어떤 의미로는 물질개벽 시대의 공부로서 어느 기성 종교에 못지않게 중요한 세속인들의 움직임과 회통하는 것이 그 성패를 좌우할는지 모르겠습니다. 물론 회통이란 것은 무작정의 통합이 아니고 뚜렷한 원칙과 엄정한 상호비판에 따른 하나됨인 만큼, 북의 사상이나 북쪽 체제의 기능이 어느 수준인지에 따라 그 회통의 구체적 내용이나 방식이 달라지겠지요. 아무튼 지금 말씀하신 대로 일정한 기능이 있고 그 나름의 역사와 문화가 있는 한은 마땅히 원만한 회통의 상대로 인정되어야 한다는 점에 동의를 표하고 싶습니다.

세계시장의 논리와 인문교육의 이념*

1. 대학의 위기와 전통적 인문교육의 이념

오늘날 대학이 처한 어려움은 여러가지이고 구체적인 실정은 나라마다 학교마다 각각이다. 한국 대학들의 경우 몇해 전까지만 해도 정부 당국에 의한 대학 자율성의 공공연한 침해가 무엇보다 심각한 문제였고 지금도 부당한 간섭이 끊인 것은 아니다. 또한 재정상의 곤란이라든가 최소한의 자격을 갖춘 인력의 절대적 부족도 항상 거론되는 문제다. 그러나 '학문의 체계와 이념'이라는 차원에서 위기를 말한다면, 아무래도 전통적 인문교육의 터전으로서의 대학이 그 존립을 위협받는 상황을 주로 검토해야 할 것이다.

동서양을 막론하고 전통적인 대학의 이념은 넓은 의미의 인문교육이

* 이 글은 '현대의 학문체계'에 관해 서울대학교 교수들로 구성된 공동연구진(책임자 蘇光熙 교수)이 1992~93년에 걸쳐 수행한 연구 중 저자가 맡은 주제의 보고문이다. 최종 집필이 있기까지 두차례의 중간발표를 했으며 이때의 토의는 물론, 동료들의 발제와 그때그때의 논의에서도 많은 도움을 얻었다. (공동연구에 관해서는 그 성과를 담은 논문집 『현대의 학문체계』 참조.)

었다. '넓은 의미'라고 하는 것은 오늘날 인문학 또는 인문과학으로 분류되지 않는 분야도 적잖이 포함하고 있었기 때문이다. 고대 그리스 이래로 수학이 전통적 서양 인문교육의 기본과목에 들었다는 것은 그 단적인 예다. 우리가 속한 동양(즉 동아시아문명)에서는 수학 자체가 최고급 교양인의 공부에서 그런 비중을 차지한 바는 없으나, 천문·지리·농학 등이 군자의 원만한 교육에 포함되었고, 경전과 사서(史書)의 학습 역시 오늘날의 '인문학' 범주를 넘어서는 것이었다. 따라서 '인문교육'이라는 (*humane education* 또는 *liberal education*의 번역어에 해당하는) 명칭을 동양의 전통적인 '큰 배움〔大學〕'에도 적용하여 무리가 없을 듯하다. 서양의 인문교육이 어떤 특정 분야의 지식이나 기술을 전수하기보다 *humanitas* 로 표현된 '인간다움'을 연마하는 교육을 표방했듯이, 동양의 교육 또한 군자는 도구가 아니〔君子不器〕라고 하여 특정한 기능이 아닌 '도(道)'를 목표로 삼았기 때문이다.

이러한 교육을 위해서는 인문학 분야 고전에 대한 지식의 습득과 어문능력의 함양이 큰 비중을 차지하게 마련이다. 따라서 협의의 인문학이 오늘의 대학 안에서 점점 위축되는 현상 자체도 결코 가볍게 볼 일은 아니다. 그러나 더 핵심적인 문제는 이러한 양적인 위축이 '인간다움의 연마'라는 전통적 대학 이념의 쇠퇴 내지 상실이라는 대세의 일환으로 진행되고 있는 현실을 어떻게 보느냐는 것이다. 사실 절대적인 양에서는 팽창이 대체로 지속되고 있는 자연과학조차도 점점 그 실용성을 위주로 평가받게 되는 경향이며, 공학 등 실용과학 분야에 비해 상대적으로 위축되어가고 심지어 종당에는 완전히 압도당할 위험마저 배제할 수 없는 형편이다.

첫머리에 말했듯이 이것은 대학의 재정적 위기라든가 교육계의 부패와 타락 따위와 동일한 차원의 위기는 아니다. 특정 대학들의 존재나 성쇠를 떠나서 대학이라는 제도 자체는 오늘날 그 존폐를 위협받고 있다고 보기 힘들다. 이른바 '정보사회'라는 개념도 현대사회에서 지식의 생산 및 전수의 본거지로서 대학이 전에 없이 중요해질 전망을 함축하고 있으며, '대학의 위기'가 언론 매체들의 유행적인 관심사로 된 현상 자체가 그러한 인식의 확산을 말해주는 셈이다. 그러나 '정보사회'가 중시하는 '지식'은 '인간다움의 실현을 위한 참된 앎'이라는 차원과는 다른, 문자 그대로의 '정보'이며 생산을 위한 도구(器)다. 대학이라는 제도가 특수한 기능의 습득이 아니라 사람다움을 배우고 연마하는 '큰 배움'의 터전이라는 의식 자체가 점차 흐려지고 있음을 오히려 극적으로 드러내주는 것이 '정보사회'의 개념이라 할 것이다.

그런데 대학의 위기에 올바로 대처하기 위해서는 전통적 인문교육이 표방해온 '인간다움'이라는 것이 지닌 다른 일면도 놓쳐서는 안 된다. 예컨대 동양에서 '수기(修己)'와 더불어 '치인(治人)'을 이야기했을 때, 남을 다스리는 일은 소수 집단의 몫으로 한정되어 있었다. 즉 보편적인 인간다움의 추구라는 명분 아래 지배층에 속하는 인간으로서의 특수한 훈련과 능력개발을 동시에 겨냥한 것이 군자의 '큰 배움'이요, 서양의 대학교육도 기본적으로 마찬가지였다. 다시 말해 대학의 이념은 오늘도 우리가 보존하고 발전시켜야 할 참다운 인간다움의 연마라는 일면과 함께 '인간다움'의 이름으로 인간에 대한 인간의 지배와 착취를 합리화해온 이런저런 이데올로기라는 또다른 일면을 지녔던 것이다. 인문교육의 위기라는 것이 후자에 대한 도전을 내포하는 한, 우리는 그것을 도리어 환영해야 옳다.

다만 인문교육 이념이 지닌 이러한 두 면을 현실적으로 뚜렷이 가르는 일은 불가능하다는 점이 문제를 복잡하게 만든다. 당시에는 설혹 억압적인 역할을 했더라도 오늘날 그 해방적 가능성이 오히려 두드러지는 요소들이 있는가 하면, 정반대로 당시는 진정한 덕목이었지만 지금 상황에서는 이데올로기적 기능이 주가 될 수밖에 없는 예도 있을 것이다. 게다가 편의상 '전통적 인문교육 이념'의 공통점을 논할 뿐이지, 그 구체적인 내용이 서구 또는 동아시아의 역사 속에서도 시기와 장소에 따라 실로 다양했음은 더 말할 나위 없다.

그러나 본고에서는 그 다양한 내용을 면밀히 살피기보다, 대체로 위에 지적한 바와 같은 양면성을 지닌 전통적 인문교육의 어떤 부분을 어떻게 옹호하며 발전시키는 것이 우리가 당면한 대학의 위기를 극복하는 바른 길인지를 생각해보는 일이 중요하다. 그 점에서, 과거보다 오늘날 우리에게 주어진 현실의 성격을 좀더 자세히 검토할 필요가 있겠다.

2. 자본주의 세계시장의 논리와 대학

다른 문제에 관해서도 그렇지만 대학에 관해서 역시, 오늘날 아무도 무시할 수 없는 가장 중요한 현실은, 이제 지구 전체를 실질적으로 망라하기에 이른 자본주의 세계시장의 존재이다. 세계시장과 그 자본축적의 논리에 관해서는 맑스의 분석이 아직도 고전적이라 생각된다.[1] 하지만 시장의 존재를 외면한 활동이나 목표가 현실적인 힘을 갖기 어렵다는 인식은 반드시 맑스주의자에 국한되는 것이 아니다. 가까운 예로, 칼 폴라니(Karl Polanyi)의 『위대한 전환』(The Great Transformation)을 원용한 김남두 교수의 다음과 같은 지적이 있었다. "인간의 삶에서 어떤 것이 가치있느냐를 따지는 데 시장이 일차적인 평가자의 역할을 하고, 나아가 이 시장기

---

1 자본축적의 논리에 관해 맑스의 『자본론』이 고전적인 논저임은 누구나 인정하는 사실이다. '세계시장'에 대해서는 맑스가 『공산당선언』을 비롯하여 도처에서 언급하고 있지만, 『정치경제학비판 강요』(Grundrisse)에서 제시한 자신의 구상을 본격적으로 실행하지 못했기 때문에 그는 일국의 시장을 기본단위로 삼았다는 극단적인 오해를 낳기도 한다. 그러나 맑스의 사상에서 '세계시장' 개념이 차지하는 중요성은 최근 국내에 소개된 한 논문에도 잘 지적되어 있다. 조셉 매카니(Joseph McCarney) 「공산주의 이후의 맑스주의 철학」(원제 "The True Realm of Freedom: Marxist Philosophy after Communism"), 『창작과비평』 75호, 1992년 봄호 참조.

구의 원활한 기능과 시장체제의 유지가 거의 자기목적인 것처럼 되어 있는 경우, 인간활동이나 제도, 기타 다른 것들의 가치문제를 제기하는 일은 바로 이 시장기구의 가치조정 메커니즘과 그것의 자기유지 욕구에서 그 일차적인 벽에 부딪치게 된다. 즉 그같은 활동이나 물음 자체가 시장의 그같은 기능과 요구에 의해 일차적으로 평가되며, 여기서 이윤의 창출이라는 요구 그리고 시장기구의 자기유지라는 요구에 거슬리거나 의미있는 것이 아닐 경우 그것은 힘을 가지기 어렵다."[2]

폴라니 자신은, 전세계에 걸친 자율적인 시장기구를 향한 산업혁명 이래의 움직임이 두차례의 세계대전을 거치면서 결정적으로 파산했고 이 시장기구에 대한 사회적인 통제를 확립함으로써만 문명의 수호가 가능하리라고 보았다. 세계시장과 문명사회의 양립 가능성 문제는 우리도 좀더 따져볼 참이지만, 시장기구 및 이를 옹호하는 자유주의가 아직도 위세를 떨치고 있음은 부인하기 어렵다. 오히려 많은 사람들이 세계시장의 대안으로 간주했던 '현실사회주의'가 먼저 파산했으며, 폴라니의 입장에 더 가까운 사회민주주의자들의 여러 업적도 지금은 한계에 달했거나 역전당하고 있는 실정이다. 더구나 폴라니 스스로 인정하듯이 정부 등의 경제외적 개입이 전혀 없는 완전한 자율시장이란 과거에도 없었고 미래에도 있을 수 없는 것이라면, 사회민주주의자 및 일부 자유주의자들이 시장기구에 부과해온 규제장치들이야말로 세계시장의 현실적 작동과 팽창에 알맞은 정도의 보완조치였다고도 볼 수 있다.

어쨌든 세계시장이라 일컬음직한 현실이 존재하며 그 자본축적 논리가 학문과 대학에 관한 일체의 구상에서 간과할 수 없는 어떤 한계선을 긋는다는 인식은 누구나 수긍할 만하다. 따라서 오늘의 대학에서 인문학에 대한 과학의 우위라든가 과학 중에서도 실용과학의 위세가 점증하는 현상

2 김남두 「인간과 과학」, 『과학사상』 창간호, 1992년 봄호 23면.

은 결코 일부 '물질주의적' 당국자와 이에 영합한 학내 세력의 탓이 아니다. 그것은 자본의 논리가 지배하는 세계 속에서 개인적·집단적 생존이 걸린 문제이며 흔히 말하는 국가발전이나 국민복지가 적어도 상당부분은 실제로 걸려 있는 문제인 것이다.

그런데 이 점을 현실로서 인정하더라도 여기에 어떻게 대응하는 것이 대학의 이념을 제대로 살리는 길인지는, 자본축적의 논리가 인문교육이 지향하는 인간다움의 추구와 궁극적으로 양립할 수 있는가에 대한 각자의 입장에 따라 달라질 수밖에 없다. 극단적인 예로는 자본주의체제가 인문교육에 전혀 위협이 되지 않고 그 엄청난 생산력의 축복이 있을 따름이라는 발상도 가능하겠는데, 자본주의의 실상이 알려지기 전의 유토피아적 예언이었다면 모를까, 오늘날 이런 견해가 진지한 논의로 받아들여지기는 힘들 것이다. 아니, 이런 발상이야말로 자본주의가 진정한 인문교육을 위협한다는 마침맞은 사례로 기록될 수 있을 것이다.

하지만 자본주의가 인간다움의 실현에 여러가지 제약을 주고 인문교육의 이념에 적대적인 요소를 지녔음을 시인하면서 그래도 근본적으로 인간다움의 추구에 기여하는 면이 더 크다거나 적어도 이를 원천적으로 배제하지 않는다는 식의 좀더 유연한 명제라면 어떻게 볼까? 개중에는 인간사회의 가능성 자체에 대해 훨씬 비관적이어서 자본주의에 따르는 불평등이라든가 기타 여러가지 제약을 불가피한 것으로 우리가 솔직히 인정하고 받아들여야 한다는 '신보수주의'도 있고, 자본주의의 개량 가능성을 훨씬 낙관하는 '사회민주주의'도 있을 것이다. 또한 그 어간의 다양한 견해도 가능하다. 이들은 모두 세계시장의 논리를 인간다움의 추구와 기본적으로 양립하는 것으로 간주한다는 점에서 크게 보아 자유주의적 입장이라 하겠는데, 단기적으로는 현실의 대세에 부응하면서 실제로 가능한 개선의 길을 찾는 가장 순리적인 자세라는 이점을 지닌다. 그러나 도대체 인간활동의 성패가 이윤축적 여부로 좌우되는 세상이 어떻게 '인간다운 삶'과 장기적으로 양립할 수 있는가라는 의문에 대해서는 답하지 못한다. 그런데 시장기구의 전면화는 사회 자체의 파괴를 가져올 수밖에 없다는 폴라니의 경고는,[3] 그가 이루어졌다고 믿었던 '위대한 전환'이 훨씬 한정된 변화였음이 판명되고 자본주의 시장의 전지구화가 바야흐로 본격화된 오늘날 오히려 절실성을 더하고 있는 것이다.

한편 자본의 논리와 인간다움의 추구는 본질상 이율배반이지만 미래사회에 대해 근본적으로 다른 어떤 설계가 있는 것도 아니므로 자본논리의 관철을 최대한 늦추거나 회피하는 데서 대학의 살길을 찾으려는 입장이 있다. 이는 보수적인 자유주의가 아닌 원래 의미의 보수주의라고 부를 수 있겠는데, 사태의 심각성을 자유주의자보다 훨씬 정직하게 인식하면서도 '진보'의 환상에 의존함이 없이 끝까지 인문적 가치의 수호에 헌신한다는 비장한 사명감을 낳기도 한다. 그러나 세계시장의 확대·심화라는 대세를 감안할 때 장기적으로는 절망적인 노선일 수밖에 없으며, 새로운 희망으로 나아감이 없이 장기적 전망의 부재에 익숙해진다면 자유주의의 또다른 변형에 불과하게 될 것이다. 물론 자유주의자의 부분적 개선 노력이 무의미한 것만은 아니듯이, 잘못된 변화를 막지는 못하고 변화의 속도만 늦추는 보수주의자의 성취도 훗날의 좀더 근본적인 전환을 위해 중대한 기여가 될 수 있다.[4] 하지만 백년대계임을 자랑하는 교육의 영역에서는, 특히 그중에서도 최대한의 의식화가 당연히 요구되는 대학교육의 경우,

---

3 예컨대 *The Great Transformation*, Beacon Press 1957, 73면 참조. "시장메커니즘으로 하여금 사람들의 운명과 자연환경에 대한, 아니 심지어 구매능력의 크기와 용도에 대해서조차 그 유일한 지배자가 되는 일을 허용한다면, 사회의 파괴를 초래할 것이다."(졸역. 국내에 『거대한 변환』이라는 제목으로 대우학술총서 번역본이 1991년 민음사에서 나왔으나 참조만 했다.)

4 이 점에 대해서도 폴라니의 지적은 경청할 만하다. "어떤 발전의 진로를 완전히 막는 데 성과가 없다고 해서 전혀 아무런 성과가 없는 것은 아니다. 많은 경우에 변화의 속도는 변화의 방향에 못지않게 중요하다."(같은 책 36~37면)

기존의 문명 자체를 변혁하려는 급진적 의식에 의해 이끌리지 않는 한정된 후위작전이 뜻있는 성과를 보기는 힘들 것이다.

'현실사회주의'를 포함한 맑스주의가 많은 인문주의자들에게 매력을 행사한 것은, 자본의 논리와 인간다움이 양립할 수 없다는 점에는 보수주의자와 동의하면서도 자본주의의 실현을 거침으로써만 가능해지는 대안적 사회로의 이행을 내세웠기 때문이다. 말하자면 자유주의와 보수적 반자본주의의 변증법적 종합을 자임한 것인데, 적어도 '현실사회주의'의 실험에서는 양자의 부분적 미덕마저 희생한 반인문주의적·비현실적 대안인 면이 많았다. 맑스주의 자체를 이 실험과 동일시하는 것이 옳을지는 별도의 검증을 요하지만, 자본의 논리가 관철되면서 그 전까지 인류가 실제로 성취했던 인간다움에 일어난 변화가 어떤 것이고 앞으로 어떤 변화를 어떻게 이룩할 것인가에 대해 훨씬 곡진한 이해를 보여주지 않는 한, 맑스주의든 어떤 다른 이름의 사회주의적 대안이든 정직한 자유주의자나 보수주의자의 한정된 처방보다 오히려 못하다는 비판을 면하기 어려울 것이다.

여기서 이 문제에 대한 어떤 확답을 얻으려는 것은 아니며, 이제까지 제시된 여러 시안들을 체계적으로 정리하려는 것도 물론 아니다. 다만 대학의 문제가 곧 역사관·인간관의 근본문제와 직결된 사항임을 상기하자는 것이며, 아울러 비단 우리 자신뿐 아니라 현대 세계의 어디에도 정답이란 것이 없는 상태에서 그 해결이 절박하게 요구되고 있는 문제임을 강조하려는 것이다.

이러한 모색을 좀더 알차게 진행하기 위해서는 세계시장의 논리가 특히 현대 한국의 상황에 어떻게 적용되는가를 살펴볼 필요가 있다. 세계시장이라고 해서 그 논리가 세계의 모든 나라와 모든 집단에 획일적으로 작동하고 있는 것이 아님은 물론이다. 특히 수많은 국가들의 존재는 가장 중요한 변수의 하나이자 범세계적인 시장체제를 지탱하는 핵심적인 정치구조라 하겠는데,[5] 가령 한국이라는 특정 국가가 이러한 열국체제 안에서 어떤 위상을 차지하며 자본주의 세계경제의 어떤 몫을 맡은 지역에 해당하는가에 따라 한국의 대학이 당면한 문제도 달라지게 마련이다. 말하자면 같은 한국 대학들 중에서도 서울에 있느냐 지방에 있느냐에 따라, 그리고 국가 엘리뜨의 양성기관인 세칭 일류 대학이냐 그것과 거리가 먼 '하위권 대학' 또는 전문대학이냐에 따라 그 교육의 성격과 당면과제가 엄청나게 다를 수 있는 것과 흡사하다.

예컨대 자본의 논리가 인문교육의 이념에 아무리 적대적이라 할지라도 세계체제의 중심부에서는 대학의 전통을 최대한으로 보존하면서 자본주의 사회에의 원만한 적응을 실험할 여지가 많은 편이다. 범세계적 자본축적 구조의 수혜자들이 집중된 지역이기 때문에 우선 물질적인 여유가 넉넉하며, 정치적으로도 국민국가의 대외의존성이 작기 때문에 자국의 문화적 전통을 수호하려는 노력에 대한 외세의 간섭은 큰 문제가 안 된다. 이에 반해 '주변부' 또는 '반주변부'에 속하는 국가들의 대학이 전혀 다른 처지임은 당연한 일이다.

중심부 대학들의 현실적 이점은, 전통적 인문교육의 이념이 앞서 말한 대로 양면성을 지녔음을 감안할 때 더욱 두드러진다. 즉 '참다운 인간다움'의 추구와 함께 지배층 특유의 '지배자다움'을 연마하는 것이 현실의 인문교육이었다고 할 때, 국가간·계급간의 불평등을 그 발전의 동력으로 삼는 세계시장에서 지배자의 자리를 차지한 나라들의 대학일수록 전통적 인문교육과 자본논리의 접합지점이 넓어진다. 전통적인 대학교육이 목표

---

5 개별 국민국가들보다 세계시장을 기본단위로 보는 발상은 폴라니에서 (그리고 어쩌면 맑스에서도) 이미 찾아볼 수 있는데, 이를 더욱 본격적으로 발전시킨 것은 월러스틴 (Immanuel Wallerstein) 등의 세계체제론이다. 국내에도 소개된 그 간명한 서술로는 이매뉴얼 월러스틴 『역사적 자본주의/자본주의 문명』, 나종일·백영경 옮김, 창작과비평사 1993 참조.

로 삼은 인간형을 계속 배양함으로써 세계체제의 지배자집단을 산출하는 임무를 어느정도 수행할 수 있음은 물론이고, 세계체제의 실제 경영에 무능한 인문주의자들을 상당수 생산하더라도 그들을 통한 자기네 전통문화의 보존 자체가 주변부에 대한 문화적 지배에 복무한다는 소득이 있는 것이다.

반면에 세계시장의 노동력 공급이 그 주된 기능이고 세계체제 차원에서는 기껏해야 좀더 많은 중견간부를 산출하려고 경쟁하는 나라들에서 대학이 전통적 인문교육을 고수할 기반은 극히 한정되거나 심한 경우 전무할 수도 있다. 한국처럼 세계체제론의 용어로 '반주변부'에 해당하고 달리 분류할 때 '중진국'이라고도 일컬어지는 나라에서는, 전통적 인문교육의 물적 토대가 전무하지는 않지만 선진자본주의국들하고는 큰 차이가 나는 것이 분명하다. 이는 인문교육을 위한 예산의 규모뿐 아니라 예산을 할당하는 공·사 집단의 체질로도 드러나며, 실행되는 인문교육의 내용으로도 드러난다. 부분적으로 얼마든지 개선이 가능한 폐단도 너무나 많은 게 사실이지만, 근본문제는 서양 또는 과거 동양의 최고 수준에 달하는 교양인들을 다수 배출할 경제력도 모자라거니와 설혹 그럴 여유가 있다손 치더라도 이들에 대한 현실적인 수요가 극히 제한된다는 점이다. 마치 왕년의 미국 흑인 빈민가에서 누가 시청의 구두닦이로만 취직이 되어도 지역 유지의 위치에 올랐듯이(지금도 얼마간 그렇지만), 한국의 대학교수가 미국에 이민 가서 채소가게나 세탁소만 차려도 지위상승을 이룩한 것으로 여긴 때가 있었고(지금도 전혀 안 그런 건 아니지만), 우리의 국력이 신장되고 국제적 위상이 높아진 오늘에도 국내의 최고 지도급 인사와 국제기구나 외국 대기업의 중위급 간부는 당연히 맞먹는 것으로 인식된다. 이러한 세계체제상의 현실에서는 최고 수준의 기초과학자들을 대량 배출할 수 있다 해도 상당부분은 선진국 대학과 연구소들 좋은 일이나 해주는 꼴이 되는데, 인문학자의 경우에는 선진국측과 국내의 수요도 훨씬 한정되려니와 이로 인해 양산되는 고급 실업자가 반체제 지식인으로 발전할 위험도 더 크다고 보아야 한다.

다른 주변부·반주변부 지역에서도 그렇지만, 한국의 대학에서는 인문교육의 전반적 쇠퇴라는 세계적 추세 말고도, 19세기 말엽 서구 주도의 세계질서에 편입되면서 일어난 자기네 고유의 인문교육, 즉 동양적 내지 한국적 인문교육의 결정적 후퇴라는 문제가 가중되어 있다. 이것이 전통적 대학 기능의 수행을 더욱 어렵게 만드는 것은 물론인데, 이 또한 세계체제 속의 위상과 직결된 문제다. 일제 식민 당국이나 미군정 당국 그리고 외세의존적인 남한의 정부 당국이 전통문화의 교육을 적극적으로 막은 것도 사실이지만, 전통문화만을 그대로 배워서는 도대체가 써먹기가 마땅치 않은 세상에 우리가 던져졌기 때문이기도 하다. (양면 모두가 물론 세계체제 속의 위상에 관련된다.) 그 결과 오늘날 우리 주변에서 보는 교육내용은 그야말로 반주변부 국가에 걸맞은 어중된 성격이다. 즉 세계체제의 중간간부층에 알맞은 서양적 보편주의와 동양인 내지 한국인으로서의 '특수성'을 배합한 어정쩡한 내용인 것이다. 다시 말해 한국 대학에서 인문사회과학의 주체성 문제만 하더라도, 세계시장의 논리 그리고 그 구체적 발현양태의 하나로서 한국 경제가 세계시장에서 차지하는 위치를 외면하고서는 해결의 실마리를 찾을 수 없다.

그렇다면 해결책은 어떻게든 우리도 하루바삐 '선진국 대열'에 진입하는 것인가? '선진국 진입'의 가능성 자체가 결코 확실한 것도 아니지만, 우리가 그나마 지닌 인문적 전통을 더욱 철저히 파괴하지 않고 이 과업이 달성될는지도 의심스럽다. 더욱 본질적인 문제는, 중심부 국가들도 여건이 상대적으로 낫다는 정도지 인문교육의 입지가 점차 좁아지고 있기는 마찬가지라는 점이다. 이윤추구와 인간다움의 추구가 질적으로 다른 목표라는 사실은 자본주의가 발달할수록 더 분명해지기 마련이며, 지배계급양성이라는 면에서도 전통적 인문교육의 쓸모는 날로 줄어들고 있다.

최고급의 결정권자들에게도 점점 전문화된 능력이 필요해지는 세상이려니와, 주로 실용적인 교육을 받은 그보다 낮은 급의 인력에 대한 수요가 중심부 국가에서도 급격히 팽창하고 있는 것이다. 우리나라 대학의 위기가 오로지 '선진국'이 됨으로써 극복될 수 있다는 생각은 확실히 지나친 낙관이요, 어쩌면 문제를 더욱 악화시키는 잔인한 환상인지도 모른다.[6]

아니 한걸음 더 나아가, 중심부 국가들의 대학과 지식층은 바로 상대적으로 나은 그 여건 때문에 사태의 심각성을 덜 의식하고 서양 인문교육의 이데올로기적 성격에 둔감하기 쉽다고 한다면, 한국처럼 너무 잘살지도 너무 가난하지도 않은 나라의 대학이야말로 세계사의 주어진 시점에 알맞은 '인간다움'의 새로운 탐구를 수행할 특별한 위치에 있는지도 모른다. 이런 복된 기회를 선진국 추종으로 헛되게 날려버려서는 안 될 것이다.

3. 대안적 운동들의 논리와 대학

자본주의 세계시장의 여러 모순들에 유의하여 제 나름의 대안을 찾으려는 운동의 종류는 한둘이 아니다. 그중 한때 가장 강력한 실세를 지닌 운동으로 자타가 공인하던 '현실사회주의'가 대부분 무너진 지금, 아직껏 뚜렷한 대안이 나왔다고 말하기는 힘들다. 그러나 세계시장의 존재와 더

---

6 한반도의 통일이 '베트남식'도 '독일식'도 아닌 훨씬 원만하고 창조적인 방식으로 이루어질 경우라면 '선진국 진입'은 한결 현실성 있는 방책이 되는 것이 사실이다. 다만 대다수 선진국진입론자들은 이런 식의 통일 구상 자체를 비현실적이라고 보는 입장이다. 그러나 "설혹 우리가 고도의 자주성과 민중주도성을 발휘한 통일을 이룩한다고 해도 자본주의 세계경제가 하루아침에 무너진다거나 우리만이 세계시장과 무관하게 살 수 있는 세상은 오지 않"음을 전제하면서도, 분단체제의 변혁을 통해 "세계체제 속에서 민족의 삶을 개량하고 나아가서는 세계체제 자체의 변혁에 이바지하려는"(졸고 「분단체제의 인식을 위하여」, 본서 38~39면) 대학 안팎의 노력 없이도 남한 또는 통일한반도가 '선진국'이 될 수 있다는 생각이야말로 지극히 안이한 발상이다.

불어 그 대안적 운동들의 존재도 하나의 현실임에 틀림없으며, 인문교육의 이념을 중시하는 모든 대학인들에게 당연한 관심거리가 된다. 더구나 자본의 논리가 참다운 인간다움과 궁극적으로 양립하기 힘들다고 믿는 입장에서는, 그러한 운동에서 어떤 활로를 찾을 수 있을지 면밀히 따져보지 않을 수 없을 것이다.

대안모색의 동력 중에 하나는 세계시장에 대한 민족주의적 반발이다. 세계시장이 국가간·민족간 불평등을 바탕으로 발전하면서 동시에 각 민족의 주체성(주체적 인문교육의 전통을 포함하여)을 말살하는 속성을 지녔다는 사실이 이러한 반발의 객관적 근거가 된다. 이는 오늘의 세계에서 무시 못할 실세를 지닌 움직임이고 도처에서 자본주의 경제의 원활한 운영에 차질을 일으키고 있다. 참다운 인문교육을 수호하고 발전시키려는 노력이 이런 움직임의 존재를 감안하고 그 동력을 상당부분 수용하지 않고서는 현실적인 해결책을 찾을 수 없을 것이다.

그러나 민족주의 자체가 진정한 대안이 되리라고는 믿기 어렵다. 민족간의 경쟁은 개인간의 경쟁에 못지않게 애초부터 자본주의 발전동력의 일부였던 만큼, 단순히 자기 나라 자기 민족의 국제적 위상을 높여보자는 식의 민족주의가 세계시장에의 대안이기는커녕 바로 그 구성요인의 하나임은 더 말할 나위 없다.[7] 물론 개인 차원에서 경쟁사회를 극복하려는 노력을 계속하기 위해서도 생존경쟁에서 절대적인 패배는 면해야 하듯이, 세계체제 속의 처지가 열악한 민족이 집단적 지위상승을 꾀하는 것이 무의미하다는 말은 아니다. 적어도 그 지위가 심각하게 내려가지 않는 것은 긴요한데, 물론 이것 자체가 말처럼 간단한 일이 아니다. 이러한 현실상의 요구가 한국의 대학에 미치는 실제 영향에 대해서는 뒤에 언급하기로 한다.

7 이에 대해서는 월러스틴, 앞의 책 중 「역사적 자본주의」 제2장 '축적의 정치학' 참조.

아무튼 단순히 자신들의 지위상승이 아닌 민족간의 평등을 내세우는 유형의 민족주의도 형편이 좀 나아지면 곧바로 선진국들의 민족주의·자국중심주의와 별로 다를 바 없어지는 예를 우리는 거듭 보아왔다. 이는 주어진 민족운동이 전세계를 변혁할 실력이 모자라기 때문에 조만간에 현존 세계체제 속에서 '좀더 많은 것'을 얻어내는 선에서 체념하고 마는 현실 탓도 있다. 그러나 민족주의의 더욱 본질적인 문제는, 그것이 계급이나 성차에 따른 민족 내부의 불평등에 관해 과학적인 분석과 실천적 대안을 지니지 못했기에 민족간의 평등을 포함한 전세계 차원의 평등을 실현할 능력에 애초부터 한계가 그어졌다는 사실이다. 학문의 영역에서 보더라도, 단순히 '민족주체성'을 강조하는 것은, 자기 나라 현실을 외면하고 서양의 이론이나 자료들을 전파하기에 급급한 식민지적 풍토에 대한 반성을 촉구하는 효과는 있지만, 근본적인 반성을 수행한 것이라고는 보기 어렵다. 월러스틴이 지적하듯이 정치학·경제학·사회학 등 사회과학이 주로 자국 중심의 연구를 수행해온 선진국의 (우리 사회과학계에 비해 '주체적'임이 분명한) 관행 자체가 프랑스혁명 이후 확립된 자유주의 이데올로기의 산물이다. 즉 인간활동을 '정치' '경제' '사회문화' 세 영역으로 분리하고 각 분야의 연구는 유럽 선진국들 중심이자 일국 위주로 수행하며 경험적인 방법에 치중함으로써 사회변동의 범위를 자유주의가 인정하는 '정상적인 변화'로 국한하는 데 기여했던 것이다.[8] 그러므로 대학에서도 민족주의는 세계시장의 '보편주의' 이데올로기에 대한 진정한 대안

---

8 I. Wallerstein, *Unthinking Social Science: The Limits of the Nineteenth-Century Paradigms*, Polity Press 1991, 제1장 "French Revolution as World-Historical Event," 19~20면 참조. 그에 따르면 사회과학의 3대 분야가 성립됨과 더불어, 랑케의 실증사학에 의해 엄격히 한정된 의미의 '역사학'이 과거 사회에 대한 자료연구로 설정되며, 역사도 없고 변화도 없는 것으로 인식된 사회들에 대한 연구로서 '인류학'이, 그리고 지난날의 변화에 대한 기록은 있으나 현재는 '화석화된' 문명들에 대한 연구로서 '동양학'이 가세하여, 사회 연구의 6개 주요 분과가 19세기 서구 학계에 자리잡았다는 것이다.

이라기보다 그 보완으로 그치기 쉽다고 보아야 할 것이다.

민족주의 이런 한계를 감안할 때, 처음부터 국제주의와 평등주의를 표방하며 대안적 보편주의로 자처한 사회주의(특히 맑스주의) 운동의 경우가 '대안'으로서 좀더 명백한 이론적 조건을 갖추었다고 말할 수 있다. 인문교육의 이념과 관련해서 보더라도 '참다운 인간다움'이 일정한 '보편성' 즉 특정 민족이나 국가를 초월한 일반성을 지녀야 함은 분명하며, 그럴 경우 '평등'의 개념을 무시한 '인간다움'을 설정할 수 없다. 그리고 사회주의는 만인의 평등이 실현되는 계급 없는 사회를 노동자계급운동의 목표로 내걺으로써, 이제까지 물질적 불평등에 기반을 두어온 모든 이념에 대해, 특히 지배자의 이데올로기로 기능해온 각종 '인간다움' 개념에 대해 본질적인 도전을 제기하게 된다.

그러나 현실적으로 어떻게 평등한 세상을 만들며 어떻게 대학에다 평등의 이념을 적용하느냐는 물음에는 아직껏 만족할 만한 답이 없다. 사회주의로의 이행이 전세계에서 거의 동시에 일어나야만 가능하다는 세계혁명론이나, 가능한 국가에서부터 먼저 진행되어야 하고 또 그럴 수 있다는 일국사회주의론이 각기 일리가 있지만, 둘 다 오늘날 실세를 지닌 대안이라고는 보기 어렵다. 적어도 이제까지는 평등주의적 사회운동 역시 현실적인 힘을 발휘했을 때는 기존 체제 안에서 '지금보다 더 많은 것'을 얻는 데 안주하거나, 무리한 평등을 추구하다가 평등도 잃고 인간다움과도 거리가 멀어지기 일쑤였다. (대다수 '현실사회주의' 정권들의 몰락 이래 후자의 측면이 누구에게나 눈에 띄는 교훈으로 부각되는 게 사실인데, 그들 정권이 지속되는 동안 자본주의 세계체제 속에서 예전보다 더 많은 것을 누리게 되었던 점도 잊어서는 안 된다. 처음부터 보편적 평등의 실현보다 일국 내 불평등의 완화에 치중한 사민주의 운동의 적잖은 성과는 논외로 치더라도 말이다.)

특히 세계시장의 논리에 맞서 인문교육의 터전으로서의 대학을 수호하고 쇄신한다는 점에서 '현실사회주의'의 실적은 (필자의 한정된 지식으로 추정하건대) 별로 내세울 만한 것이 없었다. 자랑할 만한 업적이라면 오히려 가난한 노동자·농민 자녀들 중 상당수가 과학자·기술자·당간부 등으로 진출할 기회를 열어주었다는 것, 즉 계급사회의 대학들이 전통적으로 수행해온 기능을 좀더 적극적으로 수행했다는 점이다. 반면에 부정적인 면에 눈을 돌리면, 중국의 문화대혁명에서처럼 평등의 이름 아래 전통적 대학의 인습뿐 아니라 대학 및 학문세계 자체의 대대적 파괴를 가져왔든가, 아니면 기층민중 일부를 지배층에 흡수하면서 더욱 완고한 특권구조를 대학 안에서조차 재현하기에 이르렀다.

이러한 실패의 근본 원인은 역시 세계시장의 지배를 종식시킬 여건이 지구상에 성숙하지 않았기 때문일 것이다. 하지만 그러한 여건이 성숙될 날에 행복한 결과를 낳기 위해서라도, 평등주의적 사회운동이 겨냥하는 평등이 구체적으로 어떤 것인지에 대해 한층 철저한 검토가 필요하다. 그것이 실제 인간의 됨됨이에 도무지 걸맞지 않은 공상적인 '인간다움'이라면, 그 추구는 비현실적일뿐더러 조만간에 반인문적·반인간적 결과를 낳게 마련일 터이다. 특히 대학에서는 이 문제가 먼 장래가 아니라 코앞에 닥친 일이다. 대학이라는 명칭이 달린 일체의 고등교육기관들을 모두 합치더라도 거기 들어가는 학생들은 일정한 선발을 거친 선택된 소수일 수밖에 없으며, 그리고도 또 학생간 및 대학간에 어떤 의미로든 우수성을 향한 경쟁과 그에 따른 (공식·비공식을 막론한) 질적 평가가 없이는 대학교육다운 교육이 불가능하다. 다른 한편, 현재 통용되는 '우수성'의 개념이 불평등사회의 산물로서 문제성을 지녔을뿐더러, 설혹 기준 자체는 타당한 경우라도 불평등사회의 소외자들은 공정한 경쟁의 기회를 원천적으로 박탈 또는 제약당하고 있다는 문제가 남는다. 이처럼 평등과 각자 가능한 최고의 뛰어남을 두루 포용하는 인간다움을 이룬다는 지난한 명제는 물론 대학에 국한된 것이 아니다. 그러나 우수성의 추구와 참다운 인간다움의 연마를 똑같이 그 존재이유로 삼는 대학에서야말로 이 난제의 해결이 무엇보다 절실하다. 사실 어정쩡한 평등주의를 내세워 진정한 의미의 우수성과 인간다움의 실현에 혼란을 일으키기로는 '현실사회주의'보다 자유민주주의를 표방한 나라들이 더했으면 더했지 덜하달 게 없다.[9] 그도 그럴 것이, 인간다움에 대한 근본적 물음의 회피야말로 기존체제를 지탱하는 데 필수적이기 때문이다.

한국의 대안적 운동은 세계시장에 대한 민족주의적 반발과 평등주의적 대안을 자기 식으로 결합한 민중운동을 지향해왔다. 80년대부터는 스스로를 '민족민주운동'이라 부르는 것이 일반화된 이 운동의 가장 두드러진 성과는 1987년 6월의 국민항쟁이었다. 뒤따른 일련의 민주적 개혁과 남북관계의 개선 그리고 대학현실에 대한 좀더 근본적인 재검토의 가능성 자체도 그 성취와 결코 무관하지 않다. 하지만 현시점의 민족민주운동은 한편으로 '현실사회주의'식 민중운동 또는 '주체사상'식 민족해방운동을 과대평가했던 일부 성원들의 좌절 내지 고립과, 다른 한편 상황의 개선을 맞아 '좀더 많은 것'으로 자족하는 성원들의 이탈로 말미암아 크게 약화된 상태이며, 전세계적 대안운동의 형성에 효과적으로 참여할 길을 아직 못 찾고 있다. 대학에 관해서도, 그간의 민족민주운동이 여러가지 중대한 문제제기를 해오기는 했으나 새로운 인문교육의 이념을 설득력 있게 제

---

9 이에 대한 가장 신랄한 비판자의 한 사람은 영국의 비평가 리비스다. 예컨대 F. R. Leavis, *The Critic as Anti-Philosopher* (Chatto & Windus 1982)에 실린 "The Great Books and a Liberal Education"에서 그는 대학교육에 기계적 평등을 적용하려는 '미국적' 민주주의관이 반인문적일뿐더러 실제로 반민주적이기도 함을 날카롭게 지적한다. (리비스의 대학관과 '엘리뜨주의' 시비에 관해서는 김영희 『비평의 객관성과 실천적 지평』, 창작과비평사 1993, 61~69면 참조.) 시장논리와 인문교육의 관계를 보는 입장들을 본고에서 분류한 방식에 따른다면 리비스는 크게 보아 '보수주의'에 속하겠지만, 그것이 끝까지 '자유주의'와 타협하지 않는 보수주의로서 오히려 급진적 대안을 찾아가는 면모가 강한 것도, 대학과 평등의 문제에 대한 그의 근본적 문제제기와 무관하지 않다.

시하는 데까지는 이르지 못했다.[10] 그리고 바로 이런 한계가 오늘날 한국의 민족민주운동이 처한 어려움과 무관하지 않다 할 것이다.

남한의 민민운동은 기존의 민족주의 및 사회주의 대안운동들이 갖는 문제점들을 어느정도 의식하고 있기는 했지만, 자본주의 세계시장에 대한 근본적 도전으로서 저들이 갖는 이념 및 실천상의 본질적인 한계에 대한 인식이 뚜렷했다고는 보기 어렵다. 이는 특히 세계시장의 현실과 관련하여 한국이 정확히 어떤 존재인가에 대한 인식의 부족에서 잘 드러난다. 필자가 보건대, 종래의 일국 위주 발상을 그대로 적용하여 남한을 '선진국 진입이 임박한 중진국'이란다든가 '예속적 국가독점자본주의'로 이해한다든가 또는 '민족해방을 기다리는 미국의 식민지'로 규정하는 식의 모든 기존 논의가 그러한 인식부족을 예증하고 있다. 이들은 모두, 분단된 남북한이 각기 '식민지'나 '미수복지구'가 아닌 일정한 국민국가적 독자성을 지니면서도 어떻게 한반도 전체를 망라하는 분단현실의 구성요인으로 작용하고 있는가에 대해 체계적인 인식을 결하고 있으며, 동시에 어떻게 이 범한반도적 '분단체제' 자체가 독립된 단위라기보다 이제까지 우리가 이야기해온 세계시장에 근거한 세계체제의 한 특이한 하위체제를 구성하는지에 대해 제대로 거론한 바가 없다. 그러나 이러한 분단체제에 대한 인식이야말로 우리의 특수한 현실을 이제는 지구 전체로 확산된 일반적인 현실과 연관시켜 파악하는 길인 동시에, 종래의 대안적 운동들이 일국 개념에 지나치게 집착하거나 아니면 국민국가의 존재를 거의 무시하고 허황된 세계주의로 흐르던 폐단을 자연스럽게 극복하는 길이기도 하다.

---

10 이러한 노력의 선구적인 사례로서 일제시대의 민립대학(民立大學) 건설운동을 되새겨볼 필요가 있음을 최원식 교수가 지적해주었다(구두논평). 그러한 역사적 검토보다 이론적 측면에 치중된 필자 자신의 한정된 시도로는 「학문의 과학성과 민족주의적 실천」(송건호·강만길 편 『한국민족주의론 2』, 창작과비평사 1983 및 졸저 평론집 『민족문학의 새 단계』, 창작과비평사 1990에 수록)을 들 수 있겠다.

전세계적으로 기존의 민족운동과 사회운동 조직들이 쇠퇴하고 국내에서도 민족민주운동의 구심력이 약화되면서 흔히 '새로운 사회운동들'(new social movements)이라 불리는 움직임들이 중요성을 더해가고 있다. 개중에는 (예컨대 국내의 '경실련' 운동처럼) 애초부터 체제 내에서 '좀더 많은 것'을 얻어내는 것 이상을 바라지 않는——따라서 본고에서 말하는 의미의 '대안운동'에는 해당되지 않는——경우도 허다하지만, 가령 여성해방운동이나 생태계운동의 어떤 갈래들은 자본주의 세계시장과의 양립 불가능성을 스스로 공언하기도 한다. 이 경우에도 결정적인 물음은 이들이 세계체제를 자신의 이념에 맞게 변혁할 실력을 지닐 수 있겠느냐는 것인데, 이러한 '실력'의 일부로서 '인간다움'에 대한 그들 나름의 방불한 해석과 이를 구현할 인문교육의 설계를——다시 말해서 단지 여성학이나 환경학을 기존의 대학 체계 안에 도입하는 것 이상의 근본적인 쇄신을——당연히 포함해야 함은 물론이다.

대부분의 새로운 사회운동들은 이름 그대로 일천한 새 운동이므로 그 추이를 더 지켜봐야겠지만, 그들이 기왕의 민족운동·사회운동 들과 결합하지 않고서——적어도 기존의 운동들에 쏠리던 동력을 어떤 식으로든 자기 쪽에 끌어대지 않고서——소기의 목적을 달성할 실력을 갖출는지는 의심스럽다. 적어도 생태계운동의 경우는 인류 전체가 걸린 일이요 여성해방운동이라면 최소한 인류의 절반이고 순리대로라면 역시 인류 전원이 당사자인 운동일진대, 이론상 그것이 세상 전체를 변혁하는 큰 힘이 되지 못할 이유가 없다. 다만 변혁해야 할 이 세상이 뭐니뭐니 해도 세계시장의 논리가 지배하는 세상이며 그것은 인종간·민족간·소득집단간의 차이뿐 아니라 남녀간의 성차에도 의존하는 계급사회요 자연조차 상품화하며 무한 팽창하는 사회라는 인식이 필요한 것이다.

이러한 인식에 입각하지 않은 '새로운 사회운동'은 오히려 '낡은' 운동들보다 더욱 쉽사리 기존의 체제 안에서 '좀더 많은 것'을 얻어내는 선에

멈출 수 있다. 물론 이런 부분적 개선이 누적되면서 세계체제의 변혁 가능성이 커지는 면도 있고, 바로 그러한 가능성을 무시한 채 일체의 부분적 개량 노력을 '개량주의'로 몰아치면서 국가권력의 획득을 통해 일거에 목적을 달성하려 한 것이 기존 변혁운동들의 맹점이었다면 맹점이다. 하지만 소외집단들이 약간 덜 소외되는 것만으로 만족하고 끝난다면, 세계체제로 하여금 인류 공멸의 위기를 향해 더욱 원활하게 진행하도록 도와주는 윤활유가 되는 측면이 더 클 것이다. 실제로 세계시장의 최신 단계는 '포스트모더니즘'의 이름으로 일정한 다양성을 포용함으로써 축적의 논리가 더욱 유연하고 효과적으로 관철되는 현실이기도 하다.

4. 진리 개념에 대한 도전

서양의 전통적 대학은 '인간다움'을 연마한다는 일반적인 목적과 더불어 특히 '진리 탐구'를 대학 고유의 임무로 설정해왔다. 서울대학교의 표어가 (다소 엉뚱하게도 라틴어로) VERITAS LUX MEA 즉 '진리는 나의 빛'이라고 된 데서도 보듯이 한국의 대학들 역시 대체로 이러한 전통을 수용 내지 추종하고 있다. 대학의 위기는 궁극적으로 이러한 '진리' 개념에 대한 도전을 내포할 터인데, 인문교육의 새로운 이념이 필요한 것이라면 그 도전을 충분히 받아들인 새로운 '진리'가 드러나거나 이에 상응하는 어떤 대안이 제시돼야 할 것이다.

'베리타스'는 본래 고대 로마인들의 진리 개념을 담은 말이다. 그것은 데까르뜨 이래 서양 근대 철학 및 과학에서 지배적으로 된 '바로맞음' (correctness, Richtigkeit)으로서의 진리 개념과 똑같은 것은 아니었지만, 동양의 '도(道)' 또는 '진여(眞如)'와 견준다면 오늘날의 '과학적 진리'를 향한 결정적인 발걸음을 이미 내디딘 후의 개념임이 분명하다. 고대 로마의 진리관이나 서양에서의 진리관의 변천에 대해서는 필자가 상세히 서술할 능력이 없을뿐더러 본고가 그럴 자리도 아니다. 다만 로마인의 '베리타스'와 동양의 '도'는 둘 다 인간이 자기 주관으로써 함부로 어찌 못하는 엄숙함(흔히 말하는 '진리의 절대성')을 지녔지만, 예컨대 노자(老子)의 『도덕경』 첫머리에 이야기된 '도'는 유·무를 아우르며 분별적 인식을 초월하는 데 반해, '베리타스'는 분명히 있는 것이요 (올바른) 인식의 대상이며 그런 의미에서 '도'보다 훨씬 '객관적'이면서 동시에 인식주체의 인식 내용에 좌우된다는 '주관적' 요소가 오히려 눈에 뜨인다 할 것이다. 이러한 특성은 로마 이전에, '이론적 앎'(theoretike episteme)의 독자성과 우월성을 설파한 아리스토텔레스에서도 이미 발견되는데,[11] 하이데거(M. Heidegger)에 따르면 결정적인 전환은 아리스토텔레스보다 앞서 플라톤에서 이미 이루어지고, '숨겨진 것의 드러남'으로서의 진리(aletheia)에 대해 '드러난 것의 올바른 인식을 가능케 하는 근거'로서의 진리(그리스어의 *idea*)가 우위에 오르는 진리관의 이런 전환을 우리는 『공화국』에 나오는 유명한 '동굴의 비유'에서 읽어낼 수 있다고 한다.[12]

11 이에 관해서는 김남두, 앞의 글 19~23면 참조.

12 하이데거의 지적대로 '동굴의 비유'는 일차적으로 하나의 '이야기'이다. 즉 어둠속에 갇혀서 볼 수 없었던 사물을 힘든 노력 끝에 보게 되고 밝음의 근원인 태양마저 드디어 보게 된 인간이 다시 굴속으로 돌아와 아직도 묶여 있는 동료들에게 (죽임을 당할 위험마저 겪으면서) 생소한 진실을 가르치려 한다는 이야기인 것이다. 여기서 '드러남'(die Unverborgenheit)으로서의 진리가 '숨겨짐으로부터 쟁취된 것'(das einer Verborgenheit Abgerungene)이라는 초기 그리스인의 진리관이 엿보이는데, 그 밑바닥에는 '숨겨짐' 자체도 'das Wesen des Seins'('존재의 본질'이라는 통상적인 번역보다 '도道의 본성本性'이라는 표현이 오히려 하이데거의 뜻에 가까울지 모르겠다)가 스스로를 숨긴 상태로 관철되는 것이라는 의식이 담겨 있는 것이다. 그러나 '동굴의 비유'가 실질적으로 부각시키는 또 하나의 진리관은 동굴 바깥에 나간 사람으로 하여금 빛 속에 드러난 것을 드러난 그것으로 올바로 보게 해주는 근거로서의 '이데아'(특히 '이데아들의 이데아'이며 '선善의 이데아'라고도 일컬어지는 그것)이다. 여기서 오히려 '이데아'가 *aletheia*의 근거로 되고, "진리는 이제 *Sein* 자체의 기본특성인 '드러남'이 아니며, 이데아에 종속됨으로써 '바로맞음'이 되어 이후로는 존재자에 대한 인식의 분별이 되는 것

아무튼 '베리타스'의 개념이 근대에 이르러 인식과 사물의 일치라는 의미의 '올바름' 또는 '바로맞음'으로 더욱 한정된 것은 분명하다.[13] 물론 이러한 특수한 전개 자체가 (동양적인 표현을 빌리면) '도'가 구현되는 하나의 방편이요 실제로 개인의 수행과 중생구제에 엄청난 성과를 올린 방편이었다. 하지만 지식과 효용의 실적이 그토록 탁월한 만큼이나 그것이 어디까지나 방편이요 도 그 자체, 진리 그 자체가 아님이 망각되기 쉬운 것이었으며, 근대에 와서 이렇게 방편화된 진리 개념의 보편성 주장이 식민주의와 제국주의를 합리화하는 데 이용되기도 했음은 알려진 사실이다.

이데올로기로서의 보편주의에 대한 반발은 여러 형태로 제기되어왔다. 하지만 진리 개념 자체에 대한 서양 학계 내부의 공격이 본격화한 것은 비교적 근래의 일이다. 우리가 해체론(deconstruction)과 탈근대주의(postmodernism)를 구별하는 입장을 취하든 안 취하든,[14] 양자 모두가 진리의 절대성을 부정하고 '진리'가 이데올로기적인 구성물임을 강조하는 입장인 것만은 분명하다.

물론 과학적 내지 형이상학적 진리에 대한 이런 식의 이론적 도전은 19세기에 이미 시작된 것으로서, 포스트모더니즘에 이르러 그것이 일종의

이다." (Die Wahrheit ist nicht mehr als Unverborgenheit der Grundzug des Seins selbst, sondern sie ist, zufolge der Unterjochung unter die Idee zur Richtigkeit geworden, fortan die Auszeichnung des Erkennens des Seienden.) Martin Heidegger, "Platons Lehre von der Wahrheit," *Wegmarken*, Klosterman 1967 참조(인용은 140면에서).

13 그리하여 오늘날 대다수 서양 철학자들이 말하는 *truth*를 우리말의 '진리'로 옮기는 것 자체가 일종의 오역이 되었음에 관해서는 졸고 「학문의 과학성과 민족주의적 실천」, 『민족문학의 새 단계』 320~21면 참조.

14 그러한 구별의 중요성을 강조하는 예의 하나로 크리스토퍼 노리스(Christopher Norris)의 대담 「포스트모더니즘, 해체론, 그리고 맑시즘」, 『세계의 문학』 1990년 겨울호 참조. 데리다의 분석적 엄밀성을 리오따르, 보드리야르, 로오티 등 대다수 포스트모더니즘 이론가들의 행태와 구별해야 된다는 노리스의 주장은 일단 설득력이 있으나, 결과적으로 데리다가 그처럼 열심히 비판한 계몽주의의 전통에 그를 재편입하는 역설에 부딪치게 될 우려도 있다.

유행에까지 다다른 것뿐이다. 예컨대 철학의 임무가 세계를 '해석'하기보다 '변화시키는' 것이라는 맑스의 명제도, 그것이 '해석'을 배제한 맹목적 행동주의가 아니라면 '이론과 실천의 통일'에 의한 새로운 차원의 진리구현을 촉구한 발언으로 읽어야 할 것이다. 다른 한편 니체는 '진리'가 하나의 관념이요 허상임을 훨씬 분명하게 주장했고 그럼으로써 현대의 해체론자·탈구조주의자들이 가장 즐겨 인용하는 철학자가 되었다. 또한 니체의 전통을 이은 하이데거만 하더라도 방금 언급한 '동굴의 비유'에 대한 탁월한 해체적 읽기에서 보듯이, 데리다(J. Derrida)의 작업 이전에 서양철학의 전통적 진리 개념에 대한 그 나름의 주밀한 해체작업을 수행한 바있다.

이러한 선구자들의 독창적이며 당시로서는 외롭고 험난했던 작업에 견줄 때, 포스트모더니즘 또는 해체론을 즐겨 말하는 지식인들의 대다수가 오늘날 여전히 '베리타스'를 표방하는 대학 속에 안주하며 번성하고 있는 것은 어찌 보면 자가당착이고, 또 어떻게 보면 그러한 대학에 어울리는 현상이다. 대학에서 실제로 취급하는 '베리타스'가 로마인이나 중세의 신학자 또는 데까르뜨 같은 근대 철학 개척자의 마음속에 불러일으키던 엄숙함을 상실하고 이제는 '진실'에도 미달하는 '정보'로 되며 대학이 전문 기능인의 양성소로 전락해가는 현실에서, 진리해체 전문가들이 대학에 자리잡고 경박한 유희를 보급하고 있는 것이 당연하다면 당연한 것이다. 물론 해체론자들 모두가 그들의 '유희적' 글쓰기의 외관 그대로 진지성과 지적 엄격성을 결하고 있다는 말은 아니다. 해체당해 마땅한 '객관적 진리'를 대신할 더 유현(幽玄)하면서도 삶의 진실에 더 밀착된 새로운 진리를 찾지 못한다는 결정적인 문제점을 제쳐둔다면, 기존의 억압적 진리 개념에 대한 해체작업은 값진 것이라 하지 않을 수 없다.[15] 더구나 인문

15 대안적 진리관 모색의 한 초보적 시도로는 졸고 「작품·실천·진리」, 『민족문학의 새 단계』 참조. 또는 서양의 비평가로서 비슷한 시도를 보여준 리비스에 관해서는, 같은

교육과의 관련에서는, '문학적 허구' 또는 '수사(修辭)'와 무관한 '객관적 진리'를 내세운 모든 주장들이 애초부터 수사적 내지 허구적 성격을 내포하는 '글쓰기'라는 점을 밝힘으로써, 과학 및 철학의 작업을 온전히 수행하기 위해서도 인문학적 훈련이 필수적임을 새롭게 부각시킨 것은 데리다 등의 큰 공로이다.

기존의 진리 개념에 대한 근본적 도전은 결코 일부 철학자나 비평이론가에 국한된 현상이 아니다. 사회과학에서도 기존의 보편주의의 구체적 폐해에 대한 이런저런 비판이 아니라, 보편주의 그 자체가 자본주의 세계체제의 주요 이데올로기요 '진리'야말로 민중과 지식인 모두의 아편이라는 문제제기가 이루어지고 있다.[16] 또한 현대 물리학 등 자연과학의 발달이 '뉴턴적 우주관'을 뒤엎은 지 오래고, 이제 '과학적 진실'의 절대성은 낡은 주장이 되었다. (물론 특정 발견의 절대성을 주장하지 않는 것은 근대 과학자들의 기본자세였지만, 이제 그런 발견들의 원리 자체에 의문이 던져지게 된 것이다.) 가령 『혼돈에서 질서로』[17]의 저자들이 내놓은 새로운 과학의 구상이 얼마나 설득력이 있고 얼마나 확실한 실험자료에 근거한 것인지는 필자로서 알 수 없지만, 이제껏 대다수 인문학자와 사회과학자들이 '과학적 방법'이라 생각해온 것이 그 본바탕인 자연과학 분야에서 더이상 통용되기 힘들어진 것만은 분명하다. 이는 그러한 과학성을 인문사회 분야에 그대로 적용하고자 하던 사람들에 대한 타격임은 물론, '자연과학적 설명'이 해당되지 않는 '이해'(곧 딜타이가 말하는 *Verstehen*)의 영역이 인문학의 소관이라고 주장하던 사람들도 인문학의 성립 근거를

책에 실린 「영미문학연구와 이데올로기」 242~44면과 247~49면 및 김영희, 앞의 책, 제1장과 제3장 참조.

16 월러스틴, 앞의 책, 「역사적 자본주의」 제3장 '아편 노릇 하는 진리,' 84~87면.

17 Ilya Prigogine and Isabelle Stengers, *Order Out Of Chaos: Man's New Dialogue with Nature*, Flamingo 1985.

상실하거나 도리어 물리학까지도 인문학도의 영역으로 접수해야 하는 어리둥절함을 맛보게 한다.[18]

여기서도 실감되듯이, 과학 및 과학적 진리의 위기가 곧바로 전통적 인문학의 부흥으로 이어지는 것은 아니다. 오히려, 진리 개념에 대한 근본적 도전은 딜타이식 인문학 내지 '정신과학'뿐 아니라 고대 로마 이래 인문교육의 이념이던 '후마니타스'(humanitas, 인간성, 인간다움)의 개념도 해체하고 있다. 실제로 '후마니타스'와 '베리타스'는 불가분의 관계로서, 후자를 인식할 수 있는 '이성적 동물'이 되는 것이야말로 전자의 핵심 내용이요 전통적 인문교육의 목표였던 것이다.[19] 현실적인 결과를 놓고 보더라도, 서양의 '인본주의'(및 '인문주의')는 그 '보편주의'의 또다른 이름으로서 식민주의와 제국주의, 그리고 오늘날 인류 공멸의 위기를 초래한 기술문명의 충성스러운 '비판적 지지자'로 기능해왔다고 말할 수 있다. 그런데 정작 심각한 문제는, 인본주의·인간주의·보편주의·이성중심주의 등등의 이데올로기적 성격을 가장 날카롭게 폭로하는 해체론자나 탈근대주의자들이 그러한 이데올로기를 실질적으로 극복할 새로운 '인간다움'의 전망을 열어주기보다, 세계시장의 전지구화에 따라 일체의 진실이 겉보기에만 다양할 뿐 본질적으로 획일화된 ─ 즉 컴퓨터에 입력 가능해진 ─ '정보'로 변환되는 과정을 그럴듯하게 꾸며주는 선을 크게 넘어서지 못하고 있는 듯하다는 점이다.

---

18 딜타이식의 양분법에 대한 필자 나름의 비판으로는 「학문의 과학성과 민족주의적 실천」 329~31면 참조.

19 이러한 상관성의 단초 역시 플라톤에서 주어진다는 것이 하이데거의 해석이다. 진리의 근거가 '선의 이데아'(idea toy agathoy)로 될 때 진정한 교육(paideia)의 목표는 이러한 최고의 진실이자 지고의 선을 올바로 인식하는 인간을 길러내는 것이 된다. 플라톤 자신이 교육이 그 주제라고 말하고 있는 '동굴의 비유'가 그의 진리론을 담은 핵심적 문헌을 겸하게 되는 까닭이 거기 있다고 한다. "Platons Lehre von der Wahrheit" 참조.

5. 맺음말

인문교육의 위기가 단순히 자연과학이나 기술교육에 인문학이 밀리는 현상이 아니고 과학의 '진리' 자체의 파산과 직결된 그야말로 전통적 학문의 총체적 위기라고 한다면, 세계체제의 중심부에 위치함으로써 전통적 대학 기능의 유지가 한결 수월하다는 점이 결코 결정적인 이점이 못 됨을 거듭 확인할 수 있다. 그렇다고 중심부에서 벗어났다 해서 자동적으로 어떤 새로운 길이 열린다는 뜻은 물론 아니다. 또, 당장에 형편이 어려운 만큼이나 우선 중심부처럼 되고 보자는 (십중팔구 부질없는) 유혹에 빠질 위험이 크게 마련이며, 설혹 다른 길을 찾으려는 포부가 있더라도 그것을 구체화할 실력을 갖추는 일은 별문제인 것이다.

그러나 한국이라는 특정 현실을 놓고 볼 때 앞길이 반드시 캄캄한 것은 아니다. 물론 경제력에서 미국이나 일본 또는 서유럽에 크게 뒤떨어지듯이, 대학교육에서 당장에 가까운 일본의 선례라도 따르고 볼 점이 한두 가지가 아니다. 하지만 '신흥공업경제'의 수준도 못 되는 수많은 나라들에 비하면 경제적 형편도 낫고, 예의 신흥공업국들 중에서 세계시장의 논리와 그에 순응한 자국의 발전모형에 대해 우리만큼 진지한 비판의식을 가졌으며 또 이를 뒷받침해줄 문명적 자산을 지닌 경우도 없지 않은가 한다. 여기서 남은 최대의 변수는, 분단체제가 영구화하거나 파국적인 통일이 닥침으로써 이 정도의 가능성마저 유실될 수 있다는 점인데, 이는 바꿔 생각하면 분단체제를 지혜롭게 극복해나가는 과정에서 지금은 막연한 가능성으로밖에 안 보이는 것이 한결 실감나는 내용을 갖추게 되리라는 명제가 될 수도 있다.

아무튼 이처럼 거창하다면 거창한 전망에 부응하는 중·단기적 방안이, 적어도 대학에 관한 한 전혀 공상적이 아니고 어느 면에서는 극히 상식적인 것임을 강조할 필요가 있다. 예컨대 동양의 전통적 인문교육을 서양에서 서양식 인문교육을 하고 있는 것만큼 하려 한다든가 아니면 바로 그런 서양식 교육을 우리도 그들만큼 하려는 일은, 현실적으로 가능치도 않거니와 예의 '거창한 전망'에 비추더라도 불필요한 일임이 명백하다. 원대한 목표의 달성을 위해서도, 우선 세계체제 속의 한국의 위상이 심각하게 내려갈 정도로 과학기술 인력에의 투자를 소홀히 해서는 안 되며, 서양 또는 동양의 전통 인문교육 및 인간성 개념에 대해 지나치게 집착함으로써 정말 중요한 인문적 모색을 게을리해도 안 되는 것이다. 반면에 '인간다움'에 대한 궁극적 규정에 상관없이 오늘날 우리 대학에서 인문교육이 훨씬 강화되어야 한다는 것은 세계체제 속의 좀더 수준있는 중견간부를 배출하기 위해서도 절박한 현실적 요구인데, 이는 세계시장의 논리를 부정하는 보수적 인문주의가 지닌 일면적 타당성이나 해체론의 '인문적' 작업이 지닌 역사적 시의성에도 부합되는 요구인 것이다.

하지만 상식적이고 현실적인 대응들이 하나의 일관된 대안을 이루려면 역시 '인간다움'이라든가 '진리'에 대해 무언가 본질적으로 새로운 모색이 있어야 한다. 가령 우리의 인문교육이 더이상 서양을 추종하는 것이어서는 안 되겠다는 당연한 상식도, 서양의 보편주의와 일견 그에 대항적인 이런저런 특수주의들이 어떻게 세계시장의 논리에 공동으로 복무하는지를 통찰함으로써만 진정한 '인문교육의 강화'로 이어진다. 단순히 우리가 동양인이고 한국인이어서 '우리것'을 찾아야 한다는 것만으로는 부족한 것이다. '우리것'이 세계시장의 현실에 전혀 안 먹히는 것이어서도 곤란하지만, 그 현실에 약간의 다양성을 보태주면서 기존 현실의 근본 논리에 쉽사리 흡수되는 것이어서도 무의미하다. 인류 전체의 생존과 보람있는 삶을 위해서도 '우리것'이 어떻게 필요한지가 분명해져야 하는데, 진리에 대한 다수 서양 지식인들의 신념상실을 보나 현대 기술문명이 초래한 인류 파멸의 위험을 보나, 옛날처럼 서양인들의 '서도서기(西道西器)'

에는 아무런 문제가 없고 우리가 '동도서기(東道西器)'를 하느냐 마느냐만이 문제이던 시기는 지났음을 알 수 있다.

그렇다고 이제야말로 '동도서기'를 새로 할 때라는 말은 아니다. '동'과 '서'가 비교적 분명히 구별되던 시절 자체가 이미 지났고, 지금은 기술문명을 두고도 '서기'라 부르는 것이 역사적인 연원을 따지는 것 이상의 의미를 갖지 않는다. 요는 동서를 막론하고 '기'만 남고 '도'는 사라지다시피 한 상황인데, 여기서 오늘의 기술문명을 이끌어줄 새로운 진리 내지 '도'가 필요한 것이며 그런 의미의 새로운 '도·기 합일(道器合一)'이 세계체제 자체의 현실에 의해 요청되고 있는 것이다.[20] 예컨대 푸꼬가 종전의 인문주의자와 같은 '보편적' 지식인보다 정치의식을 지닌 핵물리학자 오펜하이머(R. Oppenheimer)와 같은 '특수'(specific) 지식인을 이야기할 때, 일종의 현대판 '도기합일'에 대한 구상이 연상되기도 한다.[21] 다만 푸꼬에게는 '도'의 개념은 물론 과학이나 형이상학의 *'truth'*가 아닌 그 어떤 진리에 대한 개념도 없기 때문에, 그의 이 발상은 진정한 도기합일을 촉진하기보다 전문적 지식인의 세계지배를 합리화할 가능성이 크다. 실제로 그가 '특수 지식인'을 근년의 대학 속에 이미 자리잡은 존재로 파악하고 있는 것도 그런 인상을 더해준다. 진리 개념의 부정이라는 면에서 푸꼬는 물론 극단적인 예다. 그러나 일반적으로 서양의 '진리'는 비록 그 자체가 나름의 '도'를 구현하는 방편이었다고 해도 '도'로부터는 너무나 오래, 너무나 멀어진 것이기에, 오늘날 '도기합일'에 해당되는 그 무엇이 요청되고 있다면 아직도 '도'의 개념이 얼마간 살아 있는 동양의 인문적

---

20 '도기합일'이라는 표현은 '현대의 학문체계' 공동연구 중 이성규(李成珪) 교수의 발제 (1992. 9. 25)에 힘입었다. 다만 본고에서는 그 원뜻보다 필자의 문맥에 맞춰 임의로 적용한 것이다.

21 Michel Foucault, "Truth and Power," *The Foucault Reader*, ed. P. Rabinow, Pantheon 1984, 68~69면.

전통과 한국인의 주체적 실천에서 배울 필요가 절실한 것이다. '우리것'
이 우리만의 특수한 관심사로 그치지 않을 가능성이 여기서 열린다.

　이러한 모색을 수행할 때 협의의 인문교육 이외의 분야에서도 당장의
현실적 처방과 장기적 전망이 자연스럽게 조화될 수 있다. 대학에서 공
학 등 실용적 연구의 비중이 커진다거나 자연과학 분야에서 '기초과학'과
'응용과학'의 구분이 점차 흐려지고 전자의 입지가 줄어드는 현상에 대해
서도 단순히 방어적인 대응 이상이 가능해진다. 실용적 연구의 '실용성'
을 특정 정권의 국가경영 전략이나 출연기업체의 수익성이 아니라 '좀더
인간다운 사회의 건설'이라는 기준으로 판별한다면, 현재의 공학 연구가
마주치는 문제와 그 해결방식들은 좀더 실천적인 학문방법을 위해 의미
심장한 선례가 될 수도 있다. 또한 '기초과학'과 '응용과학'의 궁극적 통
합이라는 것이 후자에 의한 전자의 단순한 흡수여서는 곤란하지만, 여기
서 '실천에 대한 이론의 종속'이 아닌 '이론과 실천의 통일'을 이룩하는
계기를 찾는 것이 아리스토텔레스적 '이론적 앎'의 우위를 고집하는 것보
다 현실적일뿐더러 한결 '인간다운' 선택일 것이다. 그리고 '자연과학' 내
부에서의 이러한 통합은, 한편으로 '인문학'에서 점차 '과학적인 앎'의 비
중이 커지고 다른 한편 '과학'의 '인문적' 성격이 차츰 분명해지는 가운
데, 새로운 차원의 지혜와 체계화된 앎이 성립하는 과정의 일부로까지 이
해할 수도 있지 않을까 한다.

─『현대의 학문체계』, 민음사 1994

'국제경쟁력'과 한국의 대학
서울대학교의 경우를 중심으로

글머리에

이 글은 앞선 「세계시장의 논리와 인문교육의 이념」을 보완하는 성격이다. 먼젓번 글의 문제의식을 한국의 대학이 마주친 현실적인 상황과 좀더 긴밀하게 연관지어 구체화해보려 한 것이다. 다시 말해 앞글의 '세계시장의 논리'를 요즘 우리 사회에서 너나없이 들먹이는 '국제경쟁력' 문제에 초점을 맞춰 살펴보려 했고, 이를 한국 대학의 문제, 특히 필자가 재직하고 있는 서울대학교에서의 인문교육 문제와 좀더 구체적으로 연관시켜 논하고자 했다.

내용 중 일부는 '학문체계와 대학편재'에 관한 공동연구의 3차 모임 (1993. 12. 4)에서 발표된 바 있다. 그러나 1차년도의 '현대의 학문체계' 보고서에 수록된 전번 글과 달리 본고 자체는 앞으로 제출될 2차년도 공동보고서와는 별개의 문건이다. 1차년도의 개인보고서도 그 내용이나 논지가 나머지 보고서들과는 다소 이질적인 면이 있었지만, 이번 글의 경우 우선 분량만 해도 공동보고서의 일부로는 너무 길고 그 논지가 여타 연구자들에 의해 어떻게 수렴될지도 예측하기 힘들다. 그러나 예비 발제에 뒤이은 토론과 질의가 본고를 완성하는 데 큰 도움이 된 것이 사실이며, 그때 참여한 동료들께 감사의 뜻을 표한다.

1. '국제경쟁력'이 뜻하는 것

얼마 전부터 '국제경쟁력'(내지 '국가경쟁력')은 거의 새로운 '국시(國是)'가 된 느낌이다. 적어도 정부와 언론, 학계 등에서 가장 흔히 들먹이는 국가목표인 것만은 사실이다. 특히 작년 말에 우루과이라운드가 드디어 타결되고 국민정서상 충격효과가 남다른 쌀시장개방이 결정됨과 더불어 이른바 '무한경쟁 시대'라는 것이 각 매체를 통해 선포되면서, 자본주의 본래의 경쟁원리 중에서도 특히 국제적인 경쟁의 차원이 전에 없이 강조되고 있다. 이에 따라 교육의 역할, 대학의 역할에 대해서도 새로운 관심이 모아진 것은 다행이라면 다행이다. 하지만 주로 한국 경제의 국제경쟁력을 위한 수단으로 교육의 질이 거론되는 정도가 대부분이며, '교육도 상품이다'라는 명제를 내세워 이 특정 상품의 국제경쟁력이 떨어진다는 점을 개탄하는 목소리가 높다.

이는 앞선 글에서 강조한 '세계시장의 논리'가 더욱 위세를 떨치고 우리 국민 스스로도 그것을 더 실감하게 되었음을 말해준다. 시장논리의 위세가 날로 더해지는 것이 현실인 이상, 이를 실감하는 것은 어쨌든 바람직스러운 일이다. '반공을 국시의 제일'로 삼는다거나, '조국근대화'를 내세우며 '남침위협'이 항시적으로 강조되는 폐쇄사회 속에서의 초보적 경제건설을 국가목표로 삼던 세월에 비하면 확실히 진보한 셈이다. '교육상품'이라는 표현도, 그야말로 모든 것을 상품화하는 자본의 논리를 직시하면서 교육계 역시 일단은 그러한 논리를 존중한 자기점검을 해볼 절체절

명의 필요성을 상기시켜주는 미덕이 있다 하겠다.

그러나 졸고가 제기했던 세계시장의 논리와 참다운 인간다움의 궁극적 양립 가능성에 대한 의문이라든가, 세계체제 속에서 한국이 차지하는 위치에 따른 현실적 제약들을 감안할 때, '국제경쟁력'에 대한 집착이 사회의 관심을 대학교육에 모아주고 있다고 무조건 반길 일만은 아니다. '학문체계와 대학편제'에 관한 온당하고 현실성 있는 제안이 나오기 위해서도, 우선 '국제경쟁력'의 의미부터 따져볼 필요가 있다.

우리 사회에서 강조하는 '국제경쟁력'은 일차적으로 한국 경제의 경쟁력이며, 좀더 구체적으로 말하면 한국 기업들의 국제경쟁력이다. 이것을 곧바로 '국가경쟁력'이라고 표현할 때의 '국가' 개념이 지니는 이론적 퇴행성을 여기서 길게 지적할 필요는 없다. 그것은 한편으로 일국사회 내부에 엄존하는 모순과 갈등, 이해관계의 대립 따위를 얼버무리고, 다른 한편바로 '국가경쟁력'이라는 말 자체가 부각시키려는 국제화의 대세가 국민국가의 성격을 크게 바꿔놓고 있는 현실을 경시할 염려가 큰 것이다. 하지만 '한국의 국가경쟁력'이라는 수사법을 동원하든 '한국 기업들의 국제경쟁력'이라는 좀더 정확한 용어를 사용하든 그것이 곧바로 '한국 대학들의 국제경쟁력'과 동일한 것이 아님은 인정될 법하다.

물론 한국 기업 내지 '국민경제'의 국제경쟁력과 한국 대학들의 경쟁력은 밀접한 상호관련을 갖는다. 한국 경제가 파산하거나 정체하는 상황에서 대학을 위한 투자를 외국이나 국제기구에서 대신해줄 리 없으며, 대학교육이 침체 또는 후퇴하면서 경제가 발전할 수 있는 한계는 너무나 뻔한 것이고 현재 한국 경제의 발전수준에서 이미 그런 한계에 부딪혔다고 보아야 옳다. 그러나 '경제의 국제경쟁력'과 '대학의 국제경쟁력'이 원론상별도의 개념임은 물론이고, 실제로 세계체제의 중심국들을 보더라도 예컨대 최고 수준의 경제력을 지닌 일본국의 명문대학들이 세계의 일류 대학으로는 손색이 있는 것과 같은 불일치가 얼마든지 눈에 뜨인다. 한국의 경우 그 무역규모나 제조업의 경쟁력과 대학의 국제경쟁력의 격차는 일본보다 오히려 크다 할 것이다. 그리고 단기적으로 한국 기업들의 경쟁력이 호전된다고 할 때 이러한 불균형이 일단 더욱 심화될 것은 물론이며, 장기적으로 대학의 경쟁력 강화를 가져오리라는 보장도 없다.

대학 중에서도 인문학 분야와 국민경제의 연관성은 한층 간접적이다. 아니, 경제적인 여유가 있어야 '돈 안 나오는' 인문 분야도 지원할 수 있다는 점에서 경제의 국제경쟁력에 대한 대학측의 의존은 다른 학문분야들보다 오히려 직접적인 데 반해, 결국은 인문학도 있어야 돈벌이에 도움이 되는 사정은 복잡한 검증을 요하는 만큼 경제력의 인문학 의존은 매우 간접적이라고 말하는 것이 더 정확하겠다. 물론 인문학도 전공분야에 따라 사정이 다르고, '한국의 대학'이라 해도 어느 대학이냐에 따라 국민경제에 대한 기여방식이 전혀 달라진다. 개별 대학들의 문제는 나중에 다시 논하기로 하고, 우선은 필자의 소속처일뿐더러 그나마 한국에서 '대학의 국제경쟁력'을 말하기에 가장 유리하다고 자타가 공인하는 서울대학교의 경우를 중심으로 논의를 펼치고자 한다.

경제의 국제경쟁력이라는 것도 그 목표를 구체적으로 어디에 두는가에 따라 대학과의 관련에서 갖는 의미가 달라지는 것이 사실이다. 예컨대 현존 선진국들을 따라잡고 스스로 명실상부한 선진국이 되는 것이 목표라면, 경제력 강화에 직접 필요한 공학, 경영학 분야 등을 획기적으로 강화하면서 동시에 선진국으로서의 구색을 위해서라도 인문학, 기초과학 들에까지 상당한 자원이 투입되어야 한다. 물론 이런 목표를 공유하더라도 투자의 우선순위와 규모를 포함한 구체적인 전략은 얼마든지 달라질 수 있다. 그러나 공통의 문제점은, '대학의 국제경쟁력'을 '경제의 국제경쟁력'에 지나치게 종속시킴으로써 대학의 황폐화를 야기하고 궁극적으로는 경제의 실패도 자초하든가, 아니면 과도한 욕심으로 경제의 선진화와 대학의 선진화를 동시에 추구하다가 이도저도 안 되고 '황새 따라가려던 뱁 새' 꼴이 날 수 있다는 것이다. 이 두가지 위험을 동시에 피하려면 '국가경쟁력'에 관해서도 현 세계체제 속에서 우선 가능하고 장기적으로 바람직한 목표에 대한 정확한 인식이 필요하려니와, 대학과 관련해서는 무엇보다도 '대학의 경쟁력'의 기준을 어디에 둘 것이냐는 문제가 절실해진다. 즉 대학의 이념이 정립되어야 하는 것이다.

한편, 선진국 추월은 아니고 세계경제 속의 현재 위상을 지켜내는 수준의 국제경쟁력이 목표라면, 무리한 시도에 따른 파탄의 위험은 줄어든다. 하지만 대학의 입장, 특히 인문 분야의 입장에서는 이것도 달가운 전망은 아니다. 세계체제의 중위간부층을 양산하는 교육에는 훨씬 안정된 투자가 이루어지겠지만, 대학 자체의 국제경쟁력은 국가적 관심 밖으로 밀려날 것이기 때문이다. 아니, 이 경우에도 현실을 무시한 투자 때문에 대학도 망하고 경제도 파탄할 위험이 제거되지는 않는다. 정책당국자와 일반국민이 세계적인 수준의 대학을 갖겠다는 집념을 아예 포기했을 때, 서울대 공대 입학정원을 단기간에 두배로 늘린다는 식의——공대 교수진에 의해서도 비판받고 부분적으로 수정된——정책발상을 통해 대학의 황폐화와 공학교육 자체의 저질화를 가져올 위험은 그만큼 커지는 것이다.

바로 그런 까닭에 필자는 세계체제 속에서의 위상이 최소한 더 내려가지는 않도록 국제경쟁력 확보에 최선을 다하되, '선진국 진입'보다는 "한국처럼 너무 잘살지도 너무 가난하지도 않은 나라의 대학"으로서의 이점을 살려서 "세계사의 주어진 시점에 알맞은 '인간다움'의 새로운 탐구를 수행"하자고 제안했던 것이다(「세계시장의 논리와 인문교육의 이념」, 본서 251면). 이것은 지나친 이상주의처럼 들릴 수도 있으나, 위의 논의에 비추어 대학의 입장에서는 유일한 **현실적 대안**이라 해도 과언이 아니다. 뿐만 아니라 세계적 수준의 인문학을 포함하는 대학의 존재가 필수적으로 되는 대안이기도 하다. 왜냐하면 그러한 대학이 없이는 "세계사의 주어진 시점에 알맞은 '인간다움'의 새로운 탐구"가 수행되기는커녕 그러한 목표의 존재조차 인식되기 힘들 것이기 때문이다. 또한 이런 대학이 현존 세계체제에의 발본적 대안을 추구하는 대학 안팎의 여러 동력들을 효과적으로 활용하는 큰 움직임의 일부가 되어야 하리라는 점도 짐작할 수 있다.

아무튼 세계시장의 논리와 그 한 표현인 '국제경쟁력' 문제를 외면하고 대학교육을 논하는 것은 비현실적일 뿐 아니라 인문교육의 참뜻에 비추어서도 무책임한 일임을 거듭 강조할 필요가 있다. 교육에 대한 지원을 좌우하는 사회의 실세들이 한국 경제의 경쟁력 향상 문제를 나 몰라라 하는 대학에다 넉넉한 지원을 할 리가 없다는 점에서 우선 비현실적이지만, 그보다 더 깊은 뜻에서 무책임하기조차 하다는 말이다. 곧 먼젓번 글에서 논했듯이 오늘날 우리에게 주어진 선택은, 전통적 인문교육을 보존하느냐 마느냐가 아니다. 부분적으로 보존되는 전통문화까지도 동원하여 세계시장의 논리에 복무하고 결국은 참된 인문교육의 이념 자체를 등지느냐, 아니면 시장논리의 관철로 엄청나게 바뀐 세계현실에 부합하는 새로운 인간다움을 위한 교육을 창안하느냐의 선택인 것이다. 후자의 가능성이 조금이라도 열린 곳에서 '시장의 논리'라는 너무도 엄연한 현실을 외면한 탓에 주어진 기회를 놓친다면, 흔히 말하는 '상아탑 거주자의 현실 감각 부족'이라는 정도로 웃어넘길 일이 아닐 터이다.

2. '국제경쟁력'과 새로운 교양교육의 방향

한국 대학(및 경제)의 국제경쟁력을 말할 때 서울대학교가 당연히 하나의 핵심적인 사례로 대두한다는 점은 따로 설명하지 않아도 될 듯하다. 또한 인문교육 문제가 논의의 중심으로 떠오르는 것은, 무엇보다도 넓은 의미의 인문교육은 먼젓글에서도 밝혔듯이 대학 본래의 목표나 다름없기 때문이다. 게다가 필자가 서울대학교 중에서도 인문대학에 재직하고 있다는 사실도 하나의 동기다. 논의가 구체적이 되기 위해서는 자신의 일상적인 경험과 직업상의 관심을 최대한으로 살릴 필요가 있는데, 현재의 서울대(및 다수의 한국 대학) 편제상 인문대학은 광의의 인문교육에 필수적이라 주장되는 교양과목 교육의 주력기관이자 협의의 인문학 연구의 본거지라는 이중의 역할을 떠맡은 기관인 것이다. 따라서 본고는 인문교육 문제를, 인문학에 국한되지 않는 교양교육의 문제와, 인문학 개념을 중심으로 본 대학에서의 학문연구 일반의 문제로 나누어 검토하기로 한다.

세계시장의 현실을 인정하면서도 이 시장의 논리를 극복할 새로운 인간다움의 연마에 대학교육의 목표를 두어야 한다는 필자의 주장이 받아들여지더라도, 서울대에서 자유교양교육(liberal education) 내지 일반교육(general education)을 강화해야 한다는 명제는 여전히 유효하다. 시장논리의 극복이라는 거대한 과제가 세계시장의 한 부품에 불과한 기능인 훈련으로 달성될 리 없으려니와, 세계시장의 현실을 올바로 파악하고 그에 성공적으로 적응하는 일 자체도 지금보다는 훨씬 폭넓은 교양과 신축성을 지닌 인재를 요구하고 있기 때문이다. 그러나 본고가 주장하는 바 진정한 국제경쟁력을 지닌 대학에서의 교양교육은 '국가경쟁력 강화'를 위한 기능인 양성의 부속물도 아니지만 그렇다고 서양의 전통적 신사교육이나 동양의 선비교육과 같은 비기능인 위주의 교육도 아니다.

무엇보다도 '반주변부' 또는 '중진국'으로서 '국가경쟁력'이 지상목표처럼 들먹여지는 한국의 현실에서는, 비록 서울대나 극소수의 세칭 일류 대학에서만이라도 그러한 교육을 제대로 실행할 재정적·인적·문화적 자원이 없다. 쉬운 예로 동서양의 전통적 인문교육 과정에서 각기 핵심을 이루어온 고전문헌 교육 중 한문으로 된 동양 고전을 택하든 고대 그리스어와 라틴어 중심의 서양 고전을 택하든 그것을 가르칠 사람도 태부족이려니와 그것을 특수한 전공자의 관심사가 아닌 대학인 일반의 교양으로 활용할 능력을 지닌 학생들도 적다. 이러한 사태가—특히 동양 고전에 대한 일반적인 무지가——개탄할 현상이라는 지적은 그 나름으로 타당하지만, 설혹 대학 당국과 정부 및 사회여론이 동조하여 사태의 시정을 위한 대대적인 투자가 결행된다고 가정하더라도, 문제는 대학 차원에서 해결되지 않는다. 중고등학교에서의 고전어 학습 개선을 위한 훨씬 더 큰 규모의 투자가 병행되어야 하는 것이다. 더욱이나 오늘날에는 서양식 교양교육과 동양식 교양교육 중 어느 하나만으로도 미흡하고 양자를 겸해야 한다는 점, 그리고 이 점을 시인하는 많은 고전교육 강화론자들 스스로가 양자를 어떻게 결합하며 특히 이를 한국인으로서의 한글문화교육 및 현대인으로서의 과학교육과 어떻게 결합할지에 관해 아무런 복안을 못 내놓고 있다는 점을 감안하면, 고전적 교양교육에 대한 '투자마인드'의 부재를 대학에 관한 인식부족으로 나무랄 수만은 없음이 분명하다. 오히려 그렇게 나무라는 대학인이야말로 전 세기의 유럽이나 지난날의 동아시아와 너무도 달라진 현실을 도외시하고 있는 것이다.

물론 한국 대학에서의 교양교육강화론이나 '고전 읽기' 계획 같은 데에는 과거의 대학교육과도 다르고 오늘날의 선진국 대학과도 다른 한국 특유의 현실적 여건에 부응하는 면도 있다. 예컨대 영국이나 프랑스, 독일 등의 인문고등학교, 또는 미국의 명문고교를 나온 학생이라면 전혀 불필요할 내용의 교양교육을, 오히려 자원도 더 부족하고 전문기술 취득의 필요성도 한층 절실한 한국의 대학생들이 뒤늦게나마 받아야 될 처지에 놓인 것이다. 그러나 이런 식의 보충수업을 수준 높은 고전교육과 혼동해서는 안 되며, 대학에서 전자의 비중을 점차 줄여나가면서 어떤 본격적인 교양교육으로 대신할까라는 문제는 여전히 남는다.

아무튼 전통적 인문교육을 재현하는 것이 명백히 불가능한 현실일수록 지난날의 신사교육·선비교육이 지금도 유효한 인간다움의 연마라는 일면과 함께 소수 지배계급의 재생산과정이라는 또다른 일면을 지녔었음을 기억할 필요가 있다. 여기서 파생한 '거짓 인간다움'을 청산하지 않고는 진정한 인문교육을 재정립할 수 없다. 단적으로 말해 종래의 인문교육은, 특정 직업으로부터 자유로웠기 때문에 인간다움 그 자체의 연마에 열중할 수 있는 사람들을 위한 교육인 동시에, 기본적으로 노동하지 않고도 살 수 있고 또 많은 경우 그렇게 사는 사람들을 위한 교육이었다. 물론 이 말은 과거의 유한계급이 아무런 사회적 역할도 않고 문자 그대로 놀고만 살았다는 뜻이 아니다. 그들의 경우에는 특정 직업을 안 갖는다는 사실이 곧 지배계급으로서의 온갖 사회적 임무 수행과 필연적으로 연결되어 있었다. 그러나 자본주의 세계시장의 전개는 소수의 금리생활자 외에는 놀고 먹는 일이 불가능하게 만드는 한편, 지배계급의 임무수행 자체가 기업가·기술관료·전문직 등 직업활동을 요구하게 된다. 나아가, 이들보다 평범한 직업생활을 하면서도 인간다움을 추구할 수 있는 사회의 물적 기반을 축적해놓고 있기도 하다. 대학도 이러한 필연성 및 가능성에 부응하여, 막연한 '전인적 인격'의 함양보다 특정 사회 속에서 일정한 전문성을 띤 직업으로의 진출을 전제한 자유교양교육·일반교육을 수행해야 할 것이다.

이것이 전인적 인격 함양을 포기하고 대학을 전문직업훈련의 터로 바꾸자는 주장이 아님은 더 말할 나위 없다. 다만 인문교육과 전문교육을 마치 상호배타적인 사항처럼 생각하는 낡은 교양 개념으로는 오늘날 한국의 대학이 처한 난제를 풀 수 없다는 것이다. 물론 낡은 교양 개념 자체가 기존의 계급구조와 보수적 이데올로기를 재생산한다는 실용적 효과도 지니는 만큼, 그런 유의 재래식 인문교육이 서울대 등 한두 대학에서 어느정도 존립할 기반은 있다. 그러나 서울대에서조차 그러한 교육은 공학교육 등 '국가경쟁력 강화'에 직접 복무하는 분야에 점점 더 압도당할 운명이며, 설혹 그렇게 되는 과정이 다소 늦춰진다더라도 거기서 '대학의 국제경쟁력'이 나올 리는 만무한 것이다.

전인교육을 위해서도 특정 분야를 한번 깊이 파들어가보는 경험이 중요하다는 인식은 종래의 교양교육에서라고 없지 않았다. 그러나 먼젓번 글에서 원용한 푸꼬의 '특수 지식인' 개념이 (매우 불완전하게나마) 말해주듯이, 오늘날 필요한 것은 고도로 전문화되고 기술화된 사회 속에서 전문적 지식과 기술과 자기 몫의 일감을 보유하면서 '전인적 인격'을 추구하는 삶에 대한 인식이요, 전문교육을 포괄하는 인문교육 및 그 일환으로서의 새로운 교양교육이다. 실제로 프랑스의 국립 과학기술대학(École Polytechnique) 같은 데서 정규대학보다 더욱 과감하고 다양한 교양교육이 이루어지는 이유 중의 하나도, 처음부터 고급 과학기술자의 생애를 전제해놓고서 그들이 편협한 기술자로 국한되지 않도록 교육한다는 취지가 정해져 있기 때문일 것이다. 물론 공대 이외의 대부분 다른 대학들, 특히 인문학 분야에서는 졸업 후의 진로를 그런 정도로 예측할 수가 없다. 그러나 어쨌든 대학에서 전문지식을 습득하고 사회에 나가서는 어떤 식으로든 그 지식을 활용하는 삶이 바람직한 삶이라는 인식이 새로운 교양교육 편성의 원리가 되어야 할 것이다.[1]

본고의 구상은 이제까지의 형식적이고 부실한 교양과목 운용을 발본적으로 쇄신해야 한다는 부담을 안지만, 전통적 인문교육의 무리한 복원을 시도한다거나 '국가경쟁력'에 필요한 전문인력의 양성과 원리적으로 갈등하는 교양교육을 강행할 부담으로부터는 벗어나는 이점을 지닌다. 이

---

[1] 일찍이 영국의 철학자 화이트헤드는 자유교양교육(liberal education)의 상징적 인물로 플라톤을 들면서, 플라톤적 이상이 유럽 문명에 불멸의 공헌을 했지만 다른 한편 성 베네딕트(St. Benedict)로 상징될 수 있는 기술교육을 등한시하는 폐해를 낳았으며, 여기에는 고대 그리스인들의 "노예소유의 업보인 왜곡된 가치의식"이 작용했다고 비판했다(Alfred North Whitehead, "Technical Education and Its Relation to Science and Literature," *The Aims of Education*, Macmillan 1929, 인용구절은 50면). 실제로 오늘의 대학은 고대 그리스나 과거 동아시아의 인문교육 전통 중 여전히 유효한 그 알맹이를 계승하되, 중세의 수도원이나 동양의 일부 사원에서 발견되는 또다른 전범, 즉 보편적인 의무이자 일정하게 분업화·전문화된 노동이 진리를 위한 수행 및 봉사와 결합된 공부생활을 이루었던 선례로부터도 많은 것을 배워야 하리라고 본다. 이는 화이트헤드가 강조하는 교육에서의 '플라톤과 성 베네딕트의 결합'과도 통하는 이야기다.

러한 교양교육의 구체적 내용이 어떤 것이어야 할지에 관해서는 상세한 논의를 생략할 수밖에 없다. 다만 이른바 교양과목과 전공과목의 구별 자체를 재검토하는 가운데 양자 모두의 기존 성격에 큰 변화가 요구되리라는 점, 그리고 교양교육의 주된 부담을 안은 기초학문 학과들이 현재의 서울대(및 많은 한국 대학들)에서처럼 인문대·사회과학대·자연과학대로 3분된 상태에서는—또는 일부 작은 대학에서처럼 인문사회대와 이공대 식으로 양분된 상태로도—바람직한 교양교육이 실현되기 어렵다는 점 들이 대학 편제와 관련된 잠정적인 결론으로 떠오른다.

3. '인문적 통일과학'의 개념과 대학의 이념

필자는 '인문과학'의 문제를 다룬 십여년 전의 졸고에서 "인문대학(어떤 학교에서는 '인문과학대학')과 사회과학대학의 분리라는—실제로 서울대학교 문리과대학의 분할이라는 다분히 정략성이 개입된 1970년대의 특정 사건과 밀접히 연관된—한국사회 특유의 변칙적 대학조직"을 언급한 적이 있다(「학문의 과학성과 민족주의적 실천」, 『민족문학의 새 단계』 322면; 원래는 송건호·강만길 편 『한국민족주의론 2』, 창작과비평사 1983에 발표). 부연하자면 "다분히 정략성이 개입된" 분할 결정의 대상에는 문리대뿐 아니라 상과대학도 포함되었는데, 다만 상대의 경제학과 및 무역학과(현 국제경제학과)가 여타 사회과학 분야들과 동일한 대학에 소속되도록 바뀐 것은 학문체계상으로는 타당한 변화였다. 또한, 인문대와 사회대의 분리는 더 말할 것 없고 문리대의 이학부가 자연대로 독립한 것 역시 (외국 명문대학들의 예를 보더라도) "한국사회 특유의 변칙적 대학조직"의 일부라고 보아 마땅하지만 문리대의 문학부를 또 두개의 단과대학으로 가른 것만큼 변칙성이 적나라하지는 않은 게 사실이다.

그러나 효과적인 교양교육을 위해 인문·사회·자연대들이 재통합할 필요가 있다는 주장이 단순히 과거 문리대 체제의 부활(더하기 상대 일부 학과들의 수용)이나 순전히 교양과정 운용의 편의를 위한 것은 아니다. 이미 살펴보았듯이 오늘의 현실이 요구하는 교양교육은 학문관과 대학의 이념 자체의 일대 전환을 요구하는 성질이다. 물론 기존의 학문 개념을 따르더라도 가령 역사학과의 배치 문제 같은 것은 인문대와 사회대의 분리를 폐기하지 않고는 결코 합리적인 답이 나올 수 없으며, 실제 학문분야들의 성격을 차분히 따지기 시작하면 '문과대'나 '이과대' 어느 한쪽에도 쉽게 속할 수 없는 경우가 수두룩하다. 그러나 교양교육과 더불어 이른바 전공교육도 세계시장 논리의 도전에 걸맞은 쇄신이 요구된다면, 문과·이과 분류뿐 아니라 각 분과학문의 분류도 어떤 차원에서 이루어져야 할지를 재검토할 필요가 있는 것이다.

예의 졸고 「학문의 과학성과 민족주의적 실천」에서는 하나의 가설로서 인간의 학문활동이 '단일한 과학'이자 '하나의 인문학'으로 포괄될 수 있으리라고 했다.[2] 뻔한 이야기를 노파심에서 덧붙인다면, 필자는 어디까지나 '하나의 인문학'을 겸하는 '단일한 과학'을 말하고 있고 19세기 서양에서 제시됐던 자연과학을 모범으로 삼은 '단일과학' 개념과는 전혀 다른 발상이라는 것이다. 동시에 나날이 전문화가 심해지는 학문세계에서

---

2 "여기서 우리는 학문의 성격, 특히 '인문과학'의 문제와 관련하여 일단 다음과 같은 짐작을 해볼 수 있겠다. 곧 인간의 학문활동을 인문·사회·자연과학의 이질적인 방법을 지닌 세 분야로 가르는 일은 부당하며, 자연과학·비자연과학 두 분야로 가르는 것조차도 궁극적으로는 바람직하지 못하다. 동시에 자연과학—그것도 주로 '정상과학'—의 방법에 의해 모든 학문분야가 과학으로 발전되기를 기대한다는 것 또한 부질없는 일이다. 모든 학문은 그 대상에 대한 정확하고 체계적인 인식을 추구한다는 점에서 '단일한 과학'이며 그런 뜻에서 정상과학의 방법이 하나의 표본을 제시하는 것은 사실이지만, 동시에 모든 학문은 인간의 인간다움을 구현하려는 실천의 한 형태라는 점에서 모두가 '하나의 인문학'이기도 하고 따라서 정상과학에서 일단 무시되는 측면을 다소간에 모두 간직하고 있는 것이다."(『민족문학의 새 단계』 329면)

혼자서 과학의 전분야를 이해할 수 있는 어떤 '초(超)르네쌍스인간'을 상정하는 것도 아니다. 전분야를 이해할 수 없기로 치면 물리학이라든가 화학, 생물학 등 어느 분과과학에 국한하더라도 사정은 대동소이하다. 또한 '인문적 통일과학'의 개념이 아리스토텔레스 이래의 학문분류 작업을 전적으로 외면하고 플라톤적 통일학문의 이념으로 무조건 회귀하자는 것도 아니다.[3] 요는 우리의 분류가 아리스토텔레스의 주장처럼 각 분야의 고유한 특성에 맞춘 것이어야 하지만, 동시에 아무리 정밀성을 추구하는 정밀과학일지라도 인문적 요소를 완벽하게 배제하는 '고유의 특성'은 없으며 아무리 개인의 가치판단과 실천적 의도가 중시되는 분야일지라도 최대한의 학적 엄밀성을 아울러 추구하지 않고서는 인문학으로서도 자기 '고유의 특성'을 포기하는 꼴이 된다는 사실이다.[4]

3 플라톤 및 아리스토텔레스의 학문체계론에 관해서는 『현대의 학문체계』(위에 말한 1차년도 공동연구의 성과)에 실린 김남두 교수의 「서양 학문의 체계와 학문분류의 기본원칙」 참조.

4 자연과학 및 사회과학과 구별되는 인문학의 독자성을 연구대상이 아니라 접근방식의 차이에서 찾으려는 시도로 『현대의 학문체계』 중 이태수(李泰秀) 교수의 「학문체계 내에서 인문학의 위치에 관한 고찰」이 주목에 값한다. 곧, 과학의 접근방식이 '직지향'(直志向, intentio recta)으로 특징지어지는 데 반해 인문학은 '사지향'(斜志向, intentio obliqua)이 그 특성이라는 것이다. 이 논지의 구체적인 전개에 대한 논평을 여기서 상세히 제시할 겨를은 없지만, '지향'의 성격에 따른 분류 역시 다분히 편의적인 분류가 아니라면 '대상'을 기준으로 한 분류나 마찬가지로 헛수고로 끝난다는 것이 내 생각이다. (또, 편의상의 분류라고 한다면 대상의 성격을 검토하는 것도 유용한 방식이며, 이때 대상의 성격과 지향의 성격 간의 상관관계를 따져보는 일이 논의를 진전시키는 하나의 방법이 될 것이다.) 이교수의 논문에서는 '자연'을 대상으로 삼는 '자연과학'과 '인간사회'를 다루는 '사회과학'의 과학으로서의 근본적 동질성과 대상영역에 따른 분류 가능성이 별다른 검증 없이 전제된 듯하며, 과학의 '직지향성'이 원칙적으로 가능하지 않을 수도 있다고 토를 다는 대목 자체가 그가 '과학적 앎의 직지향성'과 '과학자적 태도의 직지향지향성(直志向指向性)'을 혼동하고 있다는 전체적 인상을 더해준다. 물론 "인문학이 과학보다는 좀더 근원적인 차원에서 움직이고 있다"는 그의 주장은 인문학적 관심을 배제한 과학을 상정하는 한 나 자신도 동의하는 바지만, 많은 과학자들에서 실제로 발견되는 그러한 타성은 바야흐로 청산되어야 한다는 것이 시대적 과제이며, 동

'인문적 통일과학' 내지 '단일한 과학적 인문학'에 대한 요구가 공리공론이 아닌, 현실세계와 학문내용 자체의 변화에서 온다는 사실은 인문학과 공학의 상호수렴 경향에서 단적으로 드러난다. 공학이 수학 및 자연과학과 밀접한 관련이 있고 공대와 자연대 과목의 구분이 반드시 분명치는 않다는 점은 현대 과학기술의 성격상 당연하지만, 환경공학·도시공학·건축학·산업공학 같은 분야들은 자연과학에 가까운 면 못지않게 또는 그 이상으로 인문사회 분야에 가까운 면이 있으며, 현실에서 과학기술이 차지하는 비중이 커질수록 이런 공학 과목들의 수와 공학 전반의 이러한 경향이 증대할 것이다. 동시에 사회과학뿐 아니라 협의의 인문학에서도 수학 및 자연과학 지식과 컴퓨터 등 공학기기에의 의존도가 높아지는 것은 물론이고, 과학적 사실인식을 인간다운 삶을 위해 활용한다는 뜻에서 '공학적' 성격이 점점 현저해질 것이다. 졸고 「세계시장의 논리와 인문교육의 이념」 끝머리에서 공학 등 실용적 연구의 비중이 대학에서 커져가는 현상과 관련하여, "실용적 연구의 '실용성'을 특정 정권의 국가경영 전략이나 출연기업체의 수익성이 아니라 '좀더 인간다운 사회의 건설'이라는 기준으로 판별한다면, 현재의 공학 연구가 마주치는 문제와 그 해결방식들은 좀더 실천적인 학문방법을 위해 의미심장한 선례가 될 수도 있다"(본서 268면)라고 말한 취지도 거기 있다. 실제로 미국에서는 공학사(Bachelor of Engineering) 후보가 문학사(B.A.) 및 이학사(B.S.) 후보와 나란히 동일한 학부대학(College of Arts and Sciences 또는 단순히 The College로 지칭하기도 함)에서 수학하는 일이 상례이며, 공학 과목과 인문사회 분야의 한 과목을 이중 전공으로 택하는 학생이 늘어나는 추세라고 한다. 이런 현상 자체가 반드시 필자의 학문관에 동조해서 벌어진다고 주장한다면 억지겠지만, 본고가 강조하는 현실세계의 변화를 반영한 현

　시에 인문학자의 '근원적' 관심이 학자로서의 '직지향지향성'을 수반하지 않는다면 실용주의적 편파성에 빠지거나 관념적 유희로 끝나고 말 것이다.

상임은 분명하다고 믿는다.

한가지 덧붙인다면 '물리학의 통일'(the unification of physics)이라고 일컬어지는 통일이론을 탐구하는 스티븐 호킹 같은 자연과학자의 노력에서도 인문학과 자연과학의 재결합이 전망되고 있다는 점이다. 그가 말하는 '시간의 역사' 자체가 이 세상에서 실재하는 것에 대한 앎치고 '역사적 지식'이 아닌 것이 없음을──곧, 모든 자연과학과 심지어 수학마저도 '단일한 역사적 과학'의 일부일 수 있음을──시사하거니와, 물리학의 통일이론이 발견되었을 경우를 상정한 그의 결론은, 한편으로 도대체 왜 우주가 존재하는가라는 인문학적 질문이 더욱 절실해질 것이고, 다른 한편 우주가 무엇인가라는 데 대한 과학적인 답변을 몇몇 과학자만이 아닌 누구나가 원칙적으로 이해할 수 있는 상태에서 그와 같은 인문학적 탐구가 진행되리라는 것이다.[5]

5 좀 길지만 『시간의 역사』(현정준 역, 삼성출판사 1990) 마지막 대목을 여기 발췌 인용해본다. (번역은 Stephen Hawking, *A Brief History of Time*, Bantam book 1988 원문을 참조하여 약간 손질했다.)
  "설사 가능한 통일이론이 하나밖에 없다 하더라도 이는 한 묶음의 방정식에 지나지 않는다. 방정식에 불을 불어넣고 그것이 기술할 우주를 만드는 것은 무엇일까? 수학적 모델을 만드는 데 그치는 과학의 보통 방법은, 그 모델이 설명할 우주가 왜 존재해야 하는지에 관해서 답할 수 없다. 왜 우주는 존재의 번거로움을 마다하지 않았는가? (…) / 오늘날까지 대다수의 과학자들은, 우주가 '무엇'인가를 기술하는 새로운 이론을 개발하는 데 너무 골몰해서 '왜' 우주가 존재하는가를 물을 틈이 없었다. 한편 '왜'(이유)를 묻는 일을 직업으로 삼고 있는 사람들──철학자들──은 과학적 이론의 발전과 어깨를 나란히 하여 따라오지를 못했다. 18세기에는 철학자들이 과학을 포함한 인간 지식 전체를 그들의 분야라고 생각하여 여러 문제를 논의했는데, 예를 들면 '우주에 시초가 있는가?'와 같은 것이다. 그러나 19세기와 20세기에 과학은, 몇몇 전문가를 제외하고는 철학자나 그밖의 모든 사람에게 너무 기술적이고 수학적인 것이 되어버렸다 (…) /그러나 만약 우리가 실제로 완전한 이론을 발견하게 되면, 이것은 머지않아서 누구나──불과 몇 사람의 과학자가 아니라──원칙적으로 이해할 수 있게 될 것이다. 그렇게 되면 과학자, 철학자, 일반 사람 할 것 없이 우리 모두가 인간과 우주가 왜 존재하는가란 문제를 논하는 데 참여할 수 있을 것이다. 만약 우리가 그 답을 찾아낸다면 그것은 인간의 이성(理性)의 최종적 승리가 될 것이다──왜냐하면 그때 비로소 우리는 신의 마음을

'물리학의 통일' 성과로 무장된 인문학의 부흥 전망을 저명한 물리학자로부터 듣는 것은 확실히 고무적이다. 다만 그러한 과학적 성과가 철학자의 탐구와 결합되는 선에서 '왜'라는 물음에 답이 나올 수 있다는 발상 자체가 아직도 기존의 학문관·진리관에 얽매였다는 느낌이 든다. 하이데거가 『형이상학입문』(*Einführung in die Metaphysik*)에서 강조하듯이, "도대체 왜 차라리 무(無)가 아니라 존재자(有)인가"[6]라는 물음은 '형이상학의 기본적 질문'(die Grundfrage der Metaphysik)이지만 과학에서는 물론 서양의 전통적 철학에서도 거의 망각되어온 질문이다. 또한, '우주를 창조한 신의 의중을 알아내는' 작업은 결코 지적 탐구에 국한될 수 없다. 누가 만든 세계든 그것을 이해 또는 해석하는 일을 넘어 맑스의 표현처럼 '세계를 바꾸는 일'과 직결되기 때문에, '진리탐구'는 '진리구현'이라는 실천과 결합된 상태로만 가능하다는 점도 상기할 필요가 있겠다.[7]

바로 이런 의미의 진리구현 작업을 진리 자체는 아닌 지식의 축적과 체계화를 방편으로 삼아 수행하는 것이 학문이며 그 최고의 터전이 대학이다. 교양교육 및 협의의 인문학 연구를 포함하는 대학에서의 인문교육 전체가 현실의 도전에 부응하려면 대저 그러한 방향으로 대학의 이념이 재정립되어야 하리라고 본다.

4. 한국에서 '대학원중심 대학'이 갖는 의미

대학의 이념 자체를 재정립하자는 것이 과욕으로 들릴 수 있지만, 사실은 종래의 대학 이념을 그대로 둔 채 한국 대학이 세계 최고 수준의 경쟁

헤아릴 수 있게 되기 때문이다."(258~59면)
6 "Warum ist überhaupt Seiendes und nicht vielmehr Nichts?"(본문의 첫 문장)
7 이에 관해서는 졸고 「작품·실천·진리」 참조.

력을 확보하도록 만든다는 생각이야말로 과욕임을 직시해야 한다. 이는 한정된 수효의 대학을 '대학원중심 대학'으로 육성한다고 하더라도 마찬가지다. 물론 자연과학 분야에서는 '국제경쟁력' 내지 '수준'의 개념이 세계적으로 단일화된 셈이므로 집중적인 투자와 연구자들 자신의 각성으로 현재에 비해서는 괄목할 경쟁력 향상을 예견할 수 있고 또 당연히 그리 되어야 옳다. 하지만 실제로 세계 일류 대학들의 수준에 육박하리라고 믿는 것은—창조적인 남북통일에 성공해서 국력이 비약적으로 신장될 뿐더러 대학의 이념 자체가 달라지는 전혀 별개의 변수를 전제하지 않는 한—달콤한 공상이며 현명한 자원배치에 오히려 치명적인 오산을 낳을 수 있다.

눈을 인문학 분야로 돌릴 때 국제경쟁력의 부재와 그 개선의 어려움은 더욱 분명해진다. 물론 여기서도 인문학 나름의 이점이 안 보이는 것은 아니다. 가령 자연과학에는 범세계적으로 통용되는 평가기준이 있기에 한국 대학의 낙후성이 여지없이 드러나는 데 반해, 인문사회과학에서는 기준 자체가 모호하여 낙후성을 결정하기가 힘들뿐더러 특히 국학 분야의 경우 한국 대학에서의 연구가—자연과학 분야와는 딴판으로—세계 일류 대학들에서의 관련분야 연구에 필수적이라고 주장하는 것이 가능하다. 그러나 그 '필수성'이—실제로 딱히 그렇다는 것은 아니지만—원시사회를 연구하는 인류학자에게 원주민 안내자가 필수적인 것과 같은 성격이라면 그것을 학문의 국제경쟁력이라고 부를 수 있을 것인가!

이는 결코 쓸데없는 염려거나 자신의 논지를 부각시키려는 호들갑이 아니다. 한국학의 경우 한국의 연구자들이 대상사회에서의 생활체험이나 산적된 미정리 자료에 대한 접근 가능성에서 절대 우위에 있는 것은 사실이지만, 이는 '원주민 안내자' 특유의 이점에 다름아니다. 그야말로 국제경쟁력 있는 인문학으로서의 한국학을 생각할 때, 한국의 대학은 서양 학문을 포함한 인문학 전반의 수준에서건 대학인 일반의 한국학 및 동양학의 소양에서건 매우 한심한 실정임을 부인하기 어렵다. 나아가 인문교육이라고 하면, 그 이념이나 내용을 복잡하게 따지기 전에 기존의 인문학 유산의 계승이라는 연속성과 그중에서도 싫건 좋건 자기 사회의 전승문화에 대한 이해에 근거한 주체성이 전제되는데, 이성규 교수가 「동양의 학문체계와 그 이념」(『현대의 학문체계』)에서 거듭 강조하듯이 바로 자기 문화에 대한 몰이해가 지식인으로서의 아무런 결격사유가 안 되는 '비상식'이 횡행하는 현장이 오늘의 한국 대학인 것이다. 그렇다고 '상식의 회복'이 쉽게 달성될 일이 아님은 앞에서 지적한 대로다. 우리가 수행하는 한국학 및 동양학 연구가 현대세계 자체가 요구하는 학문 전반의 쇄신 및 대학 이념의 재정립에 어째서 불가결한 공헌이 되는지가 분명할 때만, 그 작업의 '국제경쟁력'이 확보되고 그에 필요한 현실적 지원도 기대할 수 있을 것이다.

이 점에서도 본고가 처음부터 '유일한 현실적 대안'으로 못박은 방향의 타당성이 다시 확인되는 셈이다. 그런데 이 대안의 성격이 어디까지나 세계체제 속의 한국의 위상을 감안한 것이듯이, 그것을 실현하는 작업 또한 한국사회 안에서 특정 대학들의 상이한 위상을 감안하여 배정되어야 한다. 간단히 정리하자면, 세계적 수준의 경쟁력을 갖는 대학이 한국에 최소한 하나는 있어야겠고, 바람직하기로는 둘 이상, 그러나 여러개를 기대하는 것은 비현실적이며 심지어 위험할 수도 있다는 이야기가 된다. 대학간의 차등적 배열이 평등의 원리에 어긋난다고 혹자는 주장할지 모르나, 특정 대학 내 전학생의 평준화를 전제한 대학교육이 어불성설이듯이 모든 대학들의 평준화를 뜻하는 평등원리가 현실적으로든 이론적으로든 교육의 이념이 될 수 없는 것이다.

따라서 예컨대 서울대학교를 '대학원중심 대학'으로 지정하여 집중 지원하겠다는 정부 방침 자체는 나무랄 바 없다. 문제는 실제로 얼마나 지원을 해주느냐는 것 외에도, '대학원중심 대학'의 개념이 도대체 무엇이며 서울대 아닌 다른 대학들에 관한 어떤 구상의 일환이냐는 것이다. 먼저, 서울대가 진정으로 국제경쟁력을 지닌 대학이 될 유일한 후보 대학일 경우에도 서울대가 유일한 대학원중심 대학이 될 필요는 없다. 그러나 특정 대학(들)을 대학원중심 대학으로 지목했으면 나머지 대학들에서의 대학원 설치 및 확장은 최대한으로 억제되는 것이 마땅하다. 동시에 대학원중심 대학이라고 해서 그곳의 학부교육이 약화되어서는 안 되지만 이는 어디까지나 질적인 면에서의 이야기요, 학부생 수는 현재에 비해 줄면 줄었지 늘어나지 말아야 한다. 이는 '대학원중심'이 아닌 '학부중심'의 명문대학이 출현할 길을 열어주기 위해서도 그렇고, 대학원중심 대학 자체가 여러 다른 대학 출신의 대학원생들이 모인 그야말로 활기찬 대학원을 성취하기 위해서도 그렇다.

'대학원중심 대학'의 또 한 특성으로 생각해볼 수 있는 것은 그 학교의 학부생 다수가 일반대학원 또는 전문대학원으로 진학한다는 전제 아래 좀더 철저한 교양교육을 실시할 가능성이다. 본고의 주장대로 새로운 교양교육이 전문직업으로의 진출을 전제한 것이어야 한다면, 특히나 중고등학교에서 기초적인 교양을 못 갖추고 올라온 학생들을 상대로 '보충수업'까지 해줘야 하는 현실에서는, 현행 학부 4년이 너무 짧다. 그렇다고 수업연한을 무조건 늘리는 것은 개인에게나 사회 전체에나 과도한 부담이다. 따라서 전문대학의 수업이 정규대학보다 오히려 전문화된 면이 있는 것과 마찬가지로, 대학원중심 대학——또는 자체 대학원이 없지만 졸업생 다수가 대학원중심 대학으로 진출하는 '학부중심' 명문대학——이 아닌 대부분의 대학에서는 교양교육을 다소 축소하면서 쓸모있는 직업인을 양성하는 데 지금보다 더 힘을 쏟는 것이 바람직하겠다. 물론 이들 대학도 각기 그 처지와 특성에 따라 교양교육과 전공교육, 전공 중에서 이공 분야와 인문사회 분야 등등의 비율을 조절할 수 있을 것이다.

대학원중심 대학에서의 대학원과 학부 간 관계를 정립하는 데 중요한 변수는 전문대학원이다.[8] 다소 급진적인 제안으로 들릴지 모르나, 진정한 대학원중심 대학에서는 교양교육과 기초학문에 주력하는 학부과정 이외의 분야들은 원칙적으로 전문대학원 수준으로 격상되거나, 부속학교 형태로 바뀌거나, 다른 대학교의 몫으로 돌려야 한다는 것이 필자의 생각이다. 예를 들면 법대나 의대는 (미국에서처럼) 대학원 과정이 되고, 음대나 미대는 부속학교(아니면 별개의 예술학교)가 되며, 경영대학 같은 것도 (환경학의 경우 타 대학에는 환경공학과가 있지만 서울대에는 환경대학원밖에 없는 편제가 이미 존재하듯이) 다른 대학에서는 학부과정으로 남더라도 서울대에서는 경영대학원으로 바꾸는 식이다. 이렇게 되면 서울대의 학부 정원은 자동적으로 대폭 감소된다. 물론 현재의 4년제 법과대학을 없애고 (가령 미국에서처럼 3년제의) 법과대학원을 설립하는 일은 법조인 양성 및 선발 제도의 일대 혁신을 전제하는 만큼 결코 간단한 일이 아닐 것이다. (그러나 '국제경쟁력' 문제가 나날이 심각해지는 상황에서 법조계 자체의 국제경쟁력을 위해서도 조만간에 상당한 변화가 불가피할 듯하다.) 이밖에도 학부 단과대학들의 축소에 따를 현실적 어려움은 한두가지가 아닌데, 본고에서는 어디까지나 '원칙적으로' 그런 방향으로 나가자는 것이고 사안별로 검토해서 예외를 두기도 해야 할 것이다.

이때 이론적으로나 현실적으로 특히 관심을 모으는 것은 공과대학의 경우이다. 필자의 생각으로는, 앞서 지적한 인문학과 공학의 상호수렴 경향을 보건 일부 선진국 대학들의 선례를 보건 서울대 같으면 대학원 진학을 전제한 공학도들의 폭넓은 교육에 치중하는 '공학부'를 기초학문대학 안에 두는 것이 바람직하지 않을까 싶다. 동시에 명문 종합공대 내지 기술과학대가 따로 있어 공학도들의 다양한 선택이 가능해야 할 것이다.

---

8 이 문제와 관련해서 특히 공동연구 모임에서 권욱현(權旭鉉), 김영식(金永植) 교수를 비롯한 동료 연구자들의 논의가 많은 도움이 되었다.

맺음말

본고에서 제기된 '유일한 현실적 대안'의 원론적 타당성이 대학편제에 관해 서울대를 중심으로 필자가 제시한 몇가지 구상의 실현 가능성 여부에 반드시 좌우되는 것은 아니다. 하지만 구체적인 시안이 완전히 허황되다면 원론의 설득력도 그만큼 떨어질 게 분명하다. 필자 스스로 판단컨대 구상 중 일부는 보수적 대학관의 소유자나 목전의 '국가경쟁력 강화'론자들도 얼마든지 받아들일 만한 것인 반면, 개중에는 또 너무 급진적이거나 빗나간 구상이라는 비판을 받음직한 것도 있는 듯하다. (물론 나 자신은 '완전히 허황된 제의는 하나도 없다고 믿고 있다.) 그런데 지혜가 모자라 빗나가버린 대목은 어쩔 수 없지만, 우리의 사고가 분단체제의 타성에 젖어 이 체제의 변혁을 수반하는 현실적 구상들을 오히려 비현실적으로 보는 경향이 대학 문제와 관련해서 특히 강한지도 모른다. 실제로 국제화의 대세를 외면하는 타성적 사고에서 벗어나야 한다는 소리가 드높을수록 한국(남한)사회와 세계체제의 관계가 한반도의 분단체제에 의해 매개되고 있음이 망각되는 경향이다. 그러나 가령 남북관계가 현재의 냉각상태에서 조금만 더 나빠져도 이른바 문민정권하의 개혁이 정체 내지 역전되고 대학교육의 향상을 위한 극히 한정된 구상마저 허황된 꿈으로 변할 것이 확실하지 않은가.

한국의 대학에 관한 본고의 구상은 근년에 시작된 국내 민주화가 점차 분단체제극복을 위한 범한반도적 운동과 결합하여 불퇴전의 대세를 이루는 것을 전제하고 있다. 이것이 유일하게 가능한 미래라서가 아니라, 세계시장 논리의 실력을 인정하면서도 인문교육의 이념을 포기하지 않는 대학다운 대학이 한반도에서도 출현할 유일한 틈새가 거기 있기 때문이다. 그러므로 이 구상의 실현과정도, 남한 내의 일정한 개혁만으로도 가능한 만큼의 대학제도 개편과 학계의 활성화로 출발했다가 점차 분단체제 및 세계체제의 대안을 찾는 대학 안팎의 움직임들의 동력이 합세하여 좀더 근본적인 변화가 가능해지는 과정으로 설정되어 있다. (그러한 움직임의 하나로 필자가 우리 시대의 민족문학운동을 염두에 두고 있음은 물론이다.) 이대로 성사되지 않는다 해서 인류의 종말이 온다고 말할 필요는 없고 한민족의 멸망 운운 역시 속단이겠지만, 적어도 세계적 수준의 경쟁력을 지닌 대학이 한반도에 출현하는 일이 영영 불가능하거나 적어도 요원하리라는 것만은 단언해도 좋을 것이다.

더구나 한국인의 이러한 실패가 인류의 나머지를 위해서도 결코 무관한 일이 아니다. 우선 한국과 비슷한 반주변부(내지 중진국)나 우리보다도 '국가경쟁력'이 떨어지는 나라들의 경우, 현존하는 세계적 명문대학들의 기준과 방식에 따라 저들에게 다가갈 확률은 한국 대학만큼 작거나 오히려 더욱 못한 경우가 대부분이다. 이들은 각자 세계체제 속에 처한 위치와 자신의 독특한 잠재력에 따라 가능한 최고 수준의 인문교육을 시행해야 하는데, 분단체제극복과 병행하는 대학개혁을 통해 경제적 국제경쟁력도 강화하면서 동시에 경쟁이 전부가 아닌 세상을 앞당기는 수준 높은 학문과 교육의 터전이 한반도에서 확보된다면 그들에게 더없는 힘이 되고 교훈이 될 것이다.

선진국의 대학들도 힘과 교훈──그리고 필요한 도전──을 얻기는 마찬가지일 테다. 그들이 설정한 대학경쟁력의 수준이나 방식이 우리의 추월을 배제하는 것이라고 해서 그들과 한국 또는 여타 중·후진국 대학들 간의 관계를 적대적으로만 볼 일은 아니다. 실제로 탁월성의 현행 기준 자체가 우리가 '다른 방식'으로 탁월성을 추구한다고 해도 결코 외면할 수 없는 근거를 지닌 것이며, 이 점은 자연과학에서처럼 자타가 쉽게 공인할 성격이 아닌 인문학 분야에서도 수긍할 대목이 많은 게 사실이다. 반면에 자연과학 분야에서조차 기업의 이윤동기와 근시안적 정권담당자들에 대한 과도한 의존이 위기감을 낳고 있으며, 인문 분야의 대학인들은 극소수의 화려한 생애를 빼고는 점차 중·하급 지식노동자로 전락하고 그나마 체제유지 이데올로기의 재생산과 전파에 복무하는 경우가 대부분인 것이 선진국 대학의 현실이 아닌가 싶다. 이러한 인문학의 위기, 나아가 대학 전반의 위기를 심각하게 의식하는 지식인들은 선진국 내부에도 많다. 아니, 바로 그런 의식을 지닌 수준 높은 지식인들을 소수나마 계속 생산해내는 것이 저들 대학의 진정한 국제경쟁력의 중요 부분이며, 여기서 우리 나름의 국제경쟁력을 확보하려는 한국 대학인과 선진국 대학인들의 동지의식이 가능해진다. 그리고 이것이 후진을 이끌어주는 선진의 아량이기보다 참된 동지적 관계일 때, 한국 대학의 실패는 선진국 쪽에도 유망한 학생 하나를 놓친 것 이상의 아픔이 되는 것이다. 반면에 한국 쪽의 성공은 반드시 선진국 일류 대학들의 몰락을 뜻하기보다 좀더 다양하고 많은 수의 '일류 대학'들을 가능케 하는 한결 인간다운 세계를 뜻할 터이며, 다만 이 변화에 적응 못한 기존 명문 일부가 쇠퇴 또는 몰락하는 일은 예상할 수 있다.

결국 세계시장의 논리에 일단 적응하면서 그것을 극복하고 인문교육을 수호하는 데 얼마나 공헌하느냐에 따라 미래 대학의 경쟁력이 결정될 것이다. 그 일을 위해 한국 경제의 객관적 위상과 우리 국민의——위기의식을 포함한——문화능력이 결코 흔치 않은 결합임을 거듭 강조하고 싶다.

—— 1994년

부록

주로 신상발언

교수의 인권과 대학의 기능

언론기관의 보도에 의하면 지난(1974년 12월) 9일의 문교부 교육공무원 특별징계위원회는 '민주회복국민선언'에 서명하여 '정치활동'을 했다는 이유로 필자를 파면키로 의결했다고 한다. 필자로서는 동위원회에서 진술을 마치고 나온 이래 이 시간 현재(11일 아침) 아무런 공식통고도 받은 바 없는 만큼 징계 내용에 대해 논평할 계제가 못 된다. 구태여 심경을 말한다면 부당한 징계를 받는 것이 양심에 따라 행동함으로써 처벌된 수많은 선배, 친지, 제자 들을 대하기에는 오히려 떳떳하겠다는 것이다.

징계과정 자체만 하더라도 적어도 일국의 국립대학 교수의 운명을 결정하는 '특별징계위원회'가 순전히 문교부 관료로만 구성되어 있다는 데 대한 한가닥 서글픔은 없지 않았지만 시종 정중한 예우를 받으며 진술할 수 있었다는 것은 세월이 세월이니만큼 상당한 특전이라는 느낌마저 들었다. 하지만 개인적 심경만으로 가뜩이나 크게 번진 물의를 어떤 식으로든 확대한다는 것은 부끄러운 일이다. 따라서 일종의 '신상발언'을 해달라는 요청에 응하는 것도 필자의 신상 문제가 결코 어느 한 개인의 문제만이 아니라고 믿기 때문이다.

이미 지상을 통해 알려진 대로 징계협의의 초점은 교육공무원 신분에 어긋나는 '정치활동'이라는 것이고 이에 대해 필자는 '민주선언'대회에 참석, 서명한 것은 국민의 기본권을 행사한 의사표시일 뿐 결코 공무원법에 금지된 '정치활동'일 수 없다고 진술하였다. 법적으로 어느 주장이 옳은지는 사법당국만이 최종적으로 가릴 권한이 있고 그러고도 남는 문제가 있다면 역사의 판가름을 기다릴 도리밖에 없다.

현시점에서 우리가 염려해야 할 것은 '정치활동'에 대한 이러한 시비가 국민의 건강한 정치의식을 마비시키는 결과를 가져와서는 안 되겠다는 것이다. "인간은 정치적 동물이다"라는 아리스토텔레스의 유명한 말이 있듯이 따지고 보면 사회 속의 인간이 하는 행위 하나하나가 정치적인 성격을 띠지 않은 것이 없다. 이러한 사실을 직시하고 그에 따르는 자신의 책임을 느끼는 것이 곧 건강한 정치의식이며 민주주의란 이러한 의식을 시민 모두가 갖춤으로써만 인간다운 삶이 이룩될 수 있다는 통찰에 기초하고 있는 것이다.

정치인이 아니더라도 시민이면 누구나 정치현실에 대해 알 권리, 말할 권리를 '기본권'으로 가졌음을 인정하는 것도 그 때문이다. 대학교수라고 해서 이러한 기본권을 박탈당해야 한다는 것은 우스운 이야기다. 굳이 차등을 둔다면 지도적 지성인이라는 입장에 비추어 교수의 이런 권리는 여타 시민보다도 차라리 더 보장되어야 할 것이다. 다만 정당에 가입하거나 특정 후보를 지원하는 등의 사회통념상 명백한 정치행위만이 법에 의해 제약되어 있는 것이다.

따라서 우리가 이번 사건에서 중시해야 할 것도 당국이 '민주회복국민선언'대회를 정치단체의 결성으로 보았다는 단순한 판단착오의 문제가 아니라 민주사회와 민주학원의 건설을 위해 필요불가결한 국민의 기본권을 오히려 위험물시하는 사고방식이 또 한번 드러났다는 사실이다. 필자는 징계위원회 진술에서 유신헌법 지지를 성명한 교수들도 징계에 회

부돼야 하지 않느냐고 물었지만 그것은 어디까지나 형평의 원칙상 그렇다는 뜻이요, 당리당략을 떠난 각자의 양심에 따른 행동이라면 '유신학술원'을 통한 의사표시도 '민주선언'을 통한 의사표시에 못지않게 용인되어 마땅하다고 믿는다.

심지어는 2년 전 국민투표법에 의해 찬반토론이 금지된 상황에서 당시의 개헌안을 공공연히 지지했던 다수 학계인사들에 대해서도 행정당국에 의한 어떤 제재가 가해지기를 원치 않는 것이 필자의 솔직한 심경이다. 그만큼 대학의 자율성이란 소중한 것이요 대학인의 의사표시에는 각자의 양식과 양심이 가장 강력하고도 준열한 심판관이 되어야 하겠기 때문이다.

흔히 하는 말이지만 민주국가의 교육은 민주시민을 길러내자는 것이다. 그중에서도 대학은 진리를 자유롭게 배우고 가르침으로써 인류발전에도 이바지하고 민주사회건설에도 공헌한다는, 참으로 묘하다면 묘한 곳이다. 대학이 그 기능을 제대로 다하는 데 필요한 것은 물론 한두마디로 열거할 수는 없지만, 교수의 기본인권을 교수 스스로가 포기하거나 문교당국이 솔선하여 제약한다면 아무리 많은 돈을 들여 건물을 짓고 사람을 모아보아야 모래 위에 집 짓는 헛수고를 면하기 어려울 것이다. 한 개인이 억울한 일을 당하는 것쯤이야 대수롭지 않을 수도 있다. 그러나 민주국가의 기본권인 의사표시의 자유가 대학교수에게조차 허용되지 않는다면 일반민중의 부자유는 짐작하고도 남음이 있을 터이며 대학과 사회전체의 앞날을 우리 모두가 깊이 걱정하지 않을 수 없는 것이다.

—『동아일보』1974년 12월 12일자

교수의 인권과 대학의 기능

밖에서 본 동아투위

　'동아자유언론수호투쟁위원회'가 태어나던 1975년 3월의 그날 이래로 세상에는 변한 일이 한두가지가 아니다. 그러나 '투위'라 불리는 우리 시대의 이 진지한 모임만은 오늘도 여전히 살아 움직이고 있다. 엊그제만 해도 또 한차례 광풍이 휘몰아치던데, 오히려 식구들의 졸음만 쫓아준 모양이다.

　투위 내부에서 직접 겪어온 입장에서는 매사가 그렇게 간단치만은 않았을 줄 안다. 수많은 좌절과 낙담의 순간이 있었을 게고 터무니없는 수난을 아슬아슬한 기사회생의 계기로 만드는 슬기도 필요했을 것이다. 그런저런 사정들에 대해 나 자신도 더러 얻어들은 바가 없지는 않지만, 역시 밖에서 보자니 사태의 큰 윤곽이 주로 눈에 뜨이고, 또 이런 윤곽에 관해서라면 바깥 사람도 한마디 할 만하지 않을까 하는 생각이 든다.

　내가 보기에는 동아투위가 지금도 살아 있다는 것이 기현상이라면 기현상이지만, 사실은 4년 전의 자유언론실천 투쟁과 그것이 투위의 결성으로 이어진 과정에서 오늘까지의 온갖 고난과 영광이 이미 준비되었던 것이 아닌가 한다. 10·24선언이 그처럼 많은 언론인들의 호응을 얻고 뒤이어 '격려광고'라는 역사상 일찍이 못 보던 민중의 성원을 받았으며, 그러나 그것으로도 제도언론을 민중의 대변기관으로 만들기에는 아직 힘이 모자라 백명도 훨씬 넘는 기자·프로듀서·아나운서 들이 길거리로 쫓겨나면서 그들이 각각으로 싸우지 않고 하나의 조직으로 뭉치기로 결단한 순간, 우리 역사 속에서 이미 아무도 함부로 할 수 없는 새로운 힘이 태어났던 것이다. 그뒤로 투위가 겪은 온갖 우여곡절은 어떻게 보면 이러한 역사적 사실을 확인하는 작업이요 이 사실에 맞춰 각 개인이 자기를 점검하고 연마하는 작업에 불과한 셈이다.

남의 일이라고 너무 대범하게만 말한다고 탓할 사람도 있겠지만, 나로서는 이것이 많지 않은 확신의 하나일뿐더러 커다란 위안이 되는 확신이기도 하다. 예컨대 우리 문인들뿐 아니라 지게꾼, 구두닦이 들까지 다투어 바쳤던 광고성금이 결코 허무하게 떼인 돈만이 아니고 오늘날 투위의 끈질긴 생명력을 지탱하는 기금으로 남아 있다는 생각은 얼마나 흐뭇한 기쁨인가! 한때 국회에서도 떠들썩하던 '동아사태'라는 것이 신문지면에서 자취를 감추기 시작한 그 무렵에 사실은 그것이 완전히 수습불능의 사태로 되었다는 인식, 시대는 자유언론을 부르고 민중은 그들 자신의 대변기관을 요구한다는 원칙이 이 사회에 받아들여지기 전에는 이럴 수도 저럴 수도 없는 골칫거리로 정착하고 말았다는 인식은 또 얼마나 통쾌한 것인가!

이렇게 볼 때 조선·동아 기자들의 대량 해직이라는 쓰라린 경험 자체가 이땅에 자유언론이 뿌리박기 위해서는 반드시 한번 거쳐야 할 절차였는지도 모른다. 그때까지 자유언론을 위해 싸운 언론인들의 수고를 결코 과소평가해서가 아니다. 그러나 우리의 언론기관이 민중의 것이 아닌 지가 이미 오래고 민족을 위한다기보다 민족을 배반하는 일이 많았던 데 대한 반성이 그 전에는 아직도 부족했다고 생각되기 때문이다. 아니, 자유언론 실천에 앞장선 언론인들 사이에서도 기자라는 특권의식과 막연히 자유언론을 한다는 영웅심 비슷한 것이 많이 작용하고 있지 않았나 싶은 것이다.

그러나 신문사에서 쫓겨난 이후의 세월은 진정한 민주언론에 불필요한 온갖 껍질들을 하나씩 둘씩 벗겨왔다고 믿는다. 물론 이 사회에서는 한번 기자였던 위세만도 몇해는 가게 되어 있지만, 오늘날 동아투위의 성원들이 누리는 일종의 면책권 같은 것은 그들 자신의 단결과 투쟁으로 벌어들인 것이 더 많다고 보아야겠다. 우리가 동아투위에서 가장 감명 깊게 배우는 점도 바로 그것이다. 여하튼 민중의 편에 서기로 마음먹고 볼 일이요, 그리고 나서는 뜻이 같은 사람들이 하나라도 더 모여서 뭉칠 일인 것이다. 투위라고 그 개개인이 모두 훌륭한 인물만은 아닐 터이지만, 하나의 조직으로 모여 있기 때문에 누구나가 다 영웅이 될 필요도 없고 어느 한 사람만 영웅이 될 위험도 없으며 각자 자기가 선 자리에서 투위에 대해 정성을 다하는 것만으로도 새 역사의 진귀한 한몫을 떠맡을 수 있는 것이 아닌가. 새해에도 개인마다는 더 잘하고 덜 잘하는 높낮이가 있을지언정, 투위가 건재하며 그 소임을 계속 다해주리라는 점만은 나는 조금도 의심하지 않는다. 단지 바라건대 옥중의 동지들에게 변함없는 건강과 조속한 해방이 있으시기를!

— 『동아투위소식』 1978년 12월 27일자

일역 평론집
『민족문화운동의 상황과 논리』서문

『한국민중문학론』(『韓國民衆文學論』, 東京: 三一書房 1981)이라는 책자를 통해 일본의 독자들과 처음 만난 데 이어 이제 또 한번의 기회를 갖게 된다. 앞서의 책이 주로 1970년대에 발표된 글이었던 데 비해, 이번에는 1979년의 '10·26사건' 직후에 쓴 짤막한 한편을 빼고는 나머지 모두를 '제5공화국' 수립 이후의 것으로 골랐다. 그러나 크게 보아 두권이 하나의 연속적인 작업이라 볼 수 있을 것이다.

지속 중인 이 작업을 한국 민족문화운동의 실황 점검 및 이러한 점검의 일환으로서의 이론적 모색으로 풀이하는 뜻에서 제목을 『민족문화운동의 상황과 논리』라 하였다. 실제 논의가 문학에 많이 치우친 것은, 물론 문학전공자라는 저자 개인의 사정이 작용했기 때문이다. 그러나 민족문화운동의 현단계에서 문학이 차지하는 비중이 적지 않은 것이 지금의 실정이기도 하며, 앞으로 다른 분야가 더욱 활발해지더라도 생기 있는 문학 논의가 늘상 운동의 중심 가까이 있어야 한다는 것이 나의 신념이기도 하다. 어쨌든 여기 실린 글들은 모두 1980년대의 우리 역사가 요구하는 민족운동, 그 일익으로서의 민족문화운동에 다소간의 구체적 보탬을 주고자 하는 생각으로 씌어졌다. 발언은 항상 그때그때의 현실적 제약을 의식한 발언일 수밖에 없었다. 발표 지면과 시기를 글의 끝머리마다 명시한 것도 그런 뜻에서다.

『한국민중문학론』에서와 마찬가지로 이 책에서도 '민족문학'에의 관심이 중심적 위치에 있는 셈이다. 사실 역자와 출판사측이 붙여준 먼젓번 책의 제목에 대해 나 자신은 좀 과분하다는 생각을 갖고 있다. 물론 나는 민족문학을 말하기 전부터도 민중문학을 거론했었고 민족문학론이라는 것이 일종의 민중문학론이기도 하지만, 내놓고 '민중문학론'이라 일컬음직한 논의를 나로서는 아직껏 하나의 숙제로 남겨두고 있는 터이다.

그런데 나 자신의 작업이 지닌 이러한 한계와는 별도로 '민족'이라는 용어 자체에 어떤 위화감을 느끼는 사람들이 한국에도 있지만, 일본의 식자들 가운데도 적지 않을는지 모르겠다. 만약 그렇다고 한다면 그것이 반드시 바람직한 현상일지 이 기회에 한번 물어보고 싶어진다. 민족주의의 양면성, 그리고 이에 따른 그 엄청난 해악의 가능성에 대해서는 적어도 한·일 두 나라의 지식인에게는 달리 설명이 불필요할 만큼 양국 현대사의 교훈이 생생하고 쓰라리다. 하지만 그것을 이유로 오늘날 제3세계의 민족운동이 바로 전지구적 민중해방운동의 중요한 전위임을 간과한다거나 그 민족적 성격을 다만 불가피한 낙후성의 일부로 접어 살펴주는 태도가 곧 선진적 인식을 뜻하는 것은 아니라고 본다. 한국의 민중운동과 연대하려는 일본의 벗들이 그러한 태도에 집착하는 한 우선 그 연대의 폭과 깊이에도 엄연한 한계가 그어지겠지만, 그보다도 일본 자체의 민중 속에 여전히 무시 못할 현실로 남아 있을 민족감정·민족의식을 일찌감치 국수주의자들에게 양보해버리고서 과연 얼마만큼의 실질적인 일을——외국의 민중은 차치하고 일본인 스스로를 위해서——해내줄지 의심스러운 생각이 드는 것이다.

아무튼 나는 한국의 민족문학과 민족문화운동에 관한 변변찮은 글들을 몇개 선보이면서, 바다 건너의 이웃들이 자신의 문제와 전혀 동떨어진 이야기만은 아닌 것으로 읽어주고 비판해주지 않을까 하는 욕심을 버리지 못한다. 그것이 곧 양국 민중의 유대에 또 하나의 작은 보탬이 되며 우리의 민족운동으로서도 새로운 진전이 되리라 믿기 때문이다. 나는 과학기술 말고도 우리가 배워야 할 일본 민중과 지식인 들의 값진 경험이 많다고 보며 두 나라 국민 사이의 상호존중이란 어느 한쪽에서도 딱히 빈말이어야만 할 필요가 없다고 생각한다. 다만 권세와 돈줄을 거머쥔 사람들끼리 멋대로 끌고 가는 한일교류의 '신시대' 틈바구니에 마침 이 책도 끼어드는 것을 착잡하게 느낀다. 아니, 민중 스스로가 놓은 다리 위로 민중들이 마음대로 오갈 수 있는 날까지 문화교류라는 것을 밀어두는 일이 가능하다면 일본의 독자들과 만나는 나 한 사람의 즐거움쯤은 반납할 용의도 있다. 그러나 어차피 그런 식의 편리한 주문을 인정 않는 것이 역사일진대, 반민중적 교류에 맞서는 것은 그것대로 해나가면서 두 나라 민중 간의 유대, 민중의 편에 서려는 양국 지식인들 간의 연대를 다지는 사업에도 힘을 쏟아야 하리라 믿는다.

그런 점에서도 이 책의 발간에 수고해준 역자와 편자 그리고 출판사측 여러분께 거듭 고마움을 드린다.

1984년 세밑에

──『民族文化運動の狀況と論理』, 1985 東京

제2회 심산상을 받으며

심산(心山) 김창숙(金昌淑) 선생을 기념하는 상을 제가 받게 되었다는 소식을 들었을 때 저는 기쁨보다도 어리둥절한 느낌이 앞섰습니다. 지금 이 시각에도 그 어리둥절함은 완전히 가시지 않았습니다. 아니, 곰곰이 생각할수록 심산상의 영예에 어울리지 못하는 자신의 면모가 새삼스러워집니다. 두루 알려져 있다시피 심산 선생은 한국 유림의 지도적인 인사로서 우리나라 선비의 학문과 교양이 스스로 몸에 밴 것은 물론, 그것을 현대의 산 전통으로 활성화하고자 진력하신 분입니다. 선생은 유학자로서 드물게 진취적인 분이셨으므로 수상자가 서양문학의 전공자라는 사실 자체를 탓하셨을 리는 없겠습니다만, 서양 공부를 한답시고 동양의 독서인으로서 지녀야 할 최소한의 교양조차 갖추지 못한 이번 수상자를 과연 어떤 눈으로 보셨을지 두렵습니다.

심산 선생은 또한 단순한 유학자라기보다, 반외세투쟁의 제일선에 나서서 일제의 모진 고문과 혹독한 탄압을 견디시며 그야말로 처절하게 싸운 투사이셨습니다. 그에 비해 저는 한두차례 가벼운 풍랑을 거쳤을 뿐 이땅에서 누릴 만한 것은 거의 다 누리며 살아오고 있습니다. 일제의 식민통치가 종식됨으로써 세상이 아예 달라졌기 때문이라면 몰라도, 선생이 항일투쟁에 이어 전개하신 반독재·반분단 투쟁이 아직껏 결실하지 못한 상황입니다. 아니, 분단의 세월이 오래갈수록 권력은 더욱 무도해지고 인심은 더욱 산란해지며 금수강산은 제국주의 문화의 온갖 찌꺼기가 들어쌓이는 세상이 되고 있습니다. 이런 시대적 모순이 극에 달한 1980년대를 저는 국립대학의 교수로서 큰 파란 없이 살아왔고 이제 상까지 타는 몸이 되었습니다. 실로 참괴한 일입니다.

그런데도 워낙이 염치가 좋아서 그런지, 아니면 사람의 마음이 본디 그런 것인지, 지금 와서는 기쁨과 당황 사이의 형세가 완전히 역전되어, 반갑고 즐거운 마음이 앞서 있습니다. 굳이 이유를 댄다면 심산상의 이름이 제게 뜻하는 아픈 채찍질조차 저에게는 달가운 채찍질이라는 점을 들 수 있겠지요. 이런 매는 좀 맞아야 사람이 되고 서양문학 공부도 제대로 되겠다고 평소부터 느끼던 그런 매질을, 여러 어른들과 친지들의 축복 속에 상이라는 형태로 맞게 되는 것은 크나큰 행운이 아닐 수 없습니다. 다시금 이 소중한 자리를 만들어주신 여러 분들에게 감사를 드립니다.

그러나 제가 한층 더 기쁘고 감사하게 생각하는 것은, 이 상이 저 개인보다도, 제가 지어서 세상에 내놓았고 변변치 못하나마 이제는 세상의 것이 된 책들에 주어졌다는 사실입니다. 자신이 세상에 내보낸 책이 험한 세파를 헤치며 뻗어나가게끔 도와주는 일을 저는 제대로 못했습니다. 성의도 모자라고 힘도 부치는 가운데, 책이란 원래 알아서 찾아 읽어주는 독자가 참 독자라는 자기변명 또한 없지 않았습니다. 다소 진부한 비유를 든다면, 자식을 낳아놓기만 하고 뒷바라지는 못해준 부모가, 아이들은 고생을 하면서 커야 된다느니 어쩌니 하면서도 마음 한구석에 죄책감이 없지 않은 꼴이지요. 이런 판국에 제가 써낸 책들은 이번의 수상으로 뜻밖의 귀인을 만난 셈입니다. 그것들의 부족함이 어떠하든 간에 제가 지금도 중요하다고 믿는 논의가 거기에 담겨 있는 한, 저는 그러한 논의의 확산 및 심화의 한 계기가 될 오늘의 수상에 더없이 감사하는 마음입니다. 그리고 지금 당장 이렇게 좋은 자리를 놓칠세라, 민족문학론의 진전을 위한—적어도 그 진전의 필요성을 광고하는—기회로 삼을까 합니다.

먼저 말씀드리고 싶은 것은, 『민족문학과 세계문학』이라는 이름으로 나온 두권의 책, 그리고 『인간해방의 논리를 찾아서』라는 제목의 또 한권에 모아진 저의 비평작업은 지난 20여년간 우리 문학계와 사회에서 수행된 어떤 집단적 노력의 일부였다는 점입니다. 이들 개인저서를 한마디로 집단적 노력의 **산물**이라 일컫는 것은 어찌 보면 지나친 겸손일 테고 또 어찌 보면 너무도 교만한 말이 될 것입니다. 아무튼 그것이 더 큰 집단적 노력의 **일부**였다는 것만은 겸허하게, 그러면서도 일정한 긍지를 갖고 말씀드릴 수 있겠습니다. 그 노력이란 한마디로 4·19 이래 이땅의 지식인과 민중들 사이에 진행되어온, 민주주의와 민족통일을 향한 노력입니다. 사실 저희 세대 지식인들은 일부 선구적인 예외가 없지 않았지만 대부분이 60년대 초까지도 통일과 민주주의에 대한 소박한 열망을 품은 데서 크게 더 나가지 못했었습니다. 4·19로써 넓어진 인식과 실천의 공간 속에서 비로소—무엇보다도 4·19혁명이 심어준 주체적 역사변혁에의 자신감과 책임감 속에 비로소—민주주의와 통일의 과제가 어떻게 하나인가를 서서히 깨닫게 되었고 결국은 그것이 민중들 자신의 힘으로밖에 해결될 수 없는 과제임을 실감하게 되었던 것입니다.

문학 분야에서 이러한 인식의 전진은 70년대 이래로 '민족문학'의 개념을 중심으로 일정한 대세를 이루었다고 봅니다. 그것은 한편으로 범상하게 '한국문학'을 말하는 것만으로는 미흡할 만큼 우리의 현실 속에 반민족적이고 반민중적인 요소가 자리를 잡고 뿌리를 내렸다는 인식의 표현이며, 다른 한편 이런 현실에 대응하는 민족주체적 노력이 정말 문학다운 문학을 능히 낳을 수 있고 또 절실히 요청한다는 신념의 표현이었습니다.

이러한 민족문학론이 사회과학에서의 민족경제론이라든가 국사학계에서의 민족사학에 관한 논의, 또는 일부 민중신학자들의 작업과도 주고받음이 있었을 것은 쉽게 짐작하실 것입니다. 그러나 더욱 기본적으로는, 이러한 지식인들의 공동작업을 일깨우고 북돋우며 그 뒷배가 되어준 민중역량의 끈덕지고 줄기찬 성장이 있었던 것입니다.

저 개인의 경우 그러한 공동작업에의 참여는 60년대 중엽 계간 『창작과 비평』의 창간으로 한결 보람있는 일터를 얻었던 셈입니다. 그로부터 20여년이 지나고 계간지가 폐간당한 지도 7년이 꽉 차가는 지금, 이미 역사로 되어버린 대목에 관한 논의와 평가는 사람에 따라 다르리라 믿습니다. 저 자신은 객관적인 평가를 내릴 처지가 아니고, 회고조의 술회는 저로서 내키지 않는 일입니다. 회고담이나 하고 있기에는 스스로 아직 젊다고 자부할뿐더러, 창비의 사업 자체가—기나긴 휴면을 강요당하고 있는 계간지 사업을 포함하여—아직도 한창 진행 중이므로 그날그날의 일거리를 꺼나가는 것이 더 시급하기 때문입니다. 그러나 회고담을 생략한다 해도, 창비가 처음 태어날 적부터 그 뒤의 숱한 고비를 넘길 때마다 그 존속과 발전을 가능케 하고 저 자신의 작업을 가능케 해준 수많은 분의 은혜는 저의 기억 속에 그대로 선연합니다. 물론 제게도 알려지지 않은 숨은 은덕은 더욱 큰 것이겠습니다만, 어쨌든 저로서는 제가 직접 받은 도움들이 이 순간에 가장 감격스럽고, 특히 근년의 창비파동을 겪고도 그 사업을 되살려 지켜나가고 있는 김윤수 선생 이하 창비사 여러 벗들의 노고를 이 자리를 빌려 다시 한번 되새기고자 합니다.

아울러, 저의 주된 문필활동이 비평인 만큼, 창비와의 관련 여부를 떠나 문학에서 평론가와 창작자의 협동에 관해 한말씀 드릴까 합니다. 비평이 또 하나의 창작이다라는 주장을 저는 수상쩍게 봅니다. 특히, 이른바 '창조적 비평'의 미명 아래 작품의 진실과 무관한 평론가 멋대로의 언설에 탐닉하는 구실로서 그러한 주장이 동원되곤 하는 것이 최고의 풍조입니다. 반면에 정직한 비평은 자신의 창조성을 앞세우기보다 자기 앞에 놓인 작품의 창조성을 허심탄회하게 이해하며 평가하고자 합니다. 이처럼 허심탄회할 수 있는 것은, 아무리 탁월한 시인이나 소설가의 창작품일지라도 그때그때 읽는 사람의 마음속에 새롭게 살아나지 않고서는, 흰 종이에 검은 글자가 묻은 한갓 물체에 지나지 않음을 알기 때문입니다. 그리고 이런 끊임없는 되살림의 과정에서 결정적인 몫을 맡은 것이 비평가라는 이름의 훈련된 독자인 것입니다. 그런 의미에서 비평은 인간의 창조적 삶에서 빼놓을 수 없는 일부이며 그 자체로서 하나의 창조적 행위인 것이 사실입니다.

하지만 저의 본뜻은 이런 일반론을 말하려는 게 아닙니다. 민족문학론으로 알려진 비평적 논의가 우리 시대의 훌륭한 시인·소설가·극작가 들의 작업과 어떤 원천적 협동관계에 있으며 실제로 그들의 창작활동에 얼마나 결정적으로 의존해왔는가를 말씀드리려는 것입니다. 흔히 비평의 '선도성'에 관해 이야기하기도 합니다. 칭찬하는 뜻으로 말하기도 하고, 비평가가 특정 이론이나 이념적 입장을 작가에게 강요한다는 비난의 근거가 되기도 합니다. 실제로 비평가가 단 한번도 창작을 앞질러 나가는 일이 없다면 그는 무능한 비평일 뿐입니다. 특히 우리의 상황처럼 이념적 혼란이 심하고 민중의 언로가 막혀 있는 경우에는 더구나 그렇습니다. 하지만 원칙적으로 이미 주어진 작품에 대한 반응에서 출발하지 않는 비평은 신뢰받기 힘든 비평이며, 부분적으로 앞서 나갔더라도 곧이어 작품이 뒤따라주지 않는다면 공허한 이론에 그치고 맙니다. 자신의 구체적인 작품평가가 모두 옳았다고 고집할 어리석을 비평가는 없겠습니다만, 민족문학론의 정당성에 대한 가장 확실한 담보는 그 논의과정에서 산출·평가되거나 재평가된 작품들에 있다고 저는 감히 주장하겠습니다. 그리고 80년대의 오늘에도 끈질기게 지속되고 있는 민족문학의 창조적 성취에 저는 민족문학론의 장래를 걸고 있습니다. 저 개인의 경우는 이게 특히 어김없는 진실인 것이, 소위 '전공'이 서양문학인 저로서는 때로는 한참 만에야 찾아 읽는 동시대인의 작품에서 거듭거듭 모국어의 창조적 가능성을 확인하는 신선한 충격과 감동이 따르지 않는다면 민족문학론의 추구 자체를 중단할 일상적 압력도 작지 않기 때문입니다. 그런 뜻에서도 오늘 수상의 영예를 안은 저의 평론집은 수많은 동료 문인들의 직접적인 도움을 입은 것입니다.

사정이 그러할수록 구체적인 작품에 대해 시시비비를 가리는 평론가의 본업을 간헐적으로밖에 이행하지 못한 저의 죄책감이 큽니다. 그러나 기왕에 이런 자리를 만났으니 거기에 대해서도 한마디 변명을 하렵니다. '민족문학과 세계문학'이라는 제목에도 나타나듯이 저의 평론은 우리의 민족문학에 대한 관심과 더불어 외국문학, 특히 제가 대학에서 가르치는 영문학에 대한 탐구를 그 중요한 대상으로 삼고 있습니다. 그리고 실제 성과야 어떻든지 간에, 서양문학에 관한 저의 글 어느 하나도 인류 공동의 유산을 민족문학의 한 일꾼의 입장에서 평론하겠다는 의도로 쓰이지 않은 것은 없습니다. 그만큼 민족문학의 관점 자체가 일반성을 띤 것이고 그 일반성은 서양문학의 탁월한 업적들과의 대면을 통해서도 검증되어야 한다는 것이 저의 지론입니다. 또한 이런 검증의 자세로 살펴본 서양의 문학은 예전에 미처 몰랐던 제국주의적 독소를 드러내기도 하지만, 동시에 제국주의자들이 어떤 식으로든 왜곡하거나 희석시키지 않고서는 도저히 감당하지 못할 무서운 진실을 담고 있기도 하다고 믿습니다. 그렇다면 이런 양면을 두루두루 올바르게 밝혀내는 비평작업은 민족문학운동의 필수적인 한갈래가 되겠습니다. 다만, 가뜩이나 부족한 사람이 한국문학의 평론가로 자처하면서 서양문학의 망망대해로까지 일을 벌여놓았으니 어느 한쪽에서도 실적이 통할 리가 없지요. 앞으로 민족문학의 대의에 공감하는 연구자들의 협동작업이 적극적으로 진행되어야 하리라고 봅니다. 그런 점에서, 비록 동양적인 교양이 태무한 제가 심산상을 받기 거북함을 말씀드렸습니다만, 서양문학을 전공하면서 심산상을 받았다는 사실 자체는 무척이나 유쾌하고 흐뭇합니다. 그동안 저 나름으로 추진해온 서양문학연구 작업이 말하자면 민족적 정통성을 획득하는 하나의 계기를 얻었다고 믿기 때문입니다.

민족문학론의 전개과정에서는 문학 이외의 분야로 관심이 확대되는 일 또한 불가피했습니다. 처음부터 민족경제론 등과의 주고받음이 있었음을 앞서 말했습니다만, 대체로 저 개인으로서는 준 것보다 받은 것이 더 많다는 느낌입니다. 그런데 요즘 와서는, 민족문학론 쪽에다 줄 것을 주고도 받아가는 것이 많지 않음이 해당분야를 위해 반드시 자랑할 일은 못 되지 않겠느냐는 생각이 점점 더 듭니다. 그런 생각도 있고 또 애당초 저는 '문학 내적'인 것과 '문학 외적'인 것에 대한 순수주의자들의 구별에 동의할 수 없기 때문에, 근년에는 민족주의의 개념이라든가 인문사회과학의 과학성에 대한 물음이라든가 이른바 사회구성체에 관한 논의 등등에 좀 더 직접적인 참견을 해보기도 합니다. 그러나 저는 이것이 결코, 문학평론 하나도 제대로 못하는 놈이 주제넘게 남의 분야까지 기웃거리는 짓이라고는 보지 않습니다. 어디까지나 그것은 문학평론가로서 필요한 자기교양의 과정일뿐더러, 어떠한 학문도 창조적 작품과의 만남을 통해 훈련받은 독서와 사고의 능력—즉 그런 의미에서 문학평론가적 능력—을 전제하며 그런 능력에 의한 점검을 요한다고 믿기 때문입니다. 따라서 예컨대 제가 역사에 대한 과학적 인식의 문제를 문학인의 관점에서 다시 묻고자 할 때, 그것은 수많은 학자들과 실천가들의 노력으로 힘겹게 자리잡은 역사과학의 일정한 법칙들을 제쳐놓고 저 자신의 무슨 독창적 법칙을 대신 내세우려는 것이 아닙니다. 다만, 참된 변증법적 인식은 법칙적 인식으로서의 일면과 여하한 법칙에도 잡히지 않는 생생한 직관이라는 다른 일면의 결합이라는 점을 문학작품의 진리를 근거로 증언하려는 것이고, '변증법'이라는 것 자체가 또다른 회색의 이론으로 굳어지는 사태를 경계하려는 것이며, '과학'의 이름으로 인간의 창조성을 부정할 위험——과학 그 자체를 낳았고 과학에 인간해방의 숨은 일꾼으로서의 본분을 안겨준 인간의 창조성을 부정할 위험——에 대처하려는 것입니다.

민족문학의 이러한 증언과 대응은, 우리 사회의 민주화운동이 더욱 가열해지고 민족통일과 민중해방의 문제가 한층 다급해질수록 더욱더 요긴해지리라고 저는 확신합니다. 민족문학론자의 이러한 신념이 단지 문학에 대한 개인적 애착을 표현했을 뿐이라거나 '민족'에 집착하여 민중의 실체를 놓치는 소시민적 세계관을 드러냈다는 식의 비판을 저는 수긍하지 않습니다. 저 개인의 결점과 한계는 엄연한 것이지만, 민족문학론 자체는 과학이 할 일을 문학이 맡겠다는 논리도 아니요 민중이 할 일을 민족주의적 지식인이 대신할 수 있다는 이론도 아닙니다. 민족의 현실, 민중의 현실에 대한 가장 창조적인 문학의 증언——창조적이기 때문에 구체적이고도 일반성이 높은 증언——이 응분의 울림을 갖는 가운데서만 과학이 제 몫을 할 수 있고 민중의 주체적 실천에 지식인이 올바로 기여할 수 있다는 것입니다. 가령 한국의 사회구성에 관한 학계의 논의를 보더라도, 민족문학의 독자들이 가장 핵심적으로 주목하고 실감하는 남북분단의 현실이 제대로 이론화되었다고는 보기 어렵습니다. 정교한 분석을 명목으로 분단문제를 일단 사상하거나, 아니면 남북한의 사회현실을 너무 단순하게 대비시키는 경우도 눈에 뜨입니다. 그렇다고 민족문학론 자체가 어떤 만족스러운 사회구성체론을 제시하겠다는 것은 아닙니다. 다만 어디까지나 민족적 삶의 구체성과 그 창조적 표현물의 구체성에 집착하면서도 결코 감성적인 대응만으로 만족지 않는 논의로서, 민족문학론은 우리 시대의 사회과학자들에게 좀더 만족스러운 이론을 내놓으라고, 가령 사회구성체론이라면 실천적인 통일운동에 좀더 절실한 사회구성체론을 제시하라고 요구하는 것입니다. 막연한 이야기이긴 합니다만, 제가 볼 때 분단 현실이라는 '기형적'인 상황의 구체성이 정치경제학의 일반화된 원리들과 결합되지 못할 이유도 없을 듯합니다. 오늘의 자본주의 세계경제가 초창기 자유주의적 단계에서보다 자본의 운동논리를 더욱 고도로 관철하고 있다면, 분단된 한국사회의 소위 '파행적'인 전개나 언필칭 '기적적'인 성장이야말로 현대의 '수정된' 자본주의의 가능성과 문제점들을 가장 적나라하게 구현하는 전형적인 사례일 수도 있겠습니다. 거듭 말씀드리지만 이런 문제의 본격적인 분석과 이론화는 사회과학자의 몫입니다. 저로서는 단지 민족문학의 증언에 근거한 비평작업이 과학의 일반적 법칙을 충실히 수용하면서 학문의 현재성을 동시에 촉구하는 작업이기도 함을 말하고자 한 것입니다.

의례적인 수상소감보다 자신의 저술에 대해 다소 내용있는 이야기를 해보라는 주최측의 제의를 기화로, 여러분의 귀한 시간을 너무 많이 빼앗은 것 같습니다. 끝으로 저는 오늘의 주최측이 성균관대학교의 현직 교수들로 구성된 연구회라는 사실에서 얻는 특별한 감회를 털어놓고 싶습니다. 아시다시피 오늘의 우리 대학들은 제구실을 못하고 있고 교수들은 특히 그러합니다. 저 역시 마찬가집니다만, 그나마 무언가 교수답게, 지식인답게 행동하고자 했을 때, 선배나 동료로부터 개인적인 보살핌을 받은 일은 적지 않습니다만, 제도로서의 대학이 밀어주고 북돋아준 적은 기억에 없습니다. 그렇다고 제가 무슨 개인적인 불평이 있는 것은 아니고 우리의 현실이 그렇다는 이야깁니다. 그런데 이런 현실에서도 심산 김창숙 선생을 기리는 제도권 내 교수들의 모임이 있어 작년에 심산상을 만들며 첫 수상자로 송건호 선생 같은 분을 선정한 것을 보고 저는 큰 감동을 받고 깊은 경의를 품었습니다. 올해는 제도권 내 교수인 저에게 돌아왔습니다만, 저로서는 그만큼 더 고마울 뿐이고, 동시에 서울대 교수로서 착잡한 감회에 사로잡힙니다. 언젠가는 서울대학교의 교수들도 하나의 집단으로서 심산사상연구회만 한 일을 할 수 있게 되기를 바랍니다. 물론 그리 되어도 최소한 한가지 점에서는 성대 교수님들을 못 따라갈 것입니다. 상을 만든다고 할 때 경성제국대학이나 국립 서울대학교의 초대 총장의 이름을 쓸 수는 없을 테니까요. 하지만 저보다 훨씬 자격이 있으신데도 핵심적인 주최자들이라 심산상에서 제외된 분들이 좀더 공정한 평가를 받으실 가능성을 상상해보는 것도 즐거운 일입니다.

여러분, 다시 한번 깊이 감사드립니다. 앞으로 좀더 분발할 것을 약속드립니다.

—1987년 5월

'한겨레논단' 일곱 꼭지

분단민족의 자기신뢰

통일이 되려면 남북의 상호신뢰가 먼저 이루어져야 한다고 누구나 말하는데, 상호신뢰에 앞서 필요한 것이 자기신뢰이다. 자기를 못 믿으면서 어떻게 남을 믿을 것인가.

그런데 정당한 자기신뢰만큼 얻기 힘든 것도 없다. 망상이 아닌 참 신뢰는 믿는 대상에 대한 얼마간 정확한 인식을 전제한다. 그러나 대상이 바로 나 자신일 때 문제는 복잡해진다. "너 자신을 알라"는 철학자의 주문은 어디까지나 주문이지 누구나 실행하는 바는 아닌 것이다.

개인의 경우도 그러한데 민족이라는 집단의 일이 되면 더욱이나 어렵다. '민족'의 개념에 대해서조차 학설이 분분하려니와, 남북으로 갈린 분단민족의 경우 그런 논쟁보다 더 절박한 현실적 어려움이 있다. 도대체 동족이 갈라진 것 자체가 자존심이 상하는 터인데, 어쩌다가 한쪽에서 일정한 긍지의 바탕을 찾더라도 그것이 민족의 다른 한쪽에 자부심을 잃게 하는 근거로 작용하는 일이 흔하다. 그리고 서로가 상대를 욕하는 말들은 깎아서 듣는다 해도, 반만년의 역사와 찬란한 문화 어쩌고 하던 결말이 고작 국토분단이요 민족분열이냐는 의심이 떠오르는 것만은 어쩔 수가 없다.

이런 의심을 물리치기 위해 우리는 분단의 책임이 외세에 있고 이런저런 '괴뢰집단'에 있음을 강조하기도 한다. 실제로 우리가 식민지로 될 때나 남북으로 갈릴 때나 외세의 강압과 극소수 집단의 농간이 결정적이었다. 그러나 어쨌든 저들의 강압과 농간을 허용한 것이 우리의 역사인 만큼, 그 진상을 덮어두고 민족의 올바른 긍지가 성립할 수 없다. 아니, 부끄러운 역사라도 진실을 제대로 밝혀내면, 부끄러운 진실을 떳떳이 밝혀낸다는 자랑 말고도 반드시 자랑거리가 나타나게 마련이다. 일제의 식민지 지배도, 실은 그 누구도 함부로 삼키기에는 버거운 민족에 대한 지배였기에 세계 식민지사에서 드물게 가혹하고 드물게 짧은 통치로 끝났다. 분단 역시 민족의 저력과 무관하지 않다. 일본의 종살이를 했으니 고스란히 신식민지로 탈바꿈할 수 있으리라던 제국주의의 기대가 무너지는 가운데, 애오라지 반쪽으로 쪼개 먹는 길이 남았던 것이다.

마찬가지 이치로, 지금 우리가 이른바 5공비리와 1980년 광주의 진상을 덮어둔다면 이는 민족의 자기신뢰에 필요한 사실인식을 막는 일일 뿐 아니라 이미 확보한 자랑거리마저 없애는 민족적 자해행위가 된다. 학살과 비리 자체는 민족의 수치지만, 그런 식의 무지막지한 짓거리가 아니고서는 어찌해볼 수 없는 민주역량과 민족의 열망이 갖춰졌었다는 반증으로서 그것은 우리가 자랑스럽게 파헤쳐야 할 역사이다.

이런 역사를 밝혀내더라도 분단민족으로서 자기신뢰의 적정선을 찾는 어려움은 여전히 남는다. 분단된 주제에 너무 자신만만해도 분단에 안주할 위험이 있고 자기비판이 지나쳐도 통일할 자격마저 의심받을 것이 아닌가? 판이한 두 사회가 자리잡은 마당에 한쪽의 업적에 대한 긍지가 민족 절반에 대한 불신으로 이어지는 것은 아닌가?

다행히 최근에는 북한 자료가 일부 공개되면서 어느 한쪽에서 이룬 바에 대한 긍지를 민족 전체의 자기신뢰로 챙기는 미묘한 작업을 우리는 좀더 종합적으로 시도할 수 있게 되었다. 이런 때 새삼스레 북한서적의 출판을 탄압하고 FM방송을 차단하는 짓은 또 하나의 자해행위다. 북한 동포들 나름의 민족적 긍지에 대한 뒤늦은 인식이 남한 민중의 부당한 자기비하로 귀결하지 않기 위해서도, 우리는 진실을 바탕으로 자기신뢰를 굳히는 노력을 더욱 다그쳐야겠다.

— 1989. 2. 2.

또 하나의 정부를 갖기 위해

똘스또이가 살아 있는 동안 러시아에는 정부가 하나 더 있는 것 같았다고 한다. 노년의 똘스또이가 철저한 반체제인사였기도 했지만, 무엇보다도 『전쟁과 평화』 『안나 까레니나』 같은 대작들을 써낸 소설가로서의 권위가 있었기 때문이다. 그리고 이는 물론 똘스또이 한 사람 것만이 아니고, 뿌시낀 이래의 여러 작가들이 러시아 민중의 염원을 탁월하게 대변해온 전통을 등에 업은 권위였다.

한 나라에 정부가 둘씩이나 있는 게 반드시 좋은 일인지는 몰라도, 제정 러시아처럼 고약한 정부가 유일한 정부가 못 되었다면 어쨌든 러시아 민중을 위해 다행이었을 것이다. 아니, 다른 경우에도 정부가 하나만이어서는 아무래도 덜 좋은 것 같다. 삼권분립의 원칙이 생긴 것도, 정부는 애당초 세갈래쯤으로 찢어놓아야 국민이 좀 안심할 수 있다는 속셈이 아니었을까. 그러고도 또 못 미더워서, 각 지역의 생활은 그 지역에서 다스리는 지방자치가 이루어져야 한다는 것이 민주사회의 상식이 아닌가.

그렇다면 너무나 오랜 세월을 삼권분립도 지방자치도 유명무실한 채

살아온 우리 국민이야말로 또 하나의 정부가 그 누구보다 아쉬운 처지라 아니할 수 없다. 이 아쉬움을 달래줄 소설가나 문학전통이 우리에게 있었던가? 민족문학운동을 해왔다는 사람으로서 부끄러운 이야기지만 아직까지는 그렇지가 못했다. 그리고 우리가 지금껏 독재정치를 청산 못하고 분단극복의 큰길로 못 들어선 것도 이와 무관하지 않다고 믿는다.

유신독재시대에 김지하 시인의 존재는 거의 또 하나의 정부와 같은 크기로 바깥세상에 비쳐졌다. 그의 수난은 한국의 고난받는 양심의 상징이었고, 실제로 그의 작품과 옥중투쟁이 이땅의 민족문학을 키우는 데 결정적인 공헌을 했다. 그러나 아무리 독재자가 제멋대로 한 짓이라지만, 시인을 감옥에 가둬놓고 그의 글만 읽어도 잡아가는 세상에 살았으면서 '또 하나의 정부'로 그를 모셨었다고 내세울 염치는 없는 일이다.

1980년대 들어와서는 김지하가 석방된 대신 고은·송기숙·이산하 등 문인의 투옥이 잇따랐고 문화탄압은 긴급조치시대를 오히려 능가했으며, 김남주 시인의 기나긴 옥살이는 작년 말에야 겨우 끝났다. 더욱이 문학인·지식인들의 몸뚱이뿐 아니라 우리 현대문학의 많지 않은 고전들조차 '월북'이다 '불온'이다 하여 묶어놓았으니, 민중이 갈망하는 또 하나의 정부가 수립되기 어려웠던 것도 무리가 아니다.

그러면 지금부터는 어떤가? 여전히 출판탄압과 인신구속이 자행되고 있지만 이제는 무섭다기보다 점점 가소롭게 느껴지고 있으며, 국내외의 온갖 민족문학 자산이 풀려나옴으로써 힘있는 작가의 분발을 다그치고 엉터리 문학에는 다소나마 제동이 걸리게 되었다. 이런저런 이유로 우리의 민족문학은 바야흐로 또 하나의 정부로 발돋움할 싹수를 보이고 있다. 이것이 문학인으로서 나의 큰 자랑이요 보람이다.

그런데 남북으로 갈린 우리가 '또 하나의 정부'를 바란다고 할 때는, 문학보다 통일을 먼저 떠올리기 쉽다. 지금의 분단정부가 아닌 통일정부 말이다. 그리고 그것은 기존의 어느 한쪽이 다른 쪽을 일방적으로 집어삼키는 것이 아니라, 양쪽의 판이한 현실을 일정하게 수용하면서 전혀 새로운 형태의 연방국가를 창안하는 일이다. 문자 그대로 정부를 한개 더 만들어 내는 일인 것이다. 그러나 이런 유다르고 힘든 일을 할 때일수록, 위대한 문학이라는 또 하나의 정부가 있어야 한다. 남북 민중 모두가 분단체제 속에서 잠들지 않고 슬기로운 하나됨을 성취하도록 마음속 깊은 곳까지 다스려주는 권력 아닌 권력이 필요한 것이다.

— 1989. 2. 16.

구관은 정말 명관이었나?

전두환씨가 권력을 휘두르던 몇해 동안 이 나라 국민들은 참으로 험한 꼴을 많이 보았다. 하지만 덕분에 새로 역사에 눈뜬 바도 없지 않았다. 남들은 세상에 덕을 입힘으로써 자기 복을 쌓는데 전씨는 자신의 업장을 두터이 하면서 사람들에게 일깨움을 주었으니 그 수고로움이 남다르다면 남달랐던 셈이다.

그러나 폭압에서 깨달음을 얻는 일은 아무래도 예외적이고, 대개는 정치가 잘못될 때 국민의 의식이 낮아지고 역사가 그만큼 뒷걸음질치게 마련이다. 그렇지 않고 폭정을 하면 할수록 국민이 지혜로워진다면 전두환씨 같은 이가 바로 지장보살이 아니겠는가.

실제로 제5공화국을 겪는 바람에 우리의 역사의식이 흐려진 것이 한두가지가 아니다. 그중 둘만 꼽아본다면, 첫째는 전두환씨를 지켜보는 국민이 박정희씨에 대해서조차 '구관이 명관'이라는 말을 심심찮게 하게 됐다는 것이요, 둘째는 노태우씨를 대통령으로 모시고 일년이 넘도록 '구관이 명관'이라는 소리만은 아직껏 흔치가 않다는 점이다.

하기는 전씨에 비할 때 박씨가 여러모로 탁월했던 건 사실이다. 쿠데타를 했지만 광주학살은 없었고 민정이양 하면서 어쨌든 직선제를 피하지 않았으며 개인적인 능력도 후임자보다 월등했던 것으로 정평이 나 있다. 그러나 바로 그렇기 때문에 역사 속의 역할은 더욱 해로운 것이었다. 한일협정, 베트남파병, 게다가 7·4성명으로 고조된 민족의 염원을 교묘하게 이용한 두번째 쿠데타와 종신독재──이렇게 중요한 고비마다 역사의 물줄기를 나쁜 쪽으로 돌린 장본인이 박정희씨였다. 역사 속의 유능한 악인역을 논하자면 아무래도 그 정도는 되어야 진짜배기다. 그에 비해 전두환씨는 전임자가 18년 걸려 가꿔놓은 전용무대에 어느날 갑자기 뛰어든 어릿광대나 다름없었다. 구관이 명관이라는 소리가 나오게 만든 그가 집권했다는 사실 자체가 구관이 국정을 망쳐놓았다는 또 하나의 증거였다.

원래 '구관이 명관'이라는 말은 전임자가 반드시 더 나았대서 나오는 말이 아니다. 어차피 비슷비슷한 벼슬아치들일 바에야 떠나간 자가 떠나간 만큼은 더 나아 보인다는 민중의 저항의식이 담긴 말인지도 모른다. 신관이 특별히 잘하기 전에는 구관이 명관이라는 소리가 조만간 나오게 마련인 것이다.

우리가 이번에 만난 신관이 대단한 명관이 못 된다는 점에는 집권당 내부에서도 대체로 합의가 된 듯하다. 그런데도 '구관이 명관' 타령이 드물다면 이는 무엇보다 전두환씨의 은공이 아닐 수 없다. 다만 그것은 신관 개인에게 베풀어진 은덕이지 국민대중에게는 정치감각을 무디게 하는 일종의 마취제인 셈이다.

그러나 5공 7년의 약효에도 시한은 있는 모양이다. 역시 구관이 명관이었다는 은연중의 의사표시가 집권층 일각에서 이따금씩 돌출하더니, 드디어 신관 자신도 긴가민가하는 기색이 완연해졌다. 광주특위 청문회의 일방적 거부, 노동운동과 농민운동 탄압의 강화, 시민집회의 '원천봉쇄', 시위대뿐 아니라 취재기자와 보통사람들에게도 쏟아지는 '백골단'의 뭇매질, '좌경급진세력에 대한 중대결단' 엄포 등, 하나같이 구관을 새로 알아모시는 모습이다. 하지만 아서라! 아무리 다급해도 구관이 명관이었다는 소리가 또 나온대서야! 그것은 신관 자신뿐 아니라 국민 모두에게 너무나 서글픈 일이다. 단지 명심할 것은, 분별없이 강권을 휘두르기로는 역시 전두환씨가 진품이요 적임자이며 섣불리 그 흉내를 내려는 인물은 누구나 그만 못한 어릿광대로 떨어지기 십상이라는 점이다.

— 1989. 3. 2.

중간평가라는 약속어음

'중간평가는 중간고사가 아니다'라는 적절한 일깨움이 바로 지난주 이 논단을 통해 있었다. 그런데 바야흐로 정부는 중간고사인 듯도 하고 아닌 듯도 한 행사를 치르기로 작심한 모양이고, 야권 일각에서는 차라리 중간고사라면 치러도 무방하겠다는 태도를 내비치고 있다. 여기서 나는 비유를 한번 바꾸어 이 문제를 생각해보고자 한다.

국민들이 대통령으로 뽑아주면 중간평가를 받겠다는 후보자의 공약은 말하자면 국민을 상대로 약속어음을 발행한 행위였다. 다만 정확한 액면 가격과 지불기일이 명시된 어음은 아니었다. 하지만 대통령 자리를 내놓을 수도 있다고 했으니 결코 적은 금액은 아니었을 것이고, 날짜는 올림픽을 치르고 나서 우선 급한 일들을 처리할 여유는 허용되어야 하니만큼 지금이나 가까운 장래가 대충 맞을 것이다. 또 평가방법에는 국민투표도 포함된다고 명시했으니 이 어음은 은행이라는 공식기구를 통해 결제하는 '은행도 어음'이었음이 분명하다.

법적으로 발행할 의무도 없는 이런 거액 어음을 어째서 발행하게 되었을까? 한마디로 국민이 무서웠기 때문일 게다. 그리고 실제로 이 국민은 무서운 국민이었다. 군사독재의 총칼에 맞서 직선제를 얻어냈고, 야당 분열과 갖가지 부정에도 불구하고 여당 후보의 득표율이 37%가 채 못 되게 만들었던 것이다.

어쨌든 그 어음을 이제 교환에 돌리라고 한다. 그동안 은행에 착실히 돈 넣는 꼴을 못 보았는데 어음을 돌리라는 것이 사람 업신여기는 옛날 버릇 그대로이긴 하지만, 은행 결제를 하겠다는 말이 나온 것 자체가 국민이 무서워서 벌어진 사태임을 잊어서도 안 된다. 야당의 계속된 분열에도 불구하고 국민은 여당의 국회지배를 막아내어, '국회에서의 중간평가' 따위는 해볼 수 없게 만들었다. 아니, 실은 '여소야대 국회'라는 것이 생긴 뒤에도, 꼭 발행해야 된다는 법이 있어 발행한 어음도 아닌데 결제를 무한정 미루면 어떠냐는 등, 여야를 막론하고 별별 이야기가 다 있었다. 하지만 정작 어음을 받은 장본인이 '민주화'라는 액면가 그대로 결제하라고 무섭게 다그치는 바람에, 그의 자칭 대리인들과 발행자가 적당히 합의할 틈새가 좀처럼 나지 않았다. 그러다가 다급해진 채무자가 되레 큰소리 치고 나온 것이다. 어음을 돌릴 테면 돌려라, 그 대신 이번 어음만 제대로 떨어지고 나면 내 멋대로 해볼 거다. 또, 부도가 날 경우 답답할 사람이 나 하나뿐인 줄 아냐!

그러나 회사의 대주주도 아닌 민초의 입장에서는 이런다고 크게 겁날 것이 없다. 이번에 부도를 낼 작자라면 더 쥐고 있다고 성실하게 결제해줄 리 없는 것이요, 액면을 줄여줬다고 나중에 도리어 큰소리를 안 치리라는 것도 부질없는 기대이다. 다만 워낙이 얄궂은 세상이다보니, 엄연히 잔고 부족인데도 부도처리가 안 되고 얼렁뚱땅 넘어갈까 걱정되는 게 사실이다. 하지만 이런 세상일수록 제 밥그릇 찾아 먹는 일조차 저절로 되기를 어찌 바랄까.

더구나 얼렁뚱땅에도 한계가 있다. 이쪽에서 눈감아주지 않는데 어음이나 예금의 액수를 대폭 고치는 식의 협잡이 통하는 세월은 이미 아니다. 다소간의 장난질을 친다더라도 부도를 면하려면 적어도 한동안은 열심히 입금을 시켜야 할 것이고 새 어음도 적잖이 끊어줘야 할 것이다. 누가 아나? 이번에 한번만 더 믿어주시면 단시일 내에 5공청산과 진상규명을 깨끗이 마치고 국민의 신임을 묻는 중간평가를 새로 받겠습니다라는 또 한장의 약속어음이 국민투표 며칠 전에 발행될는지!

—— 1989. 3. 16.

'창구 일원화'를 살리는 길

문익환 목사의 북한방북 소식이라는 회오리바람에 얹혀 민족문학작가회의 문인들의 자그만 몸짓도 때아닌 법석으로 바뀌고, '한겨레논단' 독자들에게는 변변찮은 글조차 제 날짜에 못 보여드리는 결례를 범하고 말았다. 강력저지다 연행이다, 철야조사다 재조사다, 훈방이다 구속이다 하며 피차에 헷갈리고 피곤했던 2박 3일의 나들이 끝에 돌아오자마자 '논단' 담당자로부터 원고독촉이 준열하다. 슬그머니 야속한 생각이 들기도 했으나 이런 게 기자정신이겠다 싶은 감탄이 마음 한구석에 없지 않았고, 다음 순간 어서 빨리 평상심을 되찾으라는 가르침이 이런 식으로도 온다는 것을 깨닫게 되었다.

지금 독자들의 지대한 관심사는 뭐니뭐니 해도 문목사 방북 문제일 테고, 더러는 '논단' 집필자가 날짜를 어기게 된 상세한 경위에 흥미를 느끼는 분들도 계실 것이다. 그러나 문목사 문제는 나 자신이 그동안 국내에서 이야기된 것조차 제대로 알지 못할뿐더러, 이야기된 것들을 모두 합치더라도 당사자의 소명 또는 변명이라는 결정적인 대목이 빠진 상태다. 다른 한편 귀중한 지면을 사사로운 체험담으로 채우는 것 역시 도리가 아닐 듯하다. 그러므로 양쪽에 다 조금씩 걸리는 화제로써 당장의 책임을 면할까 한다.

'남북접촉창구의 일원화'라는 정부 쪽의 논리는 문목사의 방북으로 결정적인 시련에 부닥쳤다. 아예 깨져버렸는지도 모른다. 그야 문목사를 귀국 즉시 구속함으로써 다시는 '통치권 행사'의 일부가 아닌 대북접촉이 발생하지 않는다면 이야기가 다르다. 하지만 과연 그렇게 될까? '일벌백계' '발본색원'을 외치며 문목사나 그밖의 사람들을 잡아가둔 일이 전에도 어디 한두번이었던가?

정작 '창구 일원화' 자체는 아주 깨져야 할 논리는 아니라는 것이 나의 생각이다. 싫든 좋든 남북에 각각의 정부가 있는 이상, 민간교류에도 일정한 사무적인 절차가 따르게 마련이고 그것은 한군데서 관장하는 것이 가장 편하다. 우리가 해외여행을 하려면 외무부 여권과로 가고 호적등본을 떼려면 구청이나 면사무소에 가듯이, 남북간의 왕래를 위해서도 어느 한곳을 미리 정해놓을 필요가 분명히 있다. 다만 행정업무는 공개된 원칙에 따라 질서 있게 처리해야 하고 최대한 간소화되어야 한다. 평양 가는 일에서부터 판문점 가는 일, 판문점에서 만나자고 주장하는 일, 이북의 친지에게 문안편지 쓰는 일 등등까지가 하나같이 정부의 사전승인을 받은 '통치행위'와 그러지 않은 '이적행위'로 양분되는 것은 질서도 간소화도 아닌 번잡과 혼란의 극치다.

그런데 행정의 간소화는 행정기술로만 되는 것이 아니다. 정부가 뚜렷한 명분을 갖고 국민여론을 주도함으로써만 간결한 행정을 자신있게 펼칠 수 있는 것이다. 남북교류의 경우 물론 그 명분은 통일이요 민주주의다. 세부적으로 통일추진작업과 민주화작업을 어떻게 조화시킬지는 한참 더 의논할 문제지만, 어쨌든 분단고착을 위한 교류, '통치권' 안보를 위한 교류여서는 안 된다는 것만은 아무도 부인하지 못한다. 그리고 개인도 그렇지만 더욱이나 일국의 정부일 때는 좋은 명분을 내세웠으니 그냥 믿어달라는 것은 경우가 아니다. 믿을 수 있게끔 과거에 잘못한 것은 밝혀내고 바로잡는 모습을 보여주어야 하고, 다시는 잘못하기 힘든 객관적 장치를 마련해야 한다. 그런 다음에 국민의 편의를 위해 장악해야 할 사무는 당당하게 장악해서 간편하고 공명정대하게 수행하는 거다.

남북작가회의 예비회담을 둘러싼 이번 소동을 볼 때 '창구 일원화' 논리를 빈사상태로 몰아넣은 책임의 큰 몫이 정권 쪽의 행정담당능력 부족에 있다고 말하지 않을 수 없다. 그리고 당국이 통일운동 탄압에 일단 나서면, 평화적인 의사표시조차 국가보안법으로 다스리는 독재정권의 근성이 표면화되는 것도 금세임을 거듭 실감하게 된다.

— 1989. 3. 31.

조금은 달라진 세상

요즘 정부가 하는 일을 보고 있노라면 마치 제5공화국의 한창 좋던 세월이 고스란히 되돌아온 느낌이다. 자유민주주의체제를 전복하려는 불온분자들에게는 차곡차곡 쇠고랑을 채우고 좌경폭력단체들은 아예 해체할 수도 있으며 주인 말을 끝내 안 듣는 노동자들 앞에서 공권력이 물러서는 일 따위는 결코 없을 모양이다.

좋았던 5공 세월을 영구히 보존하려는 '중대결단'이 나온 날이 바로 2년 전의 4월 13일이었다. 그런데 뜻이 드높다고 해서 반드시 그대로 이루어지는 않는 것이 역사인지라, 석달도 채 못 가서 6·29의 '항복'이 불가피해졌다. 드디어는 대망의 1990년대를 목전에 두고 새로운 중대결단들이 잇따라야 할 만큼 난장판이 되고 만 것이다.

그럼 이번에는 정말 좋은 세월이 오는 것일까? 앞으로 나올 중대결단은 어떤 것이며, 그것은 '난세를 치세로' 바꾸던 80년대 초엽과 치세의 영구화를 노리던 87년 4월 중 어느 쪽을 더 닮은 것일까? 점술가가 아닌 나에게 무슨 분명한 답이 있을 리 없다. 다만 80년 이후, 그리고 87년 이후 실제로 눈앞에 드러난 현실을 볼 때 그 어느 한쪽을 간단히 닮기에도 세상은 이미 너무나 달라져 있는 것이 아닌가 한다.

5공 출범을 전후해서 정부가 마음 놓고 강권을 휘두를 수 있었던 것은 전두환씨의 과단성 있는 성격도 성격이지만, 당시의 객관적 사정이 집권자의 운신을 제약하는 바가 적었던 탓이 더 크다. '혼란'을 수습하고 '개혁'을 수행한 뒤 7년만 채우고 물러나겠다는 것 외에는 별다른 약속 없이 처음부터 비교적 솔직하게 철권정치로 나왔던 것이다. 그런데 바로 그 '혼란수습'이 광주학살 등 수많은 동족살상·인권유린이었고 '개혁주도'가 무수한 비리사건이었으며 단임약속조차도 연희궁·일해궁을 미리 짓는 음모를 담은 것이었음을 일부 시인하고 더욱 본격적인 척결을 약속하고야 출발할 수 있었던 것이 제6공화국이었다. 혹시 못 믿을지 모르니 그 이행 여부에 대한 '중간평가'를 받겠다는 약속까지 덧붙였다. 그리고 이에 대비해서인지, 지난날의 남북대결을 청산하고 '반국가단체'이던 북한을 '민족공동체'의 일부로 삼겠다는 7·7선언까지 내놓았다.

더욱 중요한 것은 6·29에서 7·7까지의 온갖 듣기 좋은 말들이 번번이 국민의 직접적인 압력의 결과로 나왔다는 사실이다. 중간평가 무기연기라는 약속위반도 따지고 보면 5공단절을 다그치는 국민의 힘에 밀린 것이고, 문익환 목사 방북에 대한 신경질적 반응 자체도 분단체제를 완강히 거부하는 민중이 있기 때문이 아닌가. 쉬운 예로, 이 체제가 강요하는 비인간적인 삶을 더이상 안 참겠다는 노동대중의 의지가 현대중공업을 위시한 이곳저곳에서 터져 나오고 있지 않다면, 한 개인의 무허가 평양방문쯤은 가볍게 받아넘기고 오히려 장삿속으로 활용할 수도 있지 않을까. 그러나 현실은 북방장사·금강산장사를 못 하는 한이 있어도 노동자나 농민들이 예전 같지 않은 꼴은 봐줄 수 없다는 것이 정부와 재벌들의 일치된 심경일 테고, 땀 흘려 일하는 진짜 보통사람들을 억누르자니 뭐니뭐니 해도 반공·반북 소동만 한 영약이 없는 것이다.

아무튼 이만큼은 달라진 세상이다. 그런데도 정부가 5공식 강경 일변도로 나간다면 결과는 뻔하다. 6월항쟁 이상의 전국적 저항이 벌어질 것이고 울산에서 또는 서울에서 제2, 제3의 '광주'가 일어나기도 십상이다. 하지만 집권세력인들 그토록 무모하기만 할까? 낙관인지 비관인지 몰라도 나는 아직 그 지경은 아니라고 본다. 어쩌면 좀더 안정적인 '보수대연합'을 만들기 위한 회심의 전초전이 진행 중인지도 모른다. 그런 고등수법조차 안 통할 만큼 세상이 달라졌는지 어떤지는, 당면의 탄압국면을 우리가 얼마나 의연하고 지혜롭게 넘기느냐를 본 뒤에야 대답할 수 있겠다.

〔신문 편집자 주〕백낙청 교수는 이 글을 공안합동수사본부에 의해 연행되기 전인 11일 본사에 보내왔기 때문에 백교수의 연행에도 불구하고 한겨레논단을 예정대로 싣습니다.

— 1989. 4. 13.

미국과 벗하게 될 날

우리 정부에 의한 국민 탄압이 너무 심해지면서 미국에 대한 비판은 자연히 뒷전으로 밀리게 된다. 배후의 외세를 논하기보다 눈앞에서 매를 휘두르는 당자를 규탄하기에 모두들 바빠지는 까닭이다. 그런 의미에서도 '탄압국면'은 미국에 편리한 시간이다. 너무 오래가거나 너무 심해져서 극한상황이 벌어지지 않을까 신경쓸 일은 있지만, 언젠가 '유화국면'으로 다시 바뀔 때 이게 다 미국이 민주화를 촉구한 덕분이라고 생색내기 위해서도 그 정도 신경쓰는 일은 수고랄 것이 없다.

올 봄의 탄압국면은 아직도 한창이다. 그러나 유명인사와 대규모 언론사에 대한 정면공격은 한 고비 넘긴 듯하다. 이제는 노동운동을 비롯한 신흥 민중세력과 맞설 '보수대연합' 내지 '제도권 공조체제'를 구성하는 본론으로 들어설 대목인데, 전 같으면 이쯤에서 한국의 민주화를 생각해주는 미국 쪽의 한마디가 나올 법도 하다.

그런데 현실은 이 점에서 옛날하고 좀 달라졌다. 고은 시인, 이부영 의장, 문익환 목사, 리영희 교수 등 국제적으로 알려진 지식인의 구속에 대해서도 미국정부가 아무 말이 없더니, 막상 정부의 강경책이 국내 여론에서도 밀리기 시작하는 대목에 이르러 주한미군 사령관이 '북한의 오판 위험' 운운하며 탄압을 오히려 부추기는 인상을 주고 있는 것이다.

신문보도만으로 발언의 진상을 알 수는 없고 미국정부의 속뜻을 단정할 수는 더욱이나 없다. 하지만 분단체제 개량운동의 차원을 넘어선 민주화운동에 미국정부가 냉담하리라는 것은 짐작이 가는 일이다. 미국에도 덜 우세스러운 '맹방'으로 남겠다는 것이 아니고 미국의 간섭 없는 통일을 하겠다든가 한·미 양국의 자본가들에게 똑같이 불편한 노동문제를 들고나올 때, 인권에 대한 미국정부의 열의가 갑자기 식어버릴 수밖에 없는 것이다.

어느 나라나 그렇지만 미국도 정부가 곧 국민은 아니다. 그리고 미국 국민들이 지닌 여러 미덕을 나는 웬만큼 안다고 자부하는 터이다. 하지만 불행히도 우리의 통일문제나 노동문제에 관해서는 미국의 국민들조차 냉담하게 되어 있는 것이 그들 특유의 역사적 경험이 아닌가 한다. 첫째 그들은 각자의 조국을 등진 이민의 경험을 통해 오늘의 미국을 건설했고 그 상실의 아픔을 '미국의 꿈'은 미국 나름의 민족주의와 무관한 인류 보편의 대의라는 이데올로기로 달래왔다. 이 과정에서 처음부터 이민도 않고 조상 전래의 산하와 한 핏줄의 인연에 집착했던 진짜 아메리카인들은 '인디언'이라는 엉뚱한 이름이 붙여진 채, 새로 '발견'된 대륙의 개척을 위해 싹쓸이할 짐승쯤으로 취급당했던 것이다. 이런 현실을 경험하고 또 편리하게 잊어버린 대다수 미국인들이 우리의 통일염원을 인디언들의 의식만큼이나 불가사의하게 생각한다 해도 무리가 아니다.

노동문제의 경우도 그렇다. 미국의 지배층과는 달리 대다수 국민들은 한국의 노동자들이 미국 노동자만큼 살고 싶다는 데는 호의를 품는다. 그러나 미국 같은 선진국 노동운동에서도 못 보는 반정부투쟁이 벌어지고 계급문제·민족문제가 들먹여지면, 그들로서는 미개민족의 '폭력성'이나 '북한의 영향력' 따위를 연상하지 않고서는 이해가 안 가기 쉽다. 미국 특유의 역사적 사정으로 해서 유달리 정치의식이 낙후한 노동운동이 미국 자본주의의 선진성의 일부로 자리잡고 있기 때문이다.

그러므로 분단체제를 허무는 일은 결국 우리가 자주적으로 해내는 수밖에 없다. 하지만 모든 잘못을 미국에 돌리는 것은 자주와도 거리가 멀다. 우리 자신의 책임과 미국의 책임, 미국정부의 성향과 그 국민의 성향, 국민 가운데서도 이미 우리와 벗할 수 있는 소수와 그렇지 못한 다수를 냉철히 구별할 수 있어야 한다. 그리고 이런 노력 끝에 우리가 통일을 이룩했을 때 미국민은 그 역량과 미덕으로나 다른 강대국보다 멀리 떨어진 그 지정학적 위치로나, 우리가 벗하기에 알맞은 상대가 되리라 본다. 우리의 통일운동은 미국과 진정으로 벗할 날을 앞당기려는 운동이기도 한 것이다.

— 1989. 4. 27.

일역 평론집『지혜의 시대를 위하여』서문

한·일 지식인의 진지한 교류는 두 나라 민중의 유대를 위해서뿐만 아니라 지식인들 당자의 자기교육을 위해서도 필수적인 일이다. 정작 나 자신은 이 중대한 과업을 제대로 수행해오지 못했다. '전공'이 서양문학이라는 개인적인 사정도 있었고, 동아시아에 살면서도 한국 밖으로 눈을 돌릴 여유가 쉽사리 주어지지 않는 절박한 현실도 없지 않았다. 1주일 남짓한 일본방문조차 50회 생일을 넘긴 1988년에야 처음으로 가능했던 것 또한 그러한 현실과 무관하지 않으며, 그뒤 새로운 방문의 기회를 얻지 못한 데에도 본의 아닌 사정들이 걸려 있다.

이처럼 부실한 내 쪽의 실행과는 달리, 일본 땅의 동료 지식인들은 나와 내 주변의 작업에 대해 일찍부터 연대의 손길을 뻗쳐주었다. 70년대 '유신'정권하의 고달픈 세월에『창작과비평』논문선·좌담선 등을 편역해주었는가 하면, 80년대 들어 두권의 내 일역 평론집이 간행된 것도 나의 일본방문 이전 '제5공화국' 시대의 일이었다. 세번째 책인 본서의 경우는 방일 당시의 만남이 직접적인 계기가 되었다는 점에서 조금 다르다. 그러나 지금도 남아 있는 강압의 벽을 넘어 그쪽에서 먼저 건네온 손길에 대한 고마움은 종전과 마찬가지이며, 동시에 연대를 위한 그동안 내 나름의 미미한 노력에 이런 망외의 소득이 따를 수도 있다는 흐뭇함이 겹친다.

이 책의 출판 제안을 받은 것은 작년 나의 네번째 평론집 『민족문학의 새 단계』가 나온 직후였다. 본서의 수록내용도 대부분 거기 실린 글들이다. 그중에서도 제1부의 것이 본서의 주내용을 이루고 있는데, 그 성격에 대해서는 평론집의 '머리말'에서, "민족문학운동의 이념정립에 기여하면서 민족문학의 현단계를 구체적으로 짚어보는 노력을 다분히 명시적으로 수행한 글"이라고 일단 규정하면서, "실제비평과 이론비평에다 더러 시국론까지 뒤범벅이 된 문학평론들"이라는 그 성격 자체는 후회할 이유가 없다고 덧붙였다. 그 점은 지금도 마찬가지다. 다만 그때그때 이곳 한국의 현실과 문학에 대한 실천적 개입의 성격을 띤 이들 논의가 일본의 독자들에게 얼마만큼의 관심사가 될 수 있을지 다소 염려스럽다. 그러나 다른 한편, 한국문학·한국사회에 비교적 익숙지 않은 외국의 독자일수록 통상 규격에 맞는 작가론·정세론보다 이런 '잡종'의 문건이 더 흥미 있는 읽을 거리가 될는지도 모른다.

좀더 체계적인 이해를 위해서는 아무래도 기간의 졸저 『韓國民衆文學論』과 『民族文化運動の狀況と論理』를 참조해주시기를 부탁드릴 수밖에 없다. 하지만 70년대 이래 한국의 상당수 문인들이 공유해온 '민족문학'의 개념이라든가 나 자신이 생각하는 우리 문학의 '새 단계'의 특징 같은 것은, 본서를 통해서도 직접간접으로 충분히 전달되리라고 믿는다. 거기에 얼마나 공감하는가는 물론 별개문제지만, '민족문학'이라는 용어를 고수하는 이유에 관해서는 88년 방일 당시에도 많은 이야기를 나눌 기회가 있었고(다만 그때의 강연 「한국의 민중문학과 민족문학에 관하여」는 이미 일본에서 활자화되었으므로 본서에서 제외했다), 일본의 진보적 지식인들 사이에 다양한 반응이 있다는 점도 확인했다. 실제로 우리 주변에서도 '민중문학'이라든가 '노동해방문학'의 개념을 대신 쓰자는 주장이 있었

고, 지금도 없지 않다. 그러나 이들 개념과 '민족문학'은 어디까지나 변증법적으로 주고받으면서 함께 나아가는 관계이지, 어느 하나가 다른 하나를 대체할 성질은 아니다. 이러한 큰 원칙에 대해서는 90년대 초의 시점에서 꽤 폭넓은 합의가 우리 주변에서 이루어진 상태다. 그리고 이것은 한국 또는 제3세계의 후진적인 상황에서만 통용되는 원칙이라기보다 적어도 현단계의 세계사에서는 보편적인 과제라는 것이 나의 생각이다. 소련 개혁운동의 핵심적 과제 중에 하나로 떠오른 그들 나름의 민족문제를 보건, 이라크전쟁을 통해 새삼 실감된 대다수 미국인들의 보편주의를 표방한 국수주의를 보건, 민족주의의 양면성에 관한 투철한 인식을 바탕으로 다민족공생의 인류사회를 만들어나가려는 민족문학·민족문화운동의 전지구적 대의는 그 어느 때보다 뚜렷한 것이다.

그런 의미에서 나는, 한반도에서의 분단체제극복을 일차적 과제로 떠맡은 우리의 민족문학운동은 새로운 인류사회를 향한 움직임의 한가운데 자리잡았음을 자부하는 터이며, 그러한 새로운 세상을 문학과 과학이 각기 제 몫을 하고 지구상의 모든 개인과 민족이 스스로를 다스리는 '지혜의 시대'로 그려보기도 한다. 물론 '지혜의 시대'를 말하는 것이 과학적인 현실인식에서 유리된 공허한 지혜 타령에 흘러서는 안 되며, 이미 그렇게 되었다는 비판이 들려오기도 한다. 나 자신은 본서의 이러저러한 구체적 논의 속에 그러한 위험성에 대한 응분의 대비가 포함되었다고 믿으며, 본서에서는 빠졌지만 『민족문학의 새 단계』의 제4부에 해당하는 '메타비평'적 논문들에서 과학과 예술이 '지혜' 속에 차지하는 역할을 확정하려는 내 나름의 이론적 탐구를 시도한 바도 있다. 어쨌든 분단체제극복에는 남다른 슬기가 요구된다는 점만은 분명하거니와, 통일 이후에 (그리고 통일에 크게 힘입어) 가능해질 동아시아 및 전인류의 새로운 미래에 대한 설계와 그 일상적인 이행이야말로 우리에게 요구되는 지혜의 필수적인 부분이라고 믿는다.

이러한 생각도 겹쳐 일본어판의 제목을 『지혜의 시대를 위하여』로 정했다. 지금 이곳에서 진행 중인 민족통일·민중해방운동이 일본의 독자들에게도 결코 남의 일이 아니라는 점을 강조하려는 뜻이며, '지혜의 시대'를 향해 양국의 지식인들이 중지를 모으는 데 본서가 조그만 계기라도 되었으면 하는 바람도 있다. 평론 「지혜의 시대를 위하여」는 한국어판의 제1부에서는 가장 최근에 쓰인 글이다. 본서의 다른 글들 역시 권두에 실린 금년 초에 발표한 짧은 발제문을 빼면 전부 1985년부터 1990년 사이에 쓴 것이다. 제1부의 평론 이외에 제2부의 「신식민지시대와 서양문학읽기」, 제3부의 「살아있는 신동엽」, 그리고 일간지에 기고한 짧은 신년수상과 평론집 간행 이후에 집필한 비교적 장문의 「민족문학론과 리얼리즘론」을 신기로 역자들과 상의해서 결정했다. '리얼리즘' 문제에 대한 집착도 일본의 독자들에게는 다소 의아스럽게 느껴질지 모르겠다. 실제로 '사회주의 리얼리즘'에 관한 논의 자체가 오랫동안 금기시되었던 일이나 그 반동으로 80년대에는 교조적인 맹신이 오히려 기세를 올린 것은 분명히 후진적인 증상이었다. 그러나 사회주의권의 급격한 변화에도 불구하고 리얼리즘에 대한 진지한 관심을 견지하는 일이야말로 제3세계 민족문학운동의 핵심이자 선진성이 아닐까 한다.

일본의 출판관행으로는 적잖이 규격을 넘긴 분량이라 생각되는 본서가 나오기까지는, 역자들의 성의뿐 아니라 출판사측의 각별한 배려가 있었으리라 짐작된다. 두루 감사드리며, 이 기회를 빌려 평소 음양으로 보살펴준 일본 땅의 벗들에게도 고마움을 전하고 싶다. 무엇보다도 나는 이 번역이 88년 방일시에 만난 '재일'의 두 동학에 의해 이루어진 사실에 특별한 의미를 느낀다. 첫머리에 말한 한·일 지식인들의 진지한 교류의 과정에서 재일조선인들의 각별한 역할이 있었음은 더 말할 나위 없지만, '재일'의 독특한 의의는 결코 단순한 교류의 차원에 국한되는 것은 아니라고 본다. '재일'은 주로 양국 간의 불행한 관계의 산물이지만 지금은 지혜롭게 함께 사는 길 이외의 어떠한 '청산'도 불가능한 역사적 존재이며, 자칫 본국 생활의 틀에 얽매여 경직된 설계로 새로운 역사에 임하기 쉬운 양국민 모두에 대해 생생한 도전으로 존재하고 있다. 이러한 도전을 자국 내에 안고 있는 것이 거추장스럽다기보다 다행스러운 일임을 대다수 일본인들이 깨달을 때 일본의 문화적 성숙에도 커다란 진전이 있을 터이지만, 한국인들 자신도 분단시대에는 '본국'의 삶 자체가 어중간한 것이라는 점을 '재일'을 거울삼아 한번 되새겨볼 필요가 있다. '재일'의 경우 국가·민족·사회 등등의 개념이 모두 혼란스러워지듯이, '단일민족'임을 곧잘 내세우는 남북한의 주민들에게도 민족적 유대의 정확한 의미는 전혀 명료한 것이 아니며, 실존하는 두개의 국가와 민중 간의 관계도 수많은 변수에 따라 유동적이다. 결코 명쾌한 해답이 통하지 않는 현실인 것이다. 좋든 싫든 이러한 현실에서 출발하여 우리 민족 서로가, 그리고 다른 민족과 더불어, 새롭게 공생하는 지혜를 찾는 길밖에 없으며, '재일'과 '분단사회'의 이러한 공통점은 바야흐로 오늘날 인류문명의 한 특징이 되어 있다. 그런 의미에서 우리는 '재일'의 고뇌에 대해 동포 이상의 동류의식을 느끼지 않을 수 없다. 바로 이러한 연대감이 겹친 뜨거운 감사를 이번 일을 발의해준 이순애(李順愛)씨와 번역에 참여하고 해설을 써준 서경식(徐京植)씨에게 전한다. 그리고 이 변변치 못한 책의 간행을 통해, 한국측에서는 일본 땅의 일본인과 재일동포를 포괄하며 일본측에서는 한반도 남북의 모든 주민과 '재일'까지 대상으로 하는, 진정한 한일교류가 조금이라도 진전되기를 바란다.

1991년 6월 서울에서

──『知惠の時代のために』, 1991 東京

일역 『백낙청평론선집』 제1권 서문

　세번째 일역 졸저 『지혜의 시대를 위하여』가 발간된 지 얼마 되지도 않아서 또 한권의 평론선을 묶어내자는 제안을 받았을 때, 솔직히 망설임이 앞섰다. 워낙이 부족한 글들이기도 하지만 그나마 내가 사는 이곳 한국의 그때그때 정황에 맞추어 쓴 글을 일본의 독자들이 계속 관심을 갖고 읽어주기를 기대하는 것은 무리가 아닐까 하는 느낌이었다. 이것은 딱히 겸손이라기보다 한·일 간의 진정한 유대와 상호이해의 현수준에 대한 내 나름의 현실적 판단이랄 수도 있다.

　그러나 먼젓번 책의 번역·간행에도 큰 수고를 해준 이순애씨가 이번에는 특히 재일조선인을 위해 꼭 소개하고 싶은 글들을 엮겠다고 했을 때, 내 쪽에서도 단순히 일본에서 책 한권을 더 낸다는 저자로서의 자연스러운 욕심을 넘어, 이중으로 끌리는 바가 있었다. 하나는, 역설적인 이야기지만, 여기 실린 글들이 '재일'의 문제를 직접 다룬 것이 없을뿐더러 대부분은 그 문제를 따로 염두에 두고 쓰지도 않았다는 점이다. 사실이 그러한데도 이들 문장이 재일조선인들에게 어떤 특별한 의미를 지니는 바 있다면, 한걸음 더 나아가 '재일'이 아닌 다른 여러 부류의 독자들에게도 전혀 무의미하지 않을 수도 있지 않겠는가. 실제로는 이것이 역자의 남다른 관심과 저자 특유의 허영심이 합작한 착각일 가능성이 많지만, 어쨌든 저자에게는 몹시도 달콤한 유혹이 아닐 수 없었다.

다른 하나는, 본서의 내용이나 수준과는 별도로, 지금 한국에서 벌어지고 있는 '민족민주운동'의 사상적·실천적 모색과 '재일'의 특이한 고뇌가 만나는 접점에 현대세계의 실로 막중한 문제들이 자리잡고 있다는 생각이 나에게 하나의 확신으로 굳어져왔다는 점이다. 그간의 내 작업에 다소나마 주목해준 독자들은 짐작하다시피, 나 자신과 내 주변의 동지들이 주장해온 '민족문학'은 결코 단순한 민족주의 문학이 아니고, 민족국가의 성격 자체가 변하고 있으며 민족주의의 폐해 또한 적지 않은 오늘의 세계 속에서 한반도의 분단체제극복이라는 민족적인 과제에 어떻게 부응할까 하는 매우 특이하고 복잡한 모색이다. 그것은 분단된 남북 각기의 내부적인 문제들을 세계체제 및 동아시아 지역정세와 연관시켜 파악함은 물론, 예술과 역사, 인간 등의 본질과 상호관계에 대한 근본적으로 새로운 사색마저 요구하는 엄청난 과업인 것이다.

이러한 난제 앞에서 우리가 지혜를 빌리고 연대의 움직임과 만나기를 소망하는 대상은 비단 재일조선인만이 아니다. 하지만 그들 나름의 민족문제가 다른 어느 해외동포의 경우보다 절박하고 복잡하다는 점이라든가, 한반도 내의 분열상과 문제점이 (불행하게도) 가장 직접적으로 반영되는 현장이라는 점도 있는데다가, 나로서는 그 이상의 기대조차 거는 심경이다. 동서냉전체제가 무너지고 전세계가 단일한 세계시장으로 거의 통일되어가는 오늘의 현실은, 우리가 사는 동북아시아 내지 동아시아의 세계사적 비중이 한층 커진 시점이라는 것이 나의 생각이다. 첫째는 한반도의 분단체제가 말해주듯 '동서'의 대결조차 아직 완전히 끝나지 않았을 뿐더러 그 종식에 뒤따를 세상이 어떤 모습이 될지가 여전히 미지인 그 변수를 바로 이 지역에서 안고 있다는 사실이요, 둘째로는 일본의 엄청난 경제력의 증대와 한국, 중국 등의 일정한 성장으로 현 세계체제 내의 그 무게도 계속 커질 것이 예견되기 때문이다. 다만 나 자신은 세월이 흐른다고 해서 일본이 그 경제력에 걸맞은 사상·이념적 영도력을 저절로 갖게 되리라고는 결코 믿지 않으며, 남한의 경우 역시 설혹 작금의 경제성장이 지속된다 해도 그것만으로 '독일식 통일'이나 '일본식 안정'을 예상하는 것은 환상에 불과할 것이다. 오직 한·일 양국의 민중세력이 한반도의 통일과 일본의 변신에 적극 개입함으로써만 동아시아 전체의 문제도 순리대로 풀리고 인류문명 자체의 갱생이 보장되리라는 생각이다. 이 과정에서 일본의 한복판에 자리잡은 '재일'의 뜻있는 인사들이, 한편으로 모국의 분단체제극복 운동에 뜨겁게 연대하면서 다른 한편 일본의 양심 세력과 손잡고 일본 자체를 변화시키는 작업을 동시에 수행하는 묘방을 개발한다면, 그 파급력은 비단 한반도나 동북아시아에 한정되지 않을 것이 분명하다.

실제로 재일조선인들이 이러한 과업에 부응할 태세가 얼마나 되어 있는지 나는 알지 못한다. 이 책이 그 일에 조금이라도 도움이 된다면 저자로서 커다란 기쁨이요 보람임은 더 말할 나위도 없다. 그런데 정작 마지막으로 강조하고 싶은 점은, '분단한국'과 '재일'의 접점이야말로 바로 인류와 아시아의 이웃 앞에 떳떳한 일본을 건설하려는 일본인들 자신에게도 하나의 절실한 시험장이요, 어떤 의미로는 일상의 거처로까지 되어 마땅하지 않겠느냐는 것이다. 변변찮은 책의 머리말치고는 너무 거창한 이야기가 되고 말았지만, 이른바 현실사회주의의 실패와 더불어 자신들이 행복을 발명했노라고 외쳐대는 니체적 '말인'들이 전에 없이 창궐하게 된 세상일수록, 다소 겸손치 못한 주장이라도 한마디 덧붙이고 싶었다.

번역과 해설을 맡아주신 이순애씨와 어려운 출판을 마다 않으신 출판사측에는 무어라 감사의 말을 드려야 할지 모르겠다. 지난번의 졸저를 읽고 격려의 말씀을 직접간접으로 보내주신 여러분들에게도 이 기회에 고

마음을 전하고 싶다. 그리고 이곳 한국 쪽의 사정이지만, 나의 작업이 이만큼이라도 이루어지기까지는 실제 창작을 통해 민족문학운동에 내실을 부여해온 동시대의 작가들과 『창작과비평』의 사업에 동참하며 협조해준 동지들의 공헌이 결정적이었음을 밝히고자 한다.

1992년 4월 서울에서

―『白樂晴評論選集』 I , 1992 東京

일역『백낙청평론선집』제2권 서문

『평론선집』의 나머지 한권이 D. H. 로런스에 관한 글들을 위주로 꾸며져 나오는 데에는 남다른 감회가 따른다. 지금도 영문학 교수가 생업이고 영문학연구를 본업의 중요한 일부로 삼고 있는 나에게 로런스는 '전문분야'에 가장 근접하는 대상이다. 학위논문의 주제였으며 여전히 가장 애독하는 작가의 한 사람이다. 그런데도 아직껏 한국에서조차 로런스에 관한 글들을 따로 묶어 펴낸 바가 없는 처지에 일본서 이런 책이 먼저 나오게 되니, 고맙고 기쁜 중에도 무언가 해명이 필요한 현상 같은 느낌이 든다.

한국에서 이 글들이 한권으로 묶이지 못한 데에는, 그중 일부가 '민족문학과 세계문학'을 일관된 관점에서 보고자 한 졸저 여기저기에 흩어져 실렸고 나머지는 영국소설을 집중적으로 다룰 저서의 자료로 아껴둔 까닭도 있기는 하다. 그러나 어쨌든 이제껏 한권의 로런스 연구서도 못 낼 만큼 무능하고 게으른 한국의 연구자가 쓴 로런스론에 일본의 독자들이 관심을 기울일 이유가 도대체 무엇일까? 이 선집을 처음부터 기획한 역자 나름의 취지는 스스로 '해설'에서 밝힐 테지만, 저자로서도 한마디 변론이 없을 수 없는 일이다.

한국에서 '민족문학운동'의 일원임을 자처하며 서양문학연구에 임하는 자세나 기본전제에 대해서는, 로런스를 직접 다루지 않은 「역사적 인간과 시적 인간」 및 「민족문학과 외국문학연구」 두편이 어느정도 설명을 하고 있는 셈이다. 전자는 시기적으로도 가장 일찍 씌어져 이 책의 서장(序章)에 해당하는 위치에 놓였고, 후자는 비록 연대순 배열에 따라 로런스론들의 중간에 끼였으나 내용상으로는 더욱 서론에 가깝다. 이(후자의) 글에서 나는, 한국에서 민족문학론 전개의 일환으로 수행되는 서양문학연구야말로 "우리 시대에 우리 아니면 할 수 없는 희귀한 지적 모험"이며 서양문학의 똑같은 책을 한권 읽어도 우리가 "서양의 독자들보다 훨씬 장거리 여행을 해내는" 결과가 될 수 있음을 지적했다. 같은 논법으로, 한국의 민족문학운동도 일단 남의 일이요 로런스도 먼 남의 나라 작가일 수밖에 없는 일본의 독자들에게, 한국의 평론가가 로런스에 관해 쓴 글을 읽는 일이 하나의 뜻있는 지적 여행이 될 수는 없는 것인가?

물론 나에게 로런스는 단순히 멀리 여행시켜주는 작가만이 아니라 우리 시대 누구나가 감행해야 할 필수적인 정신의 모험으로 인도하는 작가로서 현재성을 갖는다. 오늘날 인류가 처한 위기를 탁월하게 진단하고 새로운 대안적 문명을──문명 자체를 대신할 '원시성'이라든가 문명의 차원에 미달하는 이런저런 개인적 해결책이 아니라 하나의 문명적 대안을──탐구하는 일에 앞장선 작가라고 생각되기 때문이다. '인류문명의 위기'에 대해서는 요즈음 너나없이 이야기가 많다. 하기야 문명의 위기 따위는 없다는 사람들도 적지 않고 자본주의 진영의 냉전승리가 그들의 기세를 한껏 돋우어주기도 한다. 그러나 이런 사람들의 창궐 또한 위기의 증상일 터이며, 자본주의체제의 문명으로서의 실패를 확인해주는 바가 아닐까 한다. 서양에서 기원한 자본주의는 그 발달 자체가 서양문화권 바깥의 모든 기존 문명들을 파탄으로 몰았고 심지어 서양 자신의 전통문명에 대해서도 파괴자로 기능해왔다. 따라서 그러한 자본주의가 스스로 문명적 대안이 못 될 때 인류문명 전체가 위협받을 것은 뻔한 일이다. 그 뻔히 예견되던 일이 지금은 생태계의 위기 하나만 보더라도 실제로 눈앞에 다가오고 있다. 그렇기 때문에, 로런스처럼 서양문학·서양문화 전통에 깊이 뿌리를 두면서 동시에 서양이 낳은 근대문명을 철두철미 부정했고 갱생을 위한 본질적인 탐구를 수행한 작가가 한국이나 일본의 독자들에게도 바로 동역자나 다름없을 수 있는 것이다.

20여년 전 학위논문*에서 '현대문명에 관한 로런스의 사유'를 고찰한 이래, 그의 문학에 계속 기울여온 나의 관심은 대체로 그러한 인식을 수반한 것이었다. 로런스에 대한 이런 인식이 현실과 문학의 연관성을 보는 특정한 관점을 전제함은 물론이다. '리얼리즘'의 이름 아래 한국의 민족문학운동에서 그 핵심적 주장의 하나로 자리잡은 이 관점은, 서양에서는 '모더니즘'조차도 '포스트모더니즘'에 밀려 뒷전으로 물러난데다 '사회주의 리얼리즘'을 표방하던 쏘비에뜨형 사회주의가 몰락한 오늘, 2중·3중으로 퇴물이 되어버린 느낌일지 모른다. 하지만 이 책의 로런스론 여기저기에 내비친 리얼리즘 개념이나 한국에서의 그런 논의에 친숙한 독자라면, 우리의 관점이 적어도 기존의 어떤 리얼리즘론과 간단히 일치하지는 않는다는 점을 인정할 것이다. 실제로 나 자신은 '리얼리즘'을 어떤 확정된 내포를 지닌 학술적 개념으로 설정하기보다, '모더니즘' '포스트모더니즘' 기타 등등의 이름을 걸고 "낡은 방향으로 새로운 감각이나 발명해내는"(로런스 「소설을 위한 수술」) 온갖 현실안주 사상에 맞선 논쟁적 개념으로 사용하는 것이 낫다고 믿고 있다.

우리 자신의 대안적 현실인식은 더러 '제3세계적 인식'이라고도 불린

---

* 학위논문의 번역본과 영어원본이 다음과 같이 출간되었다. 『D. H. 로런스의 현대문명관: 『무지개』와 『연애하는 여인들』』, 설준규·김영희·정남영·강미숙 옮김, 창비 2020; *A Study of The Rainbow and Women in Love as Expressions of D. H. Lawrence's Thinking on Modern Civilization*, Changbi Publishers, Inc. 2021. ── 편집자

다. 이는 본서에 자주 나오는 표현이기도 한데, '제3세계' 또한 지구상의
특정 지역을 정확히 지칭하는 이론적 개념이기보다 논쟁적인 개념이라
보아야 옳다. 적어도 나 자신은 '제3세계'가 "세계를 셋으로 갈라놓는 말
이라기보다 오히려 하나로 묶어서 보는 데 그 참뜻이 있는 것이며, 하나
로 묶어서 보되 제1세계 또는 제2세계의 강자와 부자의 입장에서 보지 말
고 민중의 입장에서 보자는 것"(「제삼세계와 민중문학」)이라고 주장한 이래
그런 자세를 유지해왔고, 특정 지역 특정 집단들의 이데올로기에 해당하
는 '제3세계주의'와는 거리를 두고자 노력해왔다. 이런 노력이 항상 적절
한 현실인식을 낳았다는 말은 물론 아니다. 손쉬운 예로, 이 책에 수록된
「로런스 문학과 기술시대의 문제」를 쓸 당시 나는 그 서론에서, 전지구 차
원의 계층화라는 발상을 현존 국가 단위 중심으로 적용하여 미·소 두 '초
강대국'을 제1세계로 설정하는 무리를 범한 일이 있다. 이번에 그 서론을
삭제한 것은, 나의 첫번째 일역 평론집에 그 대목만이 따로 「유럽문학연
구와 제3세계론」이라는 제목으로 이미 소개된 까닭도 있지만, 본론에 꼭
필요하지도 적합하지도 않다고 판단했기 때문이다.

　　다른 한편 '제2세계'로 일컬어지던 '사회주의 진영'이 실질적으로 사
라졌다고 해서 '제3세계' 개념의 논쟁적 효용이 다했다고는 생각지 않는
다. 국가사회주의의 실패 이후 자본주의 문명의 온갖 이데올로기가 그 보
편성과 포괄성을 더욱 소리 높여 주장하고 있는 한, 이런 제1세계의 이념
들을 거부하되 국가사회주의와 질적으로 구별되는 민중적 대안에의 요구
는 그 어느 때보다 강렬한 것이며, 다양하게 분출되는 이러한 요구를 가
령 '제3세계적 인식'이라는 표현을 통해 한번 뭉뚱그려볼 필요도 여전히
절실한 것이다. 다만 이때의 제3세계적 인식은, 결코 '제3세계 작가'랄 수
는 없는 로런스의 작업도 자기 것으로 삼을 수 있는 포괄성을 지녀야 하
며, 또한 동아시아 내지 동북아시아에 사는 우리의 경우 '제3세계 지역'으
로 일괄할 수 없는 이 지역의 특성이 반영된 구체적 인식에 다다라야 할

것이다.

동아시아적 특성이 반영된 인식을 요구하는 것은 단지 우리 자신이 이 지역에 살고 있어서만이 아니다. 동아시아든 동북아시아든 당장에는 유럽이나 북미대륙 수준의 지역공동체를 꿈꾸기에도 너무나 여건이 불비한 실정이지만, 오늘날 문명의 위기가 유럽 또는 북미 공동체의 성공적인 실현으로 극복될 수 없음 또한 사실이다. 위기가 자본주의 문명의 위기인 한 자본주의 경제의 활력과 국가사회주의의 일정한 지구력이 공존하는 이 지역을 떠나 대안적 생산양식의 모색이 성공하기 어렵고, 그것이 서양 문명의 위기인 한 서양 자체의 최선의 지혜뿐 아니라 동아시아의 풍부한 문명적 자산이 활용됨으로써만 새로운 인류문명이 탄생할 수 있을 것이다. 이 과정에서 한반도의 분단체제가 그 누구도 건너뛸 수 없는 걸림돌이라는 점이 날이 갈수록 분명해지리라는 것이 나의 예측이요 일종의 위안이라면 위안이다. 지혜의 시대를 능히 앞당길 힘이 아니고는 우리 민족의 문제가 해결될 수 없다는 난처한 상황이, 인류의 생존 자체가 민족·지역·세계 등 다양한 차원의 민중적 연대에 달렸다는 깨달음을 널리 펴는 기회가 되고 분단체제의 극복에 뜻밖의 원군을 가져다줄 수 있겠기 때문이다.

일본어 번역을 계기로 앞서 말한 「로런스 문학과 기술시대의 문제」 서론 부분을 삭제한 것 외에도 여기저기 잔손질을 가했고, 특히 「소설 『무지개』와 '근대화'의 문제」에는 비교적 많은 첨삭을 했다. 그러고도 남는 본서의 여러 결함은 나 자신 통감하는 바다. 다만 한 영국 작가에 대한 이런 식의 탐구가 한반도의 현실에 대한 인식의 진전과 어떤 식으로든 연결되는 것이라면, 한·일 두 민족이 공유하는 여타의 관심에도 원칙적으로는 부합된다는 말이 되겠다. 실제로 일본인 및 재일조선인 독자들로부터 얼마큼의 호응을 받을 만한 내용인지 걱정되면서도, 동지적인 엄정한 평가와 나 자신의 새로운 연마를 위한 근거가 마련된 것만으로도 큰 행복이라 생각한다. 이를 위한 도오지다이샤(同時代社) 카와까미(川上徹)씨의 배려와 역자 이순애(李順愛)씨의 열성에 다시 한번 감사드린다.

1993년 2월 서울에서

—『白樂晴評論選集』 II, 1993 東京

찾아보기

개정판
분단체제 변혁의 공부길

초판 1쇄 발행 / 1994년 3월 25일
초판 3쇄 발행 / 1994년 12월 20일
개정판 1쇄 발행 / 2021년 11월 19일

지은이 / 백낙청
펴낸이 / 강일우
책임편집 / 김가희 신채용
조판 / 황숙화
펴낸곳 / (주)창비
등록 / 1986년 8월 5일 제85호
주소 / 10881 경기도 파주시 회동길 184
전화 / 031-955-3333
팩시밀리 / 영업 031-955-3399 편집 031-955-3400
홈페이지 / www.changbi.com
전자우편 / human@changbi.com

ⓒ 백낙청 2021
ISBN 978-89-364-1161-9 93300